KB056888

애도하지 마라 조직하라

미국의 노동운동가이자 민중가요 가수인 조 힐Joe Hill(1879~1915)은 사형당하기 전날 세계산업노동
자연맹Industrial Workers of the World(IWW)의 지도자 빌 헤이우드Bill Haywood에게 전보를 보내 동료들
에게 '나는 진정한 반란자로서 죽을 것이니, 나의 죽음을 슬퍼하는 데 시간을 허비하지 말고 조직하
라'는 말을 남겼다. 조 힐의 말에서 따온 이 책의 제목 '애도하지 마라 조직하라'는 실패의 기억과 외
면의 현실에 막막해하기보다는 긴밀한 단결과 확장된 연대를 통해 다시금 스스로의 힘을 확인하고
새로운 노동운동의 미래를 설계하자는 의미를 담고 있다.

애도하지 마라
조직하라

김창우

회화나무

'보이지 않는 손'으로 유명한 경제학자 아담 스미스Adam Smith는 임금을 결정하는 것은 노동자와 자본가 사이의 경제적·사회적·정치적 투쟁이며, 거의 항상 자본가가 우위를 차지한다고 설파했다.

　　고용주들은 수적으로 적기 때문에 쉽게 연합할 수 있으며, 법률과 정부 기관은 고용주들의 연합은 인정해주거나 금지하지 않지만, 노동자들의 단합은 금지하고 있다. 노동의 가격을 낮추기 위해 고용주들이 연합하는 것을 반대하는 의회 법률은 하나도 없지만, 노동의 가격을 올리기 위해 노동자들이 단합하는 것을 반대하는 의회 법률은 많다. 이러한 모든 쟁의에서 고용주들은 훨씬 오랫동안 견딜 수 있다. 고용주들은 이미 벌어놓은 것들로 1년, 2년도 살 수 있지만, 노동자들은 1주일도 못 버티는 이조차 적지 않고, 한 달을 연명할 수 있는 이도 드물며, 1년은 아예 생각하기도 힘들다. (…) 고용주들은 임금을 올리지 않으려고 언제

어디서나 자기들끼리 은밀하게 하나로 뭉친다. (…) 그러나 이러한 고용주들의 단결에 맞서 노동자들이 저항할 때가 종종 있다. 이런 경우, 고용주들은 (…) 떠들썩하게 자신들의 주장을 외쳐대고, 끊임없이 치안판사에 의한 공권력의 개입을 소리높이 요구하면서, 노동자들의 단결을 금지하는 법률의 엄격한 집행을 요구하고 나선다. 그 결과 노동자들의 저항은 (…) 주모자의 처벌과 파멸 이외에는 아무것도 얻지 못하고 끝나고 마는 것이 보통이다.(아담 스미스, 『국부론(상)』, 비봉출판사, 2012, 87~89쪽)

240여 년 전의 아담 스미스 시대와 21세기 한국의 노동 현실은 얼마나 다른가? 한국의 자본가들은 여전히 해고를 남발하며 노동자들의 생계를 위협하고 있다. 노동자들은 영하 10도의 추위 속에서도 병원 옥상이나 철탑 등에서 해고자 복직을 요구하며 생존을 위한 투쟁을 하고 있다. 자본가들은 비정규직 등 하층 노동자들의 절박한 요구인 최저임금 인상과 살인적인 노동시간을 단축하라는 요구마저 입법·사법·행정부 등 권력기관과 학계·언론계 등 모든 이데올로기 기관을 총동원하여 무자비하게 짓밟고 있다. 한국은 1991년에 ILO에 가입했지만 자본가들의 반대로 노동자의 단결권 보장을 중심으로 한 핵심 협약 4개 조항조차 30년이 다 되도록 비준하지 못하고 있다. 그 결과 현재 한국의 노동조합 조직률은 OECD 34개 회원국 중 31위로 최하위권이고, 단체협약 적용률은 34위로 사실상 노동기본권이 거의 보장되지 않는 무권리 상태에 있다.

한국은 1인당 국민소득이 3만 달러를 넘는 동시에 인구 5000만 명을 넘는 이른바 '3050 클럽'에 일곱 번째로 가입함으로써 명실상부한 선진국이 되었다. 한국의 GDP 규모는 2018년 현재 세계 11위에 해당한다. 한국은 2017년 기준으로 교역 규모 세계 9위, 수출 규모 세계 6위, 무역수지 규모 세계 4위를 차지하고 있다. 그러나 이러한 '화려한' 한국의 성장은 OECD 최저 수준의 저임금과 장시간 노동 그리고 노동기본권 억압에 기초한 신자유주의적 재벌체제하에서 무자비하게 초과 착취·수탈당해온 한국 노동자들과 민중들의 희생 덕분이다. 국민총소득GNI에서 기업소득 비중은 1998년 13.9%에서 2017년 24.5%로 거의 두 배 가까이 증가한 반면, 가계소득 비중은 1998년 72.8%에서 2017년 61.3%로 오히려 크게 하락했다는 사실이 이를 잘 보여준다.

한국은 세계적으로 사회 양극화가 가장 심한 나라들 가운데 하나가 되었다. 한국에서 사회 양극화가 급속하게 확대된 핵심적인 이유는 신자유주의적 재벌체제하에서 추진되고 있는 재벌과 정권의 노동유연화 정책으로 인해 비정규직 노동자가 대규모로 양산되었고, 이들을 중심으로 저임금·장시간 노동체제가 유지되면서 극단적인 초과 착취가 이루어졌기 때문이다. 그리하여 2016년 기준으로 자산 하위 50% 계층은 전체 자산의 겨우 1.8%를 차지하고 있는 데 반해, 자산 상위 10% 계층은 전체 자산의 65.7%를 차지할 정도로 어마어마한 격차가 발생했다.

이렇게 비정규직 노동자들에 대한 무제한적인 초과 착취가 이루어질 수 있었던 이유는 비정규직 노동자들의 노동조합 조직률이 3%밖에 안 될 정도로 노동기본권이 거의 보장되어 있지 않기 때문이다. 따라서 신자유주의 시대에 날로 심각해져가는 사회 양극화 문제를 해결하기 위해서는 아담 스미스의 통찰대로 비정규직 노동자들을 조직하여 노동-자본 간 계급투쟁을 통해 압도적인 자본 우위의 세력관계를 변화시킴으로써 초과 착취의 기반인 저임금·장시간 노동체제와 신자유주의적 재벌체제를 해체하지 않으면 안 된다.

그러나 현재 한국 노동운동은 노동-자본 간 계급투쟁을 본격적으로 치를 수 있는 역량도 의지도 없어 보인다. 한국 노동운동은 날카로운 이빨과 발톱이 다 빠진 채 동물원에 갇혀 사육사가 주는 먹이나 받아먹는 아무도 두려워하지 않는 무기력한 맹수가 되어 있다. 산별노조라고는 하지만 20년이 넘도록 기업별노조의 한계와 산업·업종 이기주의를 뛰어넘지 못한 가운데, 노동조합의 권력을 둘러싼 정파 간의 분파투쟁이 격렬하게 전개되면서 그 폐해가 극에 달해 있다. 그로 인해 새롭게 올라오는 건강한 비정규직 노동운동조차 기존 노동운동의 폐해에 물들어가고 있다. 각 정파들은 주요 산별노조·연맹이나 노동조합은 물론 비정규직 노동운동의 상층부를 장악하고 정파적으로 지배함으로써 이를 자기들 정파의 조직적 기반으로 삼고 있다. 한국 노동운동은 이러한 기존 노동운동의 폐해와 유산들을 청산하고 극복하지 않고서는 더 이상 한 걸음도 나갈 수 없는 막다른 한계에 다다랐다고 할 수 있다.

따라서 한국 노동운동의 새로운 주체세력으로 등장하고 있는 비정규직 노동운동이 새로운 노동운동의 미래를 설계하고 담당해나갈 수 있으려면, 역사적 성찰을 통하여 기존 노동운동의 성과(자주성, 민주성, 투쟁성, 연대성, 변혁지향성)는 계승·발전시키고, 한계(실리적 조합주의, 기업별노조, 산업·업종 이기주의, 정파성)는 극복해나가지 않으면 안 된다.

자본과 정권은 민주노총이 너무 과격하고 투쟁적이라서 국민들과 노동자들로부터 외면당하고 있다고 공격한다. 그러나 이는 사실이 아니다. 역사적 진실은 오히려 이와 반대이다. 역사적으로 보면 민주노총은 투쟁적이고 급진적이었던 전노협 노선과는 달리, 대정부 협상을 중시하는 온건·타협적인 사회개혁노선을 내세웠다. 이 때문에 민주노총은 김영삼 정권의 노사관계개혁위원회로부터 김대중 정권의 노사정위원회에 이르기까지 투쟁보다는 협상을 통하여 온건·타협적인 방식으로 문제를 풀고자 했다. 그러나 자본과 정권은 민주노총을 전혀 협상의 파트너로 여기지 않았고, 단지 노동법 개정이나 정리해고제를 관철하기 위한 들러리로 삼았을 뿐이다. 이러한 자본과 정권의 의도가 분명히 드러났음에도 불구하고 민주노총은 투쟁을 하지 않고 협상에만 연연하다 노동법을 날치기당하거나, 조합원들의 투쟁 요구를 무시하고 정리해고제에 합의해버리는 역사적 과오를 저질렀다. 그 결과 압도적인 자본 우위의 계급 간 세력관계 속에서 신자유주의적 노동유연화정책이 일방적으로 진행되었고, 민주노총은 전혀 투쟁할 준비도 의지도 없는 상태에서 실효성 없는 총파업을 남발하다가 오늘날과 같은 무기력한 상태에 빠지게 되었다. 이 과정에서 민주노총은 비정규직 노동자를 포함한 전체 노동자계급의 이해와 요구를 대변하는 투쟁보다는, 자기 조합원들의 이익만을 대변하는 대기업 정규직 노동자 중심의 조직 이기주의적인 협소한 투쟁을 하다가 노동자들과 국민들로부터 외면을 받아왔다. 이처럼 민주노총은 일반적으로 알려진 것과는 달리 투쟁을 너무 많이 해서가 아니라 투쟁을 해야 할 때 제대로 하지 못해서 조합원들로부터 불신당하고 더 나아가 전체 노동자계급 및 국민들로부터도 외면당하는 처지로 몰리게 되었다.

그러나 현재 민주노총은 촛불혁명이라는 정치적 계급투쟁의 결과로 변화하고 있는 계급 간 세력관계하에서 한국 노동운동을 복구하고 발전시켜나갈 수 있는 좋은 기회를 맞고 있다. 촛불혁명 이후 젊은 세대와 비정규직 노동자를 중심으로 광범위한 조직화 흐름이 나타나면서

20만 명이 넘는 신규 조합원들이 민주노총에 가입했다. 이에 따라 한국 노동운동은 노동자·민중의 고통의 원인인 저임금·장시간 노동체제와 신자유주의적 재벌체제의 해체를 위한 본격적인 계급투쟁을 전개할 수 있는 전망을 갖게 되었다. 이런 점에서 신자유주의적 재벌체제가 본격적으로 형성되기 시작했던 김영삼 정권과 김대중 정권 시기의 한국 노동운동의 역사를 추적하여, 한국 노동운동이 무력화된 원인과 그 해법을 찾아내는 것은 이후의 성공적인 계급투쟁을 위한 필수적인 작업이 될 것이다.

이 책은 한국에 신자유주의가 본격적으로 도입되기 시작한 1996~1998년에 전개되었던 국가·자본과의 계급투쟁과 계급 간 세력관계하에서 한국 노동운동이 어떻게 대응하고, 어떻게 패배했는지를 실증적으로 분석한 글이다. 연구 과정에서 그동안 정설로 알려져왔던 주장과는 매우 다른 역사적 사실과 내용들(예를 들면 민주노총 지도부는 민주노총의 합법화를 위해 정리해고제를 양보하려고 했었다)을 발견할 수 있었고, 이를 통해 한국 노동운동이 추락하게 된 역사적 과정과 원인들을 구체적으로 파악할 수 있었다. 따라서 이 책은 신자유주의 이후 무력화된 한국 노동운동의 재건을 위해 투쟁하고 실천하고자 하는 모든 노동자들과 학생들 그리고 연구자들에게, 정파적인 주장을 넘어선 실증적인 역사적 근거들을 제공함으로써 그들이 해법을 찾는 데 도움이 될 수 있을 것이다.

그리고 이후의 연구와 관련하여 한 가지 제안을 하고 싶다. 민주노총 역사상 가장 중요한 투쟁이었던 1996년 말~1997년 초의 노동악법 철폐 총파업투쟁에서 투쟁을 지휘했던 투쟁 지도부회의에 대한 기록을 찾을 수 없었다. 이 때문에 총파업투쟁의 전략과 전술을 둘러싼 지도부 내의 입장 차이나 결정 배경에 대한 정확한 내용을 객관적으로 확인하기가 쉽지 않다. 1998년 2월에 노사정 합의가 민주노총 대의원대회에서 부결된 이후 구성된 비상대책위원회가 총파업투쟁을 일방적으로 다시 철회함으로써 민주노총은 창립 이래 가장 심각한 위기에 빠지게 되었는데, 이 과정에 대한 회의 기록 또한 존재하지 않는다. 민주노총 역사상 가장 중요한 두 개의 투쟁 기록이 존재하지 않음으로써 그 당시 민주노총의 전체적인 투쟁과 활동 그리고 운동노선 전반에 대한 객관적인 평가에 일정한 한계가 있을 수밖에 없다는 점에서, 이들 기록에 대한 집단적인 복원 작업이 이루어질 수 있기를 희망해본다.

마지막으로 이 책이 나오기까지 도움을 주신 모든 분들께 감사의 말씀을 드리고 싶다. 필자는 부산에서 노동조합 활동을 하던 중 정파들 간의 조직 경쟁으로 노조가 혼란에 빠지는 것을 보면서 자신의 한계를 절감하고, 재충전을 위해 2004년에 창원대학교 노동대학원에 입학하여 지천명의 나이에 뒤늦게 공부를 시작했다. 전노협 청산에 관한 연구를 하면서 한국 노동운동이 실패하게 된 근본적인 원인은 민주노조들의 공동·연대투쟁을 통하여 중소·영세·비정규직 노동자들까지 포함하는 계급적 연대조직으로서의 산별노조를 건설하기보다는, 전노협을 청산하여 기업별노조에 기초한 산업·업종연맹들의 과두적 지배체제로서 합법조직인 민주노총을 건설하고, 이를 기반으로 제도정치권에 진출하는 것을 최우선적 목표로 설정했던 민주노총의 운동노선에 있다는 사실을 알게 되었다. 그래서 다시 노동현장으로 돌아가는 대신 공부를 계속하여 이러한 문제의식을 실증적으로 입증하고 싶었다. 그리하여 2008년에 한국학중앙연구원 한국학대학원 박사과정에 입학하여 사회개혁노선을 표방한 민주노총의 투쟁과 활동 그리고 운동노선이 한국 노동운동에 구체적으로 어떤 영향을 미쳐왔는가를 실증적으로 연구하기 시작했다. 10여 년에 걸친 연구 끝에 2018년에 박사 논문을 완성했고, 이 논문을 토대로 내용을 수정·보완하고 다듬어 이번에 책으로 출간하게 되었다. 10여 년에 걸친 연구 기간 동안 물심양면으로 도와준 수많은 노동운동 동지들과 학교 선생님들 그리고 선후배 동료들에게 진심으로 감사의 인사를 드리고 싶다. 그리고 복잡하고 어려운 논문을 대폭 줄이고 다듬어 대중적으로 쉽게 읽힐 수 있도록 짜임새 있는 책을 만들어준 회화나무 출판사 여러분들께도 깊은 감사를 드린다.

2020년 1월
전태일 열사 분신 50주년이 되는 해에

한국 노동운동이
인간해방과 노동해방의 기치를 걸고
다시 힘차게 비상할 수 있기를 염원하며

6장 노동법개정 총파업투쟁

7장 1997년 노동자투쟁과 대통령선거운동

일러두기

1. 이 책은 저자의 박사학위 논문 「민주노총의 운동노선과 노동법개정 총파업투쟁, 1996~1998」(한국학중앙연구원, 2018)을 수정·보완한 것이다.
2. 본문의 내용을 보충 설명하기 위해 저자가 단 각주는 • 로 표시하고, 인용문이나 자료의 출처는 일련번호를 달아 미주로 처리했다.
3. 저자가 독자의 이해를 돕기 위해 인용문에 삽입한 문구는 [ ] 안에 넣어 표시했다.
4. 저자가 본문이나 인용문에서 강조한 부분은 고딕체로 표시하고, 각주에서 강조한 부분은 진하게 표시했다.
5. 단행본과 신문은 『 』로 표시하고, 논문 등은 「 」로 표시했다.

1장

서론

문재인 정부는 촛불혁명의 여운이 가시지 않은 집권 초기만 하더라도 촛불정부를 표방하며 핵심 국정 기조로 '노동존중사회'를 내세웠었다. 최저임금 인상, 노동시간 단축, 비정규직의 정규직화, 국제노동기구(International Labour Organization, 이하 ILO) 핵심 협약의 비준을 통한 노동 기본권 보장 등이 핵심적인 내용이었다. 그러나 집권 1년이 채 지나지 않아 고용악화와 경제위기를 내세운 독점재벌과 극우·보수언론 그리고 정치권 등의 이데올로기 공세에 굴복하여, 문재인 정권의 브랜드마크라고 할 수 있는 소득주도성장의 핵심 내용인 최저임금 인상과 노동시간 단축은 사실상 폐기 수순을 밟고 있다.

그런데 지배세력이 경제위기 이데올로기의 집중 공세* 등과 같은 '위

---

* 　2017년 초까지 최저임금에 별다른 관심을 보이지 않던 극우·보수언론들(중앙지와 경제지)은 문재인 정부가 출범한 2017년 5월 이후부터 엄청난 양의 기사를 쏟아내면서 최저임금제를 집중적으로 공격하기

로부터의 계급투쟁'을 통해 문재인 정부의 노동체제 개혁 구상을 무산시키는 이러한 수법은 전혀 새로운 것이 아니다. 특히 경제위기 이데올로기의 공세와 같은 수법은 1990년대 김영삼 정권 이후부터 김대중 정권과 노무현 정권에 이르기까지 재벌체제 개혁에 대한 정부의 정책이 나올 때마다 이를 무력화시키는 데 전가의 보도처럼 사용되어왔다. 재벌체제의 개혁이 수십 년 동안 무산되면서 재벌체제의 근간을 이루고 있는 저임금·장시간 노동체제와 노동기본권과 노동운동에 대한 억압체제 또한 유지될 수밖에 없었던 것이 그간의 우리 역사이다. 그러므로 저임금·장시간 노동체제의 해체와 노동기본권의 보장을 목표로 하는 문재인 정권의 노동존중사회 구상은 독점재벌을 중심으로 한 기존의 지배세력을 해체하거나 힘을 약화시키지 않는 한 이루어질 수 없다. 더욱이 그들의 계급투쟁 공세에 굴복하여 경제 성장의 견인차로서 독점재벌의 입지를 새롭게 강화하고 있는 문재인 정권의 정책 기조하에서 이는 사실상 물 건너갔다고 할 수 있다. 문재인 정부가 핵심 공약으로 내세웠던 '사회적 대화'를 통한 충분한 논의와 합의가 아니라, 민주노조운동세력을 완전히 무시하고 배제한 상태에서 경제사회노동위원회(경사노위)를 들러리로 세워 일방적으로 정부의 방침을 밀어붙이는 방식으로 진행하고 있다는 점에서 더욱 그렇다.

문재인 정부가 이처럼 집권 초기와는 달리 노동세력, 특히 전국민주

시작했다. 이들은 2017년 6 ~ 12월 사이에 총 1만 70건, 월 평균 1439건, 매일 평균 48건의 기사를 보도하였고, 2018년에는 2017년의 거의 두 배에 달하는 총 3만 1586건, 월 평균 2632건, 매일 평균 88건의 보도를 쏟아내면서 최저임금의 인상을 전방위적으로 공격하였다.(김유선, 「이슈페이퍼」 제102호, 한국노동사회연구소, 2019) 그 결과 최저임금 인상률은 2018년에 16.4%에서 2019년에는 10.9%로 낮아지더니 2020년에는 경제 성장률과 물가 상승률을 합한 임금 동결 수준인 3.6%에도 못 미치는 2.87%로 결정되어 사실상 실질 최저임금이 삭감되는 수준으로까지 떨어져버렸다.

노동조합총연맹(이하 민주노총)을 비롯한 민주노조운동세력을 완전히 무시하고 반反노동개혁정책을 일방적으로 밀어붙일 수 있었던 것은, 노동자·민중세력이 촛불혁명으로 변화된 유리한 계급 간 세력관계 속에서도 독점재벌을 중심으로 한 수구 기득권세력들의 공세에 대응하거나 문재인 정권을 견인할 수 있는 세력화된 독자적인 정치역량을 갖고 있지 못하기 때문이다. 문재인 정권과 같은 프티부르주아 중심의 자유주의적이고 보수적인 정치세력은 계급 간 세력관계에 따라 기회주의적으로 처신할 수밖에 없다. 따라서 문재인 정권의 노동정책이 후퇴한 것은 이들의 동요를 막을 수 있을 만큼의 독자적인 계급적 정치세력화에 실패한 한국 노동운동의 한계를 그대로 반영하고 있다.

현재 한국 노동운동은 매우 심각한 상태에 있다. 한국 노동운동의 중심부대라고 할 수 있는 민주노총은 경제사회노동위원회에 참가하든 말든, 법안에 반대하든 말든, 총파업을 하든 말든, 문재인 정권에게 완전히 무시당할 정도로 위협적인 존재가 되지 못한다. 민주노총은 창립 이후부터 수십 년 동안 '산별노조 건설과 노동자 정치세력화'를 외쳐왔지만, 현재까지 어느 것 하나도 제대로 달성하지 못한 채 이전보다 훨씬 무력화되어 있다. 산별노조는 '무늬만 산별'이라고 할 정도로 사실상 기업별노조의 수준을 벗어나지 못하고 있다. 한국의 대표적인 산별노조라고 할 수 있는 전국금속노동조합(이하 금속노조)이나 전국보건의료산업노동조합(보건의료노조)은 원청 대기업이나 대병원들과 산별 교섭을 전혀 하지 못하고 있고, 이를 강제해낼 조직력과 투쟁력마저 없어서 십수 년 동안 정체되어 있다.

대표적으로 조직력과 투쟁력이 가장 강하다고 하는 금속노조 현대자동차지부의 경우, 불법 연장노동 금지를 위한 주 52시간 상한제를 법 시행 이전부터 노동조합에서 자체적으로 실시하려고 했으나, 조합원들 간의 물량 확보 경쟁 때문에 반발이 심해서 실시하지 못했다. 불법 파견 비정규직·불법 촉탁직 사용 금지 투쟁에 대해서도 정규직 조합원들을 불편하게 한다는 이유로 활동가와 대의원, 조합원들 모두가 심한 거부감을 보이고 있다. 심지어는 파업도 분회토론이나 집회 등 다양한 파업 프로그램을 진행하면서 조합원들의 요구와 의견을 수렴하고, 투쟁의지를 다지는 사업장 점거파업보다는 집에 돌아가서 쉬는 퇴근파업을 요구할 정도로 투쟁력과 투쟁의지도 매우 약화되어 있다. 사회의 양극화를 해소하기 위한 하후상박下厚上薄 연대임금 투쟁*이나 지역사회와 중소·영세·비정규직 노동자들과의 연대투쟁에 대해서도 '지부장은 임기를 마치면 정치를 하려고 그러냐'라며 항의를 할 정도로 임금 인상이나 성과배분 중심의 실리주의적인 경향이 강화되고 있다. 현대자동차지부 스스로가 물량경쟁 때문에 회사의 앞잡이 노릇을 자처했던 그간의 잘못된 노조 활동을 깨뜨리고 진짜 민주노조 활동을 하자며 '민주노조 바로세우기'를 핵심 목표로 내걸 정도로 상황은 매우 심각하다. 게다가 한국 노동운동은 정치적으로도 민주노동당이 해산된 이후 십 년이 지나도록 노동자 정치세력화에 대한 최소한의 전망과 방향조차 세우지 못한 채 표류하면서 사실상 거의 무력화되어 있다. 전 세계적으로 전투적 노동운동의 모범이라며 모두가 부러워했던 한국의 노동운동은 도대체 무엇이 잘못되었기에 이렇게까지 추락

---

* 하후상박 연대임금 투쟁이란 정규직 노동자와 2·3차 부품사, 비정규직 노동자 간의 임금 인상률에 차등을 두는 방식으로 사회 양극화의 주된 문제인 임금 격차를 해소하려는 연대투쟁을 가리킨다. 예컨대 2019년에 현대자동차와 기아자동차의 정규직 노동자들은 임금 4만 5000원 인상을, 2·3차 부품사와 비정규직 노동자들은 9∼14만 원의 임금 인상을 요구했다.

했는가?

그 답은 역사에서 찾을 수밖에 없다. 역사적으로 보면 한국의 노동운동은 IMF 경제위기 이후에 본격적으로 도입된 신자유주의체제에 제대로 대응하지 못하면서 현재와 같은 상태에 이르렀다. 따라서 한국의 노동운동이 무력화된 근본적인 원인을 찾기 위해서는 신자유주의적 세계화의 길을 열었던 김영삼 정권 시기부터 IMF 경제위기를 거쳐 본격적으로 신자유주의를 도입하고 확립했던 김대중 정권 시기에 벌어진 노동운동세력과 국가-자본 간의 계급투쟁을 살펴보고, 그 결과로 형성된 계급 간 세력관계 속에서 어떻게 신자유주의적인 구조조정이 이루어졌고 한국 노동운동은 이에 어떻게 대응했는가를 구체적으로 분석하지 않으면 안 된다.

이 책은 이 시기(1996~1998)에 진행되었던 민주노총 1기의 투쟁과 활동을 구체적으로 분석하는 것을 통해 그 원인을 밝혀보고자 한다. 이 시기에 한국의 노동운동은 국가-자본과의 계급투쟁에서 두 번의 결정적인 기회를 맞이했다. 한 번은 김영삼 정권의 노동법 날치기에 대응한 '노동법개정 총파업투쟁'이었고, 다른 한 번은 김대중 정권 초기의 노동자·사용자·정부(이하 노사정) 간의 합의를 둘러싼 '정리해고 반대 총파업투쟁'이었다. 이 두 번의 결정적인 계급투쟁에서 노동운동이 제대로 대응하지 못함으로써 이후 압도적인 자본 우위의 계급 간 세력관계 속에서 신자유주의적인 구조조정이 일방적으로 진행되었고, 한국 노동운동은 속수무책으로 당하면서 오늘날과 같은 결과를 초래했던 것이다. 따라서 이 책은 이 두 번의 계급투쟁에서 중심적인 역할을 담당했던 주요 노동운동세력들의 회의록과 회의 자료 등의 내부 자료를 구체적으로 분석하는 것을 통해 한국 노동운동이 추락하게 된 역사적 과정과 그 원인을 밝혀보고자 한다.*

특히 이 책은 비정규직 노동자들이 한국 노동운동의 새로운 주체세력으로 떠오르고 있는 중소·영세·하청·여성·이주노동자 등 비정규직 노동운동의 역사적 의미를 깨닫고, 자신들의 책임과 역할, 임무 등을 자각하게 하는 데 가장 큰 의의를 두고자 한다. 1987년 이후부터 한국 노동운동의 주체세력이 된 대기업 정규직 노동자들은 이미 그 역사적인 역할을 다했다. 기업별노조체제의 활동과 의식에 깊이 함몰되어 있는 현재 한국 노동운동의 중심세력은 수십 년의 결과가 보여주듯이, 산별노조는커녕 기업별 울타리 자체를 넘어서지 못하는 결정적인 한계를 보이고 있다. 반면에 출발부터 개별 기업 차원을 뛰어넘어 전국·지역·업종·직종 등으로 조직하고 투쟁하며 교섭활동을 하고 있는 하청·간접고용·특수고용 노동자들 중심의 비정규직 노동운동은, 이전 세대의 기업별노조 중심의 노동운동과는 완전히 다른 새로운 경로를 걷고 있다. 기업 차원을 뛰어넘는 조직력과 투쟁력을 기초로 초기업 단위의 교섭을 강제하고, 연대투쟁을 통해 국가와 자본의 탄압을 비타협적으로 돌파하는 이들의 노동운동은 1987년 노동자대투쟁을 통해 등장한 민주노조운동의 기본 정신인 투쟁성·자주성·민주성·연대성·변혁지향성을 견지하고 있다는 점에서, 한국 노동운동의 새로운 주체세력이 될 자격이 충분하다고 할 수 있다. 이런 점에서 한국 노동운동은 새로운 주체세력 형성의 씨앗과 희망을 비정규직 노동운동에서 찾아야 할 것

---

* 　전국민주금속노동조합연맹, 전국자동차산업노동조합연맹, 현대그룹노동조합총연합, 전국전문기술노동조합연맹, 전국병원노동조합연맹 등 5개 산업·업종연맹과 민주노총 중앙 및 지역본부의 대의원대회, 중앙위원회, 중앙집행위원회의 회의 자료를 중점적으로 다루었다.

이며, 새로운 주체세력의 교체를 통해 새로운 노동운동의 물결을 만들어나가야 한다. 이를 위해서는 이전의 기업별노조 중심의 한국 노동운동의 성과와 한계들을 역사적으로 성찰하여 계승할 것과 버려야 할 것을 명백히 함으로써 과거의 과오를 반복하지 않도록 해야만 한다.

한국 노동운동의 새로운 주체세력으로 떠오르고 있는 비정규직 활동가들과 노동자들에게 이 책은 역사적 교훈서가 될 수 있을 것이다. 그리고 이전 세대들은 이 책을 통해 자신들의 활동을 객관적으로 되돌아봄으로써 한국 노동운동의 새로운 주체를 형성하는 과정에 참여하거나 기여할 수 있을 것이다.

1. 분석의 관점

마르크스의 계급투쟁이론

1987년 이후에 민주노조운동에 대한 연구와 관련하여 명시적으로든 묵시적으로든 가장 널리 사용되고 있는 개념은 '87년 노동체제'이다. 87년 노동체제란 1987년 노동자대투쟁 이후에 전투적인 노동운동과 노동배제전략을 추진해온 국가-자본 간에 격렬한 대립과 갈등이 끊임없이 일어났던 체제를 말한다. 이 개념을 근거로 삼는 연구들은 1997년의 노동법 개정을 통해 민주노총이 제도화됨으로써 비로소 이 체제가 해체되기 시작했다고 주장한다. 따라서 87년 노동체제는 1997년 이후의 새로운 노동체제에서는 과거의 대립적인 노사관계를 청산하고, 제도화된 노동운동-국가-자본 등 세 노동정치 주체 간의 사회적 대화를 통해 안정적인 노사관계체제를 만들어가야 한다는 코포라티즘corporat-ism적 관점이 전제되어 있는 개념이라고 할 수 있다.

87년 노동체제론과 관련해서는 크게 두 가지 흐름이 존재한다. 하나는 던롭J. T. Dunlop의 노사관계 시스템이론과 코칸Thomas. A. Kochan의 전략적 선택이론에 기초하여 노사관계 주체들(정부·사용자·노동자)의 전략적 행위를 중심으로 분석하는 흐름이다.[1] 또 하나는 코포라티즘 이론에 기초한 민주화 이행론의 관점에서 국가—자본—노동의 전략적 상호작용을 분석하는 노동(정치)체제론적 흐름*이다.[2]

그러나 전략적 선택이론적 접근 방식이든 노동체제론적 접근 방식이든 양자는 모두 기본적으로 체제의 안정을 목표로 하는 국가—자본—노동 간의 계급타협을 전제로 한다. 따라서 87년 노동체제론은 1987년 노동자대투쟁 이후의 역동적인 민주노조운동을 분석하는 데 적합하지 않다. 안정적인 시기를 분석의 대상으로 하는 이론이라면 코포라티즘적 또는 노동체제론적 접근 방식이 적절할 수 있을지 모르나, 한국 노동운동의 역사에서 가장 투쟁적이고 역동적인 시기를 분석함에 있어서는 계급투쟁론적 관점이 보다 적합하다. 1987년 노동자대투쟁의 결과로 자본과 노동 간의 세력관계가 변함에 따라 노동계급의 아래로부터의 계급투쟁이 격화되고, 이에 맞선 국가와 자본의 위로부터의 계급투쟁이 격렬하게 전개되면서 새로운 계급질서를 형성하기 위해 치열한 각축을 벌이던 이 시기를 분석하는 데는 마르크스의 계급투쟁이론이

---

* 원래 노동정치라는 개념은 코포라티즘 이론의 맥락에서 국가와 노동의 관계를 노동에 대한 국가의 통제 행위에 초점을 맞추어 분석하고자 한 것인데, 한국의 노동(정치)체제론에서는 여기에 자본까지 포함시켜 그 개념을 확장하여 쓰고 있다.

보다 적절할 것이다.

마르크스의 계급투쟁이론은 역사유물론의 핵심에 해당하는 이론이다. 마르크스는 인간을 물질·대상과 동일하게 취급하는 기계적 유물론과는 달리, 주체로서 인간이 실천을 통해 대상 세계를 변화·발전시킴과 동시에 그 실천 과정에서 자기 자신도 변화·발전한다는 실천적 유물론을 주장했다. 마르크스는 이런 실천적 유물론을 역사에 적용하여 역사는 인간의 역사이며[*], 그것도 단순한 개인이나 영웅들의 역사가 아닌 지배계급과 피지배계급 간의 집단적인 투쟁, 즉 계급투쟁의 역사라고 주장했다.[3]

역사적으로 보더라도 한국의 노사관계에서 국가와 자본은 노동계급과 계급타협을 추구한 적이 전혀 없다. 국가와 자본은 현재와 같이 노자 간의 세력관계에서 압도적인 우위를 유지할 수 있게 해주는 기업별 노조체제를 포기하고, 노동계급을 사회적·정치적으로 계급타협의 동반자로 인정해 노자 간 세력관계가 동등해지거나 역전될 수도 있는 위험 부담을 감수할 이유가 전혀 없기 때문이다. 오히려 국가와 자본은 계급타협이 아니라 철저하게 계급투쟁의 관점에서 노동계급의 힘을 약화시키기거나 고립시키는 방향으로 일관되게 대응해왔는데, 이러한 국가와 자본의 의도는 거의 모든 노동계급과의 교섭이나 투쟁 과정에서 그대로 관철되어 나타나고 있다. 그러므로 마르크스의 계급투쟁이론의 관점에서 한국 노동운동의 역사를 분석하는 것이 이 책에서 다루고자 하는 과제들을 해명하는 데 보다 유효적절할 것이다.

● "역사는 자신의 목적을 추구하는 인간의 활동 이외 아무것도 아니다."(카를 마르크스·프리드리히 엥겔스, 『신성가족』, 이웃, 1990, 154쪽)

계급 간 및 계급 내 세력관계 분석

지배계급과 피지배계급 간의 집단적 투쟁으로서의 계급투쟁은 허공에서 시작되지 않는다. 계급투쟁은 이전의 계급투쟁을 통해 역사적으로 형성된 '계급 간 세력관계' 위에서 이루어진다. 자본주의 사회는 계급 사회이므로 사회의 모든 영역에서 계급투쟁이 전개된다. 계급 간 세력 관계란 이러한 계급투쟁이 벌어지는 지배계급과 피지배계급 사이의 세력관계를 의미하는 것으로, 자본주의 사회에서는 노동–자본 간 세력관계로 나타난다. 자본주의사회에서 계급 간 세력관계의 변화가 가장 유의미하게 나타나는 곳은 총자본과 총노동 간의 대립과 투쟁이 이루어지는 총파업과 같은 대투쟁에서이다. 법이나 제도, 정책의 변화는 이러한 대투쟁에 의한 계급 간 세력관계의 변화가 가시적으로 표현된 것에 지나지 않는다. 그러나 이러한 변화는 하루아침에 일어나는 것이 아니라, 일상적이고 비가시적인 변화들이 축적되어 가시적이고 유의미한 변화로 나타난다. 특정한 법이나 제도, 정책으로 표현되는 계급 간 세력관계하에서도 그것을 변화시키기 위한 노동자계급과 자본가계급 사이의 투쟁은 일상적으로 끊임없이 일어난다.[4] 그렇기 때문에 계급 간 세력관계는 일상적으로 유동적일 수밖에 없다.

따라서 대투쟁이든 일상적 투쟁이든 이 계급 간 세력관계를 변화시키지 못하면 계급투쟁에서 승리할 수 없다. 실례로 1996년 말~1997년 초, 20여 일에 걸쳐 수백만 명이 조직적으로 참가한 한국 노동운동 사상 최대 규모의 총파업투쟁에도 불구하고 당시에 그다지 큰 성과를 거두지 못했던 것은, 계급투쟁이 민주노총 중심의 협소한 조합주의적 투쟁으로 제한되면서 계급 간 세력관계를 전반적으로 변화시키지 못했기 때문이다. 반면에 1987년 노동자대투쟁은 6월 항쟁이라는 정치적 계급투쟁의 결과로 형성된 유리한 계급지형 속에서 진행된 계급투쟁이었기 때문에, 비조직적인 투쟁이었음에도 불구하고 일정한 성과를 거둘 수 있었다. 또한 한국의 국가와 자본은 1990년대 초부터 끊임없이 자본에 유리한 내용의 노동법 개정을 시도했으나 1991년 5월의 총파업,* 1992년의 총액임금제 반대 투쟁,** ILO 기본 조약 비준과 노동법 개정을 위한 전국노동자공동대책위원회(이하 ILO 공대위) 투쟁,*** 1993년의 현대그룹노동조합총연합(이하 현총련) 투쟁,**** 1994년의 전국지하철노

---

* 1991년 5월, 안기부의 전노협 탈퇴 공작 과정에서 박창수 한진중공업 노조 위원장이 옥중에서 살해되자 이에 항의하여 5월 9일에 98개 노조에서 4만여 명이, 5월 18일에는 156개 노조에서 9만여 명의 노동자들이 전국적으로 총파업을 벌였다.

** 노태우 정권은 '한 자리 수 임금 인상' 정책을 내세웠지만, 기본급은 한 자리 수 이내로 인상되는 대신에 각종 수당과 특별상여금 등이 편법으로 인상되면서 사실상 임금 총액은 두 자리 수 넘게 인상되었다. 이렇게 되자 국가와 자본은 편법 인상을 방지하기 위하여 1992년에 '총액임금제'를 도입하고, 임금 인상을 총액 기준의 5% 이내로 억제하려는 정책을 시도했다. 그러나 전국노동조합협의회(전노협)와 전국업종노동조합회의(업종회의), 공공부문 노조, 대공장 노조들이 연대해서 '총액임금제 저지를 위한 전국노동조합대책위원회'를 구성하여 투쟁한 결과, 1992년 1~9월에 명목임금 인상률은 16%나 되었고 이면계약 등으로 임금체계 또한 더욱 복잡해지면서 총액임금제는 완전히 실패로 끝나버렸다.

*** ILO 기본 조약 비준 및 노동법 개정을 위한 전국노동자공동대책위원회는 정부의 ILO 가입과 노동법 개악 발표를 계기로 전노협, 업종회의, 노동운동단체가 함께 참여하는 한시적 공동투쟁체로서 1991년 10월 9일에 구성되었다. ILO 공대위는 1991년 전국노동자대회, 1992년 세계노동절 기념대회, 총액임금제 저지 대책위 구성을 통한 총액임금제 분쇄 투쟁, 노동법 개정과 관련한 ILO 제소 활동, 1992년 전국노동자대회 조직 등의 활동을 통하여 전노협 결성 이후에 국가와 자본의 탄압으로 침체되어 있던 민주노조운동을 활성화하고 총단결시키는 데 커다란 역할을 했다.

**** 1993년 6월, 현총련 의장의 사업장인 울산 현대정공에서 임금 교섭이 위원장의 직권조인으로 종결되자 현총련은 이를 현대그룹의 공작에 의한 것이라고 반발하면서 연대투쟁에 돌입하였다. 현총련은 7월 7일에 10개 노조에서 6만 3000여 명이, 7월 23일에는 현대중공업 등 9개 노조가, 7월 24일에는 현대중공업 등 4개 노조가 연대총파업을 벌였다. 현총련 투쟁은 현총련이 벌인 최초의 대규모 연대파업으로서 현총련이 민주노조운동에서 차지하는 위상을 크게 높였을 뿐만 아니라, 그동안 침체되어 있던 민주노조운동의 사기를 끌어올리는 데도 큰 기여를 하였다.

조협의회(이하 전지협) 투쟁,* 1995년의 한국통신 노조 투쟁** 등과 같은 노동자들의 일상적인 계급투쟁이 끊임없이 터져 나옴에 따라 계급 간 세력관계에서 밀리면서 노동법 개정안조차 제출하지 못했다.

따라서 대투쟁이든 일상적 투쟁이든 계급투쟁에서 승리하려면 최우선적으로 계급 간 세력관계를 자신에게 유리하게 변화시키지 않으면 안 된다. 『손자병법』의 「형形」편에 나오는 "이기는 군대는 먼저 이긴 뒤에 전투를 벌이고, 패배하는 군대는 먼저 싸움을 걸어놓고 이기려고 한다"는 말은 바로 이를 의미한다. 이겨놓고 싸우는 것, 즉 이길 수 있는 형세와 세력을 만들어놓고 싸우는 것은 바로 계급 간 세력관계를 충분한 준비를 통하여 이길 수 있게 만들어놓은 상태에서 주도권을 쥐고 싸워야 함을 뜻한다. 클라우제비츠Carl von Clausewitz도 『전쟁론』에서 전쟁의 목표를 "적이 저항할 수 없게 만드는 것"이라고 했는데 이것도 비

● 　전국지하철노조협의회는 공기업에 대한 3% 임금 가이드라인과 직권중재에 의한 쟁의권 박탈을 연대투쟁으로 돌파하려는 서울지하철 노조와 부산교통공단 노조 그리고 철도 노조의 민주화를 위해 활동해온 전국기관차협의회(전기협) 등에 의해 1994년 3월 16일에 결성되었다. 전지협은 6월 23일에 전기협 농성장에 공권력이 투입되자 6월 30일까지 연대파업으로 강력하게 저항했지만 정부의 계속되는 강공에 밀려 결국 파업을 철회하지 않을 수 없었다. 비록 요구 사항은 쟁취하지 못했지만 전지협의 공동투쟁은 공공부문 노동자들의 노동 3권 문제를 전면적으로 제기함으로써 이후 1994년 11월에 공공부문노동조합대표자회의(공노대)가 결성되는 데 결정적인 역할을 하였다.

●● 　1994년에 10여 년간 지속되어온 어용노조를 누르고 민주노조 집행부가 들어선 한국통신 노조는 1995년에 임금인상·단체협약 갱신투쟁 준비에 착수했다. 한국통신 노조는 1995년 4월 2일에 개최된 임금인상투쟁 전진대회에 총 조합원 5만여 명 중 4만여 명이 높은 열기와 기대 속에 참석함으로써 한국 최대 노동조합으로서의 위용을 과시하였다. 조합원들의 엄청난 투쟁열기에 놀란 정부와 사측은 곧바로 노조 간부 64명을 고소·고발하고, 김영삼 대통령이 직접 한국통신 노조를 국가전복세력으로 규정하면서 지도부에 대한 대대적인 검거령을 발동하는 등 초강경 탄압을 가하기 시작했다. 이에 수배된 한국통신 노조 지도부는 비상체제를 구축하고, 명동성당과 조계사 등에서 농성 투쟁을 하면서 두 달 이상 동안 가열하게 투쟁했으나, 82.2%에 이르는 조합원들의 쟁의행위 찬성투표에도 불구하고 직권중재의 벽에 막혀 결국 7월 30일에 임금인상투쟁을 중단하고 말았다. 이후 한국통신 노조는 1995년 임금인상투쟁의 실패를 교훈삼아 1996년에는 공노대에 가입하여 공공부문 노조들 간의 공동투쟁을 통하여 국가와 자본의 탄압을 돌파하려는 시도를 하게 된다.

슷한 맥락이다. 적이 저항할 수 없게 만든다는 것은 이길 가능성이 없거나 이기더라도 큰 희생을 치르지 않을 수 없도록 유리한 세력관계를 형성함으로써 적으로 하여금 전투를 포기하게 만드는 것을 의미한다.

계급투쟁도 전쟁과 마찬가지로 계급 간 세력관계를 자신에게 유리하게 변화시키지 못하면 어떠한 작은 투쟁에서도 승리하기가 쉽지 않다. 그러지 못하면 오히려 지속적으로 수세에 몰리면서 그동안 확보했던 권리들마저 후퇴시킬 가능성이 크다. "케인스주의적인 계급타협체제를 일방적으로 폐기하고 복지국가와 노동조합 그리고 민주주의에 대한 공세를 강화하고 있는 유럽의 지배계급에 대항하여 복지국가를 지켜내기 위해서는, 노동계급이 이제까지의 계급타협적인 이데올로기를 청산하고 사회적 권력관계를 변화시키기 위한 새로운 계급투쟁을 전개하지 않으면 안 된다"고 한 노르웨이 노동운동가 아스비에른 발Asbjørn Wahl의 지적은 시사하는 바가 크다.[5]

그리고 계급 간 세력관계를 분석할 때에는 '계급 내 세력관계' 또한 매우 중요하게 고려해야만 한다. 계급 내 세력관계란 한 계급 내에 존재하는 이해관계가 상이한 집단들과 분파들 간의 세력관계를 의미하는 것으로, 어떤 집단이 계급 내 세력관계에서 우위를 차지하여 어떠한 계급전략 또는 운동노선을 설정하는가가 계급투쟁에서 핵심적인 위치를 차지한다. 왜냐하면 계급전략 또는 운동노선은 계급 내 분파들 간의 대립과 갈등을 조율하면서 주어진 계급자원과 계급역량을 동원하여 어떻게 계급투쟁에서 통일된 계급행동을 수행할 것인가를 결정하기 때문이다. 민주노총은 전국노동조합협의회(이하 전노협), 전국업종노동조합회의(이하 업종회의), 대기업 노조 등 3개 분파 간의 세력관계 변화에 따라 운동노선도 변화해왔는데, 어떤 노선이 우위에 서느냐가 계급투쟁과 계급 간 세력관계의 변화에 상당한 영향을 미쳤기 때문에 계급 내 세력 관계에 대한 분석은 매우 중요하다.

다른 한편 계급투쟁과 계급 간 세력관계의 변화는 계급 내부의 세력관계에 영향을 미치고, 이는 다시 계급전략 또는 운동노선의 변화에 영향을 미친다. 1990년 국가와 자본의 폭압적인 탄압으로 전노협이 조직적 위기에 처했을 때, 변화된 계급 간 세력관계에 영향을 받은 일부 노동운동세력과 학계가 동요하면서 노동운동 위기론을 제기하며 운동노선의 전환을 요구한 것은 이의 좋은 예다. 그리고 1997년 노동법개정 총파업투쟁 당시 총파업이 전 국민적 호응을 받으면서 계속 확산되어 나가자 김영삼 정권과 신한국당 내부에서 강경 탄압에서 온건·타협 쪽으로 노선 전환을 해야 한다고 주장하는 분파들이 생겨난 것도 마찬가지 경우다.

따라서 계급 간 세력관계 변화에 직접적인 영향을 미치는 계급전략 또는 운동노선을 파악하기 위해서도, 그리고 거꾸로 계급 간 세력관계의 변화가 계급전략 또는 운동노선의 변화에 미치는 영향을 분석하기 위해서도 계급 내 세력관계의 분석은 적극 활용되어야 한다.

2. 이 책의 구성

1장에서는 연구의 목적과 의의, 대상, 방법 등을 소개한다. 그리고 민주노총의 투쟁과 활동, 운동노선 등을 분석하기 위한 관점으로서 마르크스의 계급투쟁이론과 계급 간 및 계급 내 세력관계라는 분석의 관점을 제시한다.

2장에서는 민주노총의 투쟁과 활동을 분석하기 위한 전제로서 민주노총의 건설 과정에서 형성된 민주노총의 이념과 운동노선을 분석한다. 민주노총의 이념과 운동노선을 이념적 지향과 투쟁노선, 조직노선, 정치노선, 합법주의노선 등으로 나누어 그들이 형성된 역사적 과정과 내용들을 분석한다.

3장에서는 1996년 상반기의 노동 – 자본 간 계급투쟁과 하반기의 총파업투쟁 그리고 신자유주의적 노동법 개정에 결정적인 영향을 미친 김영삼 정권의 신노사관계 구상과 노사관계개혁위원회(이하 노개위)에 대해 구체적으로 분석한다.

4장에서는 민주노총이 1996년의 상반기 계급투쟁에서 계급 간 세력관계를 유리하게 변화시키지 못한 것이 이후 노개위의 협상과 총파업투쟁에서 결정적인 한계로 작용했다는 관점에서 1996년 상반기의 투쟁을 분석한다. 특히 임금 및 단체협약 시기에 계급 간 세력관계에서 우위에 설 수 있는 핵심 고리로서 전국적 공동투쟁전선을 구축하지 못한 것을 가장 중요한 실패의 원인으로 보고, 상반기의 투쟁을 전국 단위, 산업·업종 단위, 지역 단위로 나누어 구체적으로 분석한다.

5장과 6장에서는 노동법개정 총파업투쟁을 주도한 5개 핵심 산업·업종연맹과 지역본부 그리고 민주노총 중앙을 중심으로 총파업투쟁 준비 과정과 총파업투쟁 전 과정을 총노동과 총자본 간의 총체적 계급투쟁이라는 관점에서 구체적으로 분석한다.

7장에서는 총파업투쟁 이후에 불리하게 변화된 계급 간 세력관계 속에서 민주노총이 1997년의 상반기 투쟁과 하반기 대통령선거운동에 어떻게 대응해나갔는지를 분석한다.

8장에서는 민주노총이 IMF 경제위기와 신자유주의의 도입을 둘러싼 국가와 자본과의 계급투쟁에서 총파업투쟁을 통한 정리해고제와 근로자파견제의 저지를 요구한 조합원들을 무시하고, 어떻게 두 번에 걸쳐 노사정 합의와 총파업 철회 등을 통해 국가와 자본에 투항해갔는지를 분석한다.

9장에서는 이 연구를 통해 얻은 새로운 시각과 내용을 제시하고, 이를 통해 배울 수 있는 역사적 교훈과 실천적 함의를 되새겨본다.

2장

민주노총의
이념과 운동노선

1995년 11월 11일, '노동해방'과 '평등사회 앞당기는 전노협'으로 대표되던 한국 민주노조운동은 '국민과 함께하는 노동운동'을 기치로 내건 민주노총으로 대체되었다. 이에 대해 김준은 "노동운동 내의 전투적·비타협적·변혁지향적인 노동운동의 조류가 약화되고, 보다 온건하고 타협적이며 개혁·개량주의적 혹은 사회민주주의적인 노동운동이 확고히 등장하게 되는 분기점"이 되었다고 평가하고 있다.[1] 이러한 김준의 평가는 대부분의 연구자들에 의해 정설로 받아들여지고 있다. 유범상은 이를 전노협은 변혁적 노동조합주의 이념을, 민주노총은 사회개혁적 노동조합주의 이념을 지향한 것으로 개념화했다.[2] 이러한 민주노총의 사회개혁적 노동조합주의는 창립선언문과 강령 등에서 노동해방이라는 근본적 사회변혁을 지향했던 전노협 노선과는 달리, 체제 내에서 노동자의 지위와 삶의 질을 향상시키는 개량을 목표로 하는 '개량주의 노선'[3]임을 분명히 하고 있다.*

이처럼 민주노총이 사회변혁을 포기하고 체제 내에서의 사회개혁·개량을 이념적 목표로 설정하게 되면, 이 목표를 실현하기 위한 실천전략으로서의 운동노선에도 상당한 변화가 초래될 수밖에 없다. 사회개혁·개량을 추구한다면 투쟁노선도 합법적인 투쟁이나 활동을 중심으로 하는 투쟁노선을 지향하지 않을 수 없고, 이러한 합법적 투쟁노선을 뒷받침하기 위해 조직노선도 합법적인 조직형태를 취하지 않을 수 없다. 투쟁이나 활동 방식 또한 합법적인 활동이 중심이 됨에 따라 활동 방식 역시 전투적·비타협적인 방식이 아니라 온건·타협적인 방식으로 전환될 수밖에 없다. 그리고 정치노선도 실질적으로 사회개혁·개량을 이루어내려면 어떤 형태로든 정부의 정책 형성 과정에 참가하는 것을 추구해야 하고, 궁극적으로는 정치적 영향력의 확보를 위해 의회의 진출을 통한 합법적 정치세력화를 최종적인 목표로 설정하지 않을 수 없다.

이런 점에서 민주노총의 투쟁과 활동을 기본적으로 규정하고 있는, 사회개혁주의로 대표되는 민주노총의 이념적 지향과 운동노선을 파악하지 않으면 민주노총의 투쟁과 활동을 제대로 분석할 수 없다. 따라서 이 장에서는 민주노총의 사회개혁주의 이념과 운동노선(투쟁노선, 조직노선, 정치노선) 그리고 민주노총의 운동노선을 전체적으로 규정하고 있는 합법주의를 주요하게 분석할 것이다.

• 　사회개혁에는 두 가지 종류가 있다. 체제의 변혁을 목적으로 하는 개혁과 체제는 유지한 채 개량만을 목적으로 하는 개혁이다. 민주노총의 사회개혁주의는 체제의 변혁이 아닌 개량 그 자체를 최종 목적으로 하고 있다는 점에서 사회개량주의라고 하는 것이 보다 정확한 표현이다.

1. 전투적이고 변혁지향적인 전노협 운동노선의 청산*

전노협은 1990년 1월 22일에 1987년 7·8·9 노동자대투쟁 이후 급속하게 성장한 민주노조들의 전국적 구심으로 건설되었다. 전노협은 "한국노총으로 대표되는 노사협조주의와 어용적·비민주적 노동조합운동을 극복하고 자주적이고 민주적인 노동운동을 전개"하며 "노동자의 처지를 근본적으로 변화시킬 수 있는 경제·사회구조의 개혁과 조국의 자주화·민주화·평화통일을 앞당기기 위해 제 민주세력과 굳게 연대하여 투쟁해나갈 것"[4]을 선언함으로써, 단순히 임금 인상과 근로조건의 개선만을 추구하는 조합주의·경제주의적인 조직이 아닌 한국 사회의 근본적인 변혁을 지향하는 변혁운동조직의 한 부분으로 출발했음을 분명히 했다. '노동해방'과 '평등사회 앞당기는 전노협'이라는 슬로건은 그러한 전노협의 지향을 상징적으로 보여준다. 당시 국가와 자본은 전노협을 체제전복세력으로 규정하고, 대통령 주재하에 전노협 와해 대책을 마련할 정도로 전노협에 엄청난 탄압을 가했다. 그리하여 전노협은 창립에서 1995년 12월에 해산될 때까지 국가와 자본의 탄압에 대한 투쟁을 중심으로 거의 모든 활동을 전개할 수밖에 없었다. 그 결과 전노협은 6년 동안 총 3000여 명이 구속되고, 5000여 명이 해고되는 등 수많은 고통과 희생을 치러야 했다.

이런 점에서 전노협의 모든 사업과 활동은 국가와 자본의 탄압에 대한 공동대응을 중심으로 배치되지 않을 수 없었다. 임금인상투쟁(이하

● 　이 부분은 필자의 『전노협 청산과 한국 노동운동』(후마니타스, 2007)에서 핵심적인 내용을 발췌하고 요약하였다. 보다 자세한 내용은 이 책을 참고하기 바란다.

임투)과 단체협약투쟁조차도 국가와 자본의 탄압에 대한 공동대응을 전제로 전략과 전술을 짜야만 했다. 임금·단체협약투쟁(이하 임단투 또는 임단협투쟁) 때만 되면 공동투쟁본부를 꾸렸던 것도 국가와 자본의 탄압에 공동으로 연대하여 투쟁하기 위해서였다. 이런 과정에서 조합원들의 의식과 역량은 비약적으로 발전했다. 구사대 침탈에 대항하여 지역적으로 연대해 격퇴하는 것은 기본이었고, 공권력 침탈에 대한 규탄 투쟁 또한 전국적 차원에서 일상적으로 이루어졌다. 투쟁 구호로 '민주 압살 민중 탄압 민자당을 해체하라!', '전국 노동자 총파업으로 민자당 독재 박살내자!', '물가 폭등 집값 폭등 노태우 정권 퇴진하라!'라는 정치적 구호가 자연스럽게 터져 나왔다. 그리고 규탄대회 명칭을 '민자당 해체, 노태우 퇴진 촉구 국민총궐기대회'로 내걸 정도로 국가 권력에 대한 투쟁의지 또한 분명했다. 이처럼 전노협의 정치적·변혁지향적인 성격은 독점재벌과 국가 권력 등 지배세력에 대한 적대성과 투쟁성으로 발전했다.

전노협은 1970년대 민주노조운동으로부터 형성되기 시작하여 20년 간에 걸쳐 더욱 확대·강화·발전되어온 민주노조운동의 정신을, 국가와 자본의 탄압에 대한 투쟁을 통하여 전노협 정신으로 구체화했다. 전노협은 공식적으로 전노협의 정신을 자주성·민주성·투쟁성·연대성·변혁지향성으로 표현했다. 이중 자주성·민주성·투쟁성은 전노협의 기본 정신이었다. 전노협의 실체를 인정하지 않고 폭력적인 탄압으로 일관하는 국가와 자본에 대항하여, 전 조합원이 힘을 합쳐 비타협적으로 투쟁하지 않으면 자주성을 유지할 수 없었기 때문이다. 조합원 찬반투표나 현장토론 등과 같은 직접민주주의 방식을 통해 조합원들의 의견을 수렴하고 적극적인 참여를 이끌어내는 민주성과, 불법파업도 불사하는 전투적인 투쟁성이 뒷받침되지 않으면 국가와 자본으로부터 자주성을 확보할 수 없었다. 특히 연대성과 변혁지향성은 국가와 자본이 가장 두려워했던 전노협 정신의 핵심적인 부분이었다. 국가와 자본은 전노협을 중심으로 노동운동세력이 전국적으로 연대하여 정치적·변혁적으로 진출함으로써, 1987년 노동자대투쟁 이후 변화하기 시작한 계급 간 세력관계가 역전될까봐 두려워했다. 이 때문에 국가와 자본은 경제단체협의회와 민자당을 급조하면서까지 전노협이 가진 계급적 연대성과 변혁지향성이 더 이상 확산되지 못하도록 끊임없이 탄압함으로써, 전노협을 축소시키고 무력화하려고 했다.

그러나 국가와 자본이 아무리 탄압을 해도 전노협의 이러한 민주노조운동 정신은 더욱 확대되었고, 전노협 지향의 민주노조들도 점점 늘어나기 시작했다. 1992년의 전국노동자대회 때는 ILO 공대위로 묶인 노동자들이 총 40만 명이나 될 정도였다. 이에 위기를 느낀 국가와 자본은 전노협의 이러한 정신이 다른 민주노조 진영으로까지 더 이상 확산되지 못하도록 차단하기 위해 새로운 전략을 모색하기 시작했다. 그래서 그들은 '분할지배전략'을 통해 전노협은 탄압하고 배제하는 대신, 대기업 사업장의 노조들은 실리로 유혹하고 사무전문직 업종노조들은 합법화시켜줌으로써 민주노조운동세력을 분열시키려고 했다. 그러나 전노협, 업종회의, 대기업 노조들이 연대하여 전국노동조합 대표자회의(이하 전노대)를 결성하고 이를 통해 민주노총의 건설로 나아가려고 하자, 국가와 자본은 민주노총의 합법화를 미끼로 지역연대조직에 기초한 전노협을 청산하도록 유도했다. 그리하여 민주노총의 운동노선을 둘러싼 노선투쟁 과정에서 주도권을 잡은 사회개혁·개량주의적인 세력들이 이러한 국가와 자본의 '민주노총 합법화전략'에 호응함으로써 전노협은 결국 청산되고 말았다. 그로 인해 전태일 열사의 분신 투쟁 이후 수십 년 동안 발전시켜온 민주노조운동의 정신인 전노협 정신 또한 민주노총에 발전적으로 계승되지 못하고 부정되었다. 전노협의 전투적이고 변혁지향적인 운동노선을 부정하고 사회개혁투쟁으로 대표되는 온건·타협적인 합법·개량주의 운동노선을 주장하는 민주노총의 시대에 전노협 정신은 비판되고 극복되어야 할 구시대의 유물에 지나지 않았다. 전노협 정신으로 대표되는 민주노조운동의 기본 정신과 원칙을 포기한 민주노총은 국가와 자본의 신자유주의적 구조조정 공세에 온건·타협적인 방식으로 대응했다. 그 결과 민주노총은 제대로 투쟁해 보지도 못한 채 속수무책으로 당하다가, 지금은 기업별노조 중심의 1970년대 민주노조운동보다도 못한 수준으로까지 후퇴하고 말았다. 현재 한국의 노동운동은 변혁지향성·연대성은 물론이고, 개별 노조 차원의 투쟁성·민주성·자주성 면에서도 민주노조운동의 기본 정신과 원칙으로부터 상당히 멀어져 있다.

2. 민주노총의 이념적 지향

사회개혁·개량주의

민주노총은 상층 대표자들 간의 노선투쟁을 통하여 전노협의 '사회변혁주의 운동노선'*을 청산하고, 독점대기업 노조와 사무전문직 업종노

• 　전노협의 사회변혁주의 운동노선은 정확하게 말하면 변혁이 아니라 변혁지향성을 의미한다. 일반

조 중심의 '사회개혁·개량주의 운동노선'을 따라 건설되었다. 그러나 민주노총 상층에서의 이러한 경향과는 달리 여전히 전노협 하층 조합원들 사이에서는 전노협의 사회변혁주의 노선을 고수하려는 경향이 강했고, 이것이 민주노총을 건설하는 과정에서 전국민주금속노동조합연맹(이하 금속연맹)*으로 결집되어 나타나게 된다. 그래서 이후 민주노총의 투쟁과 활동을 둘러싼 노선투쟁은 금속연맹의 문제제기를 중심으로 이루어지는 경우가 대부분이었다. 이런 점에서 민주노총의 이념적 지향을 금속연맹의 선언** 및 강령과 비교·검토하여 그 내용을 파악해보고자 한다.

민주노총은 창립선언문(1995. 11. 11.)과 선언에서 "사회개혁"의 주체로서 "사회의 민주적 개혁을 통한 전체 국민의 삶의 질 개선"을 목표로 내세우고, 이를 위해 "제 민주세력과의 연대에 의한 정치세력화 실현"을 주장했다. 즉 민주노총은 금속연맹과는 달리 사회변혁이 아니라 사회개혁의 주체임을 분명히 하면서 체제변혁이 아닌, 체제 내적 개혁을

적으로 사회변혁이라고 하면 사회주의 변혁을 의미하는데, 전노협은 사회주의 변혁을 직접적으로 표방하거나 목표로 한 적이 없다. 전노협은 군사독재를 타도하고 재벌체제를 해체하여 진정한 민주주의를 실현하고자 하는, 급진민주주의적인 체제변혁으로서의 민주변혁을 추구했다. 그리고 전노협은 이러한 민주변혁을 통하여 노동자가 주인 되는 세상(노동해방), 즉 근본적인 변혁으로서의 사회변혁으로 나아가고자 하는 막연한 지향성(변혁지향성)을 가지고 있었을 뿐이다. 이 책에서는 전노협의 사회변혁주의 노선을 근본적인 사회변혁을 지향하되, 실천적으로는 민주변혁을 추구하는 노선의 의미로 사용한다.

• 전국민주금속노동조합연맹은 전노협의 핵심을 담당했던 기계금속부문의 노조들과 전노협 노선에 동조한 조선부문의 노조들이 모여서 결성한 산별연맹으로서, 출범 선언문에서 볼 수 있듯이 전노협의 민주노조운동 정신과 사회변혁 노선의 계승을 표방하고 있다.

•• 금속연맹은 출범 선언(1996. 1. 21.)에서 "전노협 건설과 사수 투쟁에 이르는 노동운동 속에서 확인된 자주성과 민주성, 투쟁성, 변혁지향성 등 민주노조운동의 정신을 계승"하여 "사회변혁의 주체이며 새로운 사회의 건설자"로서 "평등사회, 통일사회, 억압과 착취가 철폐된 노동해방 세상을 만들기 위해 앞장설 것"을 선언했다.

분명한 목표로 내세우고 있다. 이런 점에서 민주노총의 이념적 지향은 전노협이나 금속연맹의 사회변혁주의 노선과는 확연하게 다른 사회개혁·개량주의 노선이라고 할 수 있다.

민주노총의 사회개혁·개량주의 노선은 강령에서도 금속연맹의 사회변혁주의 노선과 많은 차이를 보이고 있다. 경제민주주의와 관련하여 금속연맹은 국내외 독점자본의 지배 착취를 지원하는 경제정책 반대와 독점재벌 해체 그리고 사회 정의에 입각한 경제구조의 민주화 등 '재벌체제에 대한 근본적인 민주적 변혁'을 주장하는데, 민주노총은 단순히 '독점자본에 대한 규제 강화'만을 주장하고 있다.

법과 제도의 개혁과 관련하여 금속연맹은 국가보안법, 반反민주악법 철폐, 각종 탄압 기구의 민주적 개혁, 언론·출판·결사·시위·사상의 자유 등 군사독재체제의 근간을 이루어왔던 '파쇼적인 법과 제도에 대한 근본적인 민주적 개혁'을 주장한 데 반해, 민주노총은 '사회보장 등과 같은 체제 내적인 사회개혁정책과 제도를 개선'하는 수준에 머무르고 있다.

노동자의 정치세력화에 대해서도 금속연맹은 노동자의 정치세력화를 넘어 '민중의 정치조직 건설과 노동자·민중이 주도하는 새로운 민주사회의 건설'을 주장했지만, 민주노총은 '제 민주세력과의 연대 강화를 통한 노동자 정치세력화'만을 주장했다.

이처럼 민주노총과 금속연맹의 강령을 단순히 비교해보더라도 사회변혁주의 노선을 주장하는 금속연맹과 사회개혁·개량주의 노선을 주장하는 민주노총 사이에는 상당한 차이가 있음을 알 수 있다. 그러면 이러한 민주노총의 사회개혁·개량주의 노선은 정치적 이념으로 볼 때 어디에 속할까?

학계에서는 대체로 사회민주주의 노선으로 보는 경향이 강하다.[5] 그러나 민주노총의 이념적 지향은 민주노총의 선언과 강령 그리고 제반 정책의 내용 등을 통해서 볼 때 사회민주주의로 단순화하기에는 문제가 있어 보인다. 자본의 합리화를 위한 개혁 수준에서 독점에 대한 규제를 강화하고 중소기업과 농업을 보호하며, 정치·경제·사회 민주화 수준에서 사회개혁을 추진하는 정도는 자유민주주의 수준에서도 충분히 가능하다. 1998년 2월의 노사정 합의 때 김대중 정부가 내놓은 재벌개혁을 포함한 사회개혁안은 민주노총의 안과 거의 동일했다.[*] 업종회의가 한국노동조합총연맹(이하 한국노총) 소속 노조들도 참여할 수 있도록 민주노총의 이념을 최소강령 수준에서 작성할 것을 요구했었다는 역사적 사실과 업종회의 소속의 사무전문직 업종노조연맹들의 이념적 수준[**]을 볼 때에도, 창립 당시 민주노총의 이념적 지향은 자유민주주의 수준을 넘어서지 못한 것으로 볼 수 있다.

그렇다고 해서 민주노총의 모든 투쟁과 활동이 자유민주주의 수준에서 이루어졌던 것은 아니다. 자유민주주의라는 민주노총의 이념적 지향은 최소강령 수준에서 작성된 것이었기 때문에, 실제 활동 과정에서

● 　재벌개혁과 관련해 김대중 정부의 안과 동일한 민주노총의 자유민주주의적인 입장은 민주노총 제7차 임시대의원대회(1997. 9. 5.)에 제출된 투쟁 방침에 구체적으로 언급되어 있다. "정부는 경쟁력 강화를 위해서도 재벌체제의 일정한 수술이 필요하다는 판단도 가지고 있음. 그 결과 **'기업 경영의 투명성 제고와 기업지배구조의 개선, 여신관리 강화를 통한 재무구조 개선, M&A 시장 활성화'** 등을 추진하려 하고 있음. **이러한 정부 정책은 기본적으로 '재벌개혁·경영민주화'라는 민주노총의 정책 방향과 일치함.** 그러나 'M&A 시장의 활성화'처럼 '삼성의 기아 인수' 내지 '재벌 경제력 집중의 심화'로 귀결될 수 있는 사안도 포함되어 있음."(『제7차 임시대의원대회 자료집』, 민주노총, 1997, 강조는 인용자)

●● 　전국건설노동조합연맹(건설노련)은 선언(1989)과 강령(1988)에서 "자유민주주의 실현", "노사 평등의 산업민주주의 구현을 통한 복지사회 건설", "노사 공동체 의식을 근간으로 산업평화 실현·유지", "신공법 개발 등을 통한 건설 품질 향상으로 건설 산업 발전에 앞장설 것" 등을 주장하고 있다.

는 각 산업·업종연맹의 조직적 특성 차이에 따라 다양하게 나타날 수밖에 없었다. 이 때문에 민주노총은 모든 투쟁과 활동 과정에서 이러한 이념적 지향의 차이를 반영하는 투쟁노선과 조직노선, 정치노선 등의 차이로 모든 사안을 놓고 끊임없이 대립하고 갈등할 수밖에 없었다.

합법주의 ── 사회개혁·개량주의 이념의 핵심적인 현상형태

민주노총은 사회변혁주의가 아닌 사회개혁·개량주의를 목표로 설정한 이상, 합법적인 투쟁과 조직을 중심으로 활동하지 않을 수 없다. 민주노총이 주요 목표로 설정하고 있던 사회개혁·개량주의를 실현하려면 합법적인 지위를 가지고 정부의 정책 형성 과정에 참가할 수 있어야 하는데, 그러려면 민주노총이 합법화되어야만 했다. 그래야만 이를 토대로 합법정당을 건설하여 정치세력화로 나아갈 수 있기 때문이다. 그런데 민주노총은 합법화를 추구하는 과정에서 합법화 그 자체에 매몰되는 합법주의 경향을 보였고, 이후 합법주의는 민주노총의 투쟁과 활동 그리고 운동노선 전체에 규정적인 영향을 미치게 된다. 그러므로 합법주의는 민주노총의 사회개혁·개량주의 이념을 핵심적으로 표현하고 있는 하나의 현상형태로서 주요하게 분석되어야만 한다.

민주노총은 창립대의원대회에서부터 '합법성 쟁취 투쟁'을 주요한 사업 기조와 사업 방향으로 설정하고, 창립 이후 처음으로 개최된 1996년 정기대의원대회에서 최고의 목표로 합법성 쟁취를 내세웠다. 전국중앙조직의 주 임무를 정치·정책적 대응에 두고 있는 민주노총이 명실상부한 중앙조직으로서의 역할을 제대로 하려면 가장 먼저 합법성이 확보되어야 했기 때문이다. 그렇지 않으면 전국중앙조직의 고유 권한인 대정부·대국회 교섭은 물론이고 제3자 개입 금지 조항 등으로 인해 조직의 활동과 확대·강화에도 많은 어려움이 초래될 것이므로, 합법화가 되어야만 산별노조도 만들고, 노동자의 정치세력화도 추진할 수 있다고 본 것이다. 특히 1996년의 총선과 1997년의 대선 그리고 1998년의 지자체 선거를 통해 정치적으로 진출하려는 목표를 갖고 있던 민주노총의 입장에서는 민주노총의 합법화가 필수적이었다.* 이처럼 민주노총은 합법성의 획득에 최고의 가치를 두고 있었기 때문에 합법화만 될 수 있다면 노동조합의 기본 권리인 파업투쟁을 억제하고, '노사분규'를 최소화하기 위해 정부에 최대한 협조하겠다는 노사협조주의적인 제안까지 했다.

> [정부가 민주노총을 인정하고 노사관계 민주화와 사회개혁에 적극 나
> 선다면] 민주노총은 노사 간에 불필요한 마찰을 줄이기 위해 최대한
> 노력할 것이며, 산하조직에서 분규 발생 시 노사공익 3자로 구성된 중재단을
> 구성하여 최단 시일 내에 분규를 타결하기 위해 노력할 용의가 있음을 밝힌
> 다.(「노사관계 민주화와 사회개혁을 위한 제안」, 민주노총, 1996. 2. 13., 강조는 인용자)

민주노총이 조직 내에 많은 분란과 혼란을 일으키면서까지 노사관계 개혁위원회에 참가하고 노동법 개정 협상에 그렇게 집착했던 것도 바로 민주노총의 합법화와 관계가 있다. 민주노총은 자신들의 실체를 인정받아 대정부 교섭에 참가할 수 있게 된 것을 노개위 참가의 가장 중

• "각계 민주세력과 연대하여 총선, 대선, 지자체 선거에 적극 참여하고, 노동자 후보를 진출시키며, 노동자의 이익과 요구를 대변하는 정당 건설을 추진한다."(「제2차 대의원대회 자료집」, 민주노총, 1996, 127쪽)

요한 의의로 생각했다. 이것은 노개위 참여를 결정한 민주노총 지도부의 발언을 통해서도 구체적으로 확인된다. 민주노총의 초대 사무총장이었던 권용목은 "정부와 싸우려면 민주노총이 합법화되어 공식적인 대화상대로 인정받아야 한다"며 노개위 참여를 민주노총의 합법화 '데뷔전'으로 표현했다. 권영길 민주노총 위원장도 금속연맹 중앙위원들과의 간담회(1996. 5. 8.)에서 민주노총의 합법화를 위해서 노개위에 참여했다는 사실을 확인시켜주었다. 민주노총의 합법화에 대한 민주노총 지도부의 솔직한 심정은 노개위의 노동법 개정안에 반발하여 노개위에서 철수했다가 다시 복귀를 선언하면서 밝힌 권영길 민주노총 위원장의 발언에 압축적으로 나타나 있다.

민주노총 합법화 중요하다. (…) 우리가 부르짖는 산별조직 건설, 이것은 공동교섭에서부터 시작하는 것이다. 여러 연맹에서 시도했지만 이루어지지 않고 있다. 정부와 전경련을 상대로 해야 하는 수많은 사항이 있다. 할 수 있는가? 없다. 노개위에 참여하고 있는데도 불구하고 민주노총이 법외단체라고 해서 요구하는 것을 노개위 양경규 위원에게 공식적으로 전달하지 않고 있다. (…) 노개위가 하물며 그러한데 공식적으로 민주노총과 자리를 하겠는가? 절대로 하지 않는다. 공개적, 공식적 회동은 완벽하게 거부하고 있다. (…) 그런데 국가와 경제단체를 상대로 한 교섭을 어떻게 하겠다는 건가? (…) 앞으로 고용 문제가 5년 안에 최대 문제로 떠오른다. 이 문제 누구와 협상해야 하는가? 정부와 만나야 한다. 현재 어떤 정부를 만나 협상할 수 있는가? 그렇지 못함으로 언젠가 조직 존립 위기가 분명히 온다고 보고 있다. 정말 고민하지 않을 수 없다. 현실적 문제다. 합법화 안 되면 이런 것 할 수 없다. 조합원을 위해

할 수 없다. (…) 합법화는 단순한 것이 아니다.(「제9차 중앙위원회 회의록」, 민주

노총, 1996. 11. 1., 강조는 인용자)

그러나 이러한 민주노총 지도부의 합법화에 대한 집착에도 불구하고
하층의 일선 간부들은 민주노총의 합법화에 그렇게 연연하지 않았다.
민주노총 지역조직에서는 민주노총의 노개위 참여에 대해 민주노총이
너무 합법화에 집착해서 내린 결정이 아닌가 하고 우려했다.[6] 그리고
1996년 12월 3일에 정부의 노동법 개악안이 발표되자 전국전문기술노
동조합연맹(이하 전문노련)*의 중앙집행위원회 회의에서 일부 위원들은
"민주노총이 그동안 합법성에 너무 집착한 나머지 모든 것을 잃을 위
기에 몰리게 되었다"면서 "지금이라도 민주노총이 과감하게 합법성 포
기를 선언해야 한다"고 주장했다.[7] 이러한 민주노총 지도부의 합법화에
대한 집착은 노동법 날치기 통과 이후에 진행된 총파업투쟁 과정에서
조합원들로부터 많은 비판을 받게 되었고, 결국 노동법개정투쟁본부(이
하 노개투본)는 대표자회의(1997. 2. 21~22.)에서 공식적으로 민주노총의
합법화 포기를 선언하였다.

민주노총 지도부의 합법화에 대한 태도는 전노협 때와는 그 결이 완
전히 달랐다. 1993년과 1994년에 한국노총과 한국경영자총협회(이하
경총)가 임금 합의를 할 때, 이를 무력화하고 한국노총 탈퇴운동을 전개
하여 민주노총 건설의 결정적 계기를 만들었던 것은 전국해고자복직투

---

*   전국전문기술노동조합연맹은 1989년에 사무전문직 노동자들을 중심으로 건설되었다가 공익서비
스 및 사회서비스 업종을 포함한 조직으로 확대되어 1997년 7월에 전국공익사회서비스노동조합연맹(이하
공익노련)으로 명칭을 변경하고 재창립되었다. 이 책에서 다루고 있는 전문노련 관련 자료 중 일부는 1997년
7월 이후에 공익노련에서 발간한 것이다.

쟁위원회(전해투) 소속 해고 노동자들의 불법적인 한국노총 점거 농성 투쟁이었다. 노동자들 간의 연대투쟁의 족쇄로 작용하여 수천 명을 구속·수배시켰던 대표적인 악법, 즉 제3자 개입 금지법을 실질적으로 무력화한 것도 악법의 개정이 아니라 불법적인 악법 어기기 투쟁을 통해서였다. 1994년의 전지협 투쟁, 1995년의 한국통신 노조 투쟁 등과 같은 공공부문 노동자들의 투쟁은 대부분 직권중재라는 노동악법 조항에 걸려 파업하는 순간 불법이 되어버림에도 불구하고, 공공부문 노동자들은 악법을 어기는 방식으로 끊임없이 불법적인 투쟁을 해왔다. 전노협 또한 불법단체로 규정되어 엄청난 탄압을 받았지만, 형식적인 합법성에 구애받지 않고 끊임없는 불법적인 투쟁과 활동을 통해 실질적으로 합법성을 확보했다.

이런 점에서 합법화에 대한 민주노총과 전노협의 관점은 완전히 다르다고 할 수 있다. 민주노총은 합법화가 되어야만 투쟁이나 활동을 할 수 있다고 보았다면, 전노협은 투쟁이나 활동을 통해서 실질적으로 합법화를 쟁취해나가면 된다고 보았다. 이러한 합법화에 대한 민주노총과 전노협의 관점 차이는 근본적으로 사회변혁에 대한 이념적 지향의 차이에서 나온다고 할 수 있다. 사회변혁을 지향하는 이념적 입장에서는 합법화에 연연할 필요가 없다. 사회변혁을 위한 주체의 역량을 키워나가기 위해서는 합법화보다 대중투쟁이 더 중요하기 때문이다. 반면에 사회변혁이 아닌 사회개혁·개량을 목표로 하는 이념적 입장에서는, 대정부 협상과 정책 참여를 개혁에 필수적인 조건으로 보기 때문에 대중투쟁보다 합법화를 최우선적으로 생각할 수밖에 없었다. 따라서 민주노총의 합법주의는 전노협 시기에 전국적·지역적·산업별 공동투쟁과 연대투쟁을 통해 합법적인 투쟁과 활동 공간을 넓혀온 제조업과 공공부문 소속의 노동자들과 계속해서 부딪힐 수밖에 없었다.

이 같은 합법주의에 대한 관점의 차이 때문에 민주노총은 이후에 노개위 참가, 총파업투쟁, 대통령 선거, 노사정 합의 등의 투쟁과 활동 전 과정에서 운동 방침을 놓고 내부적으로 끊임없이 대립하지 않을 수 없었다.

3. 민주노총의 투쟁노선

민주노총은 투쟁노선으로 "민주노총을 건설함에 있어 투쟁 영역을 노동자 요구 중심의 임단협투쟁에서 전 국민적 요구인 사회개혁투쟁*으로 넓혀나감으로써 노동조합의 사회적 위상을 높이고 전 국민적 지지를 얻어내는 것을 목표"로 하는 사회개혁 투쟁노선을 내세웠다.[8] 그러나 사회개혁 투쟁노선은 조직적으로 충분한 논의와 토론을 통해 민주노총의 투쟁노선으로 설정된 것이 아니었다. 이는 민주노총 준비위원회의 출범을 앞두고 전노협의 투쟁적 이미지와는 다른 보다 온건하고 합리적인 민주노총의 이미지를 보여주기 위한 하나의 슬로건으로서 갑자기 제출된 것이었다. 그렇기 때문에 민주노총 준비위원회의 출범을 선언한 1994년의 전국노동자대회 대회사에는 사회개혁투쟁은 언급조차 되어 있지 않았다. 사회개혁투쟁의 의미와 위상, 의의, 전술 등에 대한 구체적인 내용은 민주노총 준비위원회가 조직 체계를 구성하여 본

---

* 　사회개혁투쟁에는 ① 사회보장제도의 개선 ② 주택·교육·의료제도의 개선 ③ 교통·환경 문제의 개선 ④ 경제민주화가 포함되어 있었다.

격적으로 업무를 시작한 제3차 대표자회의(1995. 1. 26.)에 가서야 핵심 사업으로서의 지위를 부여받으면서 비로소 '사후적으로' 개념화 작업이 시작되었을 뿐이다.

이처럼 사회개혁투쟁은 조직 내부적으로 아무런 논의도 토론도 없이 상층에서 '내리꽂기' 식으로 강제된 결과, 조합원들은 물론 간부들조차 이를 충분히 이해하지 못했기 때문에 출발부터 실패한 사업이 될 수밖에 없었다. 사회개혁투쟁은 1996년과 1997년도에도 계속해서 주요한 사업으로 배치되고 선전되었지만, 실제로는 별다른 성과를 거두지 못했다. 1996년의 사회개혁투쟁은 교섭권의 위임을 매개로 조합원 교육을 실시하고, 이를 통해 사회개혁투쟁에 대한 의지를 모아보려고 했으나 전국병원노동조합연맹(이하 병원노련)과 전지협을 제외하고는 거의 이루어지지 못했고, 지역·연맹별 가두선전전도 조합원들의 동력을 실어내기 어려웠기 때문에 잘 진행되지 않았다.[9] 1997년의 사회개혁투쟁도 대정부 교섭은커녕 교육사업조차 제대로 추진하지 못할 정도로 많은 한계를 보여주었다.[10]

이와 같이 투쟁노선으로서 제대로 작동한 적이 없었음에도 사회개혁 투쟁노선이 민주노총 1기 집행부 기간 내내 지속적으로 관철되어나간 이유는 무엇일까? 그것은 사회개혁 투쟁노선이 투쟁 영역의 사회적 확대보다는 전노협의 전투적 대중투쟁노선에 대한 반정립으로 제출된 것이었기 때문이다. 민주노총은 사회개혁에 대한 요구를 고리로 대정부 교섭이나 정책 등에 참가함으로써 전투적 대중투쟁보다는 온건·타협적인 협상을 통해 조합원들의 경제적 실리를 추구하는 노선을 중심 노선으로 채택했다. 왜냐하면 전투적 대중투쟁의 경험이 부족한 사무전문직 업종노조연맹이 민주노총 내 세력관계에서 주도권을 잡았기 때문이다. 그 결과 이들의 투쟁노선은 민주노총의 각급 회의에서 충분한 토론과 설득을 통한 합의가 아니라, 다수결이라는 투표 방식을 통해 비타협적으로 관철되고 강제되었다. 이로 인해 민주노총은 이후의 모든 투쟁과 활동 과정에서, 금속연맹을 중심으로 한 전투적 대중투쟁노선과 사무전문직 업종노조연맹을 중심으로 한 온건·타협적인 사회개혁 투쟁노선 사이에서 끊임없는 내부적 대립과 갈등을 겪어야 했다.

이런 점에서 그동안 잘못 사용되어왔던 사회개혁 투쟁노선에 대한 정확한 개념 정리가 필요하다. 이미 언급했듯이 민주노총의 사회개혁 투쟁은 노선으로서 정립될 만큼 일정한 성과를 올리거나 제대로 진행된 적이 없다. 그렇기 때문에 이를 사회개혁 투쟁노선으로 개념화하는 것은 실체가 없는 노선을 민주노총의 투쟁노선으로 규정하는 꼴이 된다. 또한 사회개혁투쟁은 하나의 투쟁 영역을 가리키는 개념으로서 임금·단체협약투쟁과 같이 전투적인 대중투쟁 방식으로 수행할 수도 있고, 온건·타협적인 협상 방식으로 수행할 수도 있기 때문에 사회개혁 투쟁노선 자체가 온건·타협적인 성격만을 갖는 것은 아니다. 이런 점에서 사회개혁 투쟁노선은 민주노총의 투쟁노선을 표현하는 데 적합한 개념이 될 수 없다. 민주노총은 전노협의 전투적 대중투쟁노선에 대한 안티테제로서 사회개혁 투쟁노선을 내세웠기 때문에 민주노총의 투쟁노선은 오히려 온건·타협적인 협상중심노선이라고 불러야 정확할 것이다. 이렇게 해야 '전투적 대 온건·타협적', '(대중)투쟁노선 대 협상노선'이라는 대당관계가 성립하면서 논리적으로도 훨씬 타당한 개념이 된다.

따라서 이 책에서는 민주노총의 투쟁노선을 사회개혁 투쟁노선이 아니라 전투적 대중투쟁중심노선과 온건·타협적인 협상중심노선이 서로 대립하고 갈등하는 가운데 후자가 민주노총 내의 세력관계에서 우위를 차지하면서 민주노총의 중심적인 투쟁노선으로서 헤게모니를 관철해나간 과정으로 분석할 것이다. 그래야만 임단투와 사회개혁투쟁을 서로 대립시켜 민주노총은 임단투에는 관심이 없고 사회개혁투쟁에만 관심이 있는 것처럼 오해하거나, 사회개혁투쟁을 전투적 대중투쟁 없이 온건·타협적인 협상만으로 성취할 수 있는 것처럼 왜곡하는 잘못을 피할 수 있을 것이다.

4. 민주노총의 조직노선

민주노조 총단결을 외치며 전국조직으로서의 민주노총을 구상할 때, 민주노조 진영에서 처음에 합의한 조직 발전 전망은 공동투쟁·연대투쟁을 통해 주체 역량을 강화하고, 이를 토대로 산별노조를 먼저 건설한 후에 산별노조들의 총연합단체로서 민주노총을 건설해나간다는 것이었다('선 산별노조 건설, 후 민주노총 건설'). 이렇게 할 경우 산별노조는 국가-자본과의 치열한 계급투쟁을 통해서만 건설될 수 있다는 점에서 기본적으로 전투적이고 변혁지향적인 성격을 가질 수밖에 없었다. 그러나 1993년에 전노대가 결성된 이후 내부의 노선투쟁에서 체제 내 개혁을 목표로 하는 사회개혁·개량주의 노선이 주도권을 쥐면서 민주노총은 선 산별노조 건설 방침을 폐기하고 '선 민주노총 건설, 후 산별노조 건설'이라는 '민주노총 조기 건설론'으로 노선을 급격하게 전환했다. 왜냐하면 원래 계획했던 대로 공동투쟁·연대투쟁을 통해 중소·영세·비정규직 노동자들까지 포괄하는 계급적 연대조직으로서의 산별

노조를 만들게 되면 국가와 자본이 계급적 성격이 강화된 전투적이고 변혁지향적인 산별노조를 그대로 두지 않을 것이고, 그 결과 사실상 합법적인 민주노총의 건설은 불가능하다고 여겼기 때문이다.

이런 점에서 대정부 교섭이나 정책 참여 또는 경영 참가 등과 같은 합법적인 활동을 통하여 체제 내 개혁을 이루려고 하는 사회개혁·개량주의 노선의 입장에서는, 어떤 형태로라도 합법적인 형태의 민주노총을 먼저 건설하는 것이 가장 시급한 과제였다. 이 때문에 민주노총은 사회개혁·개량주의 노선의 주도하에 아래로부터의 대중투쟁을 통한 정상적인 조직 건설 방식이 아니라, 상층에서의 조직 재편 논의를 통해 기업별노조들을 산업·업종별로 줄 세우는 기형적인 방식으로 건설되었다.[*] 그 결과 민주노총의 조직 형태는 산별노조들의 총연합체가 아니라 '기업별노조에 기반한 산업·업종연맹들의 총연맹체'가 되었다. 이후에 민주노총의 거의 모든 조직적인 문제들은 민주노총의 조직적 토대인 기업별노조들의 산업·업종연맹이라는 조직 형태로부터 발생한다.

민주노총은 1995년 11월 11일 창립 당시에 조합 수 대비 85%(총 861개 노조 중 734개 노조), 조합원 수 대비 75%(총 41만 8154명 중 31만 3872명)가 산업·업종연맹으로 가입했다. 그렇기 때문에 민주노총의 중심은 산업·업종연맹이 될 수밖에 없다. 민주노총은 전국 규모의 산업별 단일노조나 산업·업종연맹만이 가맹조직이 될 수 있다. 그래서 민주노총의 의결단위(대의원대회와 중앙위원회)나 집행단위(중앙집행위원회)는

---

[*] 이러한 조직형식적인 재편 방식은 지역 총파업 등과 같은 지역연대투쟁을 통해 지역노동조합협의회(지노협)를 건설하고, 임금인상투쟁이나 노동법개정투쟁과 같은 전국적인 공동투쟁·연대투쟁을 통하여 전노협을 건설했던 방식과는 완전히 상반된다.

산업·업종연맹 중심으로 구성될 수밖에 없다. 이 때문에 산업·업종연맹이 움직이지 않으면 민주노총은 아무것도 할 수가 없다. 민주노총은 산업·업종연맹을 통하지 않고서는 기업별노조에 대한 지원이나 지도는커녕 접촉조차 할 수가 없다. 의무금도 산업·업종연맹을 통하지 않으면 민주노총에 납부조차 할 수 없다. 민주노총은 산업·업종연맹이 움직이지 않으면 총파업을 결의도 집행도 할 수 없다. 그렇기 때문에 민주노총은 인력, 재정, 투쟁, 사업 등 모든 면에서 산업·업종연맹을 중심으로 돌아갈 수밖에 없는 구조이다. 민주노총의 거의 대부분의 사안이 사전에 임원·산별 대표자회의를 거치지 않으면 어떠한 것도 결정되지 않는 것은 바로 이러한 조직구조 때문이다.•

따라서 민주노총은 조직구조상 산업·업종연맹에 의한 과두지배체제가 될 수밖에 없고, 산업·업종연맹에서 거대 지분을 갖고 있는 대기업 노조 중심으로 운영될 수밖에 없는 한계를 가지고 있다. 1995년 5월에 민주노총은 총 907개 노조 중에서 조합원의 규모가 500인 이상인 161개 노조(17.7%)가 전체 조합원의 73%를 차지하고, 조합원 규모 5000인 이상의 13개 거대 노조(1.4%)가 전체 조합원의 27%를 차지할 정도로 대기업 노조의 비중이 압도적으로 높았다.[11] 게다가 규약상 조합원 1000명당 1명의 대의원이 배정되기 때문에 사실상 중소 규모의 노조들은 민주노총의 의사결정 과정에서 거의 배제될 수밖에 없는 구조이다. 민주노총 창립대의원대회에 배정된 대의원의 총수는 366명이었는데 다수의 대의원이 배정된 대기업 노조의 수를 고려할 경우, 민주

• 노동법개정 총파업투쟁 과정에서 공식적인 투쟁본부가 있는데도 거의 모든 중요한 결정이 비공식적인 임원·산별 대표자회의에서 결정된 것은 바로 이 때문이었다.

노총 창립에 참가한 총 861개 노조 중 최소한 3분의 2 이상의 노동조합이 대의원을 배정받지 못했다. 바로 이러한 이유들 때문에 민주노총의 모든 의사결정과 집행은 대기업 노조에 의해서 좌지우지될 수밖에 없다. 1996년의 노동법개정투쟁(노개투) 당시, 대의원대회에서 총파업투쟁이 결정되었지만 어느 날 갑자기 총파업이 철회되거나 부분파업이나 수요파업 등으로 투쟁전술이 바뀐 것도 현대자동차 노조와 같은 대기업 노조들의 결정에 따른 것이었다.

그리고 민주노총은 조합원들의 대중투쟁이 아니라 상층 간부들 간의 조직 형식 재편 논의를 통해 건설되었기 때문에 민주노총의 모든 투쟁과 사업은 그동안 역사적으로 축적되어왔던 조합원들의 투쟁과 조직역량이 아니라, 산업·업종연맹들 간의 조합원 수 비례에 따른 표 대결을 통해서 결정되지 않을 수 없었다. 예를 들면 1995년 전국노동자대회에 금속연맹은 5000여 명이, 전국사무노동조합연맹(이하 사무노련)은 500여 명의 조합원이 참가하는 등 투쟁과 조직역량에서 양 조직 간에 많은 차이가 있었다. 그런데도 민주노총은 창립 대의원수를 금속연맹에 49명, 사무노련에 60명을 배정하는 등 민주노총의 사업과 활동에서 투쟁과 조직역량보다 조합원의 수를 더 중시하는 모습을 보였다.[12] 그 결과 민주노총은 조합원들의 투쟁과 조직역량에 기초한 대중투쟁보다는 임단협 위주의 상층 교섭 활동을 중심으로 하는 산업·업종연맹들이 조직의 근간을 이루면서, 그동안 하층에서 조합원들의 일상적인 투쟁과 조직의 중심 역할을 담당해왔던 전노협 시대의 지역노동조합협의회(이하 지노협) 같은 지역연대조직은 무력화되어버렸다.

그런데 민주노총의 가장 중요한 조직적 과제인 산별노조 건설과 관련하여 볼 때 지역연대조직은 매우 중요한 의미를 갖는다. 기업별노조의 한계를 극복하고 국가와 자본의 탄압에 맞서 산별노조를 만들어가려면, 지역연대투쟁을 적극적으로 수행할 수 있는 지역연대조직이 절대적으로 필요하다. 지역은 다양한 산업·업종 노동자들 간에 계급적 연대와 투쟁을 일상적으로 벌일 수 있는 매우 중요한 공간이기 때문이다. 따라서 산별노조를 지향한다면 지역연대조직 또한 산별조직 못지않게 그 위상과 역할이 더욱 확대되고 강화되어야 한다. 유럽의 산별노조 건설의 역사가 보여주듯이 지역연대조직과 산업별 조직은 씨줄과 날줄처럼 똑같이 중요한 조직으로 조직구조 속에 함께 포함되어야 한다.

그러나 상층 중심의 대정부 협상과 정책 참여 등을 통해 조합원들의 경제적인 실리를 추구하는 사회개혁·개량주의 노선의 입장에서 지역연대조직은 전혀 통제가 되지 않고, 협상에 방해가 된다는 점에서 경계의 대상이 될 수밖에 없다.* 이것이 전투적이고 변혁지향적인 전노협의 핵심 골간이었던 지노협을 해체한 주된 이유이다. 이 때문에 민주노총은 조직체계에 지역연대조직을 가맹조직으로 포함시키지 않았다.** 민주노총의 지역본부는 계급적 연대와 투쟁을 독자적으로 수행하는 지역연대조직이 아니라, 민주노총의 운영 규정에 따라 통제되는 행정기

---

* 노동법개정 총파업투쟁 과정에서 가장 적극적이고 비타협적으로 투쟁을 했던 세력은 각 지역의 투쟁본부들이었다. 그래서 이들은 민주노총의 소극적인 투쟁 방침에 대해 공동으로 항의 성명서를 발표하는 등 가장 비판적인 입장을 취했다.

** 노동부가 민주노총의 설립신고서를 반려하면서 내걸었던 이유 중의 하나는 '가맹연합단체에 산업별 연맹이 아닌 지역조직과 그룹조직이 있다'는 것이었다. 이에 대해 민주노총은 "지역조직과 그룹조직은 산업별 조직 관할 외의 노동자를 포괄하는 연합조직의 성격을 갖는 것으로 연합노련과 마찬가지로 인정이 되어야 한다"고 반박하면서 지역조직과 그룹조직의 합법성을 주장했다.(『제2차 대의원대회 자료집』, 민주노총, 1996, 25 ~ 26쪽) 이렇게 보면 민주노총 준비위원회가 민주노총의 건설 과정에서 합법적 성격을 갖는 지역조직을 굳이 표결까지 해가면서 가맹조직에서 제외한 것은 논리적으로 앞뒤가 맞지 않는다. 민주노총의 이러한 모순적인 행동은 바로 앞에서 언급한 내부 노선투쟁의 관점에서 보아야 제대로 이해할 수 있다.

구로서 그 위상과 역할이 축소되었다. 지역본부는 가맹조직이 아니기 때문에 규약상 대의원대회와 중앙집행위원회에 참가할 자격이 없으므로 민주노총의 의결과 집행에 참여할 수 없다. 민주노총 지역본부장에게조차 대의원의 자격은 주어지지 않는다. 다만 의견 수렴을 위해 지역본부장이 중앙위원회에 참가할 수 있을 뿐이다. 그리고 민주노총은 지역본부의 예산과 인원을 배정하고 임명하는 것을 통해 철저하게 지역본부를 통제하는 구조로 되어 있다. 민주노총의 방침과 다른 독자적인 투쟁이나 활동은 구조적으로 못하게 되어 있는 것이다.

그러나 이러한 구조적인 한계에도 불구하고 민주노총의 지역본부는 현실적인 필요 때문에 지역연대투쟁에서 중심적인 역할을 하지 않을 수 없었다. 그 필요성은 민주노총 건설 이후 처음으로 치러진 1996년의 상반기 투쟁에서 명확하게 드러났다. 국가와 자본에 의한 탄압이 여전히 진행되고 있는 상황에서 이에 대응하려면 지역본부가 지역연대투쟁의 구심 역할을 할 수밖에 없었기 때문이다. 그래서 1996년에 상반기 투쟁이 끝나자마자 지역본부로부터 지역본부의 위상과 역할을 조정해달라는 요구가 강력하게 터져 나왔다. 그리고 1996년의 상반기 투쟁을 통해서 확인된 지역연대조직의 필요성과 중요성은 노동법개정 총파업투쟁 과정을 통해서 더욱 확실하게 증명되었다. 이처럼 아래로부터의 연대와 투쟁의 공간으로서 지역연대조직은 전투적인 대중투쟁과 계급적 연대투쟁에 있어 필수적이라는 것이 그간의 역사적 경험을 통해 확실하게 검증된 사실이었다. 그러나 이후 민주노총의 투쟁과 활동이 전국적 공동투쟁과 연대투쟁이 아닌, 산업·업종연맹들만의 교섭과 투쟁을 중심으로 진행되면서 사실상 지역연대조직에 의한 연대와 투쟁은 거의 이루어지지 않게 되었다. 이에 따라 계급적 연대와 투쟁의 기풍 또한 사라져버렸다. 그 결과 민주노총은 계급적 연대와 투쟁을 중심으로 하는 계급연대조직으로부터, 자기 조합원들만의 경제적 실리를 추구하는 조합주의·경제주의적인 조직으로 후퇴해버렸다.

5. 민주노총의 정치노선

민주노총의 사회개혁·개량주의 운동노선은 산별노조의 건설을 민주노총 건설의 첫 번째 목표로 삼지 않았다. 그들의 첫 번째 목표는 합법적인 민주노총의 건설이었고, 최종 목표는 합법적인 민주노총을 토대로 합법정당을 만들고, 이를 통해 제도정치권으로 진출하는 데 있었다. 이 때문에 그들은 1995년 지방자치단체장 선거, 1996년 국회의원 총선, 1997년 대통령 선거 등으로 이어지는 권력 교체기에 적극적으로 대응하기 위한 조직적 기반으로서 합법적인 민주노총의 조기 건설에 그토록 집착했던 것이다. 이러한 그들의 지향은 민주노총의 강령과 기본 과제 그리고 규약 등에서 산별노조의 건설보다 정치세력화를 우선적인 목표로 설정하고 있는 데서 잘 나타난다. 민주노총의 강령을 보면 정치세력화는 두 번째 항목으로 배치되어 있는데, 산별노조의 건설은 세 번째 항목으로 배치되어 있다. 기본 과제에서도 정치세력화는 세 번째 항목에 나와 있는데, 산별노조의 건설은 여섯 번째 항목에 나와 있다. 규약에서도 정치세력화는 첫 번째 목적 사업인데, 산별노조의 건설은 네 번째 목적 사업이다. 이처럼 민주노총은 창립 때부터 이미 산별노조의 건설보다 정치세력화에 보다 중점을 두는 방향으로 기본 사업 기조가 잡혀 있었다.

그리고 기본 사업 기조뿐만 아니라 정치세력화의 방향도 이미 설정되어 있었다. 민주노총의 기본 과제 '제3항 노동자의 정치세력화와 제 민주세력과의 연대 강화'를 보면 "민주노총은 첫째, 노동조합의 정치활동을 금지하고 있는 노동조합법과 선거법을 개정하고 각종 선거에 적극 대응하여 노동자 대표의 정치적 진출을 확대한다. 둘째, 민족민주운동을 비롯한 제 민주세력과 연대를 강화하고 확고한 대중적 토대를 구축하며, 궁극적으로는 전체 노동자 대중의 요구와 이해를 진실로 대변할 수 있는 정당을 건설한다"라고 되어 있다. 이를 보면 민주노총은 이미 기본 과제에서부터 합법정당을 건설하고 선거를 통해 제도권 정치로 진출하는 것을 분명한 목표로 설정하고 있음을 알 수 있다.

이런 민주노총의 정치적 지향은 1996년의 정치 방침에도 구체적으로 나타나 있다. 민주노총은 1996년 초부터 이미 대통령 선거에 독자 후보를 내고, 이를 기반으로 광범위한 국민들이 참여하는 합법적인 국민 정당을 건설하는 것을 정치 방침으로 설정했다.[13] 이런 점에서 볼 때 1996년 말에 수백만 명이 총파업을 했음에도 노동법개정투쟁이 실패로 돌아가자, 노동자를 대변할 정치세력화의 필요성이 제기되어 대통령 선거에 적극 참가하기로 결정했다는 민주노총의 주장은 사실과 다르다. 민주노총은 이미 노동법 개정의 실패 여부와 상관없이 창립 때부터 1997년 권력 교체기를 대비하여 대통령 선거 출마와 합법정당의 건설을 준비해왔었다.

이러한 정치적 지향 속에서 민주노총의 정치노선이 명확히 드러난 곳은 제6차 임시대의원대회(1997. 7. 24.)에서 결정된 '노동자의 정치세력화와 1997년 대통령 선거에 관한 민주노총의 방침'(대선 방침)이었다. 민주노총의 대선 방침은 공동선거대책기구를 구성하여 민주적이고 개혁적인 독자 후보를 선출하고, 대통령 선거에 모든 인적·물적 역량을 최대한 집중한 뒤 이를 토대로 새로운 정당을 건설한다는 것이었다. 여기서 민주적이고 개혁적인 후보란 실제로는 노동자 후보도 민중 후보도 아닌 민주적이고 개혁적인 '국민 후보'를 의미하는데, 이런 점에서 민주노총이 지향하는 새로운 정당의 성격은 '개혁적 국민 정당'이라고 할 수 있다. 이후 민주노총은 대선 방침에 따라 국민승리21이라는 공동 선거대책기구이자 정치조직을 구성하여 권영길 위원장을 대통령 후보로 선출하고 대통령 선거에 참가한 뒤 이를 토대로 의회 진출을 목표로 하는 합법정당 건설로 나아갔다.

그러나 선거를 중심으로 하는 이러한 의회주의적인 합법정당 노선은 선거운동과 대중정치투쟁 등에서 많은 한계를 보이게 된다. 노동자의 정치세력화란 선거를 통한 정치활동에 한정되는 것이 아니라, 다양한 일상적인 정치적 요구 투쟁을 통해 노동자들의 정치의식과 정치투쟁 역량을 강화함으로써 노동자가 정치의 주체로서 설 수 있게 만드는 것이다. 그러나 민주노총은 의회주의적인 합법정당 노선을 따르면서 합법적인 선거운동을 중심으로 한 득표 활동에 머물렀다. 이로 인해 노동자들의 정치적인 의식화와 조직화 작업은 방기되었고, 노동자들은 선거운동 과정에서 단순한 동원 대상이 되거나 자금을 모집하는 역할만을 수행하게 되었다. 그 결과 민주노총은 노동자 정치세력화를 위한 노동자들의 정치의식 및 정치투쟁의 역량 강화는 물론, 합법적인 선거운동에서조차 조합원들의 적극적인 참여를 이끌어내지 못함으로써 돈도 표도 안 나오는 실망스런 결과를 초래하였다.

3장

김영삼 정권의 신노사관계 구상과
노사관계개혁위원회

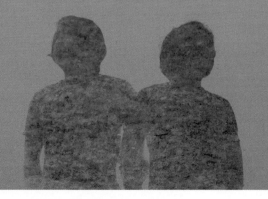

1996년에 김영삼 정권의 '신노사관계 구상'으로부터 시작된 노동에 대한 국가와 자본의 신자유주의적 공세는 한국의 노동운동에 엄청난 영향을 미쳤다. 김영삼 정권의 신노사관계 구상이 관철된 결과, 노동법이 신자유주의적으로 개정되면서 노동시장의 유연화로 인한 고용불안정과 노동기본권 제한에 따른 '노동운동의 무력화'가 본격적으로 추진되기 시작했기 때문이다.

위로부터의 계급투쟁이라고 할 수 있는 노동에 대한 국가와 자본의 신자유주의적 공세의 핵심은 노동운동을 파괴하거나 무력화하는 것이다. 신자유주의 시대의 도래를 알린 미국 레이건 정권의 항공관제사 노조 파괴*와 영국 대처 정권의 광산노조 무력화**는 이의 대표적인 예다.

---

*   1981년 8월에 미국의 항공관제사 1만 3000명이 파업에 돌입하자 레이건은 이들 중 1만 1000명을 해고하고, 군인들이 관제 업무를 대신 맡게 했다. 해고된 관제사들은 다시 일자리로 돌아가는 것이 허용되

김영삼 정권의 신노사관계 구상 또한 미국이나 영국과 마찬가지로 본질적으로는 노동에 대한 국가와 자본의 신자유주의적 공세의 일환으로 진행되었다. 신자유주의 전파의 핵심 기관인 OECD 가입***을 위한 사전작업으로서 신노사관계 구상이 기획되었다는 것이 바로 이를 방증한다.

신노사관계 구상의 목표라고 할 수 있는 국가경쟁력 강화를 위한 '노동시장 유연화'와 '노사관계 안정화'는 노동에 대한 국가와 자본의 신자유주의적 공세의 핵심적인 내용이다. 그렇기 때문에 노동시장 유연화와 노사관계 안정화라는 개념은 국가와 자본의 이데올로기에 지나지 않는다. 국가와 자본의 입장에서 보면 착취의 강화를 위해서 노동시장은 유연화될수록 좋고, 노사관계는 안정화될수록 좋다. 그러나 노동의 입장에서 보면 노동시장의 유연화는 노동법에 따른 규제를 완화하여 보다 유연하게 무제한적으로 노동을 착취할 수 있게 보장한다는 의미에서 '착취의 유연화' 또는 '착취의 무제한화'가 된다. 노사관계의 안정화 또한 노동시장을 유연화하여 착취를 더 강화하려면 이에 저항하는 노동운동을 약화시키거나 무력화하지 않으면 안 된다는 점에서 노동운

지 않았고, 투쟁 과정에서 노동조합도 파괴되었다.(아스비에른 발, 「지금 복지국가는 어디로 가고 있는가」, 부글북스, 2012, 122쪽)

**　 1984년에 대처 정권이 탄광들을 폐업시키고 광부 1만 명을 해고하자 전국광산노동조합은 파업으로 맞서며 1년 동안 투쟁을 했으나 광부들의 패배로 끝났다. 그리고 대처 정권은 다시 부두 노동자와도 대결을 벌여 이들 또한 패배시켰다. 이후 대처 정권은 반反노조법안을 제출하였고 영국의 노동조합은 크게 위축되었다. 그 결과 1979년부터 1995년 사이에 60%에 달하던 노동조합 조직률은 30%로 반토막 났다.(아스비에른 발, 「지금 복지국가는 어디로 가고 있는가」, 부글북스, 2012, 123쪽)

***　 OECD는 그 당시 회원국을 유럽과 북미 위주에서 구舊동구권, 아시아 태평양, 중미 등으로 확대하고 있었는데, 한국의 OECD 초청도 이러한 OECD의 팽창전략의 일환으로 이루어졌다. OECD가 이렇게 다른 지역으로 가입 범위를 넓힌 이유는 신자유주의 확산전략의 일환으로 비 OECD 국가들의 금융시장과 상품·서비스 시장을 개방하여 이들을 단일 세계시장으로 확대·통합해나가려는 목적에서였다.(신경환·황기돈, 「국제경쟁력 강화와 신노사관계 연구」, 「경상논총」 14권, 한독경상학회, 1996, 65쪽)

동의 무력화가 된다. 이처럼 관점을 달리해서 보면 김영삼 정권의 신노사관계 구상은, 노동시장의 유연화와 노사관계의 안정화라는 추상적인 내용 속에 착취의 무제한화와 노동운동의 무력화라는 계급적인 본질을 숨기고 있다는 사실을 알 수 있다.

그런데 민주노총을 비롯한 노동세력은 신노사관계 구상의 이러한 계급적 본질을 제대로 파악하지 못한 채 주관적으로 대응하다가 국가-자본과의 계급투쟁에서 패배하고 말았다. 민주노총은 신노사관계 구상이 민주노총을 체제 내로 끌어들이기 위해 국가와 자본 측에서 노동기본권을 일정하게 양보할 수밖에 없을 것으로 보았다. 하지만 이것은 민주노총의 착각이었다. 김영삼 정권이 민주노총을 끌어들인 목적은 OECD 가입을 위한 '들러리'로서 필요했기 때문이지, 노동기본권의 개선을 위한 것은 아니었다. 김영삼 정권이 수년 동안 추구해온 참여와 협력의 노사관계의 핵심은 노동기본권을 신장하는 것이 아니라, 오히려 더욱 제한하여 노동운동을 무력화하는 것이었다. 이러한 김영삼 정권의 의도는 개정된 신자유주의적 노동법에서 적나라하게 드러났다. 20여 일에 걸쳐 전국적으로 수백만 명이 총파업을 했음에도 불구하고, 노동기본권 조항에서 개선된 것은 대표적인 악법 조항인 복수노조 금지, 제3자 개입 금지 등 몇 개에 지나지 않았다. 그것도 단서를 붙여 부분적으로만 허용하거나, 필요할 경우 법이 아닌 시행령이나 지침 등을 통해 얼마든지 제한할 수 있게 만들어놓았다. 심지어는 상급단체의 복수노조 허용에도 불구하고 정부는 다른 제약 조항들을 핑계로 민주노총의 합법성을 인정해주지 않다가, 충분히 순치되었다고 판단한 후에야 비로소 합법성을 인정해주었다.* 제3자 개입 금지 또한 소속 노동조합 이외의 정작 필요한 민중단체, 시민단체, 학생들과는 연대투쟁을 하지 못하게 만들어놓았다. 반면에 사업 내 대체근로 허용, 무노동 무임금, 전임자 임금 지급 금지, 대표자 교섭체결권 일원화, 이익쟁의만 인정(권리쟁의 불인정), 단협 자동연장 기간 제한, 생산시설 점거 금지, 피케팅 제한 등 노동조합의 활동과 교섭 및 파업을 제한하는 내용들은 무더기로 신설되었다. 개정된 노동법에 대해 어떤 학자는 '혹 떼려다 오히려 혹을 붙인 격이 되었다'는 혹평까지 했을 정도다.**

그러나 신노사관계 구상의 기본적인 의도가 노동조합의 약화 내지 무력화를 위한 노동기본권의 제한에 있었다고 하더라도 그 의도가 그대로 관철될 수 있는 것은 아니었다. 당시의 국제·국내적 정세와 국가-자본-노동 간 세력관계에 따라 상황은 가변적이었다. 한국이 신노사관계 구상을 OECD 가입과 관련하여 갑자기 내놓게 된 데에는 국제정세가 중요한 역할을 했다. 한국이 OECD 가입을 추진하는 과정에서 한국의 노동 문제에 대해 가장 적극적인 공세를 편 것은 미국이었다. 미국은 신자유주의적 세계화로 무역장벽이 점차 해소되어가자, 각국의 노동조건이 국제경쟁력을 결정하는 데 있어 주요한 변수로 작용할 것이라고 판단해 '무역과 노동기준의 상호 연계' 문제를 매우 중요한 통상전략으로 내세웠다. 그래서 미국은 한국의 OECD 가입 문제를 활용하여 OECD에서부터 이를 시범적으로 적용한다는 내부 전략에 따라 한국의 노동 문제에 대해 강하게 문제제기를 했다.[1] 한국 정부가 처음

• 1997년 3월의 노동법 개정에 따라 상급단체에 복수노조가 허용되었지만 노동부는 임원과 전교조 자격 문제 등을 이유로 민주노총에 신고필증을 내주지 않다가, 1999년 11월 23일에 가서야 신고필증을 내줌으로써 민주노총은 노동법 개정 이후 거의 3년 만에야 합법화될 수 있었다.

•• "집단적 노사관계에서 노동계가 개정 요구를 하였다가 오히려 손해를 더 많이 본, 다시 말해 혹을 떼려다가 결과적으로 혹을 붙인 것이 오히려 더 많은 것이 아닌가 생각합니다."(최영기·전광석·이철수·유범상, 『한국의 노동법 개정과 노사관계』, 한국노동연구원, 2000, 332쪽)

에 신노사관계 구상을 발표하면서 복수노조 금지 조항이나 제3자 개입 금지 조항 등을 개선할 의향을 내보인 것*은 바로 이러한 국제 정세적 요구 때문이었다. 한국 정부가 신노사관계 구상에 민주노총을 적극적으로 끌어들인 것도 국내적인 이유보다 OECD 가입에 따른 국제적인 요구를 무마하기 위한 목적이 일차적이었다. 한국 정부는 OECD 가입이 확정되기 전까지는 판이 깨지지 않도록 신노사관계 구상과 노개위를 계속 유지해야만 했다. 그래서 정부는 민주노총의 합법화와 해고자 복직 등의 미끼를 제공해서라도 상반기 노동－자본 간 계급투쟁을 일정하게 통제하고, 민주노총을 신노사관계 구상으로 확실히 끌어당기려고 했던 것이다. 김영삼 정권이 OECD 가입을 위해 신노사관계 구상을 발표하면서 마치 노사 간에 균형자로서의 역할을 할 것 같은 제스처를 취한 것은 바로 이러한 정세적·계급적 조건에 기인한 것이었다.

따라서 노동운동의 무력화를 초래한 신자유주의적 노동법 개정과 총파업투쟁으로 이에 저항했던 민주노총의 투쟁과 활동에 대한 전체적인 분석을 위해서는 여기에 결정적인 영향을 미쳤던 김영삼 정권의 신노사관계 구상을 둘러싼 국제 및 국내 정세와 국가－자본－노동 간의 계급투쟁과 계급전략 등에 대한 분석이 먼저 이루어져야 한다.

---

* "현행 노사관계 제도도 대부분 과거 개발연대, 권위주의 시대에 마련된 것으로서 발전에 걸림돌이 되고 있음. 복수노조 금지, 제3자 개입 금지 규정은 UN, ILO, OECD 등 국제 사회와 국내 학계 및 시민단체에서도 개선의 필요성을 제기하고 있음."(「노사관계개혁 추진 방안」, 노동부, 1996)

1. 계급 간 세력관계와 계급전략 분석

김영삼 정권의 신노사관계 구상에 대해 조효래는 다음과 같이 분석했다. "신노사관계 구상은 노동 3권의 보장을 핵심으로 하는 노사관계의 근대화·제도화라는 과제와 노동시장 유연화를 통한 국제경쟁력 강화라는 과제를 정치적 교환의 형식으로 해소함으로써 노사관계의 새로운 패러다임을 구축하겠다는 정부의 야심찬 프로젝트였다."[2] 이러한 조효래의 분석은 학계에서 정설로 받아들여지고 있다. 유범상도 이를 "정부의 신노사관계 구상은 노동기본권 보장과 노동시장 유연성이라는 양날을 가진 것"이라고 요약했다.[3] 이들은 신노사관계 구상을 일반적으로 노동기본권을 중심으로 한 '집단적 노사관계법'과 노동시장의 유연화를 중심으로 한 '개별적 노사관계법'의 맞교환을 목표로 하는 것으로 보았다. 그리고 이는 노동운동의 입장에서 볼 때 합법화를 전제로 민주노총을 체제 내로 포섭함으로써 국제 경쟁에 대응할 수 있는 협조적 노사관계를 구축하고자 하는 정부 측의 전략으로 해석되었다.[4]

그러나 이러한 집단적 노사관계법과 개별적 노사관계법의 맞교환이라는 설정은 신노사관계 구상을 기획하고 추진한 세력들의 공식적인 문건과 말, 행동들을 통해서 볼 때 사실과 일치하지 않는다. 그들이 신노사관계를 구상할 때 참고한 사례는 미국, 영국, 호주 등의 노사관계인데, 핵심적인 내용은 노동법 개정과 자본 측의 경영 공세(대규모 감원 등을 통한 구조조정)를 통해 노조의 힘을 약화시킨 상태에서 기업 단위에서의 노사협력을 강화하는 것이었다.[5] 특히 그들은 미국 GM의 새턴 공장 등을 모델로 한 미국식 노사관계체제를 한국에 도입하여 기업 단위에서의 노사관계를 협력적 노사관계로 전환하는 것을 목표로 했다.[6] 그런데 이러한 미국식 노사관계체제는 자본 측의 경영 공세로 사회적 노사관계체제(뉴딜체제)가 파괴되어 노조가 무력화된 상태에서 형성된 기업 단위의 협력적 노사관계라는 점에서 일정한 한계를 갖는 모델이었다.•

　따라서 신노사관계 구상은 애초부터 전국적·산업적 수준에서의 정치적·사회적 노사관계를 자유화하고 민주화하기보다는 기업 수준, 특히 대기업에서의 대립적인 노사관계를 협력적인 노사관계로 전환시켜 생산성을 향상시키는 데 그 초점이 맞추어져 있었다. "단체교섭은 일상적인 일이 아니며 교섭 기간 중에 한정된다. 따라서 단체교섭 국면은 기업 내 노사관계의 일부에 불과하며 노사관계는 대립관계가 아니다. 오히려 기업의 장기 전략, 생산현장에서의 참여 유도 등으로 협력적인 노사관계를 만들 수 있다. 이것이 노사관계에 대한 새로운 패러다임이다"라는 당시 노개위 상임위원 배무기의 주장은 단체교섭조차 정치적·사회적 수준을 배제한 기업 차원의 문제로만 상정하고 있다. 더구나 그는 "단체교섭을 이해상반과 대립을 전제로 하는 분배 국면"으로 보면서 "분배 국면은 제로섬zero-sum 게임이지만, 생산 국면은 노사가 합심 협력하여 부가가치를 키우면 쌍방이 유리해지는 포지티브섬positive-sum"이라고까지 주장했다.[7]

　이렇게 보면 신노사관계 구상은 일반적인 분석과는 달리 노동기본권의 보장에 대해서는 애초부터 별 관심이 없었다고 할 수 있다. 오히려 제로섬 게임에 불과한 분배 국면에서 단체교섭의 힘을 약화시키기 위해 노동조합의 힘을 무력화하는 방향으로 국가와 자본의 계급전략이 추

•　　임영일은 이러한 미국식 노사관계를 기업코포라티즘으로 개념화하고 있다.(『민주노총 정책세미나 자료집』, 민주노총, 1996, 49쪽)

진되었다. 이러한 전략은 그들이 참고했던 영국과 호주의 노동법 개정 사례를 보면 그 의도가 명확하게 드러난다. 영국의 경우, 10여 년간 네 차례에 걸친 노동법 개정을 통해 노동조합의 힘을 약화시킴으로써 노동시장을 보다 유연화할 수 있었다. 호주의 경우도 노동법 개정을 통해 기존 거대 노조의 세력을 약화시킴으로써 노조를 통하지 않고도 사용자와 개별 근로자 간의 교섭을 가능하게 하거나, 한국에서와 같이 무노동 무임금을 법제화하였다.[8] 실제로 한국에서도 이러한 전략은 이후에 진행된 노동법 개정 과정에서 노동기본권의 보장이 아닌 기업별노조의 힘을 약화시키는 방향으로 추진되었다. 교섭권과 체결권의 일원화, 단체교섭 기간의 연장, 단체협약 자동연장 기간 제한 등은 단체교섭권의 약화를 목표로 한 것이었고, 무노동 무임금, 대체근로 허용, 생산시설 점거 금지, 출입 통제, 피케팅 제한 등은 파업권의 약화를 목표로 한 것이었다. 전임자 임금 지급 금지나 공무원·교사의 단결권 부정, 복수노조 금지, 제3자 개입 금지, 정리해고제, 파견근로제 등은 노동조합의 힘을 약화시키거나 확대하지 못하도록 하는 것을 목표로 한 것이었다. 특히 무노동 무임금, 전임자 임금 지급 금지, 기업 단위 복수노조 금지, 제3자 개입 금지 등과 같은 조항은 기업별노조체제를 전제로 한 것으로서 신노사관계 구상은 이런 점에서도 전국적·산업적 수준에서의 노사관계 구성에 전혀 관심이 없었다는 것을 분명하게 보여주고 있다.

따라서 신노사관계 구상을 집단적 노사관계법과 개별적 노사관계법의 맞교환이라고 보는 관점은 문제의 핵심을 놓치고 있는 것이다. 집단적 노사관계법이든 개별적 노사관계법이든 노동조합의 힘, 그중에서도 기업별노조의 힘을 약화시키는 방향으로 노동법을 개정하는 것이 신노사관계 구상의 본질적인 내용이었다. 이런 점에서 정부 내의 분파를 개혁파와 수구파로 나누어 그들이 노동법 개정 문제를 놓고 상호 대립했던 것처럼 분석하는 것은 잘못된 것이다. 개혁파든 수구파든 기본적으로 노동조합의 힘을 약화시키는 방향에서 접근하고 있다는 점에서는 동일했다. 단지 시기나 내용상의 완급 조절 등과 같은 실무적이고 기술적인 문제들을 놓고 견해를 달리했을 뿐이다. 예를 들면 복수노조의 전면 허용과 연계해 5년 뒤로 유예한 노조 전임자 임금 지급 금지를 당장 내년부터 20~30%씩 줄여나갈 것이냐, 아니면 현실을 고려하여 5년 뒤부터 실시할 것이냐 하는 정도의 차이에 지나지 않았다.

그리고 민주노총의 합법화와 관련된 정부의 의도도 일반적인 분석과는 다르다. 신노사관계 구상을 통해 민주노총을 끌어들인 것은 민주노총을 제도화하여 정치적·사회적인 노사관계를 자유화하고 민주화하기 위해서가 아니었다. 정부가 민주노총을 합법화해주겠다는 것은 민주노총을 정치적·사회적 노사관계의 파트너로서 인정하겠다는 것이 아니라,* 민주노총의 상층을 포섭하여 1960년대와 1970년대식의 기형적인 산별연맹체제**처럼 의사코포라티즘pseudo-corporatism적 관계를 유지하면서 기업별노조체제를 관리하고 통제하기 위한 목적에서였

---

* 이는 민주노총이 노개위에 참가하고 있었음에도 불구하고 민주노총 위원장조차 만나주지 않을 정도로 공식적으로는 민주노총을 인정하지 않고 있었다는 사실에서 확인된다. 이에 대한 내용은 2장에서 인용했던 권영길 위원장의 발언 내용을 참고하기 바란다.

** 외형적으로는 산업별노조의 형식을 갖추고 있지만 내용적으로는 여전히 기업별노조체제가 유지되고 있는 조직형태를 의미한다. 사용자와의 단체교섭은 기업별노조 수준에서 이루어져 상급조직이 하는 일은 거의 없는데도, 상급조직은 하부조직에 대해 강력한 통제권을 행사할 수 있었다. 예를 들면 상급조직은 하부조직을 '사고지부'로 규정하고 집행부의 재구성을 명령할 수 있는 권한을 가진다. 한국노총의 이러한 1960~1970년대식 산별체제는 국가에 포섭된 한국노총 상층 지도부를 통한 '위로부터의 통제'를 목적으로 고안된 것이었다.(임영일, 「한국의 노동운동과 계급정치, 1987~1995」, 부산대학교 박사학위논문, 1997, 166쪽)

다.* 이러한 그들의 목적은 기업별노조의 산별연맹체제를 고수하기 위해 노동법 개정 시에 연합단체의 구성 범위를 산별연맹으로만 한정시키거나, 기업 단위의 복수노조는 허용하지 않고 산별연맹 등 극히 제한된 범위로만 제3자 개입을 허용하는 것 등에서 단적으로 드러난다. 그래서 정부는 민주노총을 합법화하고 난 후에 민주노총을 형식적인 대화나 협상을 위한 들러리로 이용하기는 했지만, 총자본과 총노동 간의 정치적·사회적 노사관계를 제도화하는 조치는 결코 취하지 않았다.

신노사관계 구상의 목적은 민주노총의 사회적·정치적 제도화가 아니었다. 오히려 민주노총의 합법화를 미끼로 민주노총의 상층을 포섭하여 노동법을 개정하고, 기업별노조의 힘을 약화시켜 기업 수준에서 협력적인 노사관계를 형성한다는 것을 목표로 한 것으로 볼 수 있다. 신노사관계 구상의 목표를 이렇게 규정하면 민주노총의 상층 지도부를 끌어들이는 것이 성공의 관건이 된다. 신노사관계 구상을 발표하기 전에 청와대에서 미리 민주노총 지도부를 만나 협조를 요청한 것이나, 노개위 위원으로 활동했던 양경규 전문노련 위원장이 "제가 개혁위에 들어가면서 느낀 것은 민주노총에서 온 사람들과 우리의 입장이 권력이나 자본의 가장 주목받는 대상이었다"[9]라고 말할 수 있었던 것도 바로 이러한 이유 때문이었다. 사실상 신노사관계 구상은 민주노총 상층 지도부의 적극적인 호응이 있었기 때문에 추진될 수 있었던 것이지, 민주

● 　현재와 같이 계급 간 세력관계에서 압도적인 우위를 차지할 수 있는 기업별노조체제를 포기하고 세력관계가 역전될지도 모르는 산별노조체제를 인정한다는 것은 지배계급의 입장에서는 상상할 수도 없는 일이다. 한국의 자본은 1987년 노동자대투쟁 이후 일본의 기업별노조체제를 모델로 일본의 연구기관에 용역까지 주면서 노동전략을 연구하고 준비해왔다. 그리고 미국식 노사관계 모델은 기업별노조체제에 기초한 토요타 모델을 벤치마킹한 것이라는 점에서 신노사관계 구상은 기본적으로 기업별노조체제의 유지를 전제로 한 것이었다.

노총이 반대했다면 시작도 못했을 것이다. 더구나 신노사관계 구상은 OECD 가입에 심각한 걸림돌로 작용하고 있던 노동부문에 대한 OECD의 심사 기간에 맞추어 시급하게 면피용으로 발표된 것이었다는 점에서 민주노총의 참여는 필수적이었다. 왜냐하면 OECD 가입 심사를 맡고 있던 고용노동사회위원회(Employment, Labor and Social Affairs Committee, 이하 ELSA)의 최대 관심 사항은 복수노조의 허용, 즉 민주노총의 합법화였기 때문이다. 그러므로 민주노총의 입장은 신노사관계 구상을 실현하는 데 있어 가장 중요한 변수였다.

민주노총의 상층은 온건·타협적인 협상중심노선이 계급 내 세력관계에서 다수를 점하고 있었기 때문에 주저 없이 신노사관계 구상에 참여하기로 결정했다. 민주노총은 "정부가 민주노총의 실체를 공식적으로 인정한 것으로, 대정부 교섭 창구를 확보한 것이자 전국중앙조직 고유의 임무인 정책 참여의 첫발을 내딛는 것"[10]이라며 긍정적으로 평가하면서 아무런 조건 없이 신노사관계 구상에 참여했다. 그러나 이러한 결정은 성급한 것이었다. 신노사관계 구상은 민주노총의 적극적인 참여를 전제로 설계된 것이었기 때문에 전술적인 면에서는 민주노총이 계급 간 세력관계에서 유리한 위치에 있었다. 그럼에도 민주노총은 전술적으로 유리한 상황을 활용하여 계급 간 세력관계를 변화시켜나가야 한다는 전략적인 관점을 가지고 1996년 상반기의 임단투를 전국적·산업적 수준에서 적극적으로 조직하지 않았다. 오히려 민주노총은 신노사관계 구상에의 참여와 함께 정부 측과의 협상을 중심으로 한 타협전략을 선택했다. 그 결과 민주노총은 전국적 공동투쟁전선의 구축을 통한 주체역량(투쟁력과 조직력)의 강화에 실패했고, 임단투 후에는 오히려 계급 간 세력관계에서 불리한 위치에 놓이게 되었다. 그리고 이후에 진행된 노개위 협상과 노동법개정투쟁에서도 수세적으로 대응할 수밖에 없는 한계에 부닥치게 되었다.

반면에 자본 측은 신노사관계 구상에 대해 처음에는 대체로 소극적이었다. 내용적으로 보면 신노사관계 구상은 자본 측에 절대적으로 유리했다. 그러나 문제는 그것이 OECD 가입과 관련하여 제출되었기 때문에 대외적으로는 노동시장의 유연화보다 노동기본권의 보장에 초점이 맞추어져 있는 것처럼 보였다는 점이다. 그리고 1995년 말에 노태우 전 대통령의 비자금 사건으로 '재벌 망국론'이 회자되는 여론 속에서 추진된 신재벌정책 때문에, 노사관계의 개혁이 급진적인 방향으로 진행되지 않을까 하는 우려가 강했다. 게다가 신노사관계 구상에 대해서도 자본 내에서 경총과 전국경제인연합회(이하 전경련)의 입장이 서로 달랐다. 경총은 이미 1994년부터 복수노조를 허용하는 것을 전제로 다른 조항들과 패키지로 교환하는 적극적인 전략을 구상하고 있었다. 경총은 신노사관계 구상이 발표되자마자 6일 뒤에 '노사개혁추진 특별대책위원회'를 구성하여 적극적으로 대응하기 시작했다.[11] 반면에 전경련은 경제력 집중의 완화와 기업의 투명성을 강조하는 신재벌정책에 대응하느라 노사관계 개혁에 신경을 쓸 겨를이 없었다. 그러다가 반도체의 국제 가격이 급락하면서 무역수지 적자가 급격하게 증가하자, 전경련은 경제위기론을 빌미로 노동관계법의 개정을 자본 측에 유리하게 반전시킴과 동시에 신재벌정책까지 무산시킬 수 있다고 판단했다. 이런 상황에서 경총이 공청회 등에서 "노동계가 변형근로시간제 등에서 유연하게 나올 경우 상급단체의 복수노조 허용에 반대하지 않을 것"이라는 입장을 밝히자, 전경련은 위기의식을 느끼고 전면에 나서기 시작했다.[12] 그리하여 전경련은 1996년 7월 23일에 전경련 회장단의 별동부대인 30대 그룹 기획조정실장회의에 진념 노동부 장관을 초청하여 처음으로 노사관계 개혁에 대한 전경련의 공식 입장(노조의 정치활동 금지, 제3자 개입 금지, 복수노조 반대, 정리해고제, 변형근로제, 파견근로제 도입 찬성 등)을 밝혔다. 이를 시작으로 자본은 전경련의 지휘하에 경제위기론과 고비용—저효율론을 집중적으로 유포하는 등 경제 5단체들•이 공동으로 대응하면서, 계급 간 세력관계를 자본 측에 유리하게 변화시키고 노동법을 자본의 의도대로 개정할 수 있었다.

전경련의 최대 관심 사항은 복수노조 문제였다. 복수노조 문제와 관련해서는 삼성그룹의 입장이 강력하게 반영되었는데, 상급단체의 복수노조를 허용하게 되면 나중에 단위사업장의 복수노조도 허용될 수 있기 때문에 애초부터 복수노조를 인정하면 안 된다는 것이었다. 반면에 정리해고제나 변형근로시간제에 대해서는 그다지 연연하지 않았다. "정리해고가 안 되면 계열사에 재배치하거나 돈을 더 주고 명예퇴직시키면 되고, 변형근로제도 그렇게 꼭 필요한 것은 아니"[13]라는 것이다.•• 이런 점에서 신노사관계 구상의 최대 걸림돌은 상급단체 복수노조(민주노총의 합법화)를 반대하는 전경련이었다. 결국 전경련의 로비로 상급단체 복수노조 조항이 3년 유예되면서 전경련은 민주노총의 총파업을 불러일으킨 원인 제공자가 되었다.

• 　전국경제인연합회, 대한상공회의소, 한국무역협회, 한국경영자총협회, 중소기업중앙회 등 5개 기관.

•• 　"전경련의 중심을 이루고 있는 독점대기업들은 개별 자본 수준에서 노조를 상대할 수 있는 충분한 능력을 갖고 있었고, 법적 뒷받침 없이도 정리해고와 같은 개별적 노동관계의 유연화를 실질적으로 추진할 수 있는 능력을 갖고 있었다. 따라서 이들에게는 노조 정치활동의 허용, 제3자 개입 금지 폐지, 복수노조 허용 등과 같은 노사관계 자유화와 민주노총의 합법화는 불필요한 양보였다."(최영기·김준·조효래·유범상, 『1987년 이후 한국의 노동운동』, 한국노동연구원, 2001, 490쪽)

한국노총은 계급 간 세력관계의 관점에서 볼 때 신노사관계 구상에서 가장 불리한 위치에 있었다. 신노사관계 구상이 민주노총의 적극적인 참여를 전제로 하고 있었기 때문에 한국노총은 그간 누려왔던 독점적인 지위를 상실했을 뿐만 아니라 오히려 민주노총보다 부차적인 위치에 놓이게 되었다. 이렇게 되자 한국노총은 신노사관계 구상이 발표된 바로 이틀 후인 1996년 4월 26일에 중앙위원회를 개최하여 복수노조 금지 조항의 완전 삭제를 결의하였다. 현실적으로 민주노총의 참가가 불가피한 조건에서 전향적인 입장 전환을 단행함으로써 향후 전개될 노동운동의 재편과 노사관계 개혁 과정에서 자신들이 능동적이고 주도적인 역할을 수행하기 위해서였다.[14] 그러나 기업 단위까지를 포함한 복수노조의 전면 허용이라는 한국노총의 주장은 상급단체만의 복수노조 허용이라는 정부와 경총, 민주노총의 주장과는 그 결을 달리하는 것으로서, 복수노조에 대한 반대 입장을 우회적으로 표현함과 동시에 민주노총과의 관계에서 주도권을 잡기 위한 전략으로 평가되었다. 이러한 한국노총의 전략은 이후 노개위 회의(1996. 10. 25.)에 민주노총이 불참한 틈을 타서 이미 합의한 사항들을 경총과 재론하여 민주노총에 불리하게 개악해버린 사례에서 그 의도가 분명하게 드러났다. 개악된 내용 중 대표적으로 문제가 된 것은 통신사업을 직권중재 대상으로 추가한 것, 교섭권과 체결권을 일원화한 것, 법외단체의 노조 명칭 사용을 금지한 것, 연합단체의 산업별 규정 철폐 조항을 미합의 사항으로 이월해버린 것 등이었다. 이중에서도 특히 연합단체의 산업별 규정 철폐는 현대 등 재벌들의 압력을 받은 경총이 강력하게 문제를 제기하자, 한국노총이 이에 동조하면서 이미 합의된 사항임에도 불구하고 미합의 사항으로 넘겨버린 조항이었다. 이 조항이 개정되면 산업별뿐만 아니라 그룹별·직종별·지역별 등으로도 복수의 산업조직 연합단체가 가능해진다. 따라서 한국노총이 이 조항의 개정에 반대한 것은 사실상 상급단체 복수노조(민주노총의 합법화)를 부정한 것으로* 복수노조의 전면 허용을 주장한 한국노총의 진정성을 무색하게 하는 것이었다. 그리고 한국노총은 대립적인 노사관계를 참여와 협력의 노사관계로 바꾸기 위한 노사관계 개혁의 청사진으로서 중앙 단위 노동조합의 정책 참여, 산업별 단위의 단체교섭, 사업장 단위의 협력적인 노사관계를 제시하였다.[15] 이런 점에서 한국노총의 노사관계 개혁안은 정부의 신노사관계 구상과 별 차이가 없다고 할 수 있다. 특히 사업장 단위의 협력적 노사관계는 신노사관계 구상의 핵심적인 내용이었기 때문에 한국노총은 신노사관계 구상에 적극적으로 동참할 충분한 이유를 갖고 있었다.

따라서 신노사관계 구상을 둘러싼 계급 간 세력관계는 전략적인 수준에서 사업장 단위의 협력적 노사관계를 중심으로 '국가-자본 대 노동'이 아니라 '국가-자본-한국노총 대 민주노총'의 구도로 진행될 가능성이 높았다. 이런 점에서 한국노총은 국가-자본과 대립하고 있었지만 계급 간 세력관계가 불리해지면 여태까지 해왔던 방식대로 국가-자본과 타협할 가능성이 컸다. 그렇기 때문에 민주노총은 신노사관계 구상이라는 전략적인 구도 속에서 독자적으로 국가와 자본에 대항할 수밖에 없는 위치에 있었다. 민주노총이 국가와 자본에 대항하여 충분히 투쟁할 수 있을 만큼 계급 간 세력관계에서 우위를 보였다면 한국노총

---

* 민주노총의 합법화가 인정되지 않은 이유로 노동부가 제시한 것은 현총련과 같이 산별조직이 아닌 그룹조직이 포함되어 있다는 것이었다. 이런 점에서 한국노총이 연합단체의 산업별 규정 철폐 조항을 미합의 사항으로 넘겨버린 것은 현총련도 인정하지 않고, 민주노총도 인정하지 않음을 의미한다.

도 동참했을지 모르지만, 그렇지 못했기 때문에 한국노총은 교란요인이 되었다. 이는 민주노총이 1996년 하반기에 국가와 자본의 공세로 계급 간 세력관계에서 불리한 위치에 놓이게 되자, 한국노총이 노개위에서 경총과 손을 잡고 민주노총을 공격하는 것 등에서 이미 실천적으로 증명된 바가 있다. 그래서 민주노총은 1996년의 상반기 투쟁에서 국가와 자본에 대항하여 독자적으로 충분히 투쟁할 수 있을 만큼 계급 간 세력관계에서 우위를 차지할 수 있도록 주체역량을 강화하는 데 총력을 기울였어야 했다. 그러나 민주노총은 상반기 투쟁에서 온건·타협적인 협상중심노선을 선택함으로써 그렇게 하지 못했다. 그 결과 민주노총은 계급 간 세력관계에서 불리한 위치에 놓이게 되었고, 이후 진행된 노개위 협상과 노동법개정투쟁 등에서 많은 어려움을 겪었다.

2. 신노사관계 구상과 노사관계개혁위원회

1993년에 현총련의 투쟁으로 신노동정책이 좌절된 후, 1994년의 전지협 투쟁과 1995년의 한국통신 투쟁을 초강경 탄압으로 일관하며 노동계의 노동법 개정 요구를 계속해서 회피해오던 김영삼 정권이 1996년에 들어서 갑자기 신노사관계 구상을 들고 나온 이유는 무엇일까?

노동법 개정의 주무 장관인 진념 노동부 장관은 1995년 5월 취임 당시에 노동법 개정 무기한 보류 입장을 밝혔고, 그 후 국회에서도 노동법 개정 불가 입장을 밝혔다. 심지어는 중소기업의 경쟁력 강화를 위해서 변형근로시간제와 정리해고제의 도입이 필요하다는 중소업계의 주장에 따라 통상산업부가 특별법에 이들 내용을 포함시키려고 하자, 노동부가 적극적으로 반대하며 그 도입을 저지하기까지 하였다. 1996년에 들어서도 노동부는 "아직까지 노사관계가 안정되지 못하고 노사 간에 각각 자기주장만 내세우고 있어 법 개정 분위기가 성숙되어 있지 않다"[16]며 여전히 노동법 개정에 대해 부정적인 입장을 표명했다. 그런데 이런 정부가 왜 느닷없이 신노사관계 구상을 내놓은 것일까? 그것도 노사 간의 대립이 가장 치열하고, 노사관계가 가장 불안정한 임단투 시기에 맞추어서 말이다.

OECD 가입

가장 직접적인 이유는 OECD 가입의 필요성이었다. 신노사관계 구상이 OECD 가입과 직접적인 연관이 있다는 사실은 4·11 총선 직후인 4월 12일, 나웅배 재정경제원 장관 등 정부의 고위관료들에 의해 처음 공식적으로 언급되었다.

> 정부의 한 고위당국자는 14일 '경제협력개발기구OECD 가입을 앞두고 노동 법규 개정을 더 이상 미룰 수 없는 상황'이라며 '노사가 공감할 수 있는 제도 개선안을 도출키 위해 곧 노사 양측과 정부대표, 학계인사들이 참여하는 협상의 장을 마련할 계획'이라고 밝혔다.(『한국경제신문』, 1996. 4. 15., 강조는 인용자)

진념 노동부 장관은 프랑스 파리에서 OECD 가입과 관련하여 한국의 노동정책을 검토하는 ELSA가 개최되는 4월 16일 당일에 기자간담회를 열고, 대통령 직속 자문기구로 노사관계개혁위원회를 발족하여 노사관계 제도의 전반적인 개혁 문제를 다루겠다는 '신노사관계 구상 추진 계획'을 발표했다.

한국 정부의 공식적인 신노사관계 구상 추진 계획의 발표는 ELSA 회원국들의 주목을 끌기에 충분할 정도로 매우 시의적절한 것이었다. 한국은 그동안 ILO로부터 세 차례나 노동법 개정 권고를 받았을 정도로 심각한 노동권 침해 국가로 분류되어 있었다. 그래서 한국 정부가 ELSA에서 노동법 개정에 대한 충분한 해명이나 구체적인 일정을 밝히지 못할 경우, 연내에 OECD 가입이 불투명해질 수 있을 정도로 이 회의는 매우 중요했다. 정부는 이 위원회에 대비하여 청와대, 재정경제원, 노동부, 외무부 등 관계부처에서 많은 준비를 했고,* 한국에서는 공식적으로 발표도 되지 않은 신노사관계 구상 추진 계획을 ELSA에서 먼저 발표하여 그동안 비판적이었던 회원국들로부터 상당히 호의적인 반응을 얻어낼 수 있었다. 특히 ELSA가 대통령 직속기관으로서 노개위의 역할에 대해 매우 높은 관심과 긍정적인 기대를 표명했다는 점에서 신노사관계 구상은 일단 성공적이었다.[17] 노동부도 『1997년 노동백서』에서 신노사관계 구상이 OECD 가입에 결정적인 역할을 했다며 다음과 같이 자평하고 있다.

우리나라의 OECD 가입에 걸림돌로 작용하였던 노동 문제에 대해서는 우리가 추진 중인 노사관계 개혁 작업을 해외에 적극 홍보한 결과 우리나라에 대한 회원국들의 인식을 바꾸어놓음으로써 OECD에 가

---

* OECD 가입이 중요한 변수가 되었다는 것은 재정경제원과 외무부 등 대외통상 관련부처가 오히려 노사관계 개혁의 필요성을 강하게 주장하고 나선 것을 통해서도 알 수 있다.(『매일경제신문』, 1996. 4. 17.과 4. 25.)

입하는 데 결정적으로 기여하였다.(『1997년 노동백서』, 노동부, 1998, 6쪽)

신노사관계 구상의 진정성

이처럼 OECD 가입이라는 정치적인 목적이 우선한 결과 신노사관계 구상은 노사관계 개혁에 대해 정부 내에서조차 통일된 입장과 공감대를 형성하지 못한 채 추진되었다. OECD의 최대 관심 사항이자 노사관계 개혁의 핵심 사항 중 하나라고 할 수 있는 복수노조 문제(민주노총의 합법화)에 대해서조차 민주노총의 노개위 참가 여부를 놓고 논란을 벌일 정도로 명확한 입장을 정하지 못한 상태였다.[18] 오히려 정부 내의 다수는 신노사관계 구상을 노사관계 개혁보다 OECD 가입을 위한 장애물 제거용 정도로 생각하고 있었다. 한국 정부의 신노사관계 구상은 애초부터 OECD가 요구한 국제적인 기준에 따라 노동법의 개정을 추진할 의사가 전혀 없었다. 한국 정부가 OECD에 제출한 '노동법 개정 확약 서한'에 대한 공로명 외무부 장관과 진념 노동부 장관의 왜곡된 해석, 노동법 날치기 이후 OECD 등의 비판에 대한 김영삼 대통령의 반응,* 1997년 이후에 진행된 OECD의 한국 노동법 모니터링 과정에서 나타났던 한국 정부의 태도** 등이 이를 잘 보여준다. 독일의 유력 일간

●   김영삼 대통령은 1997년 1월 11일, 청와대 수석비서관 회의에서 노동법 개정에 대한 해외의 부정적인 반응에 대응하여 재외공관장들이 직접 앞장서서 한국의 실정을 대외적으로 잘 설명하라는 지시를 내렸다.(장신철, 「OECD의 한국 노동법 모니터링」, 한국노동연구원, 2008, 51쪽)

●●   공로명 외무부 장관의 서한에서 언급된 '국제적 기준에 부합한다'는 의미에 대해 한국 정부는 OECD 가입 후 OECD가 핵심 요구 사항으로 제시한 내용과는 다른 해석을 내놓았다. 1997년 이후에 진행된 모니터링 회의에서 OECD는 한국 정부에 ILO의 권고 사항에 기초한 노동법 개정 작업에 착수할 것을 주문한 반면, 한국 정부는 복수노조 허용, 제3자 개입 금지 철폐 등 일반적인 국제 기준에 맞도록 법과 제

지『프랑크푸르터 알게마이네 차이퉁Frankfurter Allgemeine Zeitung』은 한국 정부가 약속대로 노동법을 개정하지 않은 것에 대해 "김영삼 대통령은 한국이 아직 받을 자격이 없는 지위를 국제 사회를 사기 쳐서 얻어냈"을 뿐만 아니라 "OECD를 속일 수 있다고 생각"했던 것은 아닌가 하고 의심하기까지 했다.[19]이러한 한국 정부 고위관료들의 사기적인 행태는 OECD 가입 과정을 살펴보면 분명하게 드러난다.

1996년 4월에 개최된 ELSA에서 한국의 노동정책에 대해 매우 비판적이었음에도 불구하고 OECD 회원국들이 호의적인 반응을 보였던 것은 대통령 직속의 노개위를 통해 노동법 개정이 실질적으로 추진될 수 있을 것이라는 기대감 때문이었다. 그런데 기대했던 노개위에서의 합의 가능성은 불투명했고, 한국 정부는 노개위에서의 합의만을 기다리며 노동법 개정에 대한 적극적인 의지나 행동은 보이지 않고 있었다. 이렇게 되자 미국을 비롯한 OECD 회원국들은 한국 정부의 노동개혁 의지에 대해 의구심을 갖지 않을 수 없었다. 그래서 미국은 OECD 가입 여부를 결정할 OECD 이사회(1996. 10. 11.)를 며칠 앞둔 1996년 10월 7일에 한국 정부에 최후통첩을 했다. 이에 다급해진 한국 정부는 OECD 사무국의 제안에 따라 같은 날에 "한국 정부는 노개위의 건의에 따라 금년 국회 회기 내에 노동법 개정안을 제출토록 노력할 것"이라는 애매한 내용의 외무부 장관 서한을 OECD 사무국에 제출하였다. 그러나 서한의 내용에 크게 실망한 OECD 사무국은 10월 11일에 열릴 이사회 이전에 남은 유일한 방법은 한국 정부의 명확한 의지를 담은 서

도를 개정하면 되는 것이지 국제적인 기준이 ILO 협약 비준 자체를 의미하는 것은 아니라고 주장했다.(장신철, 「OECD의 한국 노동법 모니터링」, 한국노동연구원, 2008, 30쪽)

한뿐이라며 사무국이 마련한 초안을 다음과 같이 제시하였다.

> [한국 정부의] 서한 내용에 '1) 한국 정부는 결사의 자유나 단체교섭 등의 기본권을 포함하여 현재의 노사관계 관련 법령을 국제적인 기준에 부합할 수 있도록 개정할 것을 확약한다. 2) 한국 정부는 구법에 의해 근로자들이 구속되어 있는 상황을 개정 법률안에 따라 재검토한다. 3) 한국 정부는 금년 국회 회기 내에 노동법 개정안 제출 약속을 확인한다'라는 세 가지 중요 문구를 새로이 포함할 것.
>
> ■ 구속자 석방 문제는 많은 회원국들이 거론한 사항이기 때문에 이 문제에 대한 아무런 언급이 없을 경우 회원국들의 반발이 예상되므로 이 문제는 어떤 식으로든 언급되어야 함.
>
> ■ 상기 사무국 정도의 내용이면 10월 11일 이사회에서 긍정적인 결정에 이르는 데 큰 도움이 될 것으로 생각하며, 이 점에 대해 한국 정부는 사무국을 믿어도 좋음. 만일 이보다 미흡한 내용일 경우에는 한국의 OECD 가입이 연기될 심각한 위험이 있음.
>
> ■ 사무국 측 안에 대한 한국 정부의 입장은 늦어도 10월 9일까지 회신해주기 바람.(장신철, 『OECD의 한국 노동법 모니터링』, 한국노동연구원, 2008, 28쪽, 강조는 인용자)

이러한 OECD 사무국의 제안에 대해 다른 선택의 여지가 없었던 한국 정부는 결국 사무국의 의견을 대부분 반영한 공로명 외무부 장관 명의의 서한*을 10월 9일에 OECD 사무국에 제출했고, 이틀 뒤에 개최

---

* "한국 정부는 결사의 자유나 단체교섭 등의 기본권을 포함하여 현재의 노사관계 관련 법령을 국제적인 기준에 부합할 수 있도록 개정할 것을 확약합니다. (…) 본인은 노사관계개혁위원회의 건의를 토대로

된 OECD 이사회를 가까스로 통과할 수 있었다.[20] 그러나 미국은 이제까지 한국 정부의 행태로 볼 때 노동법 개정 약속이 충실하게 지켜지지 않을 것으로 판단했다. 그래서 미국은 ELSA에서 한국의 노사관계 개혁 상황을 정기적으로 모니터링하는 방안을 제시했고, 이에 따라 한국은 OECD 역사상 최초로 노동법 모니터링 대상이 되어 1997년부터 2007년까지 11년간 지속적으로 모니터링을 받은 유일한 국가가 되는 치욕을 겪게 된다.

이처럼 국제적인 비판과 불신, 굴욕을 받아가면서까지 어렵게 OECD에 가입한 한국 정부는 국제적인 기준에 따른 노동법 개정은 물론이고 구속자 석방까지도 약속했었다. 그러나 OECD 가입이라는 정치적인 목적이 달성되자마자 정부가 태도를 돌변하여 국제적인 약속을 완전히 무시하거나 왜곡하는 행태를 보인 것은 무엇 때문일까?* 한국 정부는 신노사관계 구상에 대해 과연 진정성을 가지고 있었을까? 이후에 추진된 한국 정부의 노동법 개정안에 OECD가 요구한 핵심 내용들이 거의 반영되지 않았다는 점에서, 신노사관계 구상의 노사관계 개혁에 대한 진정성은 의심을 받을 만했다. OECD가 ILO의 권고에 기초하여 우선적으로 한국 정부에 개선을 요구한 핵심적인 9개 사항은 다음

한 노동법 개정안을 금번 정기국회 내에 제출할 한국 정부의 의지를 다시 한 번 확인하고자 합니다. 본인의 확약을 받아들여주시기 바랍니다."(장신철, 「OECD의 한국 노동법 모니터링」, 한국노동연구원, 2008, 37쪽)

● 　진념 노동부 장관은 공로명 외무부 장관의 서한에 대해 법적인 효력이 있는 문서가 아니기 때문에 반드시 약속을 지켜야 하는 것은 아니라고 주장했다. "공로명 장관이 OECD 사무총장 존스톤한테 보낸 문서의 성격은 일종의 스테이트먼트입니다. 그렇기 때문에 이것이 법적인 효력을 갖는 것이 아니고 스테이트먼트 형태인 것입니다. 그래서 어떤 면에서 도덕적인 문제는 제기될지 모르지만 법적으로 국제조약에 준하는 성격의 문서는 아닙니다. (…) 똑같은 국제 기준이라 하더라도 그 나라가 처해 있는 상황과 여건에 따라서 어디에서 어디까지 수용할 것인가 하는 것은 그 나라가 결정할 사항입니다."(『환경노동위원회 회의록』, 국회, 1996. 11. 11., 30쪽)

과 같다.[21]

OECD 가입 당시 한국 노동권 관련 요구 사항

① 복수노조 즉시 허용(전국 및 기업 단위)

② 노조 전임자 임금 지급 문제의 노사 자율 결정

③ 교원의 단결권 보장

④ 공무원 단결권 보장

⑤ 필수공익사업 축소 및 직권중재 폐지

⑥ 민주노총 합법화

⑦ 해고자 및 실업자의 노조 가입 허용(자율 결정)

⑧ 제3자 개입 금지 폐지

⑨ 구속 근로자 문제 및 형법상 업무방해죄 적용의 개선

그러나 한국 정부는 이 9개 사항 중 어느 하나도 그대로 노동법 개정
안에 반영하지 않았다. 오히려 대체근로 허용, 무노동 무임금의 법제화,
전임자 임금 지급 금지, 노조 대표자 교섭체결권 일원화 등 노동기본권
을 더욱 제한하는 내용으로 개악해버렸다.

노사분규 없는 사업장

신노사관계 구상은 "21세기 무한경쟁의 세계화 시대에 국가 경쟁력을
제고하고, 근로자의 삶의 질을 동시에 향상시키기 위해 대립과 투쟁의
노사관계를 청산하고, 참여와 협력의 노사관계를 구축"[22]하는 데 기본
적인 목표를 두고 있었다. 그러나 이러한 신노사관계 구상의 목표는 새

로운 것이 아니었다. 이미 김영삼 정권이 국제화·세계화를 내걸 때부터 핵심 정책으로 시행해온 내용이었다. 김영삼 정권은 집권과 동시에 신노동정책을 내세워 국가경쟁력 강화를 위한 임금 억제와 생산적·협조적 노사관계를 정립할 필요성을 지속적으로 제기해왔다.

> 93년도는 (…) 우리의 노사관계를 과거의 대립 갈등 관계로부터 상호 신뢰를 바탕으로 자율과 책임이 공존하는 생산적 협조적 관계로 전환해 나가기 위하여 노동정책의 일대 변화를 추진하는 '신노동정책'을 구상하였다.(『1994년 노동백서』, 노동부, 1994, 9쪽, 강조는 인용자)

> 94 노동정책은 국제경쟁력 강화를 뒷받침하기 위해 노사협력을 이끌어내는 데 중점을 두었다. (…) 94년도를 '노사협력의 해'로 정하고 (…) 경쟁력 강화의 초석인 노사관계 안정을 위하여 (…) 노사분규의 사전 예방에 총력을 경주하되 불가피하게 발생하는 분규는 조기에 수습함으로써 그 파급 효과를 최소화하기 위해 노력하였다.(『1995년 노동백서』, 노동부, 1995, 4쪽, 강조는 인용자)

> 95년도는 일부 노사관계 불안 요인에도 불구하고 90년 이후 지속되어온 노사관계 안정 추세와 산업사회에 불기 시작한 노사협력 분위기 등을 배경으로 노사 자율에 의한 참여와 협력의 새로운 노사관계의 틀을 모색한 한 해였다.(『1996년 노동백서』, 노동부, 1996, 7쪽, 강조는 인용자)

이처럼 신노사관계 구상의 핵심 목표인 국가경쟁력 강화를 위한 참여와 협력의 노사관계 구축은 1993~1995년에 걸쳐 김영삼 정권이 지속적으로 추구해온 목표였다. 특히 1994년을 노사협력의 해로 정하고 '무분규 원년'을 선언하고 있는 데서도 단적으로 드러나고 있듯이, 정부가 말하는 참여와 협력의 노사관계의 핵심은 '노사분규가 없는' 사업장을 만드는 것이었다. 이러한 정부의 기조는 1995년도에 산업 현장에서의 노사협력 선언, 노사불이勞使不二, 무교섭 임금 타결, 항구적인 무파업 선언 등을 통해서 보다 명확하게 표현되었다.[23] 신노사관계 구상에서 분배와 투쟁보다는 생산과 협력에 중점을 두는 생산적·협력적 노동운동을 강조하고 있는 것도 바로 이러한 정부 정책의 연속선상에 있는 것이었다.

이렇게 본다면 신노사관계 구상이 실질적으로 노렸던 것은 투쟁적인 노동운동을 노사협력적인 노동운동으로 순치시키는 데 있었다고 할 수 있다. 이는 정부가 1995년에 노사관계를 "주요 투쟁 선도 기업에서 투쟁적 노동운동에 대한 반성과 실리주의적, 경제주의적 노동운동의 흐름이 나타나고 있다"[24]라며 고무적으로 평가하고 있는 데서도 잘 드러난다. 노사분규가 전혀 없는 생산협력적이며 노사화합적인 실리주의적·경제주의적 노동운동! 이것이 바로 신노사관계 구상이 목표로 하고 있는 노사관계 개혁의 핵심적인 내용이었다. 이런 점에서 신노사관계 구상은 전형적인 신자유주의 정책이라고 할 수 있다.

세계사적으로 볼 때 노동운동에 대한 신자유주의 정책의 핵심은 미국과 영국의 역사가 보여주듯이 노동조합을 약화시키는 데 있었다.*

•　미국에서는 레이건이 집권하자마자 항공관제사들의 파업을 분쇄하여 노동조합을 파괴하고, 영국은 대처가 선거 핵심 공약으로 '노조 무릎 꿇리기'를 내걸어 광산노조의 파업을 분쇄하고 노조를 약화시킴으로써 전 세계의 자본가들로 하여금 노동조합을 공격하도록 고무했던 것은 바로 이러한 목적에서였다.(아스비에른 발, 『지금 복지국가는 어디로 가고 있는가』, 부글북스, 2012, 122~123쪽)

사회가 신자유주의 쪽으로 신속히 이동하려면 당연히 노동조합이 약화되어야 했다. 경제적·정치적 공세가 시작된 미국과 영국에서 정부와 노동조합 사이에 광범한 대결이 벌어졌다. (…) 특히 미국과 영국에서 채택된 가장 극단적인 조치는 노동조합을 체계적으로 파괴하는 것이었다. 기업들이 노동조합의 결성을 막고 기존의 노동조합을 약화시키기 위해 전문 상담기업들을 고용했다. 정부도 노동조합운동을 약화시킬 법을 마련함으로써 자본가의 입장에 서는 경향을 더 강하게 보였다.(아스비에른 발, 『지금 복지국가는 어디로 가고 있는가』, 부글북스, 2012, 122~124쪽)

그리고 이처럼 노동조합을 직접적으로 탄압하거나 법적·제도적으로 약화시키는 수단 외에, 국가와 자본가들이 노동조합을 약화시키기 위해 사용하는 또 하나의 주요한 전략은 노동시장의 유연성을 높이는 것이다. 여기에는 근로시간 관련 규정과 단체협약의 약화, 민간위탁과 임시직의 확대, 노동자 보호제도의 축소, 파트타임 근무의 확대, 노동조합의 권리 축소 등이 포함된다.[25]

이런 점에서 정리해고제, 변형근로제, 파견근로제로 대표되는 노동시장 유연화 제도는 단순하게 노동의 착취를 강화하는 데 그치는 것이 아니다. 이 제도들은 고용불안정을 조장하여 결국 노동조합의 힘을 약화시키는 데 결정적인 역할을 한다는 점에 주목할 필요가 있다. 폴란드의 경제학자인 칼레츠키Michal Kalecki의 말처럼 "자본가들은 이윤보다 공장 내 규율과 정치적 안정성을 더 소중하게 여기기 때문에"[26] 고용불안정을 지속시켜 노동자들을 보다 쉽게 통제하는 데 더 많은 관심을 가지고 있다. 이러한 관점은 신노사관계 구상에 의해 추진된 노동법 개정안이 날치기로 통과된 후, 자본가와 정부 측이 보인 평가에서도 동일하게 나타나고 있다.

> 비용 차원의 이득보다 경영계가 기대하는 더 큰 효과는 노사관계에서
> 사용자 측의 '힘' 회복이다. 대체근로제, 무노동 무임금, 노조 전임자 임금 지
> 급 금지, 정리해고제 등으로 사용자의 힘이 크게 강화되고, 그 결과 '노조와의
> 마찰을 걱정한 제조업 진출 기피 현상' 등을 타개하는 데도 적잖은 도움
> 이 될 것으로 정부는 기대하고 있다.(『동아일보』, 1997. 1. 13., 강조는 인용자)

정리해고제가 노사관계에서 사용자의 힘을 강화시킨다는 것은 다른
말로 하면 정리해고제가 노동조합의 힘을 약화시키는 데 유용한 수단이
된다는 것을 의미한다. 그래서 노조와의 마찰을 피하여 해외로 진출하
던 기업도 정리해고를 통하여 노동조합을 약화시킬 수 있다면 굳이 해
외로 나갈 필요가 없을 것이라고 기대하는 것이다. 이러한 관점은 개정
노동법에 대한 경제 5단체장의 입장에서도 동일하게 나타나고 있다.

> 개정 노동법이 재논의에 들어간 이상 노동계의 요구를 어느 정도 반영
> 하지 않을 수 없는 점을 고려, 재계로서는 복수노조 대신 정리해고제와
> 변형근로제를 지키는 것이 보다 유리하다는 상황 판단을 한 것이다. 정
> 리해고제와 변형근로제 등 이른바 노동시장의 유연성을 높이는 제도들의 법제화
> 는 노조와의 관계에서 대등한 교섭력을 가질 수 있는 핵심 무기를 손에 넣는 것
> 이기 때문이다. 무노동 무임금 원칙과 노조 전임자에 대한 임금지급 금
> 지를 노사관계의 기본 원칙으로 강조한 점도 마찬가지 포석이다.(『매일
> 경제신문』, 1997. 2. 18., 강조는 인용자)

날치기 노동법에 저항한 전국적인 총파업 때문에 더 이상 상급단체 복수노조를 거부할 명분이 없다고 판단한 경제 5단체장들은 이를 포기하는 대신에 장기적으로 노조의 입지를 약화시킬 수 있는 조치들의 도입이 필요하다고 생각했던 것이다.(『동아일보』, 1997. 2. 18., 강조는 인용자)

이처럼 자본은 철저하게 노동법 개정의 목적을 계급투쟁의 관점에서 노동의 힘을 약화시키는 데 있음을 분명히 하고 있었다. 경총의 고위관계자는 "이번 노동법 개정을 통해 노동운동을 꺾지 못한다면 우리나라 경제에는 미래가 없다는 차원에서 대처하고 있다. (…) 노사 간 교섭력의 균형은 노조 전임자 임금 지급 금지, 대체근로, 무노동 무임금 조항이다. 이 조항들은 노조의 교섭력과 파업권이 남용되지 않도록 규제하는 것이다"[27]라며 노동법 개정의 목적이 노동운동의 약화에 있음을 노골적으로 드러냈다.

정부 들러리로서의 역할

신노사관계 구상의 핵심적인 추진 기관은 노사관계개혁위원회였다. 따라서 신노사관계 구상의 목표대로 노사관계 개혁이 진행되기 위해서는 노개위의 활동과 역할이 매우 중요했다. 신노사관계 구상의 목표가 '참여와 협력의 노사관계 구축'인 이상 노개위는 노사 간의 협력적인 분위기를 만들어내야만 했다. 더구나 당시에는 노사 간의 대립과 투쟁이 가장 첨예한 임단투 시기였기에 더욱 그럴 수밖에 없었다. 그래서 노개위는 임단투 시기인 5~6월 두 달 동안 노사관계 개혁에 대한 국민적 공감대를 형성하고 범국민적인 합의를 도출하는 데 주력하고자 했다.

그러나 5월에서 10월까지 6개월밖에 안 되는 극히 짧은 활동 기간에 노사관계 개혁에 대한 국민적 공감대를 형성하고 범국민적인 합의를 도출하여 노사정이 만족하는 노동법 개정을 이루어낸다는 것은 사실상 불가능했다. 여당인 신한국당 의원들조차 10월 말까지 노동법 개정에 대한 사회적 합의가 이루어질 것이라고는 전혀 생각하지 않았다. 국회의원 설문조사에서도 노개위의 활동 전망에 대해 17.3%가 '큰 성과를 낼 것', 48.3%가 '약간의 성과를 낼 것', 33.3%가 '별다른 성과를 내지 못할 것'으로 답해 국회의원의 80% 이상이 그다지 크게 성과를 내지 못할 것으로 생각하고 있었다.[28] 진념 노동부 장관 역시 노동법 개정에 대한 노사 간의 합의는 어려울 것으로 판단하고 있었다.

노동관계법 개정에 관한 논의는 지난 수년 동안 계속되어왔습니다만 주요 쟁점 사항에 대해서 노사단체는 물론 각계의 견해가 대립되고 있습니다. 노동법 개정은 대단히 어려운 문제이므로 노개위를 중심으로 노사관계 개혁에 대한 국민적 공감대 형성을 위하여 다양한 활동을 전개하고 있습니다. 노동법 개정에 대한 노사의 합의는 쉽지 않을 것으로 보고 있고 또 변화를 추구하는 과정에서 많은 진통이 있을 것으로 예상합니다.(진념 노동부 장관의 발언, 『본회의 회의록』, 국회, 1996. 7. 20., 66쪽)

정부는 노개위의 역할을 노동법 개정을 위해 노사 간의 의식과 관행을 노사협력적으로 고쳐나가는 분위기를 조성하는 정도로만 한정했다. 어디까지나 노동법 개정의 주체는 정부이고, 노개위의 역할은 이를 위한 사회적 대타협 분위기를 만드는 데 그쳤다. 이러한 정부의 입장은 노개위의 활동 초기부터 일관되게 나타나고 있다.

노개위는 노사를 비롯한 각계의 의견을 효율적으로 수렴하여 21세기에 대비한 노사관계 개혁의 기본 방향을 정립하고 이를 정부에 건의하는 역할을 담당하게 될 것입니다. 그러나 노사관계 개혁의 주체는 어디까지나 **정부입니다**.(진념 노동부 장관의 발언, 『본회의 회의록』, 국회, 1996. 7. 20., 65쪽, 강조는 인용자)

이런 점에서 노개위는 그 한계가 분명했다. 1987년 노동자대투쟁 이후 거의 십 년 동안 해마다 단체협상도 하고 노사협의도 하면서 수많은 대화를 해왔지만 이루어지지 않던 노사 간의 협력적인 분위기가, 노개위에서 몇 차례 공청회나 토론회 등을 한다고 해서 이루어질 수는 없는 노릇이었다. 더구나 첨예한 계급적 이해관계가 걸린 노동법 개정을 그것도 몇 달 만에 노사가 합의해서 이끌어낼 수 있다고는 아무도 생각하지 않았다.

노사 양측이 몇 차례 토론회를 통해 서로의 계급적 이해 차이를 좁히거나 없앨 수 있으리라는 기대는 애초부터 없었다. 노동관계법 개정이 어떻게 결말이 나느냐가 노사 양측에 중대한 고비가 되는 만큼 입장 차이가 쉽게 조정될 리가 없기 때문이다. 토론회가 진행될수록 오히려 노사 양측의 입장 차이만 크게 벌어졌다.(『시사저널』 355호, 1996. 8. 15.)

이처럼 거의 모든 사람들이 노개위를 통한 사회적 대타협에 대해 회의적이었다. 그렇다면 신노사관계 구상을 추진한 주체들은 과연 이러한 사실을 몰랐을까? 오히려 그들은 그 한계를 너무도 잘 알고 있었다. 그래서 그들은 노개위를 노사정이 아닌 공익위원 중심으로 구성하고자 했다. 왜냐하면 노사 간의 합의가 안 되더라도 공익위원들을 중심으로 사회적 합의 형식을 강제하여 노동법 개정을 강행하려고 했기 때문이다.

> 노개위 구성에 주목할 필요가 있습니다. 당사자인 노사 대표는 3분의 1에 불과합니다. 나머지 3분의 1은 전문가와 학자 그룹, 나머지 3분의 1은 공익단체 대표들입니다. 노사가 그동안 불편을 느껴온 모든 문제를 내놓고 토론하게 되지만, 최종 결정 과정에서는 공익단체 대표와 전문가그룹의 의견이 크게 좌우하게 될 것입니다.(박세일 사회복지수석 인터뷰, 『시사저널』 351호, 1996. 7. 18.)

노개위의 규정에 "위원회의 회의는 재적위원 과반수의 출석으로 개의하고, 출석위원 과반수의 찬성으로 의결한다"(제5조 4항)라는 조항을 둔 것도 바로 이러한 목적에서였다. 그리고 공익위원도 미국식 노사관계를 모델로 한 노사관계 개혁에 동의하는 사람들이 다수가 되도록 구성하였다. 노사관계 개혁에서 주도적인 역할을 할 수밖에 없는 학자 출신의 공익위원 10명 중 7명이 미국 유학파였을 정도로 공익위원 구성에서부터 미국 편향적이었다.* 이들 공익위원들은 노총 자문위원, 경총 자문위원, 국민경제사회협의회 공익위원, 중앙노사협의회 공익위원 등에서 정부가 임의로 선정한 사람들로 구성되었다.[29] 그리고 그들 대부

● 이런 구성 때문에 공익위원들 내에서도 노동법 개정의 방향을 놓고 치열한 격론이 벌어질 수밖에 없었다. "노동 문제 전문가 중에는 노동법 전공자와 노동경제 내지 경영학 전공자로 구성되어 때로는 민감한 노동 문제에 대하여 견해차를 나타내는 경우도 있었다. 노동법 전공자들은 노동 3권의 보호에 비중을 더 두게 되고, 노동경제 내지 경영학 전공자들은 기업의 경영 사정을 감안하는 문제에 비중을 더 두는 경향이 있다. 어디에 더 비중을 둘 것인가를 둘러싸고 격렬한 논쟁이 벌어지기도 했다."(배무기, 「노사관계개혁위원회 노동법 개정작업의 협상적 국면」, 『노동경제논집』 20권(2), 한국노동경제학회, 1997, 19쪽)

분은 그동안 노사협조적인 기관들에서 활동해온 사람들이어서 신노사관계 구상과 협력적 노사관계에 동의하는 사람들이었다. 그래서 정부는 6개월밖에 안 되는 매우 짧은 기간이라고 하더라도 노동법 개정이 가능하다고 생각하여 강하게 밀어붙였던 것이다.

그러나 신노사관계 구상의 추진 주체들의 기대와 자신감에도 불구하고 공익위원 주도하의 사회적 합의는 이루어질 수 없었다.

> 노사관계개혁위원회에서도 개정 논의의 초기에는 공익이 주도하고 노사로 하여금 교섭상의 조문별 득실의 균형에 의하여 완전 합의도 가능하지 않을까 하고 생각하기도 하였다. 그러나 개정 논의 내지 협상이 진전됨에 따라 점차 노사공익 간의 완전 합의는 불가능한 것으로 판명되기 시작하였다.(배무기, 「노사관계개혁위원회 노동법 개정작업의 협상적 국면」, 『노동경제논집』 20권(2), 한국노동경제학회, 1997, 13쪽)

그렇다고 해서 공익위원이 제 역할을 하지 못했다고는 할 수 없다. 노개위는 정부의 의도대로 노사관계 개혁에 대한 분위기와 공감대를 만들어냈다는 점에서 자기 역할을 훌륭하게 해냈다. 박세일 사회복지수석은 임금 교섭 타결 상황과 관련하여, "전국의 3367개 사업장 중 무분규 타결이 3200여 곳으로 약 97%에 이르고 무교섭 타결은 35개, 현재 파업 중인 사업장은 19개"라며 "최근 노사관계에 대한 우려가 있기는 하지만 전반적인 대세는 협력적인 노사관계로 가고 있다"[30]고 긍정적으로 평가했다. 그리고 노사 간 합의는 이루어내지 못했지만 노동법 개정을 돌이킬 수 없는 단계로 만들어갔다는 점에서 노개위는 정부가 원하는 역할을 충분히 수행했다고 볼 수 있다.

오히려 정부 입장에서는 합의되지 않은 것이 정부의 개입 여지를 더 크게 할 수 있었기 때문에 훨씬 좋았다고 할 수 있다. 이는 정부가 수정 공익안은 물론이고 노사 합의안조차 반영하지 않은 채 정부의 정책 기조대로 노동법 개정을 추진해나갔다는 점에서 그렇게 판단할 수 있다. 자본의 입장에서도 합의되지 않은 상태로 정부로 이송되는 것을 선호했다.

노개위안이 정부에 이송되고 조문화 작업을 노개추를 통하여 하게 될 때 그 과정에서 정부부처 간의 의견을 조정하는 등의 절차를 고려해보면 중요한 쟁점에 대하여 미합의 상태로 두는 것이 경영계에게 유리하다는 판단을 할 수 있기 때문이다.(배무기, 「노사관계개혁위원회 노동법 개정작업의 협상적 국면」, 『노동경제논집』 20권(2), 한국노동경제학회, 1997, 22~23쪽)

노개위는 자문기관이기 때문에 미합의 사항을 정부에 보고해서 정부의 의지에 따라서 정부가 판단해주리라 이렇게 기대했습니다.(조남홍 경총 부회장의 발언, 『환경노동위원회 공청회 회의록』, 국회, 1997. 2. 19., 69쪽)

정부는 노동법을 직접 개정하겠다고 나섰을 때 부닥칠 수 있는 수많은 어려움을 노개위를 내세워 피하면서 노사가 밥그릇 싸움을 하는 것처럼 보이도록 몰아갔다. 그런 뒤 정부는 자신들의 주도하에 노동법 개정을 강행했다. 이런 점에서 정부는 노개위를 들러리로 삼았다는 비판을 피할 수 없다.

노조 활동과 관련하여 구속된 노동자 문제와 해고자 복직 문제에 대한 노개위의 침묵 그리고 공공부문 노조의 연대파업을 불법으로 몰아가는 정부의 제3자 개입 금지 조항 적용과 직권중재, 공권력 투입 위협

등 '옛날식 사고방식'[31]에 대한 노개위의 침묵은 일찍부터 노개위에 대한 회의와 들러리론을 확산시키는 원인을 제공했다. 특히 공공부문 노조들이 제기하고 있던 공통적인 요구 중 해고자 복직, 전임자 축소 철회, 임금 가이드라인 철폐 등은 노사관계 개혁에 대한 진정성이 있었다면 바로 개선이 가능한 사항들이었다. 공공부문 사업장의 해고 사태는 노사분쟁에 대한 정부의 과도한 개입으로 인해 빚어진 측면이 컸고, 노조 전임자 축소는 공기업 경영 개선에 대한 정부의 방침에서 비롯된 것이었으며, 임금 가이드라인 문제도 사업장 차원의 임금 교섭을 요식행위로 만든 임금 통제 정책의 산물이었다.[32]

　이런 점에서 노개위에 과도한 기대를 걸었던 민주노총은 결과적으로 정부에 완전히 속았다고 할 수 있다. 그러나 이것은 노동법 개정을 둘러싼 정세와 정부의 의도, 계급 간 세력관계 등을 객관적으로 보지 못하고 정부 고위관료의 약속•을 토대로 주관적으로 정세를 판단한 민주노총에 근본적인 잘못이 있다고 보아야 할 것이다. 민주노총은 속은 것이 아니라 노동-자본 간에 벌어지고 있는 계급투쟁의 적대성을 객관적으로 직시하지 못하고, 자기가 보고 싶은 것만 보다가 결국 자본과의 계급투쟁에서 졌다고 할 수 있다. 결론적으로 노개위는 노동법 개정을 위한 '판'을 깔아주었을 뿐 아니라 상반기 자본-노동 간의 계급투쟁에서 노동세력을 무력화시키는 데 주도적인 역할을 했다는 점에서 정부와 자본 측 입장에서 보면 대단히 성공적인 작품이었다고 평가할 수 있을 것이다.

•　"민주노총 관계자는 정부가 비공식적인 채널을 통해 민주노총의 노개위 참여와 참여에 따른 보상(복수노조 인정)을 확실하게 약속했다고 언급했다."(최영기·김준·노중기·유범상, 『한국의 노사관계와 노동정치(Ⅰ)』, 한국노동연구원, 1999, 126쪽)

4장

1996년 상반기
노동-자본 간 계급투쟁

이 장에서는 민주노총이 1996년 상반기의 노동-자본 간 계급투쟁에서 계급 간 세력관계를 유리하게 변화시키지 못한 것이, 이후에 진행된 노개위 협상과 노동법개정 총파업투쟁에서 결정적인 한계로 작용했다는 관점에서 1996년 상반기의 노동-자본 간 계급투쟁을 분석한다. 특히 임단협 시기에 계급 간 세력관계에서 우위에 설 수 있는 핵심 고리로서 전국적 공동투쟁전선을 구축하지 못한 것을, 상반기 노동-자본 간 계급투쟁의 가장 중요한 실패의 원인으로 보고 전국 단위, 산업·업종 단위, 지역 단위로 나누어서 구체적으로 분석한다. 그리고 전국적 공동투쟁전선의 구축을 실패하게 만든 핵심적인 요인으로, 민주노총의 기본 운동 방침의 한계와 타협적인 태도 그리고 전국적 공동투쟁전선의 구축을 교란하는 요인으로 작용했던 민주노총의 노개위 참가 등 세 가지를 들고 이를 구체적으로 분석한다.

1. 전국적 공동투쟁전선 구축에 실패한 민주노총

민주노총의 기본 투쟁 방침의 한계

민주노총은 전국중앙조직으로서의 자기 역할을 투쟁의 구심체보다는 '정치·정책적 대응의 주체'로 설정하고 있다. 이런 관점에서 민주노총은 1996년 2월의 정기대의원대회에서 '임단투를 중심으로 한 대중투쟁은 산별연맹이, 대정부·대국회 교섭 및 투쟁과 같은 정치적·정책적 활동은 민주노총이 담당'하는 것으로 기본 투쟁 방침을 설정했다. 그러나 임단투 준비가 본격화되자 민주노총은 각 산별연맹 중심으로 임단투를 수행하기로 한 최초의 방침에서 민주노총의 조직적 관장하에 전국공동투쟁전선을 형성하고, 임단투와 노동법개정투쟁 및 사회개혁투쟁 등을 직접 총괄하는 방침으로 전환했다. 이러한 방침의 변경에도 불구하고 민주노총은 1996년의 상반기 투쟁에서 실질적으로 전국공동투쟁전선을 구축하는 데 실패했다. 처음부터 각 조직들이 투쟁의 시기를 집중해서 공동으로 투쟁을 준비하고 사업과 행동 등도 같이 해나갔어야 했는데, 각 조직별로 투쟁 준비가 상당히 진전된 다음에야 뒤늦게 전국공동투쟁을 조직하려고 했기 때문이다.

애초에 단위노조별 공동투쟁은 산별, 그룹조직에 맡기고 전국적 공동투쟁은 민주노총이 주관한다는 방침에 따라, 시기 집중과 관련해서 민주노총은 일정(안)을 제시한 뒤 각급 조직의 실정과 임단투 진전 현황을 파악하여 집중도를 높일 것인지를 정하기로 했기 때문에, 처음부터 민주노총 차원에서 주요 사업장의 공동투쟁을 관장하기 어려웠고 각 조직별로 투쟁 준비가 상당히 진전된 다음에 '임단투대책회의'를 소집함으로 해서 중앙 방침에 따라 투쟁을 조직하는 데 어려움이 있었다.(「96년 임단투 평가」 미완성본, 민주노총, 1996. 9. 20. 작성)

민주노총은 임단투 평가에서 뒤늦게나마 임단투대책회의, 전국단위 노조대표자 결의대회, 명동성당 지도부 농성 등을 통해 투쟁을 지도하고 집중시킬 수 있는 구심점은 마련했지만, 전국공동투쟁의 태풍의 눈이었던 공공부문 투쟁을 관장하지 못함으로써 전국적 투쟁전선을 형성하는 데는 일정한 한계를 보일 수밖에 없었다고 보고했다.[1]

그러나 산업·업종연맹이나 지역조직, 단위노조 등에서는 전국적인 투쟁전선을 형성하여 임단투를 총괄하려고 했다는 민주노총의 이러한 주장에 동의하지 않았다. 그들은 민주노총이 실질적으로는 투쟁을 조직할 의지도 없었고, 노력도 하지 않았다고 부정적으로 평가했다. 그리고 공공부문의 투쟁도 민주노총이 먼저 적극적인 의지를 가지고 조직하고 지도해나간 것이 아니라 투쟁이 고립될 것을 우려한 공공부문노동조합대책회의(이하 공노대) 측의 요구에 따라 뒤늦게 결합한 것에 불과하다고 보았다.

올 임단투는 금속연맹, 공노대 등을 단위로 준비되고 진행되어왔으며 전국적으로 투쟁을 준비하고 관장하는 단위는 없음으로 인해 투쟁을 집중시키고 보다 강력한 투쟁으로 모아내는 것은 불가능한 상태였다. 이런 가운데 공공부문에서는 민주노총이 적극 나서서 공공부문 투쟁에 결합해줄 것을 요구했고, 민주노총에서는 임단투대책회의를 구성하면서 전국 임단투전선을 총괄적으로 파악, 관장하기 시작하였다.(석치순 서울지하철 노조 위원장의 발제문, 『'96 단위노조대표자 수련대회 자료집』, 민주노총, 1996, 144쪽, 강조는 인용자)

민주노총은 상반기 임투에서 상황실 정도를 운영하는 방침이었기 때문에 구체적인 공동투쟁전선 구축에는 무리가 있었다.(『확대간부 수련회 자료집』, 금속연맹 부산·양산지부, 1996. 8. 31., 48쪽, 강조는 인용자)

[민주노총은] 공노대 투쟁을 계기로 전국의 투쟁을 시기 집중시키고자 하는 노력 역시 하지 않음으로써 96 임단투의 결과를 전체 노동자가 공유하지 못하고 일부 노동자만 가짐으로써 기업별 노동조합과 연맹 체계를 고착화시키는 결과를 초래하지 않았나 생각한다.(『2년차 정기대의원대회 자료집』, 민주노총 부산·양산지역본부, 1997, 65쪽, 강조는 인용자)

민주노총이 95년 투쟁에서 시기 집중 방침하에 투쟁을 이끌었다면 96 투쟁에서는 거의 방기한 상태였고, 마지못해 공노대 5개사 투쟁이 가시화되고 정부로부터 쟁점화된 시기에 대정부 교섭 정도를 하는 등 그 어떤 투쟁 지도도 하지 못한 듯하다.(『96 활동보고』, 한국통신 노조 서울지역본부, 1997, 40쪽, 강조는 인용자)

이처럼 민주노총의 산하조직들은 민주노총이 전국공동투쟁전선을 구축하는 데 실패한 핵심적인 이유로 임단투를 산별연맹 단위에 맡겨버리고 시기 집중 등의 적극적인 전술을 방기한 민주노총의 잘못된 방침을 들고 있다.*

그런데 민주노총은 일찍부터 1996년을 다른 어느 해보다도 전국공동투쟁전선을 구축하기에 좋은 조건에 있다고 인식하고 있었다. 민주노총은 1996년 정기대의원대회의 기본 투쟁 방침을 구체화한 제4차 중앙집행위원회 회의에서 과거 전노대나 준비위 시절과는 달리, 단일조직으로서 전국적 투쟁이나 사업에서 조정이나 권고 수준 이상을 뛰어넘어 강력한 권위와 지도력을 발휘할 수 있는 조건에 있고, 시기 집중 가능성도 어느 해보다도 높다고 판단했었다. 그러나 민주노총은 이러한 정세 판단에도 불구하고 적극적으로 전국공동투쟁전선 구축에 나서지 않았다. 왜 그랬을까? 그것은 민주노총이 조직 전체적으로 임단투는 산별연맹에서, 정치·정책적 대응은 중앙에서 담당한다는 대중투쟁과 정치적 대응을 분리시키는 잘못된 투쟁 방침에 깊게 빠져 있었기 때문이다. 그리고 이러한 투쟁 방침은 민주노총뿐만 아니라 '산별노조론'을 적극적으로 주장하고 있던 일부 노동단체나 연구소 등에서도 무비판적으로 수용되고 긍정적으로 평가되고 있었다.

> 과거 전노대 시절이나 준비위 시절에는 민주노총(준)이 직접 단위노조와 결합하는 방식이 많았다. (…) 그러나 이제 민주노총 시대에는 민주노총의 활동은 전국중앙조직으로서의 역할에 충실하고 임단투는 일차적으로 산별연맹의 관할하에 책임 있게 수행되어야 한다.(「제4차 중앙집행위원회 회의자료」, 민주노총, 1996. 3. 6., 강조는 인용자)

● "시기 집중은 투쟁을 전제로 한다. 본부에서 공동으로 투쟁을 통해 돌파하겠다는 의지가 없으면 시기 집중이 어려울 것이다. 따라서 교섭 시기를 통일하고 전국적인 차원에서 공동투쟁하고 엄호해가지 않으면 시기 집중이 어렵다."(「제9기 활동보고」, 병원노련, 1997, 94쪽) 이러한 시기집중전술에 대한 병원노련의 반성적 평가는 민주노총에도 그대로 해당된다. 사실상 민주노총은 투쟁을 통한 돌파보다는 정치·정책적 대응을 통한 문제 해결에 방점을 두고 있었기 때문에 시기 집중 투쟁은 불필요하다고 생각했다.

민주노총은 정치적인 지원 역할이 중요한 것이며, 직접적인 임단투는 민주노총의 산하조직인 각 연맹별 투쟁 활동이라는 점이 구분되었다는 것이 중요하다.(「96년 임단투 총괄 평가」, 『연대와 실천』 10월호, 영남노동운동연구소, 1996, 11쪽)

민주노총의 타협적 태도

민주노총의 산하조직들은 적극적으로 대중투쟁을 조직하기보다는, 대정부 교섭을 통한 원만한 타결을 선호하는 민주노총의 타협적인 태도 또한 전국투쟁전선을 형성하는 데 실패한 중요한 요인으로 보고 있다. 실제로 이러한 민주노총의 타협적인 태도는 6월 14일에 민주노총 지도부가 명동성당 농성 투쟁에 돌입하면서 발표한 취지와 목적에 구체적으로 잘 나타나 있다.

> 민주노총 소속 노조의 쟁의행위가 6월 20일 전후로 모아지는 속에서 명동성당 해고자 농성 등 투쟁이 가열되고 있다. 그리고 그때쯤이면 정부도 마지막 판단을 하여 직권중재 등을 동원한 탄압을 해올 것으로 예측된다. 따라서 그 전에 사태 해결을 적극적으로 모색해야 한다. '직권중재 등 탄압 반대! 해고자 복직 등 노사관계 개혁!' 등을 강력히 촉구하면서 정부를 상대로 하는 정치적 타결을 최대한 모색해나가야 한다.(『1996 사업보고·자료모음』, 민주노총, 1997, 124쪽, 강조는 인용자)

즉 민주노총은 대중투쟁이 격화되어 공권력이 투입되는 등 탄압이 본격화되기 전에 정치적인 타협을 통해 사태를 빨리 해결한다는 것을 주요한 방침으로 가지고 있었다. 사실상 민주노총은 '실질임금 쟁취, 고용안정 보장, 해고자 원직 복직, 교사·공무원의 단결권 보장, 직권중재 철폐, 전임자 축소 분쇄'* 등 임단투와 노동법개정투쟁이 긴밀하게 결합되어 있는 공공부문의 투쟁을 자동차와 금속 등 민간부문의 투쟁으로 확대하고 발전시켜나가기보다는, 정치·정책적 대응으로 사태를 원만하게 해결하는 데 방점을 찍고 있었다. 더 나아가 민주노총은 정부가 원만한 타결을 원하는 분파와 엄정한 법 집행을 원하는 분파로 나누어져 대립하고 있다고 보고, 정부 내의 원만한 타결을 주장하는 노사관계 개혁 추진세력과 정치적인 타협이 가능하다고까지 생각했다.

> 정부는 (…) 사태 수습과 관련해서 '노사개혁을 위해 원만하게 타결해야 한다'는 주장과 '정부가 노사개혁의 주도권을 확보하기 위해서는 엄정하게 법집행을 해야 한다'는 주장으로 나뉘어져 있다.(「제11차 비상중앙집행위원회 회의자료」, 민주노총, 1996. 6. 18.)

하지만 정부가 민주노총을 공식적인 교섭 상대로 인정하지 않고 있었기 때문에 협상은 청와대와의 밀실협상 형태를 취할 수밖에 없었다. 그래서 서울지하철이나 한국통신의 경우와 같이 실질적인 협상은 청와대와 민주노총 간의 물밑 조율을 통해서 이루어졌지만, 대외적으로는 단위노조에서 타결 절차를 밟는 형식을 취했다. 이는 협상에 관계했던 민주노총 조직국장이 "올 상반기 투쟁은 민주노총과 청와대의 대결

● 공노대의 6대 공동투쟁 목표이다. 1996년 4월 23일에 열린 공노대 제1차 운영위원회 수련회에서 확정되었다.

이었으며, 이것이 총자본-총노동의 대립이다"[2]라고 주장하고 있는 데서도 확인할 수 있다.

단위노조 대표자들도 민주노총이 "임투에 매몰되어 노개투를 등한시했다"거나 "투쟁이 아닌 타협을 하려는 모습이 많이 보였다"[3]라며 비판했고, 일부 산별연맹들도 그렇게 생각하고 있었다.

> 노개위 활동이라는 공간을 통해 노동자의 입장을 정부와 자본 측에게 전달하고 관철시킬 수 있다는 매우 안이한 정세관을 노정 (…) 특히 민주노총 지도부는 이러한 입장을 강하게 견지함으로써 상반기 임단투 기간에 적극적인 투쟁전술을 배치하지 못하였고, 하반기 본격적인 노개투 과정에서도 끊임없이 정부 측의 의도에 따라 투쟁 일정이 혼란을 가지는 원인이 되었다.(『1996년 사업보고』, 금속연맹, 1997, 81~82쪽)

1996년 임단투에서는 예년과 달리 전국자동차산업노동조합연맹(이하 자동차연맹)과 금속연맹 등 십여 개의 노조에서 잠정합의안이 부결되는 경우가 많았는데, 이에 대해 자동차연맹은 "민주노총의 노개위 참석 이후 민주노총 합법성 쟁취를 위해 적당한 수준에서 평화적으로 임투를 마무리하려는 것 아니냐는 정서"가 어느 정도 영향을 미쳤다고 평가했다.[4]

뿐만 아니라 정부조차도 민주노총이 노개위에 참여하면서 임단협 교섭전략이 투쟁 일변도에서 분규의 조기 타결을 위해 노력하는 등 다소 유연해졌다고 평가했다.

■ 민주노총 결성 후 추종 노조 간 연대력이 강화되었으나 노사관계 개혁

추진으로 임단협 교섭전략은 다소 유연화.

- 민노총 중앙지도부는 개별 기업 분규에 대한 개입보다도 노개위 활동에 더 큰 비중.

- 금속연맹 등 산하조직도 그간의 투쟁 일변도의 투쟁에서 분규 조기 타결을 위해 노력하는 흔적을 보임.

- 이러한 변화는 노개위 공식 참여자로서의 책임감과 국민과 여론의 비난을 의식한 데서 기인.(『1997년 노동백서』, 노동부, 1998, 44~45쪽, 강조는 인용자)

이러한 타협적인 태도는 민주노총이 노개위를 통한 민주노총의 합법화에 상당한 기대를 걸고 있었기 때문에 '합리적인 선택'으로 보였을 것이다.* 전국적 공동투쟁전선이 형성되어 상반기의 투쟁이 공공부문과 민간부문을 아우르는 총파업으로 발전하게 된다면, 공권력이 투입되고 수백 명의 노동자가 구속·해고되어 노개위는 파탄이 나고, 민주노총의 합법화는 물 건너갈 것이기 때문이었다. 그런데 이러한 민주노총의 타협적인 태도는 1994년 전지협 투쟁 때 정치력 발휘 운운하며 정부와의 타협을 적극적으로 모색했던 전노대 간부들의 행태와 동일했다. 이런 점에서 이는 일시적인 것이 아니라 이후 지속적으로 민주노총의 활동을 규정짓는 기본적인 태도로 작용함으로써 조직 내에 심각한 분란을 초래하는 요인이 되었다.

● 　금속연맹은 1996년 투쟁 방침에서 "고양된 대중투쟁이 국민적 여론의 지지를 위한 기자회견의 요구 거리로만 전락되거나 전술 차원의 부차적 거래 사항으로 추락되는 것을 방지해야 한다"(『사업보고 1996』, 금속연맹, 1997, 63쪽)라며 일찍부터 민주노총의 타협적인 태도를 강하게 경계하고 있었다.

민주노총의 노개위 참가 — 전국적 공동투쟁전선 구축의 교란 요인

노개위 참여 논쟁

민주노총이 신노사관계 구상과 관련하여 내린 최초의 공식적인 결정은 4월 24일에 청와대에서 개최되는 신노사관계 구상 발표회에 참가할 것인가, 아니면 불참할 것인가였다. 4월 20일에 열린 제6차 중앙집행위원회 회의에서 금속연맹은 "구속 노동자 석방, 수배 노동자 수배 해제, 해고 노동자 복직"과 "노사 간 자율교섭 보장, 노동법 개정 방향 등에 대한 민주노조 진영의 사전 입장 발표"를 전제로 노사관계 구상 발표회에 참석할 것을 주장했다. 이는 정부 주도로 진행되는 노사관계 개혁에 대해 충분한 토론이나 종합적인 대응책이 마련되지 않은 상태에서 참여를 섣불리 결정하면 안 된다는 문제제기였다. 논의 결과, 민주노총 중앙집행위원회는 단순히 발표회 참가 여부가 아니라 "우리의 입장에선 노사관계 개혁 방향, 노동법 개정, 작업장 참여 문제 등등 전반에 걸친 대안 마련과 적극적인 대책" 등 "큰 틀을 그려야 한다는 데 동의하면서 참석하지 않는" 것으로 결정했다.[5] 그리고 이후 대응 방향과 관련해서도 "민주노총 창립 이후 잠재해 있던 조직 내 상호 불신과 갈등이 확대될 가능성"이 있기 때문에 "초기부터 구체적인 대안을 제시하고 대중적으로 논의해나가는 것이 바람직하다"는 의견을 표명했다.[6]

그러나 3일 후인 4월 23일에 열린 제7차 긴급중앙집행위원회에서 민주노총은 불참 결정을 번복하고 만장일치로 다시 참가하기로 재결정했다. 4월 22일에 청와대 비서관이 민주노총을 방문하여 공식적으로 민주노총의 참석을 요청하고, 참석자 선정 문제도 민주노총에 위임하겠다고 약속하는 등 정부가 민주노총의 지위를 인정하는 듯한 모습을 보였기 때문이다. 이러한 결정 번복에 대해 전문노련은 '중앙상무집행위원 일동' 명의로 다음과 같이 문제를 제기했다.

> 청와대 초청 문제입니다. 이미 중집위라는 결정 단위에서 깊게 논의되고 찬반양론을 거친 후에 내려진 결정이라면, 설령 그것이 문제가 있다고 하더라도 지켜져야 합니다. (…) 커다란 상황 변화도 없는 상태에서 구구절절한 이유를 붙여 결정을 손쉽게 번복한다면, 그 결정에 참가한 사람들의 무수한 논의는 무용할 것입니다. 결정을 내리고, 실천하고 그것에 대한 정당한 평가에 의해 새로운 상황에 맞게 대응해나가는 노력이 필요합니다.(「민주노총 동지들에게 드리는 글」, 전문노련, 1996. 5. 7.)

이렇게 되자 5월 2일에 개최된 제8차 중앙집행위원회 회의에서 노개위 참여 문제를 놓고 논란이 벌어졌다. 반대 측의 주장은 노개위의 성격과 우리의 대응 기조 등에 대한 조직적인 의견 수렴도 없이 무조건 노개위 참여를 결정할 수 없다는 것이었다. 반면에 참여 측의 주장은 두 차례에 걸친 중앙집행위원회 회의에서 이미 노개위 참여를 전제로 발표회 참가를 결정했기 때문에 노개위 참여는 단순한 추인 사항에 불과하다는 것이었다.

> 김영대: 주문 사항은 추인에 가까운 것. 2차에 걸친 중집의 정신 고려하면 안으로 상정하지는 않았지만 대체적인 분위기는 노개위 참가에 긍정적이었다. 5월 7일 노개위 출범 전까지는 참여를 전제로 추진해왔다.
> 최종진: 노개위의 성격이 무엇인가? 송두리째 빼앗아가려는 전략이다. 조직 의견 수렴하라는 지침이 없었다. 고민이 없었던 것 아닌가? (…)

분위기가 대체로 참여한다라는 기조라도 중차대한 큰 문제라면 적어도 간부는 알아야 한다. 들러리 서는 것 아닌가? 참여하려면 뭔가가 있어야. 투쟁하는 노조도 있고, 탄압의 형태는 변하지 않았다. 사회적 합의를 강제하려는 분위기에서 하다 안 되면 싸운다는 것은 무책임한 것 아닌가? 조직적 토론 속에서 결정해야 한다.(「제8차 중앙집행위원회 회의록」, 민주노총, 1996. 5. 2.)

이처럼 조직적인 의견 수렴도 전혀 이루어지지 않았고, 일선의 노조 간부들도 잘 모르는 상태에서 민주노총 중앙집행위원회는 찬성 12명, 기권 6명, 반대 1명으로 노개위 참여를 결정했다. 그리고 참가의 구체적인 조건과 내용, 참가자 등에 대한 교섭은 위원장을 비롯한 임원들에게 일임하고, 민주노총 내부의 대책위 구성을 포함한 대응 방향에 대해서는 5월 7일에 중앙집행위원회를 재소집하여 논의하기로 결정했다. 민주노총 중앙집행위원회는 노개위에 대한 구체적인 내용도 모른 채 일단 참가를 결정해놓고, 그 후에 대책을 세운다고 하는 납득하기 어려운 방식으로 노개위 참가를 밀어붙였다.

왜 민주노총 중앙집행위원회는 이렇게 무리수를 두면서까지 노개위 참여를 밀어붙였을까? "세계화 시대에 걸맞은 신노사관계라는 큰 틀의 개혁"을 추진하고 있는 신노사관계 구상에 대해 "투쟁, 정책, 사회적 여론 전반에 걸친 종합적이고 입체적인 대응이 요구된다"[7]라고 올바르게 진단했으면서도, 왜 민주노총 중앙집행위원회는 대응 방안 등에 대한 최소한의 조직적 토론도, 의견 수렴도 없이 노개위 참여를 강행했던 것일까? 이는 5월 9일에 예정된 노개위 발족식과 직접적인 관련이 있다. 노개위 발족식 때까지 노개위 참가 여부를 결정하려고 하다 보니까 조직적으로 토론하고 의견을 수렴할 시간이 없었다. 최소한 임시중앙위원회를 열어 노개위 참가 여부를 결정할 시간조차 갖지 못할 정도로 정부가 제시한 일정이 매우 촉박했기 때문이다. 정부의 계획은 4월 24일에 발표대회를 갖고 5월 9일에 노개위를 발족한다는 것이었다. 그래서 민주노총은 4월 20일부터 5월 2일까지 채 2주도 안 되는 기간에 세 차례나 중앙집행위원회를 소집하는 등 졸속적인 결정을 할 수밖에 없었다. 정부 측의 일정을 뒤따라가는 이러한 활동 방식은 이후에도 민주노총의 입장과 계획에 따른 주체적이고 선제적인 활동이 아니라, 항상 정부와 국회 일정에 뒤따라가는 수세적이고 방어적인 활동으로 나타나게 된다.

민주노총 중앙집행위원회의 이러한 비주체적이고 비민주적인 행태에 대해 금속연맹 중앙위원회는 강력하게 문제를 제기했다. 금속연맹 중앙위원회는 노개위 참여 결정 과정의 비민주성에 대한 공개적인 해명과 노사관계 개혁에 대한 정부의 가시적인 조처가 선행되지 않으면 금속연맹만이라도 노개위에서 탈퇴하겠다고 선언했다.

> 금속연맹 제3차 중앙위원회(5. 8.)에서는 민주노총 중앙(집행)위원회의 노사관계개혁위원회 참여를 결정한 조건에서 다음과 같이 결정하였다. 가) 민주노총 결정 과정의 비민주성에 대한 공개적 해명 요구.* 나) 민주노총의 '노동법 개정안' 관철을 목표로 참여하며 불가능하다고 판단

---

* 특히 노개위 참가 결정에 대해서는 전 과정을 철저히 공개할 것을 요구했다. "예고된 회의 일정을 아무런 사전 동의나 협의도 없이, 그것도 지방에 소재하고 있는 조직에 회의 시작 6시간 전에야 변경 통보를 하는"(금속연맹 중앙위원 일동, 「노사관계개혁위원회 참가를 결정하며 민주노총에 드리는 글」, 1996. 5. 8.) 무리수까지 두면서 노개위 참가 결정을 강행한 이러한 민주노총의 비민주적인 행태는 이후 노개위 참가 문제를 놓고 지속적으로 조직 내에서 대립과 갈등을 일으키는 중요한 원인이 된다.

되면 즉시 불참하고 대중적 투쟁을 전개한다. 다) 구속 노동자 석방, 해고자 원직 복직, 노조 탄압 중지 등에 대한 가시적 조처. 라) 한국합섬 등 투쟁 노조에 제2의 탄압이 이루어지면 강력한 대중투쟁 전개. 마) 우리의 요구가 관철되지 않으면 민주노총과 함께 개혁위에서 나온다. 민주노총이 함께 나오지 않으면 불가피하게 금속연맹만이라도 나온다 등의 전제조건으로 참석 중앙위원의 만장일치로 개혁위에 참석을 결정하였다.(『사업보고 1997』, 금속연맹, 1998, 68쪽, 강조는 인용자)

노개위 활용론

노개위 참여 문제를 놓고 조직 내에서 논란이 거세지자 민주노총은 5월 28일에 임시중앙위원회를 소집하여 의견 정리를 시도했다. 그러나 사안의 중대성에 비해 조직적으로 토론을 거쳐 의견을 수렴해온 산업·업종 연맹은 거의 없었다. 서울지하철 노조만이 유일하게 정리된 문건을 제출했고, 금속연맹은 사무처 토론과 한 시간가량 중앙위원회의 토론을 가진 정도였다. 이러한 조직별 사전 토의 부족의 문제는 토론 과정에서도 그대로 나타났다. 조직의 입장보다는 개인적 차원의 발언이 대부분이었다. 내용에서도 참여와 투쟁이라는 대응 기조의 의미를 놓고 몇 시간 동안 비생산적인 토론을 벌일 정도로 한심했다. 이미 노개위에 참여해서 적극적으로 활동하고 있던 상태에서 민주노총의 참여는 정부가 제시하는 기업 차원의 생산 참여와 협력이 아니라 노개위 참여를 의미한다는 식의 무의미한 내용이었다. 노개위 참여가 논란이 되었던 핵심적인 이유는 민주노총이 노개위에 대해 상당한 기대를 갖고 있는 것은 아닌지, 노개위 참여를 핑계로 대중투쟁을 기피하려는 것은 아닌지 많은 사람들이 의구심을 갖고 있었기 때문이다. 문제의 핵심을 벗어난 토론이 한참 동안 계속되었다. 몇 시간에 걸친 장시간의 토론 끝에 참여와 투쟁의 의미는 "대중투쟁을 기본으로 하면서 노개위 참여를 전술 단위로 위치 짓는"(민주노총 제4차 중앙위원회 결정 사항) 것이라고 정리되었다. 이것은 '노개위 활용론' 또는 '전술적 노개위론'으로서, "노동법 개정은 노개위 참여를 통해서 이루어질 수 없고 대중투쟁을 통해서만 가능하다. 그러나 그럼에도 불구하고 노개위에 참가하는 것은 노개위를 지렛대로 활용하기 위한 것"이라는 입장이었다.[8]

그러나 이러한 결정 내용은 곧이어 서울지하철 노조에서 제출한 '투쟁본부 구성안'을 토론하는 과정에서 그 허구성이 드러나게 된다. 대중 투쟁이 기본이고 노개위 참여는 부차적인 전술이 아니라, 오히려 거꾸로 노개위 참여가 기본이고 대중투쟁은 부차적인 전술이라는 본질이 폭로되어버린 것이다.

> 우리의 주장은 현재 지하철, 한통 등을 중심으로 진행되고 있는 공공부문 노동자들의 임단투와 단협 개악안 제시에 맞서 투쟁이 본격화되고 있는 현총련의 투쟁, 금속 및 병원, 사무금융노조 등 당면한 각 조직의 임단투 및 사회개혁투쟁을 개별 연맹이나 부문에 맡겨서는 안 된다는 것이다. 민주노총의 지도부가 중심에 서서 전국전선 형성에 총력을 기울여나가야 하며 이러한 과정을 통해 노동법 개정 및 노개위 대응 투쟁을 확산, 강화시켜나가야 한다. (…) 우리의 제안은 96 상반기 투쟁부터 힘을 집중시킬 수 있는 조직체계 구성 및 대중투쟁사업을 집중 배치하자는 것이다.(「정부의 신노사관계 구상 정국의 민주노총 대응 방향」, 서울지하철 노조, 1996. 5. 28.)

서울지하철 노조의 제안은 한마디로 신노사관계 구상에 대한 민주노조 진영의 총력대응체제를 구축하자는 것이었다. 이를 위해 중앙집행위원회보다 위상이 떨어지는 노동관계특별위원회가 아니라, 민주노총 위원장이 투쟁본부장을 맡아 전국투쟁전선을 총괄하고 지휘하는 투쟁본부를 구성해야 한다고 주장했다. 그러나 사무노련을 중심으로 한 사무전문직 업종연맹들이 이를 거세게 반대했고, 자동차연맹과 전국과학기술노동조합(이하 과기노조), 금속연맹 등도 반대하여 투쟁본부 구성안은 부결되고 말았다.

> 민주노총의 전체 조직체계가 투쟁체계로 전환되는 것은 잘 동의가 안 된다. (…) 민주노총은 투쟁 중심적으로 가지 말자고 했으면서 왜 이런 투쟁본부를 구성하려고 하는 것인지 상집에게 묻고 싶다.(채운석 사무노련 중앙위원)

> 민주노총 위원장이 투본장 맡는 것 우려스럽다. (…) 일상적인 조직체계로 얼마든지 사업할 수 있다. (…) 지하철의 임단협, 사개투는 이 건과 별개의 건으로 논의하자.(사무노련 중앙위원)

> 모든 사업은 민주노총을 강화하기 위해서 하는 것인데 매사에 민주노총이 나서는 것은 문제다. (…) 산하조직은 매우 중요한 일이 아니면 위원장을 보호해야 한다.(윤경환 생명보험노조 중앙위원)

> 투본은 시기가 정해진 한시적 기구이다. 97년 연말까지 투쟁체계를 가지고 간다는 것은 문제이다. (…) 투본으로 하려면 노개위 불참해서 싸

위나가야 [한다.] 참여해서 투본은 논리적으로 맞지 않다. (…) 임단투를 투본 산하에 두면 문제다. 공공부문 임단투 대책, 따로 대책위 만들어 대응해야 한다.(고영주 과기노조 중앙위원)

현재 시기를 비상시기로 본다면 향후 지속적으로 비상시기이다. 따라서 향후 지속적으로 투본체계로 가야 한다. 조직체계보다는 조직의 통일성 담보가 일차적[이다.] (…) 투본보다도 일상적 체계로 투쟁 과제를 담아내는 것이 중요하다.(문성현 금속연맹 중앙위원)

투본 구성에 반대하고 시기의 문제다. 노개위 참여한 상황에서 투본체계를 구성하는 것은 명분이 없다. (…) 굳이 조직 개편해서 투쟁조직 구성할 필요 없다.(배범식 자동차연맹 위원장)

현 시기가 투쟁본부를 구성할 만큼 비상시기가 아니기 때문에 일상적인 조직체계하에서 대책위 등을 구성하는 것만으로도 충분히 대응이 가능하다는 것이었다. 그리고 이미 노개위에 참여한 상황에서 투쟁본부체계를 구성하는 것은 명분도 없고 논리적으로도 모순이라는 것이다. 심지어 사무노련은 민주노총은 투쟁 중심적인 조직이 아니고 정치·정책적 대응을 중심으로 하는 조직이기 때문에, 조직의 성격상 투쟁본부를 구성할 수 없다고까지 주장했다. 이는 민주노총 중앙위원들의 관심이 참여와 투쟁에서 투쟁보다는 노개위 참여에 방점이 찍혀 있음을 보여준다. 특히 노개위 참여를 이유로 투쟁본부 구성에 반대한다는 것은 노개위 참여를 부차적인 전술이 아니라 핵심적인 기본 전략으로 상정하고 있음을 의미한다. 왜 이렇게 기본 기조와 실천 방침이 서로 모순되는 결정이 내려지게 되었을까? 이는 상당수의 민주노총 중앙위원들이 말로는 대중투쟁을 주장하고 있었지만 실제로는 노개위 참여에 많은 기대를 걸고 있었기 때문이다.

> 사무조합원은 노개위에 막연한 기대를 가지고 있다. (…) 우리의 참여는 노개위 참여다. (…) 노개위 변화 가능성 없다고 단정하는 것은 문제 있다. (…) 모든 기구에 참여해야 한다.(채운석 사무노련 중앙위원의 발언, 「제4차 중앙위원회 회의록」, 민주노총, 1996)

노개위 참여에 따른 혼란

노개위에 대한 환상과 기대 때문에 서울지하철 노조의 투쟁본부 구성안이 거부되자, 민주노총은 투쟁본부 대신 중요 투쟁 노조들을 중심으로 임단투대책회의를 소집하여 상반기 투쟁을 집중시켜보려고 했지만, 전국적 투쟁전선을 구축할 수는 없었다. 이런 가운데 서울지하철 노조와 한국통신 노조의 타결을 기점으로 전체적인 투쟁전선이 소강상태에 들어가자 갑자기 정부의 태도가 달라지기 시작했다. 그동안 노동법 개정에 대해 노사균형론을 펴며 입장 발표를 회피해오던 정부가 7월 2일에 '96년 하반기 경기운용 방향에 대한 대통령 보고'에서 정리해고제, 변형근로제, 근로자파견제의 도입 방침을 공식적으로 밝히고 나온 것이다. 나웅배 재정경제원 장관은 "근로자파견제, 정리해고제, 변형근로제를 어떤 조건 아래서 도입할지 잘 검토해야 한다. 하지만 이번에 반드시 관철되어야 한다. 노사개혁위원회에 이런 뜻을 계속 전달할 생각"[9]이라며 그 의지를 분명히 했다.* 이는 그동안 상반기 투쟁이 격화될 것을 우려하여 노사 간의 협력적인 분위기를 형성하는 데 주력해오던 정부가 임단투가 마무리되자 본격적으로 노동세력에 대한 공격을 개시하는 신호탄이었다.

이렇게 되자 노개위 참여에 긍정적인 입장을 가지고 있던 민주노총이 동요하기 시작했다. 그동안 민주노총은 정부 내에 수구 공안파와 개혁파가 서로 대립하고 있다고 보면서 그중 개혁파와 손을 잡고 노동법 개정을 추진하려고 했었다. 그런데 정부 내의 세력관계가 바뀌면서 민주노총은 노동법 개정이 아니라 개악으로 역전될지도 모른다는 위기의식을 느끼기 시작했다. 정부 내의 수구 공안파가 재벌을 등에 업고 임단투가 끝나자마자 노동법 개정에서 기선을 잡기 위해 본격적으로 공세를 취하기 시작한 것으로 판단한 것이다. 이러한 정부의 공세에 대해 민주노총은 당장 정부와 전면전을 벌여야 했는데도, 임단투가 마무리되어가는 시점이라 투쟁동력의 문제로 인해 현실적으로 투쟁이 불가능하다고 하는 딜레마에 빠지게 되었다. 민주노총은 임단투를 피하면 노개위에서 기선을 잡을 수 있다고 본 정부의 치밀하게 계산된 상반기 투쟁 무력화 전략에 당했다는 것을 뒤늦게 깨닫기 시작했다.

기본적으로 수구와 개혁세력이 존재한다고 가정하고 출발하는 것은 곤란하다고 생각한다. (…) [우리가 상반기 투쟁에서] 성과는 얻었지만 [정부는] 임단투만 피하면 노개위 기선을 잡을 수 있다는 생각을 하고 있다. 노개정에 힘 있는 대중투쟁을 모으기는 어렵다. 부총리가 얘기한 것을 쟁점으로 삼아야 한다. (…) 노개위에 대한 부분도 선포해야 한다.(허영구 민주노

• 나웅배는 그 후에도 7월 10일에 고려대학교에서 개최된 학술세미나 특별 강연에서 "노동시장의 탄력성 제고를 위해 정리해고제와 변형근로시간제 등을 도입하는 것이 불가피하다"는 것을 지속적으로 강조했다.(『한국일보』, 1996. 7. 11.)

총 부위원장의 발언, 「제13차 중앙집행위원회 회의록」, 민주노총, 1996. 7. 4., 강조는
인용자)

[탄압이] 한진에 모아지고 있는데 공공에서는 미안하게 생각한다. 성과
도 있었지만 당하지 않았느냐는 허 부위원장 생각[에 동의한다.] (…) 노동법개
정 총파업 등 대중동력 문제는 [이제] 시작하는 것이 현시점이다. 노개
위 관련해서 이제는 판단해야 할 시점이라고 본다.(전지협 중앙위원의 발
언, 「제13차 중앙집행위원회 회의록」, 민주노총, 1996, 강조는 인용자)

그렇지만 "임단투가 끝나고, 노개위에서 노동법개정안이 확정된
10월 이후 투쟁본부를 구성하여 노동법개정투쟁으로 들어간다"고 하
는 기존에 제출된 민주노총의 하반기 투쟁 계획(안)으로는, 정부와의 전
면전은 고사하고 당장 정부의 공세에 맞대응할 수 있는 투쟁동력조차
마련할 수 없었다. 그래서 민주노총은 "지금부터 각 단위별로 결의를
모아나가고 단위노조대표자 수련회에서는 하반기 총파업까지 상정하
는 토론을 조직"(제13차 중앙집행위원회 결정 사항)해보자라는 무기력한 결
정 이외에 어떠한 투쟁 대안도 내놓을 수 없었다.

나웅배 발언에 대해 가볍게 볼 수는 없다. (…) [그러나] 전면전을 선포
하는 것에 대해서는 무리라는 입장이신 것 같다. 위기 상황이지만 동력
의 문제 있으니까 단위노조 수련대회에서 그림을 그릴 수 있도록 (…)
총체적 계획을 모아서 발표하면 될 것 같다.(권영길 민주노총 위원장의 발언,
「제13차 중앙집행위원회 회의록」, 민주노총, 1996)

[회의자료] 49쪽을 보면 7월 수련대회와 10월 대중동력 [결집] 있다. 9월 [노동법 개정안] 확정되면 그때 총력 투쟁 결의하는 것 늦다고 본다. 임단투와 같은 대중동력 어렵다. 임단투 끝난 후 2~3개월이면 어렵다. 남아 있는 사업장 싸움에[서] 주요하게 쟁점화시켜야 한다. 수련대회에서 단위노조 각급 단위에서 전면 투쟁을 하겠다는 결의를 모아서 와야 한다고 생각한다.(허영구 민주노총 부위원장의 발언, 「제13차 중앙집행위원회 회의록」, 민주노총, 1996)

결국 서울지하철 노조의 우려는 한 달 만에 현실로 나타났다. 민주노총은 전국투쟁본부를 구성하여 상반기 임단투 및 사회개혁투쟁에 집중하자는 서울지하철 노조의 제안을 거부한 결과, 노동법개정투쟁의 주도권도 빼앗기고 투쟁동력 자체도 잃어버릴 위험에 처하게 되었다.

YS의 노사관계개혁위원회를 이용한 노사관계 개혁 기반 구축 작업은 6월 중에 전개될 96 임단투 및 사회개혁 투쟁전선의 폭, 투쟁 양상과 긴밀한 함수관계를 갖고 진행될 것이기 때문에 바로 지금, 상반기 임단투 및 사회개혁투쟁에 민주노총이 총체적으로 투쟁전선을 확대하여 대응할 시점이라고 판단된다. 이 시기를 놓친다면 민주노총은 광범위한 투쟁전선 형성을 통해 국민 여론에 문제를 제기해들어가지도 못할뿐더러 여론 형성의 주도권을 이미 정부에 빼앗길 것이다. 또한 하반기에 가서 대중투쟁을 광범위하게 할 투쟁동력 자체를 잃어버릴 것이며 설사 폭넓은 대중투쟁을 전개할 수 있다 해도 이미 상반기에 주도권을 빼앗긴 상태에서 불리한 여론에 의해 국민적 지지 형성에 실패하게 될 것이다.(「정부의 신노사관계 구상 정국의 민주노총 대응 방향」, 서울지하철 노조, 1996. 5. 28., 강조는 인용자)

그러나 민주노총은 정부와 전면전을 하지 않으면 안 된다는 위기의
식에도 불구하고 여전히 정부 내 개혁파에 대한 기대와 미련을 버리지
못하고 있었다. 민주노총은 정부의 노동시장 유연화 공세에 대해 정부
와 자본을 분리하여, 정부보다는 자본을 집중 공격 대상으로 하는 전술
을 택했다.* 이는 자본을 집중적으로 공격함으로써 정부 내의 개혁파
를 엄호하고, 수구 공안파와 재벌의 방해를 격파하여 개혁파와 함께 노
동법 개정을 이루어낸다고 하는 인식** 속에서 내려진 결정이었다.

[정부는] 노개위를 만들어놓고 분위기를 옛날처럼 안 하려고는 한 것
같다. 거기에 자본이 협박하고 있다. 일단은 전체적으로 짚어나가지만
집중하는 것은 재계로 하는 것이 맞다고 본다. 기자회견에 분명한 의지
를 천명하고 정부는 규탄 정도로 하자.(배석범 민주노총 부위원장의 발언, 「제
13차 중앙집행위원회 회의록」, 민주노총, 1996)

하지만 당시의 상황은 민주노총도 인정하듯이 "1차 투쟁전선이 마무
리됨과 함께 정부, 자본의 노동 탄압이 자행되면서 제3자 개입, 업무 방

● 　그러나 이러한 정부와 자본을 분리하는 전술에 대해 일부 중앙집행위원들의 반대도 있었다. "정부
와 재계를 분리하는 것은 전술일 수 있다. [그러나] 정부가 정리해고제 발언이 의사가 없었다가 제기되고,
재계의 압력에 못 이겨서 한 것은 아니다. 애초부터 정부의 얘기는 되어왔다. 악법에 대한 얘기는 되어왔
고 맞바꾸겠다는 얘기도 있었다. 공식적으로 악법 철폐하겠다는 적 없었다. 어제 공식적으로 한 것이다.
이런 상황에서 한 눈을 감고 싸우겠다는 입장이 이해가 안 된다. 정부의 도입 움직임에 대해 당할 수밖에
없다고 본다. 분리되는 전술 방안은 철회되어야 한다."(전국강사노조 중앙집행위원의 발언, 「제13차 중앙집행위원회
회의록」, 민주노총, 1996)

●● 　1996년 7월 15일에 금속연맹 중앙위원회의 간담회에서 행해진 권영길 위원장의 인사말은 이러한
정세 인식을 잘 보여주고 있다. "재벌과 검찰의 공안세력은 일부 언론을 대동하여 치밀한 작전을 짜고 있
다. 민주노총의 의도대로 노동법 개정이 되도록 만들지 않겠다고 공개적으로 말하며 민주노총을 약화시키
는 데 총력을 기울이고 있다."(「1996년 사업보고」, 금속연맹, 1997, 148~149쪽)

해 등으로 구속되거나 장기 투쟁 중인 사업장들이 생겨나고 있는" 시점이었고, "임단투가 마무리되어가는 시점에서 자행되는 노조 탄압은 자칫 그간의 투쟁의 성과를 희석시켜버릴 수도 있고 또 민주노총의 조직적 관장력을 떨어뜨려버릴 수도 있기 때문에 중앙 차원의 적절한 지원이 필요한 상황"이었다. 그러나 민주노총은 "현실적으로 전국적인 시기 집중이 어렵기 때문에 한진중공업, 과기노조, 만도기계 문제 등 현안 문제에 대해서는 각 산별연맹별로 대처하도록 하고, 민주노총은 경총을 중심으로 한 자본 측의 총공세에 맞서 정치적 맞대응을 한다"라고 결정했다.[10] 여전히 민주노총은 대중투쟁과 정치·정책적 대응의 분리 방침에 따라 전국적 투쟁을 직접 지도하고 책임지기보다는, 주로 정치·정책적 대응에 치중하면서 각급 투쟁은 산별연맹이 책임지고, 민주노총은 산별연맹의 요청이 있을 때에만 투쟁을 지원하는 수준으로 자기 역할을 한정하고 있었다.

투쟁파와 합의파의 대립

제13차 중앙집행위원회 회의 이후 2주일 만에 열린 민주노총의 단위노조대표자 수련대회(1996. 7. 19~21.)에서도 상당수의 대표자들은 정부 측의 개악 의도가 드러났다면서 노개투본을 조기에 구성하여 대중투쟁에 집중하자는 의견을 표명했다.[11] 그러나 노개위 철수 여부에 대해서는 여전히 의견이 통일되지 않았다. 노개위에서 합의 가능성이 없는 만큼 당장 철수해야 한다는 의견과 노개위안이 나올 때까지 노개위에 적극 참가하여 최대한 우리의 요구를 관철시키도록 노력해야 한다는 의견으로 나뉘었다. 이러한 의견 대립은 노개위 참여 여부를 놓고 처음부터 지속되어온 대립의 연장선상에 있었다. 하지만 이러한 의견 대립에도 불구하고 권영길 위원장이 "노개위 탈퇴 시기는 위원장에게 위임해 달라"고 요청할 정도로 이미 대부분의 단위노조 대표자들은 노개위에 대해 회의적이었고, 노개위 탈퇴를 당연한 것으로 생각하고 있었다.

7월 30일에 개최된 민주노총 제5차 중앙위원회에서는 단위노조대표자 수련대회에서 수렴된 총파업 결의와 투쟁본부 조기 구성안이 사무노련의 반대가 있기는 했지만 만장일치로 통과되었다. 이는 두 달 전 서울지하철 노조에서 제안했을 때와는 완전히 다른 양상이었다. 그만큼 민주노총 중앙위원들은 노동법 개악에 대해 상당한 위기의식을 느끼고 있었던 것이다.

그러나 민주노총 중앙집행위원회는 단위노조대표자 수련대회나 중앙위원회의 분위기와는 달리, 여전히 노개위 합의를 통한 노동법 개정에 많은 기대를 걸고 있었다. 8월 8일에 개최된 민주노총 제14차 중앙집행위원회에서는 노동법개정투쟁의 구체적인 내용과 방법을 놓고 크게 두 가지 입장이 격돌했다.

> 한 흐름은 노개위를 통한 합의 도출이 매우 어려울 것을 예상하고 노개위 국면에 (…) 전혀 기대를 하지 않고 투쟁을 통해 돌파해나가야 한다는 것과 또 하나의 흐름은 어쨌든 노개위 국면을 활용하고 노개위를 활용하지 않으면 노동법 개정은 어렵다. 합의안을 도출해야 한다는 입장이다.(권영길 민주노총 위원장의 발언, 「제14차 중앙집행위원회 회의록」, 민주노총, 1996.8.8.)

즉 노동법개정투쟁에 대한 입장은 '투쟁파'와 '합의파'로 나뉘었는데, 이 두 입장은 노개위 활용과 개별적 노사관계법의 양보 문제에 대해서도 완전히 다른 태도를 나타냈다. 먼저 합의파의 입장을 보자.

노개위 전부터 노개투에서 가장 중요한 것은 단결권의 확보다. 민주노총 합법화 당연하다. 교사, 공무원 단결권이 모아진다고 하면 (…) 지금도 정리해고가 변형근로가 이뤄지고 있다. 무조건 우리가 터부시할 것인가. 아직도 10년까지는 대한민국 노사관계는 힘의 논리로 간다고 본다. 양보를 했다 해도 조직률을 올려 충분히 투쟁할 수 있다.(배석범 민주노총 부위원장)

노개위를 보면서 바터제 얘기도 있지만 우리 주장을 100% 관철시킬 수 없다. 좀 더 유연하게 대처할 필요가 있다. 민주노총 중앙에서 정치력을 발휘해야 한다. 장기적인 측면에서 양보할 수 있는 능력이라고 본다.(출판노동조합협의회 중앙집행위원)

노개위 국면에서 우리 자신을 충분히 알면 회의가 쉬울 텐데 자신을 잘 모르고 있는 것 같다. 우리 형편없다. 현 국면에 잘 활용할 수 있는 것이 노개위 아닌가라고 보고 지금부터 투쟁을 같이 하면서 적극적으로 해야 하지 않을까 생각한다.(사무노련 중앙집행위원)

합법성을 따놓은 것과 다름없다고 얘기하는데 교섭권 위임 받아놓고 뭐 했느냐는 질문에 대중투쟁만으로는 할 수 없고 교섭 창구가 확보될 때만이 목표가 실현될 수 있다. 이와 관련해서 노개위는 창구의 확보 문제에서 중요했다.(김유선 민주노총 정책국장)

합의파는 정리해고제와 변형근로제 등 개별적 노사관계법을 양보하는 한이 있더라도 민주노총의 합법화와 교사·공무원의 단결권을 확보하는 것이 장기적으로 더 중요하다고 보았다. 그래서 노개위를 활용하여 최대한 합의안을 도출해야 한다고 강조했다. 이런 점에서 합의파는 노동법 개악 저지보다 노동법 개정(특히 민주노총의 합법화)에 더 방점을 두고 있었다고 할 수 있다. 합의파도 대중투쟁과 총파업을 주장하기는 했지만, 실제로 총파업에 돌입하기보다 이를 합의를 위한 압력 수단 정도로 거론하는 측면이 강했다. 바로 이런 점들 때문에 민주노총 지도부가 투쟁의지를 천명하고 '맞바꾸기'를 하지 않는다고 거듭 밝혔어도 조합원들이 지도부를 믿지 못하는 현상이 나타났다.

노개위 참여에 대한 문제는 여전히 남아 있다. 민주노조운동에 대한 신뢰와 기대가 무너지는 측면과 통일과 단결을 해치는 부분이 여전히 남아 있다고 본다. (…) 맞바꾸지 않겠다는 것을 위원장 많이 공표했다. 그러나 현장에서는 바꾸는 것 아니냐는 불신이 크다. (…) 지역을 다녀보면 지도부에서 집단[적 노사관계법]과 개별[적 노사관계법]에 대한 양보 부분이 맞느냐는 질문을 [많이] 한다. 진행된 부분이 있었는지 나도 잘 모르고 있다.(병원노련 중앙집행위원, 강조는 인용자)

반면에 투쟁파의 입장은 다음과 같았다.

어떤 경우라도 합의 노력해서 수정안을 제시해도 합의가 불가능하다고 본다. (…) 아무리 합의를 만들려고 해도 합의 수준이 떨어지게 된다. (…) 대중들이 지도부가 알아서 합의하여 판단할 것이라고 하면 투쟁할 수 없다. (…) 총파업투쟁을 실제[로] 한다는 기조를 가지고 가야 한다. (…) 대중과 저쪽[정부와 자본]에서 보더라도 총파업 의지를 보여주어야 한다. 투본 구성해야 한다. 앞당겨야 한다. 그래야만 연맹과 단위노조에서 다급해진다.(양경규 전문노련 위원장)

합법성을 갖지 못해도 개악 저지만은 분명히 해야 한다. (…) 하반기 노개투는 개별적 노사관계법에 대한 개악 저지를 분명히 하고 투쟁을 조직하는 것이 도움이 되지 않겠는가 [생각한다.] (…) 노개위 활동이라는 것은 지금까지 상당한 한계를 가지고 있고 향후에도 그 한계성은 보인다고 생각한다. (…) 우려를 갖는 것이 참여를 해가지고 소수의 소극적 동의로 비출 가능성이 상당히 크다. 적정한 시기에 노개위 철수 문제도 판단해봐야 하는 것 아닌가?(단병호 금속연맹 위원장)

개별적 [노사]관계에 대해 말조차 꺼내기가 부담스럽다. (…) 개별[적 노사]관계는 개악이 안 된다고 하지[만] 각 부분에 대해 어마[어마]하게 나오는데 민주노총의 입장은 없다. (…) 노동법개정투쟁이 아니고 노개위투쟁이다. 원칙과 다르지 않은가? (…) 이때까지는 노개위 중심이었다. 큰 가닥은 민주노총 합법화밖에 없는데 이 부분 가지고 노개위 교섭력을 높이기 위한 투쟁을 할 필요가 없다. 노동법개정·개악 저지 투쟁을 잡아야 한다. 노개투 속에서 노개위 참여 결정해야 한다. 조합원 의구심 갖는다. 막말로 쇼하는 것 아니냐는 얘기도 나오고 있다.(민주노총 대구지역본부)

투쟁파는 노개위에서의 합의는 불가능하기 때문에 민주노총의 합법화에 연연하지 말고 개별적 노사관계법의 개악 저지를 위해 실제로 총파업을 조직해야 한다고 보았다. 그래서 이미 한계와 허구성이 드러난 노개위에서 철수하고, 빨리 투쟁본부를 구성하여 노개위 국면에서 노개투 국면으로 방향 전환을 해야 한다고 주장했다. 그래야만 그동안 잃어버렸던 조합원들의 신뢰를 회복하고 투쟁동력을 끌어내어 실질적인 총파업으로 나아갈 수 있다는 것이었다.

이렇게 보면 합의파와 투쟁파는 목표와 방법에서 완전히 대립하고 있었음을 알 수 있다. 합의파는 '노개위 합의를 통한 민주노총의 합법화'를, 투쟁파는 '총파업투쟁을 통한 개별적 노사관계법의 개악 저지'를 각각 노동법개정투쟁의 주요 목표와 방법으로 설정하고 있었다. 그런데 이러한 입장 차이는 어디에서 기인하는 것일까? 그것은 기본적으로 투쟁동력과 투쟁의지에 대한 입장 차이와 관련이 있다. 우리의 실력이 형편없다고 말하고 있듯이, 합의파는 기본적으로 투쟁동력에 대한 자신감도 없었고 투쟁의지도 부족했다. 그래서 총파업과 같은 투쟁보다는 청와대 내 개혁세력과의 막후 협상이나 노개위에서의 양보를 통한 합의 등을 선호했다.

> 민주노총 중앙은 (…) 자본과 권력의 의도를 정확히 파악하지 못하고 조합원 투쟁동력을 의심하면서 청와대 개혁세력과의 막후 협상에 의존하였던 경향을 보였으며 실제 파업을 준비하지 않고 있다는 비판에 직면하였다.(고영주 공익노련 수석부위원장의 발제문, 『노동법투쟁 자료집 Ⅱ』, 공익노련, 1997, 726쪽)

반면 투쟁파는 투쟁동력에 대한 자신감도 있었고 투쟁의지도 강했다. 그래서 당장은 투쟁동력이 부족하지만, 투쟁의지를 가지고 노동법 개악 저지를 목표로 꾸준히 투쟁을 조직하고 준비한다면 충분히 총파업투쟁도 가능하고, 노동법 개악도 저지할 수 있다고 보았다.

> 총파업전술은 현재 조합원 분위기와 조직력이 가능하기 때문에 하는 것이 아니라 현재 정부의 개악안 강행 방침을 볼 때 극적인 상황 반전이 없는 한 민주노조의 불가피한 마지막 선택이다. (…) 따라서 처음부터 우리 노조는 총파업이 가능하다, 아니다라는 관념적인 논란보다는 우선적으로 상황의 엄중함을 인식하고, 투쟁적 관점에서 목적의식적으로 총파업투쟁을 준비해들어가야 한다.(『총파업 일지』, 병원노련 서울지역본부, 1997, 21쪽)

이러한 투쟁동력과 투쟁의지에 대한 기본적인 입장 차이는 이후 총파업 준비 과정과 날치기 노동악법 철폐 총파업투쟁 과정에서 노동법 개정투쟁의 목표와 전략·전술을 놓고 날카롭게 대립하는 원인이 된다.

8월 8일에 개최된 민주노총 제14차 중앙집행위원회는 개별적 노사관계법에 대한 양보의 필요성이 처음으로 공식적으로 제기되었다는 점에서 매우 중요한 의미를 갖는다. 처음에 민주노총은 "비록 한정된 공간이지만 노개위 공간을 최대한 활용하여 민주노총의 요구를 널리 알리고 대변함으로써 대중의 관심과 자각을 불러일으킬 수 있다"[12]라는 점에 의의를 두고 노개위 참가를 결정했다. 이는 노개위를 양보를 통한 협상이나 합의를 위한 공간이 아니라, 민주노총의 요구를 선전하고 조합원들과 대중의 관심을 불러일으켜 투쟁을 조직하기 위한 공간으로써 전술적으로 활용한다는 의미였다.

노개위에서 민주노총 요구대로 합의가 이루어진다는 보장은 없다. 설령 노개위에서 민주노총 요구대로 합의가 이루어진다 하더라도 그대로 국회에서 통과된다는 보장 또한 없다. 따라서 금년에 민주노총 요구대로 노동법을 개정하려면 노개위 참가는 하나의 전술 단위임을 분명히 하면서 이를 적극 활용하여 강력한 대중투쟁을 준비하고 전개해야 한다.(「제4차 중앙위원회 회의 별지자료」, 민주노총, 1996. 5. 28., 강조는 인용자)

그렇기 때문에 합의를 위해서는 개별적 노사관계법의 양보가 불가피하다는 합의파의 생각은 노개위가 투쟁을 조직하기 위한 전술적 공간이 아니라 합의 자체를 목적으로 하는 협상 공간으로 변질되었음을 뜻한다. 합의파가 개별적 노사관계법의 양보를 공식화함으로써 이후 민주노총의 대응 방향을 놓고 많은 혼란과 심각한 대립 그리고 갈등이 예고되었다.

전술이 아닌 핵심 기본 전략으로서의 노개위 참여

민주노총의 노개위 참여는 단순한 전술적 선택의 문제가 아니라 민주노총의 기본 방침에 따른 핵심 전략이라고 할 수 있다. 노개위 참여가 단지 대중투쟁을 이끌어내기 위한 하나의 전술에 불과했다면, 노개위 참여 기간 내내 그렇게 논란의 대상이 되지는 않았을 것이다. 정세가 바뀌고 계급 간 세력관계가 바뀌면 당연히 전술도 바뀔 수밖에 없기 때문이다.

이런 점에서 민주노총의 노개위 참여는 민주노총의 합법화를 최고의 목표로 삼고 대중투쟁보다는 정치·정책적 대응을 고유의 임무로 설정한 민주노총의 기본 방침으로부터 필연적으로 도출될 수밖에 없는 핵심적인 전략이었다. 대정부 교섭을 통한 정치·정책적 대응을 전국중앙 조직의 고유 임무로 설정하고 이를 실현하려면 정부와 교섭 테이블에 앉을 수 있어야 하는데, 그러려면 합법성의 획득이 필수적일 수밖에 없었다. 민주노총이 노개위 참여의 의의를 정부가 민주노총의 실체를 공식 인정한 것이고, 대정부 교섭 창구를 확보한 것이자 전국중앙조직의 고유 임무인 정책 참여의 첫발을 내딛는 것이라고 고무적으로 평가한 것은 노개위 참여가 바로 민주노총의 기본 방침에 부합했기 때문이다. 1987년 이후 정부로부터 완전히 배제되어 대정부 교섭 창구조차 확보하지 못하다가, 정부가 교섭 상대로 인정해주고 정책적 논의에도 참가할 수 있도록 활로를 열어준다는데 이를 마다할 이유는 전혀 없었던 것이다. 이 때문에 민주노총은 처음부터 정부의 책략과 그 한계를 종합적으로 분석해서 냉정하게 판단하기보다는 "참가를 거부하는 것은 얻는 것보다 잃는 것이 많을 것"[13]이라는 주관적이고 안이한 판단으로 성급하게 노개위 참여를 결정했다. 민주노총은 노개위 활동 내내 노개위에 대한 긍정적인 기대와 미련을 버리지 못하고 대정부 교섭을 위한 유일한 통로인 노개위*를 유지하기 위해 대중투쟁도 일정하게 유보하는 등의 노력을 했으나 결국에는 정부가 노동법을 개악할 때 들러리로 이용당하고 말았다.

민주노총이 노개위를 정세를 규정하는 핵심적인 요인으로 얼마나 중

---

*   "[노개위는] 법외단체 민주노총 위원장과는 절대로 공식적으로 자리를 할 수 없다고 한다. 청와대 또한 마찬가지다. 내 목이 날아간다고 한다. 이것이 현재 상황이다."(권영길 위원장의 발언, 「제9차 중앙위원회 회의록」, 민주노총, 1996. 11. 1.) 민주노총은 노개위 참가를 정부가 '민주노총의 실체를 공식 인정한 것'이라고 의미를 부여했지만, 정부는 민주노총 위원장을 공식적으로는 만나지 않을 정도로 민주노총을 인정하지 않고 있었다. 사실상 노개위는 민주노총이 정부와 공식적으로 소통할 수 있는 유일한 통로였다. 민주노총은 8년 만에 열린 대정부 교섭 창구를 잃지 않기 위해서라면 기회비용을 얼마라도 치를 용의가 충분했다.

요하게 바라보고 있었는지는 1996년 상반기를 '노개위 국면'으로 규정하고 있는 데서 단적으로 드러난다. 노동-자본 간 계급투쟁이 가장 치열하게 벌어지는 임단투 시기에 정세, 즉 정치적인 세력관계의 변화를 규정하는 핵심 요인은 당연히 노동자들의 투쟁이다. 그러므로 민주노총은 임단투 시기인 상반기를 노동자투쟁이 정세를 주도하는 '노동자투쟁 국면' 또는 '임단투 국면'으로 규정했어야 했다. 그런데 민주노총이 당시의 정세를 노개위 국면으로 규정하면서 정세를 좌우하는 핵심 요인은 노동자들의 투쟁이 아닌 정부가 주도하는 노개위가 되었고, 따라서 노개위 활동을 중시하지 않을 수 없게 되었다. 그리고 민주노총의 투쟁을 포함한 모든 활동 역시 노개위에 의해 규정받을 수밖에 없었다. 이런 점에서 민주노총이 상반기 투쟁을 노개위 국면으로 규정했다는 사실은 노개위를 전술 단위가 아닌 핵심 단위로 생각하고 있었음을 방증한다. 이는 민주노총이 노개위에 참여하는 순간부터 필연적으로 야기될 수밖에 없는 한계였지만, 보다 근본적으로는 민주노총의 기본 방침의 한계로부터 비롯된 것이었다.

2. 산업·업종연맹 중심주의의 한계

전국적 연대투쟁 대 산업·업종연맹의 조직 강화

전국적 공동투쟁전선의 구축에 실패한 1차적인 책임은 민주노총에 있었지만, 근원적으로는 산업·업종연맹의 '연맹중심주의'에 보다 큰 책임이 있다고 할 수 있다. 민주노총은 산업·업종연맹들의 총연맹이다.

그래서 민주노총 사업의 결정이나 실천에서 실질적인 권한은 산업·업종연맹들이 가지고 있다. 산업·업종연맹들이 거부하면 민주노총의 사업은 진행될 수 없다.

> 민주노총의 조직 구성은 산별연맹 중심으로 꾸려져 있다. 조합원 개인이 민주노총에 가입하는 것이 아니라 산별연맹들의 연합한 구조이다 보니, 실제 투쟁을 할 수 있는 것은 각 연맹이다. 이는 곧 연맹들이 의지가 없거나 연맹 지도부의 단결을 끌어내지 못하면 아무것도 할 수 없는 구조라는 뜻이기도 하다. 실제로 큰 연맹 몇 군데만 동의해주면 총파업이 가능하지만, 연맹 위원장들이 민주노총 위원장과 맞지 않으면 투쟁은 불가능하다. 이런 문제들 때문에 잘할 수 있었던 투쟁을 못한 경우가 많이 있다.(이갑용, 『길은 복잡하지 않다』, 철수와영희, 2009, 163~164쪽)

1996년 5월에 민주노총 제4차 중앙위원회에서 서울지하철 노조가 전국투쟁본부 구성안을 내놓았을 때, 민주노총 상임집행위원회는 6월에 전국공동투쟁전선이 형성될 것이라고 예상해 투쟁본부를 구성하자는 안에 찬성하는 입장이었다. 그러나 산업·업종연맹들이 전국공동투쟁전선을 형성하기보다는 각자의 일정과 계획을 우선시하는 연맹중심주의적인 경향을 보이면서 이에 반대했고, 사실상 전국공동투쟁전선은 구축될 수 없었다. 또한 민주노총은 산업·업종연맹 중심의 중층적인 구조로 되어 있어서 산업·업종연맹을 통하지 않고는 단위노조와 직접적인 관계를 맺을 수가 없다. 이 때문에 투쟁본부를 구성하여 직접적으로 투쟁 중인 노조들을 지도하고 지원할 수 있는 권한을 산업·업종연맹으로부터 위임받지 않는 한, 실질적으로 전국공동투쟁전선을 형성하거나 총괄하기란 불가능하다.

이러한 연맹중심주의적인 입장은 전체 노동자계급의 요구보다 자기 소속 연맹의 이해관계를 우선시한다는 점에서 조직 이기주의적인 경향을 보이며, 따라서 전국적·전 계급적 노동자투쟁에 대한 연대보다는 자기 연맹의 조직 유지와 강화에 보다 더 많은 관심을 갖는다. 상반기 투쟁에서 핵심적인 역할을 했던 공공부문이나 자동차연맹, 금속연맹, 병원노련, 현총련 등의 임단투 계획에서 전국공동투쟁전선 구축에 대한 문제의식이 거의 보이지 않은 것은 바로 이 때문이었다. 연맹중심주의적인 입장이 산업·업종연맹으로 하여금 애초부터 전국공동투쟁전선의 구축이라는 임무를 방기하게 만들었던 것이다.

공노대 역시 전국적으로 투쟁할 수 있는 노조가 거의 없는 상태였는데도 자기 부문의 필요성 때문에 민주노총과는 별도로 공공 5사(서울지하철, 한국통신, 의료보험, 조폐공사, KBS)를 중심으로 투쟁을 독자적으로 준비해나갔다. 이처럼 전체적인 노동자 투쟁전선에 대한 고려 없이 독자적으로 투쟁을 준비해나갔기 때문에 공노대는 타결에 있어서도 전체적인 계급 상황보다는 조직 내부의 요구를 따를 수밖에 없었다. 공공부문의 투쟁이 한 사업장이나 한 부문의 투쟁을 넘어 이미 상반기의 노동-자본 간 계급투쟁을 규정하는 핵심적인 위치로 발전하고 있었음에도 불구하고, 단위노조의 조직 상태를 핑계로 성급하게 타결해버린 것은 바로 이러한 이유 때문이었다.

이번 공공부문 투쟁은 올 임단투의 기폭제 역할과 함께 이후 민간기업 투쟁에 많은 영향을 줄 수밖에 없었는데 공공부문이 타결됨으로 인해서 다른 많은 사업장이 타결 기조로 흐름으로 인해서 올해 보다 광범위한 노동자대투쟁을 만들어내지 못한 것은 아쉬움 내지는 잘못된 것 아닌가라는 지적에 대한 부분이다. (…) 공공 5사의 주체적인 입장에서는, 올해 내부 조직 상황이 요구하는 것이 무엇인가라는 판단과 올해 어떠한 결과가 향후 조직 발전에 도움이 될 것인가라는 종합적인 판단 속에서 내린 최선의 선택이라고 평가한다.*(석치순 서울지하철 노조 위원장의 발제문, 『단위노조대표자 수련대회 자료집』, 민주노총, 1996, 145쪽)

금속연맹 또한 연맹중심주의에 빠져 자동차연맹, 현총련 등 여타 금속부문과의 공동투쟁은 물론이고 공공부문과의 연대투쟁도 적극적으로 추진하지 못했다.

자동차연맹, 현총련 등 금속산업 공동투쟁전선 구축이 모색되었지만 조직을 창립한 초창기에 각 조직의 취약한 조직력과 자기 조직 중심의 사업이 전개되면서 실질적인 공동사업이나 투쟁전선 구축은 불가능하였다.(『확대간부 수련회 자료집』, 금속연맹 부산·양산지부, 1996. 8. 31., 48쪽)

전국공동투쟁전선 구축에 실제로 복무하지 못하였다고 하더라도, 금속연맹은 최소한 이를 사업 목표로 설정은 하고 있었다. 이는 병원노련

● 　그러나 공노대 지도부의 이러한 평가에 대해 공노대는 공식적인 평가에서 조합원들의 적극적인 참여로 갈수록 연대투쟁력이 가속화되어 공동투쟁이 전개될 수 있는 조건이었지만, 공노대의 지도력이 감당할 수 없을 정도로 상황이 전개되면서 투쟁을 개별 사업장별로 조기에 마무리할 수밖에 없었다고 고백했다. "이번 투쟁은 앞서서 고민한 일부 노조 지도부의 확고한 투쟁의지와 이제는 도저히 안 되겠다는 다수 조합원들의 적극적인 참여로, 갈수록 연대투쟁력이 가속화되어 공동투쟁이 전개될 수 있었다. 따라서 6월 달 공노대의 결정 단위인 운영위와 비상대표자회의에서의 고민은 당시 상황을 마무리할 수 없는 상황으로 발전되었으며, 결국 유종의 미를 거두는 투쟁 마무리를 힘 있게 전개하지 못하는 한계가 드러난 것이다."(「제3차 정기대표자회의 회의자료」, 공노대, 1997, 33쪽)

도 마찬가지였다.

> 금속연맹은 전체 노동조합운동 차원의 방침을 적극 뒷받침하면서도 96년 금속연맹 투쟁이 금속산업 전체 투쟁이 되도록 견고하게 강화해 내 전국적 투쟁전선 구축에 주요한 몫을 담당해내야 한다.(『사업보고 1996』, 금속연맹, 1997, 63쪽)

> [병원노련은] 투쟁 방침으로 민주노총 차원의 공동전선을 함께 구축해 내면서 집중 투쟁이 예상되는 조직에 대해서 시기 집중과 다양한 투쟁 전술로 투쟁력을 높여낼 것을 결정했다.(『제9기 활동보고』, 병원노련, 1997, 79쪽)

그러나 금속연맹이나 병원노련과 달리 자동차연맹은 사업 목표를 설정할 때부터 전국공동투쟁전선 구축이라는 문제의식이 보이지 않았다. 자동차연맹은 공공부문이나 여타 민간부문의 투쟁과 보조를 맞추어 투쟁을 집중할 시기를 조정하자는 민주노총의 제안을 이미 대표자회의에서 파업투쟁의 시기가 결정되었다는 이유로 거부했다. 당시 자동차연맹의 최대 관심사는 연맹의 조직 확대와 강화 그리고 합법성 쟁취를 통한 연맹의 상급단체 인정이었다. 따라서 자동차연맹은 정세의 흐름이나 전국 노동자들과의 연대투쟁보다는 "상급단체로서의 기능을 확립하고 사업을 효과적으로 수행하기 위한 지도력의 확보와 강화"[14]를 위해 연맹의 합법성을 쟁취하는 데 중점을 두고 있었다.

실패한 산업별 공동투쟁

그런데 여기서 중요하게 검토해야 할 문제가 있다. 전체 노동자들의 연대투쟁보다 연맹 자체의 조직력 강화에 중점을 둔 연맹중심주의가 산업·업종연맹의 조직력을 강화하고, 산업별 공동투쟁을 활성화하는 데 얼마나 도움이 되었을까? 그리고 국가와 자본이 총체적으로 공격해오는 전면적인 계급투쟁의 시기에 총노동전선을 펴지 않고 산업·업종연맹별로 대응하는 방식으로 산업별 공동투쟁이 이루어지고 조직력이 강화될 수 있을까?

당시 금속연맹은 투쟁의 시기조차 집중하지 못했다. 중소 노조의 투쟁은 1차 시기, 대공장 노조의 투쟁은 2차 시기로 나누면서 집중점이 분산되었고, 투쟁 사안에 따른 개별적 대응밖에 할 수 없었다. 그 결과 1차 시기에 투쟁에 나섰던 중소 노조들은 자본의 집중적인 탄압을 받았고 투쟁은 장기화되었다. 2차 시기에 집중했던 대공장 노조들은 투쟁동력이 부족해서 전국적인 공동전선을 형성하는 데 아무런 역할도 수행할 수 없었다. 심지어는 7월 16일에 열린 '한진중공업 일방중재 규탄 및 투쟁 기금 모금을 위한 전국 동시다발 중식中食집회'조차 "실천하기가 어려운 노조가 많다"는 이유로 취소되었다.[15] 금속연맹은 공동투쟁은커녕 준법투쟁 수준의 전국적인 공동행동조차 제대로 실천할 수 없을 정도로 취약했다. 이런 상태에서 금속연맹은 전국적 차원이 아닌 자신들만의 독자적인 투쟁을 추진했다가 "여전히 높은 기업별 노조의 한계"[16]에 부닥쳐 산업별 공동투쟁도, 조직력 강화도 이루지 못하는 결과를 가져왔다.ㆍ 이 모든 실패는 금속연맹의 연맹중심주의에서 비롯되었다.

민주노총 중앙뿐만 아니라 금속연맹의 사업 계획을 보면 우선적 사업 배치로서 총노동전선을 치는 것보다 조직력 강화 이야기가 나옵니다. 그런데 이는 잘못된 것입니다. 조직력 강화하자고 선언한다고 해서 조직이 강화되지 않습니다. 조직력은 전선을 방어하고 투쟁하면서 강화됩니다.(정윤광 공노대 지도위원의 발언, 「특별 좌담: 현 시기 노동운동의 정세와 전망」, 『현장에서 미래를』 7월호, 한국노동이론정책연구소, 1996)

자동차연맹은 총력 투쟁 집중 시기인 6월 17일을 전후하여 기아자동차 노조, 만도기계 노조, 아시아자동차 노조, 쌍용자동차 노조 등 중심 노조들을 축으로 한 13개 노조가 전면 또는 부분파업을 벌임으로써 민주노총 소속 노조 중에서 가장 활발한 투쟁을 펼쳤다. 그러나 자동차연맹은 투쟁 시기도 중심 노조 중심으로 이루어졌고 "중심 노조를 축으로 여타 부품노조의 타결 국면을 이끌어간다"[17]는 방침에 따라, 완성차 노조를 중심으로 한 교섭과 투쟁에 치중하면서 사실상 완성차 노조와 부품산업 노조와의 공동투쟁은 전개될 수 없었다. 중심 노조인 기아자동차 노조의 잠정합의안이 두 차례나 부결되면서 연맹 소속의 다른 노조들의 타결 시기도 전체적으로 늦어졌다. 이는 원청 노조를 중심으로 한 공동투쟁 방침의 한계가 그대로 드러난 것이라고 할 수 있다.

그런데 완성차 노조와 부품산업 노조의 공동투쟁의 한계는 자동차연맹이 자체적으로 해결할 수 있는 문제가 아니다. 원하청 산업구조의 근본적인 한계 때문에 부품산업 노조는 완성차 노조에 종속될 수밖에 없

● 　금속연맹은 지역별 공동투쟁본부 구성을 주요 방침으로 설정했지만, 실제로 지역공동투쟁본부가 구성된 곳은 서부경남지부와 인천지부뿐이었다.(「사업보고 1996」, 금속연맹, 1997, 290쪽)

다. 이러한 종속적인 구조를 탈피하기 위해서는 근본적으로 자동차연맹 중심주의를 벗어나서 금속산업 전체나 전국적·전 산업적 공동투쟁으로 투쟁의 범위를 넓혀나가지 않으면 안 된다. 그래야만 원청인 대기업 노조에 의존하는 투쟁이 아닌, 중소하청 부품산업 노조들과의 공동연대투쟁이 가능하다.

특히 지역적으로 분산되어 있는 중소부품산업 노조들의 경우에는 독자적인 파업이 가능한 대규모 완성차 노조와는 달리, 지역에 있는 타 산업의 노동자들과 연대하여 탄압에 공동대응하지 않으면 투쟁 자체가 불가능하다. 1996년 임단투에서 부천지역의 중소기업 노동자들이 자본의 탄압을 물리치고 승리할 수 있었던 것은 산업·업종에 관계없이 지역 전체가 단결하여 공동연대투쟁을 벌였기 때문이다.

만약 자동차연맹이 연맹중심주의를 버리고 금속산업부문의 공동투쟁이나 전국공동투쟁전선을 적극적으로 조직했더라면, 완성차 노조와 중소부품산업 노조와의 공동투쟁은 보다 활발하게 이루어졌을 것이고, 잠정합의안도 부결되지 않았을 가능성이 크다. 공공부문의 투쟁이 타결된 이후에 노동자들 사이에서는 투쟁에 대한 자신감이 팽배해 있었다. 그런데 자동차연맹은 전국투쟁전선의 전개 양상과는 관계없이 연맹 중심의 투쟁 마무리 일정에 따라 조기에 타결을 하려고 했고, 조합원들은 이에 '밀어붙이면 되는데 왜 벌써 투쟁을 접느냐'며 불만을 드러냈다.

자동차연맹은 상반기 투쟁에서 민주노총 소속의 어떤 산업·업종연맹보다도 활발하게 투쟁했다. 그러나 연맹중심주의에 매몰되어 완성차 노조와 부품 노조 간의 공동투쟁에 실패하고 잠정합의안까지 부결되면서 지도력이 훼손되는 등 오히려 성과가 크게 반감되는 결과를 가져왔다.

이와 달리 병원노련은 "96 투쟁은 시기 집중이 효과적으로 이루어지면서 예년 어느 때보다 전국공동투쟁의 위력을 마음껏 보여주었다"고 평가했다.[18] 병원노련은 전국공동투쟁이 가능했던 이유를 전국의 단위노조 대표자들의 결의와 노조 간부들의 의식적인 노력이 있었기 때문이라고 보았다.

> 6월 5일 서울대병원에서 개최된 전국단위노조대표자 결의대회는 6월 10~15일 사이 쟁의발생 신고 집중, 6월 13~15일 연맹 지도부 2박 3일 철야 농성 투쟁, 6월 19~21일 전국단위노조 간부 동시 철야 농성 투쟁 전개, 6월 25~30일에 걸쳐 파업투쟁을 전개할 것을 결의하였다. 전국단위노조 대표자회의의 이러한 결의는 시기 집중을 통한 총력 투쟁을 전개하는 데 결정적인 밑거름이 되었던 것이다.(『제9기 활동보고』, 병원노련, 1997, 89쪽)

이러한 병원노련의 공동투쟁은 목적의식적으로 다른 산업·업종연맹과 공동보조를 맞추려고 했다는 점에서 금속연맹이나 자동차연맹과는 구별된다.

> 각 노조마다 다양한 내부 편차에도 불구하고, 공투에서 시기 집중의 중요성을 인식, 6월 20일 서울지하철, 한국통신 등 공공노조 파업과 공동보조로 1차 전선을 형성하고, 6월 28일 자동차, 금속 등과 2차 전선을 구축하면서 일사분란한 총력 투쟁을 전개하여 그 어느 때보다 완강하게 저항하던 병원의 공동전선을 무너뜨리고 주요 요구안을 쟁취했다.(『7기 활동보고』, 병원노련 서울지역본부, 1997, 305쪽)

실제로 자본과 정권은 병원노련의 시기집중 공동투쟁으로 전국적 공동투쟁전선이 공공부문의 투쟁에 이어 다시 활성화될 것을 우려해 협상을 조속히 타결했다.* 병원노련의 투쟁을 주도했던 서울지역본부의 대병원 노조들은 집중 투쟁 기간인 6월 20~28일 사이에 협상이 거의 타결되었다.**

병원노련의 전국공동투쟁이 가능했던 것은 다른 산업·업종연맹과 달리, 1994년부터 공동교섭·공동투쟁을 시행해온 경험과 이에 따른 착실한 준비 및 공동행동 등이 있었기 때문이다. 병원노련의 투쟁을 주도한 서울지역본부는 1월부터 각급 회의에서의 토론을 통해 1996년 공동투쟁 방향과 기조를 일찌감치 확정했다. 그리고 각종 교육사업과 수련회 등을 통해 단위노조에서부터 공동투쟁 방침을 공유하고 결의하면서 조직을 정비해나갔다. 특히 조합원 합동일일교육, 합동대의원대회, 공동투쟁 전진대회, 상임집행위원회 간부와 대의원 철야 농성, 단체복 입기, 부서별 철야 농성, 직종별 철야 농성, 파업 예고 투쟁 등과 같은 다양한 활동은 공동투쟁의 분위기를 만들어나가는 데 결정적인 역할을 했다.[19]

이처럼 병원노련 서울지역본부는 총파업투쟁을 제외하고는 상당한

•   이런 점에서 병원노련의 공동투쟁은 1996년 상반기 투쟁의 정세 속에서 시기집중전술을 가장 효과적으로 활용한 사례로 손꼽을 수 있다. 병원노련은 6월 26일에 파업이 예상되는 10여 개 노조의 대표들과 긴급투쟁대책회의를 열어 6월 27일에 전남대병원을 시작으로 6월 28일에는 한양대의료원과 서울중앙병원, 경희의료원이, 7월 1일에는 조선대병원, 7월 3일에는 경상대병원과 충남대병원으로 이어지는 전국적 파업을 결의하고, 만일 정부가 직권중재에 회부하고 공권력을 투입한다면 이에 맞서 강력히 투쟁할 것이며 노개위 참여 문제도 재검토하겠다는 강력한 의지를 표명했다.(「제9기 활동보고」, 병원노련, 1997, 89쪽과 319쪽) 결국 병원 자본과 정부는 일정하게 양보하지 않을 수 없었다.

••   서울대병원 노조는 6월 21일, 고대의료원 노조와 원자력병원 노조는 6월 25일, 경희의료원 노조는 6월 26일, 서울중앙병원 노조는 6월 27일, 한양의료원 노조는 6월 28일에 협상이 타결되었다.

부분에서 비교적 높은 수준의 연대투쟁을 보여주었다. 그러나 서울지역본부는 연대투쟁의 시기는 일치시켰으나 본부 차원에서 실질적인 공동파업투쟁을 상정하고 준비하지 않았다는 점에서 일정한 한계를 가지고 있었다. 이러한 한계에도 불구하고 1996년에 대다수 병원 노조들의 투쟁은 쉽게 타결을 점칠 수 없을 정도로 예년에 비해 완강했다. 대병원과 국립병원 대부분이 파업 돌입 직전에 가까스로 타결에 이르렀고, 중소병원도 3곳이나 파업에 돌입했다. 이는 투쟁으로 대치전선을 돌파하려는 병원 노동조합운동의 건강성과 그를 뒷받침할 조직력이 예년에 비해 많이 나아졌음을 보여준다. 실제로 여타 대병원들의 조직력과 투쟁력이 서울대병원과 비슷해질 정도로 상향평준화되어 1997년에는 공동파업의 가능성까지도 가늠해볼 수 있었다.

이런 점에서 병원노련이 파업투쟁을 통하여 주요 요구안을 관철하려는 적극적인 의지를 가지고 공동파업투쟁을 조직했거나, 또는 민주노총이 총괄하여 전국공동투쟁전선을 구축했다면, 서울지역본부의 연대투쟁은 총파업투쟁으로 발전했을 가능성이 컸다. 이 가능성은 이후 노동법개정 총파업투쟁을 통해 현실화되었다는 점에서 단순한 가능성만은 아니었다. 노동법개정 총파업투쟁에서 "전국총파업전선이 확실히 형성되면서, 개별적으로 진행하는 임단투의 경우라면 파업에 참여할 수 없었던 노동조합들도 전면파업 내지는 부분파업에 참여할 수 있었다"[20]라는 병원노련의 평가가 이를 증명한다. 그리고 상반기 투쟁에서 전국적인 공동파업투쟁이 이루어졌다면 "대병원 노조의 개량화와 관성화된 투쟁 그리고 중소병원 노조의 힘의 열세를 극복"[21]해나갈 수 있는 단초가 마련되어 의료산별노조의 건설이 보다 튼튼한 토대 위에서 보다 빨리 추진되었을지도 모른다. 실제로 병원노련은 노동법개정 총파업투쟁에서의 공동파업 경험을 토대로 1998년 2월에 의료산별노조를 건설하게 된다.

산업·업종연맹 중심주의의 한계

1996년의 상반기 투쟁에서 민주노총이 전국공동투쟁전선을 형성하지 못했던 것은 민주노총의 기본 방침의 한계와 타협적인 태도 그리고 노개위 참여 전략이 교란요인으로 작용했기 때문이다. 하지만 보다 근원적인 문제는 전국적인 연대투쟁보다 자기 연맹의 조직 보존과 강화를 우선시하는 산업·업종연맹 중심주의라고 할 수 있다. 실질적인 사업의 결정과 집행의 권한이 산업·업종연맹에 있었기 때문에, 상반기 투쟁에서 주도적인 역할을 했던 공공부문과 자동차연맹, 금속연맹, 병원노련 등이 처음부터 적극적으로 연대하여 공동투쟁을 계획하고 준비했더라면, 민주노총 중앙이 소극적이었다고 하더라도 전국공동투쟁전선은 쉽게 구축될 수 있었을 것이다.

상반기 투쟁에서 노개위 참여가 교란 요인으로 작용하여 투쟁 기조 등에서 많은 혼선을 초래했지만, 산업·업종연맹들이 연대하여 공동투쟁을 준비했더라면 이러한 논란도 쉽게 잠재울 수 있었을 것이다. 노개위의 본질과 허구성은 노개위 참여냐 불참이냐라는 쓸데없는 논쟁이 아니라 직접적인 대정부·대자본 투쟁 속에서만 드러난다. 그러므로 중요한 것은 실질적인 공동투쟁을 조직하는 데 매진하는 것이었다. 서울지하철 노조가 당시에 진심으로 전국적인 공동투쟁을 기대했다면 투쟁본부의 구성을 형식적으로 제안하는 데 그치면 안 되었다. 공노대에서 공공 5사 중심으로 공동투쟁을 조직했듯이, 서울지하철 노조는 실질적으로 투쟁할 의사가 있는 산업·업종연맹이나 투쟁을 하고 있는 노조들을 중심으로 공동투쟁을 조직해나갔어야 했다. 투쟁이 가능한 몇 개의 산업·업종연맹이나 중심 노조들이 먼저 공동투쟁전선을 형성하고 난 뒤에, 이 힘을 토대로 민주노총이나 다른 산업·업종연맹들에게도 동참이나 지원을 요청하는 것이 올바른 수순이었을 것이다.

이런 점에서 전국공동투쟁전선을 형성하는 데 실패한 책임을 전적으로 민주노총의 탓으로만 돌리는 것은 문제가 있다. 1차적인 책임은 물론 민주노총에 있다. 하지만 보다 근원적인 책임은 전국적 공동투쟁전선을 구축하여 자본과 정권에 맞서 정면으로 투쟁하려는 의지가 없었던 산업·업종연맹들에 있다고 보는 편이 합리적이다. 투쟁할 생각이 있었다면 어떤 형태로든 처음부터 투쟁을 차근하게 준비했어야 했다. 어떤 투쟁도 하루아침에 조직되지는 않기 때문이다. 더구나 조직의 구성과 의식, 역량, 투쟁의지가 저마다 상이한 산업·업종연맹들이 공동투쟁을 조직하려면 사전에 더 많이 준비하고 노력하지 않으면 안 된다. 공동교육, 공동요구, 공동교섭, 공동행동 등과 같은 투쟁의 집중과 실천의 통일을 위한 사전 조직화 작업은 하나도 하지 않고, 어느 날 갑자기 공동투쟁을 하자고 하는 것은 투쟁의 기본도 모르는 것이다.˙ 민주노총도 서울지하철 노조도 이런 점에서는 동일한 잘못을 범했다. 민주노총은 산업·업종연맹 중심의 조직이었고, 민주노총이 산업·업종연맹에

● 공노대도 1995년의 공동투쟁을 평가하면서 "이후 공동임투를 준비하는 데 있어 단위노조들 간의 일상적인 연대활동을 축적하는 것과 공동임투를 위한 준비를 처음부터 공동으로 추진해야 한다. (⋯) 만약에 올 공동임투에서 10여 개 노조를 중심으로 최대한 공동투쟁을 사전 준비하여 투쟁하였다면 공노대의 대단한 조직 발전과 나아가 전체 노동 진영의 발전에 큰 성과로 나타났을 것이다"(「'95 활동보고 및 '96 사업계획」, 공노대, 1996, 55쪽)라며 철저한 사전 조직화와 공동준비의 중요성을 강조하고 있다.

대한 지도력을 확보하고 있지 못한 상태에서 실질적인 투쟁의 주체는 민주노총이 아니라 산업·업종연맹이었기 때문이다. 이런 점에서 민주노총이 전국공동투쟁전선을 구축하는 데 실패한 근본적인 이유는 이를 포기한 산업·업종연맹에 있다고 할 수 있다.

이후에도 민주노총은 노개위에 대한 환상과 기대 그리고 타협적인 태도로 일관했다. 그럼에도 불구하고 1996년 말~1997년 초에 노동법 날치기에 대항해 전국적으로 총파업투쟁이 가능했던 것은 1996년의 상반기 투쟁과는 달리 핵심 산업·업종연맹들과 지역본부들이 주도하여 실제로 총파업을 준비해나갔기 때문이다.

3. 민주노총 지역본부 중심의 지역투쟁전선

혼란에 빠진 지역투쟁전선

"산업별 노동조합(연맹)으로 임단투 사업을 집중하고, 지역본부는 지역 차원에서 요구되는 공동전선, 공동집회, 탄압에 대한 공동대응과 지역 차원의 사회개혁투쟁, 총선 대응 등에 주력한다"[22]는 민주노총의 기본 방침은 지역투쟁에서도 많은 혼란을 초래했다. 당시 산업·업종연맹은 지역지부조차 거의 꾸리지 못할 정도로 매우 취약했다. 이런 상황에서 민주노총이 내리는 결정은 형식주의적인 측면이 강했고, 결국 지역 차원에서의 임단투 준비는 거의 방기되었다. 그 결과 거의 대부분의 지역에서 지역공동투쟁본부는 물론이고 산업별 공동투쟁본부조차 제대로 꾸리지 못한 채 지역투쟁이 진행되었고, 산업·업종연맹과 지역본부 간에는 많은 혼란이 생겨났다.

부산·양산지역본부는 일상적 사업은 산별 또는 업종별연맹의 지역지부에 맡기고, 산별연맹 간 공동사업의 수행과 정책 및 정치사업을 지역본부의 주요한 사업 과제로 설정했다. 하지만 산별 또는 업종별연맹의 중앙은 임단투에 대한 관장력이나 지원과 지도의 내용면에서 한계가 있었기 때문에 임단투가 본격화되는 시점에서 민주노총 지역본부는 본래의 역할을 상실하고 말았다.[23]

전북지역본부도 산별연맹이 구성되어 있는 노조는 산별연맹에서 임단투를 지도 및 지원하고, 지역본부는 보조적인 지원을 하는 것으로 계획하였으나 임단투가 벌어지자 투쟁에 매몰되어 그마저도 수행하지 못했다.[24]

경주시협의회에 소속되어 있던 노조들의 상황은 각기 달랐다. 이제 막 산별 또는 업종별로 재편되기 시작한 제조업 노조들에 대한 연맹의 관장력은 취약한 상태였고, 새롭게 지역에 결합한 노조들은 임단투를 통해 통합력을 높여야 했다. 그리고 아직 산별 또는 업종별로 재편되지 않고 지역으로만 결합하고 있던 노조들도 있었기 때문에, 경주시협의회는 민주노총의 기본 방침과 상관없이 지역본부가 임단투 시기에 최대한의 역할을 수행하기로 결정할 수밖에 없었다.[25]

임단투를 산업·업종연맹이 책임지고 수행한다는 민주노총의 방침에도 불구하고, 투쟁이 본격화되자 탄압이 자행되는 사업장과 투쟁이 장기화되는 사업장이 생겨났고, 이에 대한 지역 차원의 공동대응이 모색되면서 사실상 지역본부가 임단투를 수행하지 않으면 안 되었다. 이는 이미 예견된 일이었다. 민주노총이 건설되는 과정에서 산하조직들은 산업·업종별로 급격하게 재편되었고, 전임자는 고작해야 1~2명에 불과했다. 그래서 산업·업종연맹의 지역지부들은 지역투쟁을 책임지고 지도 및 지원할 수 있는 역량이 절대적으로 부족했다.

게다가 산업·업종연맹은 지역공동투쟁본부 중심의 지역연대투쟁을 통해 단위노조의 역량을 강화해왔던 역사적인 실천 경험을 무시하고 산업·업종연맹 중심주의를 내세우며 민주노총 지역본부와 투쟁의 주도권을 놓고 충돌하는 모습마저 보였다. 산업·업종연맹은 투쟁을 실질적으로 지도하고 지원할 수 있는 역량과 조건을 갖추지 못했음에도 불구하고, 상급조직으로서의 권위와 위상만을 내세워 산하조직을 관리하고 통제하려는 조직패권주의적인 모습을 일찍부터 드러내고 있었던 것이다.

투쟁을 지원할 때에도 산업·업종연맹과 지역본부는 지도와 지원 방향에 대한 차이로 혼선을 일으켰다. 서울, 마산·창원, 대전·충남 등 단위노조에 대한 산업·업종연맹의 관장력이 높은 지역들은 별다른 문제가 없었으나, 나머지 지역들에서는 특히, 장기 파업 사업장의 지원과 지도 방향을 놓고 많은 혼선이 빚어졌다.[26] 일례로 경주 힐튼호텔 노조는 투쟁 과정에서 경주시협의회의 헌신적인 지원을 받았지만, 투쟁 방향은 상급조직인 대우그룹노동조합협의회(이하 대노협)와 논의해서 결정하고 교섭권까지 대노협에 위임했다. 이에 경주시협의회가 "우리는 단지 돈 대주고 몸 대주는 존재"에 불과하냐며 강력하게 항의하는 사태가 벌어지기도 했다.[27]

그리고 산업·업종연맹은 단위노조에 대한 지도력과 집행력이 취약했고, 이 때문에 민주노총 지역본부가 단위노조의 사업까지 직접 담당해야 하는 경우도 많았다. 그 결과 산업·업종연맹과 민주노총 지역본부 간에 같은 사업을 중복해서 수행하는 일들이 발생했고, 민주노총 지역본부는 "산별연맹과 상관없이 단위노조에 대한 지도력과 관장력을 가지려다 보니 본래의 임무를 방기하게 되고, 본래의 임무를 수행하려다 보니 전혀 집행되지 않는 딜레마에 빠지는 경우도 많았다."[28]

이와는 반대로 민주노총 지역본부의 독자적인 역할이 불분명해서 산업·업종연맹의 역할과 중복되는 경우도 많았다. 몇몇 지역의 특성 사업을 제외하면 지역본부의 주요 사업은 임단투 지원 및 노동운동 탄압에 대한 대응, 민주노총 중앙에서 결정된 사업의 수행 등으로 산별연맹이나 재벌그룹 산하의 노조들과 별반 다르지 않았다. 또한 중앙 사업의 집행 과정에서도 산별연맹이나 재벌그룹 산하의 노조들과 지역본부에 똑같은 지침이 전달되어서 선전물의 배포, 정치세력화 사업, 산재 추방 건강선언 서명 등의 사업들이 중복해서 수행되는 경우도 다반사였다.[29]

지역연대투쟁의 활성화

1996년의 임단협에서 자본은 전임자 축소나 노조 활동 범위의 축소 등을 내용으로 하는 단체협약 개악안을 제시했을 뿐만 아니라, 홍보물 부착과 같은 일상적인 노조 활동조차 관리자를 동원하여 시비를 걸고, 폭력을 행사하는 등 처음부터 공세적으로 나왔다. 자본은 전체 쟁의행위 사업장 85개 중 3분의 1이 넘는 30개 사업장에 직장 폐쇄 조치를 내릴 정도로 예년에 비해 노동조합에 대해 매우 공격적이었다.[30] 마산·창원 지역의 경우, 1995년 하반기부터 두산기계, 쌍용중공업, 센트랄, 산본, 씨티즌정밀, 한양공영, 기아정기 등 핵심 사업장들에서 다물교육*이 실

---

* 다물교육은 1990년대 초반에 현대중공업과 대우조선 등에서 시작되었다. 1990년대 중반을 거치면

시되었고, 공장 배치가 변경되었으며, 고용불안과 현장 통제 강화 등 다양한 형태의 공세가 이루어졌다. 울산 현대정공의 경우도 자본 측이 일방적으로 M2 카(미니밴) 생산속도를 높인 데 이어 싼타모의 컨베이어 벨트 속도를 높여 생산량을 두 배 이상 증가시키는 등 노동강도가 대폭 강화되었다.[31]

1995년 임단투 때 현대자동차의 양봉수 열사와 대우조선의 박삼훈 열사의 죽음을 계기로 민주노조 진영은 자본의 신경영전략에 따른 노동강도 강화와 노동통제 강화에 대한 적극적인 대응의 필요성을 인식하기 시작했다. 그래서 민주노조 진영은 1996년 임단투에서는 이러한 자본의 공세에 대응하기 위해 임단협 공동요구안을 제출했다. 금속연맹의 4대 공동요구안 중 노동시간 단축과 산업안전 보장(작업중지권) 요구는, 현장의 노동강도와 노동통제가 강화됨에 따라 위협받고 있는 목숨을 지켜야겠다는 절박한 위기의식이 표출된 것이었다. 1996년에 전체 쟁의 건수 85건 중 3분의 2에 해당하는 56건의 쟁의가 제조업 사업장에서 발생한 것은 이러한 위기의식이 반영된 결과였다. 쟁점 역시 현장과 노조 사수를 중심으로 형성되면서 임금 교섭보다는 단체협약이 중시되었고, 이에 따라 투쟁도 보다 장기화되고 완강하게 진행되었다.[32] 노동조합들은 노동시간 단축, 작업중지권 확보, 경영 참가(주로 인사위원회와 징계위원회 노사 동수 구성), 전임자 문제, 고용 보장, 해고자 복직 등을

서 상당수의 대공장에 뿌리내리기 시작한 다물교육은 극우민족주의를 앞세워 현장에 노사협조주의를 퍼뜨렸다. 민족의 융성을 위해 노동자들은 산업 의병이라는 인식을 갖고 생산성 향상에 적극 동참해야 하며, 노동자들의 지나친 요구는 기업의 국가경쟁력을 약화시켜 우리 민족의 장래를 망친다는 것이 다물교육의 핵심 내용이다. 다물교육을 받은 노동자들은 다물단을 구성하여 민주노조를 파괴하는 데 앞장섰다. 악랄한 현장 탄압으로 유명한 두산그룹은 1995년 11월부터 두산기계에서 다물교육을 실시했고, 1997년에는 다물단을 이용하여 노조 탈퇴 공작을 벌이던 과정에서 노조 사무장 박덕기를 폭행하여 숨지게 했다.

주요 요구로 제기하였고,[33] 그 결과 단체협약 관련 쟁의행위(72.9%)가 임금인상투쟁보다(22.3%) 세 배나 높게 발생하였으며, 분규 지속일수는 1991년 이후 가장 높은 25.5일을 기록했다.[34]

이런 분위기 속에서 금속연맹은 활발한 투쟁을 보여주었다. 총 129개 노조(가입 116개, 참관 13개) 중 70개 노조(71.2%)가 쟁의발생 신고를 했고, 41개 노조(31.8%)는 쟁의행위를 결의했으며, 21개 노조(16.3%)가 쟁의에 돌입하는 등 활발한 투쟁을 벌여나갔다. 21개의 쟁의 돌입 노조 중 15개 노조는 15일에서 50일 이상 장기적인 투쟁을 할 정도로 매우 완강한 투쟁을 벌였다. 주요한 요구 조건도 임금보다는 노동강도 및 노동통제 강화와 관련된 것들이었다. 75개(58.1%) 노조가 노동시간 단축을 요구했고, 43개(33.3%) 노조가 작업중지권을 요구했는데, 노동시간 단축을 요구한 75개 노조 중 41개 노조(31.8%), 작업중지권을 요구한 43개 노조 중 26개 노조(20.2%)가 요구 조건을 쟁취하였다.[35]

자동차연맹의 경우도 총 55개 노조 중 42개 노조(76.4%)가 쟁의발생 신고를 했고, 22개 노조(40%)가 쟁의행위를 결의했으며, 19개 노조(34.5%)는 쟁의에 돌입하는 등 3분의 1이 넘는 노조가 파업 또는 부분파업을 벌일 만큼 매우 높은 투쟁력을 보여주었다. 이뿐만 아니라 노동시간 단축을 요구한 41개 노조(74.5%) 중 21개 노조(38.2%)가, 작업중지권을 요구한 20개 노조(36.4%) 중 12개 노조(21.8%)가 요구 조건을 쟁취하는 등 금속연맹과 마찬가지로 자본의 공세에 적극적으로 대응했다.[36]

비록 임단투를 지역본부로부터 분리하는 민주노총의 투쟁 방침이 지역의 투쟁전선에 많은 혼란을 가져왔지만, 이렇듯 조합원들의 투쟁 분위기와 투쟁동력이 되살아나면서 민주노총은 자본의 탄압에 대한 현실적인 공동대응의 필요성과 전노협 시기의 지역연대투쟁의 경험을 바탕으로 지역본부를 중심으로 지역연대투쟁을 활발하게 벌여나갈 수 있었다.

전북지역의 경우에는 1987년 이후에 줄어들었던 투쟁이 살아나면서 열띤 투쟁과 활발한 연대가 이루어졌다. 전북지역본부 소속의 36개 사업장 가운데 30개 사업장에서 임단투가 전개되었으며, 이중 쟁의발생을 결의한 곳은 20개 사업장, 쟁의행위가 이루어진 곳은 8개 사업장으로 예년에 비해 파업 사업장이 대폭 늘어났다. 지역의 노동자들은 과거보다 활발하게 쟁의 사업장을 지지 및 지원 방문하였고, 지역본부의 임원단이나 사무처뿐만 아니라 단위노조 대표자 및 간부들도 힘찬 지지와 격려 방문을 지속하였다. AP 투쟁 때에는 20여 개 노조의 대표자들이 지지 및 지원 방문을 하였고, 두 번의 지역집회에는 1100여 명이 참석하기도 하였다. 그리고 쟁의 기금 마련을 위한 일일주막에는 700여 명의 지역 노동자들이 참석하여 700만 원의 수익을 남기는 등 활발한 연대활동을 보여주었다.[37]

부천지역에서는 6월 19일에 열린 임단투 중간결의대회 때 800여 명의 조합원들이 대흥기계에서 부천역까지 약 2시간 동안 도로행진을 하면서 집회 투쟁을 가졌는데, 이를 계기로 지역투쟁의 분위기가 완전히 되살아났다. 부천지역 전체 18개 노조, 2000여 명의 조합원(제조업은 12개, 1400여 명) 중 이전 100명 수준의 두 배나 되는 200명이 '연대의 밤' 행사에 참여했고, 지역집회에는 600~700명이 참가할 정도로 연대투쟁이 매우 활발하게 진행되었다.[38]

인천지역에서는 대한마이크로전자 노조의 김명숙 위원장이 노조 탄압에 항거해 농약 음독자살을 기도한 사건을 계기로 20여 일(6. 12~7. 1.)간 연대투쟁을 벌였고, 승리를 쟁취하였다. 연일 200여 명의 항의 대오

(500여 명이 모인 경우도 세 차례나 되었다)가 모였고, 20~30여 명의 철야 농성 대오가 유지되었다. 노동조합 간부들은 15일에 걸쳐 단식 농성을 하기도 했다. 네 차례에 걸쳐 모두 116명이 연행되고 2명이 구속되는 상황에서도 투쟁동력은 끊이지 않았다. 이러한 지역연대투쟁에 자신감을 얻은 대한마이크로전자 노조는 현장의 투쟁 대오가 살아나면서 조합원의 수가 두 배로 증가하였고, 마침내 12년에 걸친 노조 탄압의 역사를 끝낼 수 있었다.[39]

이러한 지역연대투쟁은 임금 인상보다는 주로 자본의 신경영전략에 따른 노동강도 및 노동통제의 강화와 노조 활동의 무력화 그리고 노조 탄압에 대한 대응을 중심으로 이루어지고 있었다는 점에서 예년과는 다른 모습이었다.

민주노총 조직노선의 한계

이와 같이 지역연대투쟁이 활성화되고는 있었으나 근본적인 문제는 여전히 남아 있었다. 지역마다 민주노총의 조합원 수는 몇천 명이 되지 않았고, 산업·업종별 지역지부조차 꾸리지 못할 정도로 조직 상태도 취약했다. 그러나 이런 상황에서도 민주노총은 산업·업종연맹을 중심으로 지역조직을 형식적으로 무리하게 구성했고, 그 결과 당연히 임단투는커녕 일상 활동조차 수행하기 어려웠다. 이러한 문제는 민주노총의 조직형식적인 조직노선에서 비롯된 것이었다.

상반기 투쟁이 거의 끝난 1996년 9월 4~5일에 열린 민주노총 지역본부 간부수련회에서 산업·업종연맹과 지역본부의 위상과 역할에 대한 문제가 광범위하게 제기되었다. 핵심적으로 제기된 문제는 현재 산업·업종연맹은 초기 단계이므로 사업 영역을 도식적으로 구분하지 말고 지역본부와 상호 협력해서 산업·업종연맹을 강화해나가야 하며, 이를 위해 지역본부의 위상을 높여서 현실적으로 지역본부가 그러한 역할을 수행할 수 있도록 하자는 것이었다. 그래서 지역 사업에 대한 참여를 결정하고 집행할 권한을 지역본부에 주고, 지역본부에도 민주노총 대의원을 배정하며, 중앙에 지역 사업의 내용을 반영할 수 있도록 중앙위원회와 중앙집행위원회에도 참여하게 하는 등 제도적인 뒷받침의 필요성이 제기되었다.[40] 그리고 더 나아가 지역본부 의장에게 의사결정권과 교섭권, 쟁의권을 보장해 독자적으로 지역 사업을 수행하도록 하자는 요구까지 나왔다.[41]

그러나 지역본부의 강화를 위한 이러한 구조개혁 제안은 민주노총의 규약과 정면으로 배치되었다. 민주노총에서 지역본부는 가맹조직이 아니었다. 가맹조직은 산업 또는 업종별 노동조합뿐이고 지역본부는 '민주노총의 사업을 각 지역에서 활성화하기 위한'(민주노총 규약 제6조) 단순한 사업조직 내지는 행정조직에 불과했다. 지역본부는 산업 또는 업종별 노동조합처럼 독자의 강령과 규약을 가질 수 없었고, 민주노총의 강령과 규약에 따른 운영 규정에 의해 조직되고 관리되는 단순한 행정기구일 뿐이었다. 그래서 가맹조직인 산업·업종연맹만이 민주노총에 대의원을 파견하거나 중앙위원회나 중앙집행위원회에 참가할 수 있었고, 행정기구인 지역본부는 참가가 불가능했다. 이런 점에서 지역본부도 산업·업종연맹처럼 가맹조직의 자격을 갖는 것으로 민주노총의 구조와 규약을 변경하지 않는 한, 지역본부의 위상과 역할의 강화는 극히 제한적이거나 불가능할 수밖에 없었다.*

지역본부들은 산업·업종연맹과 지역본부의 위상과 역할에 대해 크게 세 가지 대안을 제시했다. 산별연맹과 지역본부의 역할을 기존대로 엄격하게 정치투쟁과 경제투쟁을 기준으로 각각 분리하는 안(1안), 산별연맹이 본궤도에 오를 때까지 한시적으로만 지역본부가 임단투를 주요사업으로 수행하는 안(2안), 현재뿐만 아니라 장기적으로도 임단투를 지역본부의 주요 사업으로 설정하는 안(3안)이 그것이었다.[42] 그러나 이 안들은 내용 면에서 보면 '정치투쟁과 경제투쟁의 분리'(1안과 2안)냐, 아니면 '정치투쟁과 경제투쟁의 통일'(3안)이냐라는 두 가지 안으로 나뉜다. 이런 점에서 산업·업종연맹과 지역본부의 역할에 대한 입장 차이는 단순한 견해 차이가 아니라 민주노총의 기본 투쟁노선에 대한 차이라고 할 수 있다. 이러한 투쟁노선의 차이는 조직노선의 차이와 밀접한 관련이 있다. 정치-경제투쟁의 통일적 수행이라는 투쟁노선은 '산별조직-지역조직의 결합'이라는 조직노선으로, 정치-경제투쟁의 분리라는 투쟁노선은 '산별조직-지역조직의 분리'라는 조직노선으로 나타났다. 민주노총은 기본 투쟁 방침으로 후자의 분리 입장을 채택하고 있고, 조직구조도 산별조직을 주축(가맹조직)으로 하면서 지역본부를 보조축(행정조직)으로 하는 형태를 취하고 있다. 이 같은 민주노총의 노선은 노동운동의 힘을 강화한다는 관점에서 보면 많은 한계와 모순을 가지고 있다.

● 　민주노총 마산·창원지역협의회는 「지역본부의 위상과 역할을 강화하기 위한 제안」(1997년에 작성된 것으로 추정)에서 산별연맹과 동일한 위상 부여, 지역본부의 독자성 인정, 재정 및 인사의 자율성 보장 등을 요구했다. "①민주노총의 각종 의결 단위(대의원대회, 중앙위원회, 중앙집행위원회)에 연맹과 대등한 조건으로 참여해야 한다. ②민주노총의 강령과 규약의 큰 테두리를 벗어나지 않는다면 지역본부(시협의회)의 독자성을 인정해야 한다. ③재정·인사·감사는 지역본부(시협의회)의 자율성에 맡겨야 한다."

노동조합은 산업별 단결과 지역별 단결이 교차되는 것이 가장 이상적이다. 산별은 주축이고 지역조직은 아주 부차적이냐 하면 그렇지는 않다. 지역조직과 산별조직은 고루 잘 갖춰져 있어야 한다. 왜 그런가? 산별을 강화하기 위해서도 그렇고 지역공동투쟁을 강화하기 위해서도 그렇다. 이 두 개는 별개의 것이고 모순되는 것이 아니다. 산별조직의 조직역량을 강화하기 위해서는 지역의 공동투쟁이 활성화될 수 있어야 한다. 그리고 산별노조의 지역조직이 지역공동투쟁을 잘해야 그 지역의 노동운동이 발전한다. 하나는 날줄이고 하나는 씨줄이다.(김금수 민주노총 지도위원의 강의안,『지역본부 간부수련회 자료집』, 민주노총, 1996)

전체 노동운동과 민주노총을 강화하려면 산업·업종연맹과 지역본부를 주축과 보조축으로 분리할 것이 아니라 씨줄과 날줄처럼 상호 긴밀하게 결합하는 것이 매우 중요하다. 그런데 이러한 산업·업종연맹과 지역본부의 긴밀한 결합은 무엇을 통해서 이루어질 수 있을까? 지역본부 간부수련회에서 제안된 것처럼 민주노총 중앙에서 산업·업종연맹과 지역본부의 사업 영역과 역할을 분명하게 구분해주고, 회의, 재정, 인력 등의 문제도 계통화하여 제도적으로 보장해주면 가능할까?[43] 물론 이렇게 하면 부분적으로 나아질 수는 있겠지만 근본적인 해결책은 되지 않는다. 산업·업종연맹과 지역본부 간의 결합은 형식적인 조직 구분이나 역할의 분담이 아니라, 오직 지역의 사업이나 투쟁을 공동으로 수행할 때에만 가능하다. 따라서 임단투 시기에 산업·업종연맹과 지역본부가 결합하여 지역공동투쟁을 조직하는 것이야말로 노동운동과 민주노총을 강화하는 데 절대적으로 필요하다. 왜냐하면 전국적인 투쟁이든 산업별 투쟁이든 모든 투쟁은 기본적으로 지역 단위로 이루어질 수밖에 없기 때문이다.

뿐만 아니라 지역의 공동투쟁과 공동사업은 산별노조를 건설하는 데 있어서도 매우 중요하다. 산별노조의 건설은 산업·업종을 뛰어넘는 전 계급적 실천 및 연대투쟁과 이를 통한 노동자들의 계급의식 향상을 토대로 삼는다. 그러므로 산업·업종연맹과 지역본부 간의 결합은 산업·업종연맹의 부문중심적 의식의 한계를 뛰어넘어 전 노동계급적 실천과 투쟁을 통해 노동자들의 계급의식을 향상시킴으로써 산별노조 건설의 견인차 역할을 한다.

> 진정한 산별노조는 업종을 뛰어넘어 계급적 실천과 연대투쟁을 통한 노동자 계급의식의 내용을 토대로 해야 한다. (…) 임단투 지원, 노조 탄압에 대한 연대투쟁, 사회개혁투쟁 등 지역본부(시협의회)를 중심으로 한 투쟁과 사업은 업종을 뛰어넘는 실천과 투쟁을 하기 때문에 산별노조 건설의 내용(계급의식)을 확보[해서] (…) 업종연맹[의] 고착화를 막아내고 산별노조 건설을 촉진[할 수 있다.](「지역본부의 위상과 역할을 강화하기 위한 제안」, 민주노총 마산·창원지역협의회, 1997)

지역본부의 위상과 역할의 강화는 중앙에서 사업의 영역을 조정해주고, 의결권·집행권을 제도적으로 보장해준다고 해서 이루어지지 않는다. 지역본부의 위상과 역할은 오직 지역의 공동투쟁과 사업을 조직하고, 산업·업종연맹과 단위노조의 투쟁을 지도하고 지원하는 과정에서 자연스럽게 강화될 수 있을 뿐이다. 이런 점에서 지역본부 간부수련회에서 제기된 문제 해결 방안들은 문제의 핵심에서 벗어나 있었다. 진정으로 조직의 확대와 강화를 원했다면, 어떻게 산업·업종연맹과 지역본부가 힘을 합쳐 지역의 공동투쟁과 사업을 만들어낼 것인가 하는 점을 중심으로 평가를 하고 해결 방안을 모색했어야 했다.

민주노총의 간부수련회에서 이러한 대안이 제시된 몇 개월 후에 노동법개정 총파업투쟁이 벌어졌다. 이 투쟁은 산업·업종연맹과 지역본부가 결합해서 만들어낸 투쟁이었고, 조합원들의 계급의식과 정치의식은 이를 통해 폭발적으로 성장했다. 그 결과 산별노조 건설과 노동자계급의 정치세력화라는 주장이 현실적인 요구로 등장하게 되었다. 이는 두 조직의 결합과 공동투쟁이 얼마나 중요한지를 보여주는 사례였다.

4. 불신당하는 타협적 지도부 ― 잠정합의안 부결 사태

조합원들은 자본의 신경영전략으로 약화된 노동조합을 민주노총의 창립을 계기로 정상화할 수 있다는 희망을 가지고 있었다. 전국적 연대투쟁이 가능할 것이라고 기대했기 때문이다. 그러나 민주노총과 산업·업종연맹, 단위노조의 상층 지도부들은 전국적 공동투쟁전선을 구축하여 투쟁하기는커녕 소위 노개위 국면에 대한 기대와 환상에 빠져 조합원들의 의견을 수렴하지도 않고 임단투를 조기에 타결해버렸다. 이러한 노조 지도부들의 타협적이고 비민주적인 태도는 조합원들의 광범한 반발을 불러일으켰고, 상당수 노조에서 잠정합의안이 수차례 부결되거나 임단협 타결 찬성률이 예년에 비해 훨씬 낮게 나오는 결과를 가져왔다.

잠정합의안이 조합원 찬반투표에서 부결된 노조는 기아자동차, 아시아자동차, 쌍용자동차, 기아모텍, 현대자동차, 태광산업, 인천제철, 대우기전, 롯데기공 등이었고, 이 가운데 두 곳의 사업장은 2회에 걸쳐 부결되기도 하였다. 이에 대해 민주노총은 "이는 예년에는 찾아보기 어려운 경우로 노조 집행부가 타결 과정에서 조합원들의 요구를 민주적으로 수렴하지 못했거나, 조합원 대중의 막연한 임금 인상에 대한 기대가 서로 상승작용을 한 것으로 보인다"고 평가했다.[44] 금속연맹도 "조합원 찬반투표에서 올해 임단협 타결 찬성률이 예년에 비해서 낮은 것은 조합원 대중의 동의를 제대로 구하지 못하고 찬반투표를 부쳤기 때문"이라고 보았다.[45] 자동차연맹은 부결 원인으로 "투쟁 과정과 마무리 시기의 민주적 절차가 부족했다"는 점과 함께 "민주노총의 노개위 참석 이후 민주노총의 합법화를 위해 적당한 수준에서 타협적으로 임투를 마무리하는 것 아니냐는 조합원들의 정서"를 주요하게 지적했다.[46] 금속연맹 서부경남지부는 "조합원의 상태를 정확히 파악하지 못하여 지도부의 의지가 약한 모습으로 보여지면서 찬반투표에서 부결이 많이 되었고 찬성률도 낮았다"고 평가했다.[47]

이처럼 잠정합의안 부결 사태의 원인에 대해 민주노총이나 산업·업종연맹은 타결 과정에서 조합원들의 의견을 제대로 수렴하지 못한 노조 집행부의 비민주적인 태도를 핵심적인 요인으로 보았다. 그러나 이러한 평가는 매우 피상적이다. 잠정합의안 부결 사태는 단순한 민주적 절차의 문제에서 비롯된 것이 아니었다. 신경영전략에 따른 자본의 집중적인 탄압이 가해지고 있던 상황에서 노조 집행부가 조합 활동과 투쟁에 관성적으로 임했고, 조합원들을 활동과 투쟁의 주체로서가 아니라 대상화한 것에 대한 조합원들의 불만이 표출된 것이었다. 조합원들은 노동강도와 노동통제가 날로 심각해져가는 상황에서 민주노총과 산업·업종연맹 건설을 계기로 숨 막히는 현장의 분위기를 역전시킬 수 있는 전면적인 투쟁을 요구하고 있었는데, 노조 집행부가 투쟁보다는 실리를 위한 협상에 급급하여 적당한 수준에서 쉽게 타협을 해버리자 분노한 것이다.

예를 들어 잇따른 잠정합의안 부결 사태를 촉발시킨 기아자동차 노조의 경우에는 요구안의 관철 정도가 타 사업장에 비해 상당히 높았지만, 잠정합의안은 두 번이나 부결되었다. 이는 노조 집행부가 1996년에 임단투를 준비하면서 현장 조직력의 강화와 "조합원이 그만두라고 할 때까지 싸우겠다"라는 약속을 해놓고도 투쟁의 열기가 한참 고조되어 가던 상황에서 조급하게 잠정합의를 해버린 것에 대한 조합원들의 냉정한 심판이었다. 기아자동차 노조 역사상 최초로 이루어진 부서별 현장 활동가들의 평가토론에서도 이 점이 정확하게 지적되었다.

> 집행부는 이번 96 임단투에 있어 노동조합과 조합원의 조직력 강화 및 확대를 성공적으로 이끌어내지 못한 것에 대한 뼈 깎는 통찰이 있어야 한다. 투쟁의 성과물이 성공적임에도 조합원의 여론이 악화된 것은 파업투쟁을 통한 노동조합 조직력 강화 및 확대 측면을 소홀히 했기 때문이다.(『함성소식』, 기아자동차 노조, 1996; 박우옥 안양노동정책교육실 실장, 「96 기아자동차 임단투 평가」, 『월간자료』 8월호, 전국노동단체연합, 1996, 49쪽에서 재인용, 강조는 인용자)

현대자동차의 경우도 기아자동차와 마찬가지로 단순히 비민주적인 절차만이 문제는 아니었다. 현대자동차 노조의 조합원들은 양봉수 열사를 죽음으로 몰아넣은 회사의 현장통제권을 무력화시키기 위한 전면적인 투쟁보다 협상을 통해 조기에 타결하려고 했던 노조 집행부의 타협적인 태도에 불만과 분노를 드러냈다. 임단투 종결 이후에 연합집행부를 구성했던 '현자민주노동자투쟁위원회' 소속의 상임집행부 간부들이 사퇴한 것도 바로 이러한 조합원들의 불만과 분노가 반영된 결과였다. 현대자동차 노조의 집행부는 애초부터 투쟁을 통해 임금 협상을 관철하려는 의지가 없었다. 노조 집행부는 요구안 작성 과정에서부터 해고자 복직 문제가 협상의 걸림돌로 작용하게 될 것을 우려하여 협상 대상에서 아예 제외시켜버렸다. 이는 지난 어용노조*와 양봉수 열사 투쟁 당시 발생한 해고자들의 복직에 대한 조합원들의 기대를 심각하게 배반하는 행위였다. 그리고 현대자동차 노조는 연대투쟁으로 인해 집행부의 발목이 잡힐 것을 우려하여, 현총련 의장직과 울산시협의회 의장직을 고사했을 뿐만 아니라 노동절 연대집회에도 불참했다. 또한 현총련 공동투쟁도 결의한 지 단 하루 만에 사측과 잠정합의를 해버리면서 한창 고조되던 공동투쟁 분위기에 찬물을 끼얹었다. 심지어는 7월 11일에 잠정합의안이 조합원 찬반투표에서 58.6%로 부결되었음에도 부결 원인을 직시하기는커녕 "더 이상의 협상은 있을 수 없다"며 오히려 조합원들과 대의원들을 압박하고 비난하기까지 했다.[48]

• 이영복 5대 집행부는 실리의 추구와 노사화합을 표방했다. 노조는 회사와의 화합을 강조하면서 상급단체 및 지역과의 연대를 거부했고, 활동가들이 대자보라도 붙이면 노조 간부들에 의해 뜯기거나 노동조합으로 불려가야 했다. 회사는 노무관리를 강화하고 징계를 남발했다. 안전사고나 맨아워 Man Hour 합의의 불이행으로 라인을 정지시키면 중징계가 떨어졌다. 이에 대해 노조는 "노조와 아무런 사전 협의 없는 행위에 대해서는 책임질 수 없다"며 회사 편에 섰다. 노동강도는 강화됐고, 산재는 창사 이래 최고 건수를 기록했다. 대의원이었던 양봉수 열사는 컨베이어의 작업속도를 조정하기 위한 맨아워 협상 중에 회사가 약속을 파기하고 신차(마르샤)를 강제 투입한 데 항의하며 20분간 라인을 중단시켰고, 이 때문에 해고를 당했다. 이에 대해 노조는 "우리 회사에 해고자는 없다. 사규 위반 면직자만 있을 뿐이다"라며 법과 단체협약이 정한 정당한 노조 활동을 인정하지 않았다. 양봉수 열사는 5월 12일에 분신을 통해 회사와 노조의 부당함에 항거했다. 노조는 "양봉수 씨의 죽음은 노동조합과 무관한 개인적 사유에 의한 사고"라며 회사와 동일한 입장을 취했다. 조합원들은 이영복 집행부를 '어용'이라고 규정하고 공대위를 구성하여 총파업으로 맞섰다. 그 과정에서 총 21명의 해고자와 구속자가 발생했고, 몇 달 뒤에 치러진 6대 임원 선거에서 현대자동차 조합원들은 민주노조 집행부를 쟁취했다.(『금속노동자』, 금속노조, 2015; 『현자노조 20년사』, 금속노조 현대자동차지부, 2009)

반면에 창원의 대림자동차 노조는 집행부와 조합원들이 회사 측의 탄압에 굴복하지 않고 65일에 걸쳐 장기간의 파업투쟁을 벌임으로써 1992년 이후에 무너졌던 현장의 조직력을 완전히 복구할 수 있었다.[49] 이 투쟁은 10여 차례에 걸친 지역연대집회와 기자회견, 단결의 밤 행사 그리고 지원 물품이나 지지 대자보, 플래카드 보내기 등과 같은 지역연대투쟁을 통해 승리했다는 점에서 지역투쟁전선의 중요성을 다시 한 번 확인시켜준 매우 의미 있는 투쟁이었다.

이런 점에서 잠정합의안 부결 사태는 상반기 노동-자본 간 계급투쟁에서 전면적인 투쟁보다는 사측과 적당한 선에서 타협하고 넘어가려고 했던 타협적인 노조 집행부에 대한 조합원들의 심판이라고 해석할 수 있다. 조합원들은 민주노총과 산업·업종연맹이 건설되면서 이에 대해 많은 기대를 했다. 기아자동차 노조만 하더라도 70%가 넘는 조합원이 자동차연맹의 가입에 찬성했다. 조합원들은 민주노총의 창립을 계기로, 자본의 신경영전략에 따른 공세로 인해 거의 무력화된 현장의 조직력을 전국적·산업별 연대투쟁을 통해 다시 복구하고 노조 활동을 정상화시킬 수 있다는 희망을 가지고 있었다. 그러나 이러한 조합원들의 기대와는 달리 소위 노개위 국면이 진행되면서 민주노총과 산업·업종연맹 그리고 단위노조 집행부들은 합법화에 대한 기대와 개량에 대한 환상에 빠졌고, 전면적인 투쟁보다는 협상에 의존하는 타협적인 태도를 취했다.* 정부는 한편으로는 민주노총과의 직접 교섭을 통하여 공

---

* 노조의 집행부들이 이렇게 타협적인 태도에 빠지게 된 것은 노개위에 참여함으로써 가지게 된 기대와 환상이 투쟁의 결의와 행동을 주저하게 만들었기 때문이다. "청와대까지 가서 대통령 만나고 왔는데 구속시키겠나", "노동법 개정된다. 이제는 합법화된 거고, 그러면 어쨌든 많이 달라진다."(「연대와 실천」 5월호, 영남노동운동연구소, 1996, 12쪽) "일부 조합원들이 이번 기회에 뭐가 잘된다 하면서 투쟁 안 해도 뭔가 되

공부문의 투쟁을 타결 지어 노사화합 분위기를 만들어나가면서 다른 한편으로는 만도기계나 힐튼호텔 등과 같이 강경하게 투쟁하는 노조에 공권력을 투입하는 등 양동작전을 펼쳐나갔다. 이런 상황에서 단위노조의 집행부는 투쟁에 대한 부담감을 갖지 않을 수 없었고, 이는 조기 타결에 대한 상당한 압력으로 작용했다. 반면에 노조 집행부와는 달리 공공부문 해고자들의 복직에 고무된 조합원들은 '조금만 더 밀어붙이면 된다'며 투쟁에 대한 자신감으로 가득 차 있었다. 그렇지만 노조 지도부는 투쟁할 수 있을 때 끝까지 밀어붙여서 회사를 완전히 굴복시켜 놓지 않으면 안 된다고 하는 조합원들의 열망을 무시한 채, 관성적으로 경제적 실리 위주의 협상에 안주하여 조기 타결을 시도하다가 결국 조합원들의 엄청난 반발을 불러일으키고 말았던 것이다.

따라서 잠정합의안 부결 행동은 민주노총의 창립에도 불구하고 전국·산업·업종·지역 어느 곳에서도 공동투쟁전선이 제대로 형성되지 못하고 개별 노조 중심으로 임단투가 진행되자, 조합원들이 타협적인 노조 집행부에게 보내는 적극적인 항의 표시였다. 반면에 조합원들의 투쟁열기에 부응하여 적극적으로 투쟁한 노조들은 비록 개별 노조 중심이긴 하지만 지역적인 광범한 지원과 연대 속에서 완강한 투쟁을 벌여 결국 승리를 쟁취하고 조직력을 강화할 수 있었다.[•]

겠지 하는 생각들이 있다는 것을 듣고 깜짝 놀랐다. (…) 올해 임투도 그래서 괜히 노사화합 분위기 만들어 가지고 임투 조지는 것 아니냐 하는 얘기들을 하고 있다."(「민주노총 정책세미나 자료집」, 민주노총, 1996, 140쪽)

• 　금속연맹 서부경남지부는 「96년 사업평가(안)」에서 전투적인 파업투쟁의 중요성을 강조하였다. "파업은 주기적으로 해야 하며 파업에 들어간 노조는 조직력이 강화되었고, 대림[자동차]의 경우 불참자 벌금을 내게 하는 부분이 많은 기여를 했다고 본다."

5. 투쟁력과 조직력 강화에 실패한 1996년 상반기 계급투쟁

　이제까지 살펴본 바와 같이 민주노총은 1996년 상반기의 노동-자본 간 계급투쟁에서 전국적인 공동투쟁전선도 구축하지 못했고, 산업·업종별 공동투쟁도 만들어내지 못했으며, 지역투쟁전선도 산업·업종연맹과 지역본부 간의 역할을 둘러싸고 혼란에 빠졌다. 이렇게 된 가장 중요한 원인은 민주노총의 운동노선과 관련이 있다. 민주노총은 투쟁 방침으로 임단투를 중심으로 한 대중투쟁은 산별연맹이, 대정부·대국회 교섭과 투쟁 같은 정치·정책적 활동은 민주노총이 담당한다는 '대중투쟁과 정치·정책적 대응의 분리'를 방침으로 삼았다. 이에 따라 민주노총은 임단투를 중심으로 한 전국적 공동투쟁전선의 구축을 자신의 임무라고 생각하지 않았고, 산업·업종연맹별로 진행되는 임단투 등을 뒷받침하기 위한 정치적 조정자 내지는 중재자 역할만을 자신의 고유한 임무라고 생각했다. 이 때문에 민주노총은 폭발적으로 터져 나오던 공공부문의 투쟁을 확대·발전시켜 전국적 공동투쟁전선을 구축할 수 있는 좋은 기회로 활용하기보다는, 청와대와의 물밑 협상을 통해 투쟁을 조기에 타결하는 데 중점을 두면서 정치적 중재자의 역할에 집중했다.

　이러한 대중투쟁과 정치·정책적 대응을 분리하는 민주노총의 투쟁 방침은 지역에도 그대로 적용되어 산업·업종연맹과 지역본부 간에 그 위상과 역할을 놓고 많은 혼란을 불러일으키는 원인이 되었다. 지역지부조차 조직하지 못할 정도로 역량이 매우 취약한 상태에서 산업·업종연맹이 민주노총의 투쟁 방침에 따라 임단투를 담당한다는 것은 현실적으로 불가능했고, 이후에 임단투가 활발하게 진행되기 시작하자 모든 투쟁과 사업은 지역본부로 집중될 수밖에 없었다. 이러한 민주노총의 투쟁 방침은 산업·업종연맹을 중심에 둔 조직노선과 연결되면서 이후에 지역본부들로부터 조직노선과 관련해 많은 비판을 받았다. 이와 같은 산업·업종연맹 중심의 조직노선하에서는 가맹조직이 아닌 산하조직에 불과한 지역본부는 원천적으로 민주노총의 의결과 집행에 참가할 수 없기 때문에 지역투쟁을 책임지고 수행할 수 없는 구조적인 한계를 갖고 있다는 것이었다.

또한 산업·업종연맹 중심의 투쟁노선과 조직노선 때문에 산업·업종별 투쟁은 산업·업종연맹의 골간을 이루고 있는 대사업장 중심의 투쟁이 되면서 중소사업장까지 참가하는 산업·업종별 공동투쟁은 사실상 불가능할 수밖에 없었다. 산업·업종별 공동투쟁이 이루어지려면 지역을 단위로 대사업장과 중소사업장이 공동으로 투쟁할 수 있어야 하는데, 그러려면 지역본부가 지역연대투쟁을 책임지고 수행할 수 있어야 했다. 이런 점에서 민주노총의 조직노선은 산별조직과 지역조직이 씨줄과 날줄로 엮이는 상호 대등한 관계로 수정되어야 한다는 것이 지역본부들의 공통된 의견이었다.

그리고 민주노총은 대중투쟁과 정치·정책적 대응을 분리하는 투쟁방침을 따르면서 대중투쟁보다는 노개위에서의 협상을 보다 중시했고, 이로 인해 민주노총의 노개위 참여는 전국적 공동투쟁전선의 구축을 교란하는 요인으로 작용하였다.

1996년 상반기 노동-자본 간의 계급투쟁은 중소 노조 중심의 지역연대투쟁을 통해 지역의 임단투가 일정 정도 활성화되었다는 성과를 거두었다. 그러나 공공부문과 민간부문의 대사업장 노조들의 임단투가 타협적인 기조로 타결되면서 전국적 공동투쟁과 산업별 공동투쟁을 통해 민주노총의 투쟁력과 조직력을 강화하는 데는 실패하고 말았다. 이러한 상반기 노동-자본 간 계급투쟁에서의 실패는 곧장 계급 간 세력 관계에 영향을 미침으로써 즉각적으로 국가와 자본으로부터의 공세를 불러왔고, 그 결과 민주노총은 이후에 진행된 노개위 협상과 총파업투쟁에서 수세적인 위치에 놓이게 되었다.

5장

노동법개정 총파업투쟁의
준비 과정

1. 계급 간 세력관계의 변화

노개위가 출범하여 본격적인 활동에 들어가기도 전인 7월 2일에 정부는 고비용-저능률의 경제 체질을 개선하기 위해서 정리해고제, 변형근로제, 근로자파견제 등을 도입하여 노동시장의 유연성을 높이고, 임금의 안정을 기하겠다고 하는 내용의 '하반기 경제 운용 방안'을 발표했다. 정부는 그동안 중립을 지킨다는 이유로 노동법 개정과 관련된 사항은 전부 노개위로 넘겼었다. 그런데 노개위에서 논의조차 못하고 있던 가장 예민한 쟁점 사항을 공개적으로 발표하면서까지 노동법 개정에 적극적으로 개입하겠다고 나온 것이다. 이는 1996년에 반도체 가격의 급락으로 수출액이 대폭 감소하면서 국제수지 적자가 급격하게 증가하자, 이를 빌미로 그동안 숨겨왔던 노동시장 유연화에 대한 정부의 의도를 본격적으로 드러낸 것이라고 볼 수 있다. 게다가 정부는 합법화를 미끼로 민주노총을 신노사관계 구상으로 끌어들여 임단투를 무력화시킨 상황이었기 때문에, 이와 같은 계급 간 세력관계 속에서는 노동 측이 반발하더라도 대세에는 크게 영향을 주지 않을 것이라는 점도 감안했을 것이다.

이어서 김영삼 대통령은 8월 6일에 재벌들과 회동을 한 후 그들의 건의에 따라 8월 8일에 경제팀을 개편하여 그동안 추진해오던 재벌개혁을 목표로 한 신재벌정책을 폐지하고 재벌들을 중심으로 한 '경제살리기'로 방향을 180도 전환하였다. 그동안 대부분의 연구들은 8월 8일의 개편을 계기로 노사관계 개혁의 방향이, 노사 균형적인 입장에서 노동시장의 유연화를 강조하는 입장으로 변화했다고 보는데 이는 잘못된 분석이다. 8월 8일의 개편은 하반기에 들어서도 국제수지의 악화와 물가상승 등으로 경제가 쉽게 회복되지 않자, 수출 활성화를 통한 경제살리기를 명목으로 그동안 추진해왔던 재벌개혁을 포기한 것이지, 노동시장 유연화로 방향을 튼 것이 결코 아니었다. 노동시장의 유연화는 경제팀 교체 이전인 7월 2일부터 이미 본격적으로 추진되고 있었다.

9월 2일에 정부와 신한국당은 "기업 측이 요구해온 정리해고제, 근로자파견제, 변형근로제 등은 허용하되, 공무원과 교사의 노동조합은 인정할 수 없으며, 복수노조는 상급단체만 허용하고 제3자 개입도 제한적으로 허용"한다는 노동법 개정 가이드라인을 제시했다. 9월 3일에 정부는 경제종합대책을 발표하면서, 기업의 활력을 회복하기 위해 정리해고제 도입 등을 비롯해 고용을 신축적으로 조정할 수 있도록 제도의 개선을 추진하겠다며 노동시장 유연화를 위한 법 개정을 기정사실화했다. 9월 23일, 김영삼 대통령은 고비용 –저능률 구조를 해소하기 위해 10% 비용 절감과 10% 능률 향상을 통해 경쟁력을 10% 높이자는 내용의 '10% 경쟁력 높이기 운동'을 제안했다. 그러나 이는 기본적으로 임금억제나 고용축소로 연결될 수밖에 없다는 점에서 노동법 개정을 노동시장의 유연화 방향으로 굳히는 역할을 했다. 이런 분위기 속에서 재정경제원은 10월 2일에 금융기관의 정리해고를 합법화하는 「금융산업의 구조 개선에 관한 법률」을 입법 예고하였다. 노개위가 정리해고 문제를 논의 중인 상태에서 재정경제원이 정리해고제를 들고 나온 것은 금융시장 개방에 대비한 금융산업의 구조조정을 빌미로 노동시장의 유연화를 기정사실화하려는 목적에서였다.[1] 10월 11일, OECD 이사회에서 한국의 OECD 가입이 확정되자마자 정부는 바로 다음 날인 10월 12일에 한승수 부총리 주재로 대외경제조정위원회를 열고 OECD 가입에 따른 후속 조치로서 노동시장의 유연성을 제고시키는 방향으로 노동법을 개정하기로 결정했다.[2] 10월 14일에는 정부와 신한국당이 당정협의를 갖고 노개위 결정 여부와 상관없이 부실 금융기관이 합병될 경우 해고 등의 조치를 취할 수 있도록 하는 고용조정제도(정리해고제)의 도입을 강행키로 했다.[3] 10월 19일에는 노동부가 노개위 발족 이후에 처음으로 경쟁력 10% 높이기 운동의 세부적인 추진계획을 발표하면서, 노개위에서 정리해고제, 변형근로제 등에 대한 노사 합의가 실패한다면 정부 단독으로라도 도입을 추진하겠다는 의사를 분명히 했다.[4] 10월 28일, 이환균 재정경제원 차관은 "국가 경제의 장래를 위해 노동법 개정이 필요하기 때문에 노개위에서 합의안이 도출되지 않으면 정부가 나서야 하지 않겠느냐"며 노동법 개정에 대한 정부의 의지를 강력하게 피력했다. 11월 10일에 열린 당정회의에서 노동법 개정을 연내에 마무리한다는 방침을 결정한 후, 진념 노동부 장관은 기자간담회에서 "변형근로제를 2주 단위로만 규정하고 복수노조 전임자 급여 문제를 2차 과제로 넘긴 것이나 해고 근로자 조합원 자격을 중노위 심판에서 대법원 판결까지로 원상회복시킨 것은 공익안의 문제점"이라며 "정부로서는 공익안을 참고하겠지만 원칙을 벗어난 부분이 많다"고 하여 노동법 개정이 노동계에 불리하게 진행될 것임을 시사했다.[5] 이처럼 정부는 7월 2일에 공식적으로 노동법 개정 방침을 표명한 이래로 일관되게 노동시장의 유연화를 위한 방향으로 노동법 개정을 추진해왔고, 결국 자본의 요구를 대폭 반영한 노동법 개정안을 제출했다.

그리고 기존 연구에서는 별로 주목하고 있지 않지만, 노동법 개정과 관련하여 중요하게 고려해야 할 내용은 정부가 한국대학총학생회연합(이하 한총련)을 완전히 궤멸시켰다는 사실이다. 한총련이 궤멸된 결과, 가장 강력한 투쟁력과 조직력을 가진 지원군을 잃은 민주노총은 처음부터 불리한 계급 간 세력관계 속에서 총파업투쟁을 수행해나갈 수밖에 없었다. 정부는 8·15 통일 축전에 참가했던 한총련 대학생 5800여 명을 연행하여 그중 482명을 구속하고 3300여 명은 불구속하는 등 유례없는 탄압으로 한총련을 거의 무력화시켰다. 정부는 한총련을 이적단체로 몰면서 총학생회를 압수수색했고, 교내 학보도 이적성을 이유로 배포하지 못하게 했으며, 학원 사찰도 다각도로 강화하는 등 학생운동에 대한 전면적인 공격에 나섰다. 그 결과 학생운동은 한동안 거의 활동 불능 상태가 되어버렸다.

이러한 전투적인 민중운동세력에 대한 공격은 김영삼 정권의 신노사관계 구상과 함께 진행되었다. 김영삼 정권은 신노사관계 구상을 성공시키기 위해 분할지배전략을 사용하여 온건·타협적인 세력은 포섭하고, 전투적인 세력은 배제하거나 탄압했다. 1996년 상반기 초부터 김영삼 정권은 한국노동청년연대, 해방노동자통일전선, 민들레 등과 같은 전투적이거나 변혁지향적인 민중운동세력을 조직 사건으로 조작하여 탄압했다. 노동운동세력 중에서도 한국합섬 노조, 만도기계 노조, 힐튼 호텔 노조, AP 노조 등 전투적인 노조에 대해서는 불법파업을 이유로 공권력을 투입하거나 노조 간부들을 구속하고 수배하는 방식으로 탄압했다. 게다가 정부는 한 달 동안이나 이어진 동해안 북한 잠수함 침투 사건(1996. 9. 18.)과 러시아 주재 최덕근 영사 피살 사건(1996. 10. 1.) 등을 이용하여 경제위기설과 함께 안보 불안을 더욱 조장함으로써, 노동법 개정안과 안기부법 개정안을 동시에 통과시키려고 하였다. 따라서 정부가 날치기를 해가면서까지 노동법과 안기부법을 동시에 통과시켰던 것은 우연이 아니며, 1997년에 있을 대통령 선거에서 정권을 재창출하고 지배체제를 유지하기 위해 노동자들을 중심으로 한 민중운동세력의 투쟁을 봉쇄하려는 정부의 의도적인 계획이었다.

이처럼 정부는 신노사관계 구상을 관철시키기 위한 정지작업整地作業으로써 상반기의 임단투를 무력화하여 민주노총의 조직력과 투쟁력을 약화시켰고, 또한 학생운동을 비롯한 전투적인 민중운동세력을 폭력적으로 탄압하면서 노동법 개정 과정에서 터져 나올지도 모르는 노동자들과 민중들의 계급투쟁에 일찍부터 대비하고 있었다.

다른 한편 자본은 공공부문과 민간부문의 대기업 노조들의 임단투가 마무리되는 6월 말부터 경제위기 이데올로기를 유포하면서 본격적으로 정부와 노동계급에 대한 공세를 시작했다. 우선 전경련은 수출 감소와 국제수지 악화에 따른 경제 침체를 빌미로 정부의 신재벌정책을 집중적으로 공격했고, 경제팀 교체를 통하여 신재벌정책을 폐지시키는 데 성공했다. 신재벌정책 폐지에 성공한 전경련은 노동법 개정을 그다음 목표로 정하고 본격적으로 이에 개입하기 시작했다.

전경련은 9월 6일에 41개 주요 재벌의 기획조정실장회의를 개최하여 '임금 총액 규모 동결' 방침을 발표하고 노동법 개정과 관련하여 '노조의 파업 요건 강화, 정리해고제와 근로자파견제의 도입' 등을 정부에 건의키로 하는 한편, 노동계가 요구하는 '복수노조 허용, 제3자 개입 금지 조항 철폐' 등을 수용하는 데는 신중을 기해야 한다며 기존의 입장을 재확인했다.[6] 전경련의 임금 총액 규모 동결 선언은 임금 인상 시기가 아니었기 때문에 실효성이 거의 없었는데도 자본 측이 이를 꺼내든 진짜 목적은 노동법 개정에 맞추어져 있었다. 물가 상승률을 감안할 때 임금 상승률을 0%로 하기는 불가능하기 때문에 임금 총액 규모의 동결은 사실상 인원 감축을 의미했다. 이런 점에서 고임금−고비용론을 내세우며 임금 동결을 주장한 것은 이렇게 경제가 어려운데 무슨 노동법 개정이냐라면서 노동시장 유연화 조항은 관철시키고 노동기본권 조항은 폐지시키겠다는 의도를 분명히 한 것이라고 볼 수 있다. 실제로 이러한 전경련의 방침에 따라 코오롱과 포항제철은 임원들의 보수를 동결했고, 삼성은 특별보너스의 지급을 금지했다. 뒤이어 LG, 대우, 선경그룹까지 이에 동조하면서 임금 동결과 함께 기존 인력의 감원, 신규 사원의 채용 축소, 계열사 중 한계기업의 정리 방침*을 발표하는 등 고용불안 분위기를 확산시켜나갔다.[7] 실제로 선경인더스트리는 3600여 명의 종업원 가운데 명예퇴직으로 26%에 해당하는 920명을 감원했고,

---

* 한계기업이란 재무구조가 부실하여 이자 비용도 감당하기 어려운 상태가 일정 기간 지속되는 기업을 말한다. 당시의 「근로기준법」하에서는 정리해고가 어려울 뿐만 아니라 노동자들의 엄청난 반발을 불러일으킬 가능성이 컸기 때문에 한계기업의 정리가 사실상 쉽게 이루어질 수 없었다. 따라서 한계기업의 정리 방침 또한 임금 동결 방침처럼 경제위기와 고용불안을 핑계로 노동법을 개악하기 위한 목적에서 제출된 것이었다.

삼성그룹도 3년 동안 경비 30% 절감을 목표로 잉여인력 재배치와 명예퇴직제를 도입하겠다는 계획을 밝히기도 했다.[8]

전경련의 이러한 공세에 노개위 내의 분위기도 달라지기 시작했다. 그 전에는 노동계나 경영계, 공익위원들이 '뭔가 작품을 한번 만들어보자'고 할 정도로 강한 의욕을 보였으나 9월 23일에 열린 회의 이후부터는 경제계의 태도가 부정적으로 바뀌기 시작했다. 차츰 가닥을 잡아가던 복수노조 허용 문제가 갑자기 노사관계 개혁의 최대 쟁점으로 떠올랐고, 노사 간에 이견은 있었지만 비교적 순탄하게 진행되어왔던 노개위도 삐걱거리기 시작했다.[9]

10월 11일, OECD 가입이 허용되자마자 전경련은 이틀 뒤인 10월 13일에 노동관계법 개정에 대한 의견을 발표하여 노동법 개정에 대한 방향을 제시하였다. 전경련은 "최근 우리 경제의 어려움은 경쟁력 기반이 총체적으로 한계에 달한 결과"라고 지적하고, "이번 노동관계법 개정은 노동시장의 유연성 제고, 인건비 부담 축소, 3금 제도의 존속, 노사분규 사전 예방, 시장경제 원리에 입각한 노사관계 확립"에 주안점을 두고 추진되어야 한다고 주장했다. 이를 위해 전경련은 정리해고제, 변형근로제, 근로자파견제 등 노동시장 유연화 조항은 조건 없이 도입하고, 복수노조 금지, 제3자 개입 금지, 정치활동 금지 등 3금 조항은 노사관계의 안정을 위해 계속 유지되어야 한다고 주장했다. 그리고 전경련은 상대적으로 열세에 있는 사용자의 교섭력 강화를 위해 무노동 무임금, 노조 전임자 임금 지급 금지, 해고 조합원 자격 불인정, 대체근로 허용, 쟁의행위 개시 요건 강화 등 노동조합을 무력화하는 조항도 도입해야 한다고 강력하게 주장했다. 이처럼 전경련은 그동안 진행되어왔던 노개위 협상 내용을 완전히 부정하면서 "정부가 경제 활성화와 경쟁력 강화 차원에서 책임지고 노동관계법 개정을 추진해야 한다"며 정부 주도의 노동법 개정을 요구했다.[10] 전경련이 정부 주도의 노동법 개정을 요구한 것은 정부가 10% 경쟁력 높이기 운동을 적극적으로 추진하는 것을 보면서 경쟁력을 강화시키는 방향으로 노동법이 개정될 것을 확신했기 때문이다.

11월 10일에 열린 당정회의를 통해 노동법 개정의 연내 마무리 방침이 전해지자 전경련은 바로 11월 12일에 회장단회의를 열고, 노조 전임자 임금 지급 금지 조항 등이 받아들여질 경우 복수노조를 허용할 용의가 있다는 경총의 입장에 반대하면서 복수노조 불가 입장을 재차 확인하였다.*[11] 자본편향적인 정부의 노동법 개정 작업에 대해 노동계가 총파업을 경고하자, 경총은 11월 26일에 긴급확대회장단회의를 개최하여 노동법 개정에 대한 입장을 발표하고 총파업에 정면 대응하겠다는 의지를 강력하게 표명하였다. 경총은 노동관계법의 개정은 "국가 경쟁력 강화에 중점을 두고 이루어져야 한다"며 "무엇보다 복수노조의 허용은 시기상조"라고 못박았다. 경총은 "노조 전임자의 임금 지급, 파업 기간 중 임금 지급과 같은 잘못된 관행을 철폐하고, 정리해고제, 변형근로제 등 고용의 유연성을 확보하기 위한 경영계의 요구는 반드시 받아들여져야 한다"며 그렇지 않을 경우 "노동관계법 개정은 전혀 의미가 없으며 불필요한 것"이라고 주장했다. 그리고 노동계의 총파업 움직임에 대해 단위사업장에서 불법파업이 발생할 경우 징계와 함께 사

---

* 경총이 복수노조의 수용 조건으로 내세운 조항은 '파업 시 대체근로 허용, 무노동 무임금, 노조 전임자 임금 금지, 정리해고제, 변형근로시간제' 등 그동안 경제계가 요구해온 거의 모든 조항들이었다. 그럼에도 불구하고 전경련은 복수노조의 허용을 강력하게 반대했기 때문에 경총이 제시한 모든 조건들을 거부했다.

법당국에 고발하는 등 강력 대처키로 하고, 파업 기간 중에 무노동 무임금 원칙을 고수하기로 결정했다.[12]

12월 3일에 정부의 노동법 개정안이 확정되자 전경련은 30대 그룹 기획조정실장회의를 개최하여 복수노조의 허용과 전임자 임금 지급 금지의 5년 유예 조항은 노사관계를 더욱 악화시킬 수 있다며 철회를 요구했다. 12월 5일에 개최된 경제 5단체장 회의에서도 최종현 전경련 회장은 향후 5년간 임금을 동결하고 복수노조의 허용을 유예할 것을 거듭 촉구하였다. 그리고 노동법의 정기국회 처리가 무산되자 경총은 12월 19일에 정기이사회를 열고 "노동법 개정이 해를 넘길 경우 노사 갈등이 증폭되어 경제의 회생을 어렵게 할 것이므로 반드시 연내에 마무리해야 한다"며 노동법 개정을 연내에 강행 처리할 것을 촉구했다.[13]

이처럼 자본 측은 6월 말부터 전경련을 중심으로 경제위기 이데올로기와 고임금-고비용론, 임금동결론 등을 유포하면서 위로부터의 계급투쟁을 치열하게 벌였다. 그 결과 자본은 계급 간 세력관계를 자신들에게 유리하게 변화시킬 수 있었고, 노동법 개정안은 노동시장의 유연화 및 노동조합의 무력화 등 자본의 요구가 대폭 반영된 내용으로 관철되었다.

한편 민주노총은 정부의 신노사관계 구상에 따라 노개위에 적극 참여하여 1996년의 상반기 투쟁을 청와대와의 물밑 교섭을 통해 타협적으로 조기에 타결해버림으로써, 투쟁력과 조직력을 정비하고 강화할 수 있는 소중한 기회를 놓쳐버렸다. 이런 상황에서 정부가 7월 2일에 정리해고제, 변형근로시간제, 근로자파견제를 도입하겠다고 발표하자, 민주노총은 정부에 속았다고 후회하면서 8월 12일에 노개투본을 설치하여 뒤늦게 총파업투쟁을 준비해나갔다. 국가와 자본의 경제위기 이데올로기 공세를 중심으로 한 위로부터의 계급투쟁이 본격적으로 진행되던 가운데 9월 3일, 자본편향적인 노동법 개정안이 노개위에 제출되었다. 수차례에 걸쳐 토론을 했지만 노개위에서 더 이상 논의가 진척되지 않자 민주노총은 9월 20일에 제6차 중앙위원회를 열고 노동법 개정안이 수정되지 않을 경우 노개위에 불참한다는 결정을 내렸고, 10월 1일부터 노개위 회의에 불참했다.

하지만 민주노총 상층 지도부 내에서는 노개위와의 합의를 통해 민주노총의 합법화를 이루어내야 한다는 입장이 우위를 점하고 있었기 때문에 민주노총은 여전히 타협의 가능성을 기대하며 노개위와의 협상을 끊임없이 시도했다. 민주노총은 노개위 협상파의 주장에 따라 노개위 활동 시한을 1주일 남겨놓고 노개위 회의에 재참가했으나 얻은 것은 아무것도 없었다.

노동법 개정안이 노개위에서 합의를 보지 못하고 정부로 넘어가면서 노동법 개악이 확실시되자, 민주노총은 싫든 좋든 총파업투쟁을 본격적으로 준비해나가지 않을 수 없었다. 그러나 노개위 협상에 대한 미련을 버리지 못한 민주노총은 8월 12일에 노개투본을 발족한 이후에도 총파업투쟁을 제대로 준비하지 못했다. 교육, 준법투쟁, 쟁의발생 결의 등 투쟁 방침에 따라 준비를 해오고는 있었지만 모든 것이 느슨한 상태로 진행되었다. 11월 29일 단위노조대표자 결의대회와 구속결단식을 시작으로 12월 4일 파업 찬반투표, 12월 13일 4시간 경고파업 등 구체적인 투쟁 일정들이 나오면서 차츰 투쟁의 분위기가 올라오기 시작했다. 그러나 민주노총 상층 지도부는 여전히 국회에서의 타협 가능성을 기대하며 12월 13일의 경고파업을 철회하였다. 그 결과 민주노총 지도부에 대한 조합원들의 불신은 증폭되었고, 그나마 결집되었던 투쟁동력마저 급격하게 떨어져버렸다. 12월 13일의 파업 철회는 계급 간 세력관계에서 완전한 우위를 차지했다고 오판한 국가와 자본에 의해 노동법이 날치기 통과되는 결과를 낳았고, 이에 대항하여 터져 나왔던 민주노총의 총파업투쟁에는 커다란 한계로 작용했다.

한국노총은 5월 9일에 노개위가 발족하자 5월 20일, 노동계의 집약된 요구를 관철하고 개별 노동자의 근로조건 저하 등 정부의 일방적인 독주를 견제하기 위한 목적으로 '노사관계개혁추진위원회'(이하 노개추)를 구성하였다.[14] 그러나 노개위가 구성된 지 채 2개월도 지나지 않아 정부가 7월 2일에 정리해고제, 변형근로시간제, 근로자파견제를 도입하겠다고 발표하자 7월 30일, 기존의 노개추를 '노동법의 민주적 개정 및 사회개혁 촉구 대책본부'로 전환하고 노동법 개악 저지를 주요한 목표로 설정했다. 이에 따라 한국노총은 정당과 국회의원에 대한 로비활동, 성명서 발표, 정책간담회, 지역 순회토론회 등을 개최하며 활발하게 활동을 펼쳐나갔다. 노사관계의 개혁이 노개위에서 합의될 가능성이 줄어들고, 정부 여당의 독단적인 노동법 개정이 가시화되자 한국노총은 10월 15일에 중앙위원회를 열어 노개위 탈퇴를 경고하고, 노동법 개악 저지 궐기대회, 대국회 활동, 총파업 결의 등의 계획을 세워 강력히 투쟁하기로 하였다. 11월 10일, 정부와 신한국당이 고위당정회의를 통하여 노개위 합의 사항과는 관계없이 정부의 노동법 개정안을 연내에 처리하겠다는 방침을 결정하자, 한국노총은 즉각적인 투쟁체계를 구성하고 총력 대응 태세를 구축하였다. 11월 12일에 한국노총은 회원조합 대표자회의를 열어 '생존권 사수 및 노동악법 분쇄 투쟁본부'를 구성하고 비상체제를 구축하여 실질적인 투쟁에 돌입했다. 한국노총은 11월 15일부터 투쟁을 전국적으로 확산시키기 위해 투쟁 속보를 발행하기 시작했고, 11월 18일에는 총파업투쟁에 관한 세부 지침을 시달했으며, 19일에는 박인상 위원장이 기자회견을 통해 "정부가 노동법을 개악할 시 총파업투쟁도 불사하겠다"고 경고했다. 11월 24일에 한국노총은 노총 사상 최대 규모인 12만 명이 참가한 군중집회를 개최하여 총파업투쟁의 열기를 고조시켜나갔다. 한국노총은 12월 2일에 회원조합 대표자회의를 소집하여 12월 10일 쟁의발생 신고서 노동부 접수, 12월 13일 12시 전국적으로 쟁의행위 찬반투표 실시, 12월 16일 1차 1시간 총파업, 12월 19일 2차 3시간 총파업을 전개하기로 결의하였다. 이에 따라 전국 1506개 단위노조에서 46만 3000명의 조합원이 쟁의발생을 결의하였고, 12월 13일에는 전국 1719개 노조에서 47만 6000명의 조합원이 파업 찬반투표를 실시하여 93.2%의 압도적인 지지로 총파업투쟁을 결의하였다.[15]

박인상 위원장은 12월 11일부터 무기한 단식 농성 투쟁에 들어갔고, 산별 위원장 및 전 산하조직의 간부 1000여 명이 동시에 철야 농성 투쟁에 돌입했다. 일부 지역에서는 신한국당 지구당 사무실을 항의 방문하고 점거 농성을 하는가 하면, 일부 지역간부들은 삭발 투쟁 등으로 투쟁에 가세했다. 그러나 민주노총이 12월 13일에 총파업을 유보하고, 15일에는 신한국당이 총파업을 자제한다면 연내에 노동법을 처리하지 않겠다는 메시지를 보내오자 한국노총은 16일에 전개하기로 한 1차 총파업을 유보하기로 결정했다. 그러나 한국노총은 향후 투쟁의 결의를 지속적으로 유지하고 확산시키기 위해 산하조직의 간부 전원이 18일에 삭발 투쟁을 진행하였고, 전국화학노동조합연맹(이하 화학노련) 산하의 미화레미콘 노조의 경우에는 조합원 41명 전원이 삭발을 단행하기도 했다. 삭발 투쟁은 총파업 유보로 소강상태에 빠진 투쟁 대오를 추스르고 지속적인 투쟁을 전개하는 기폭제 역할을 했다. 12월 20일, 한 국노총은 신한국당 당사 앞에서 500명이 참석한 가운데 '노동법개악 규탄대회'를 개최하였고, 23일과 24일에도 각 지역에서 신한국당 지구 당사를 항의 방문하는 등 집회 투쟁을 이어나갔다.[16]

이처럼 민주노총과 한국노총은 국가와 자본이 노개위에서의 논의를 중단하고 정부 주도로 노동법을 일방적으로 개정해나갈 것을 분명히 한 이후에야 11월 중순부터 뒤늦게 총파업투쟁을 본격적으로 준비하 기 시작했다. 당시에 노동법 개악에 대한 조합원들의 분노는 짧은 준비 기간에도 불구하고 파업 찬반투표에서 찬성률이 대부분 80~90%를 넘 을 정도로 매우 컸다. 그러나 조합원들의 이러한 높은 투쟁의지와 열기 와는 반대로 민주노총과 한국노총의 상층 지도부들은 정부와 신한국당 의 기만책에 넘어가 총파업투쟁을 유보해버림으로써 계급 간 세력관계 에서 주도권을 잡을 수 있는 유리한 기회를 놓쳐버렸다.* 그 결과 국가 와 자본은 민주노총과 한국노총 조합원들의 투쟁력과 투쟁의지를 과소 평가하여 노동법을 날치기 통과시키는 악수를 두었다.

2. 노개위 재참여를 둘러싼 민주노총 내부의 투쟁

민주노총은 1996년 8월 12일에 개최된 제1차 노개투본 대표자회의에

---

* 　한국노총 박인상 위원장은 이후 "총파업을 유보한 것은 잘못된 것이다"라고 공식적으로 평가하며 파업의 유보가 조합원의 뜻과는 거리가 먼 조치였음을 시인하였다.(『'96~'97, 그해 겨울』, 한국노총, 1998, 52쪽) 이에 반해 민주노총은 "총파업 유보 결정은 연대 날치기 강행의 빌미를 줄이고, 총파업의 명분을 축적할 수 있는 계기가 되었다"며 긍정적으로 평가했다.(『1996 사업보고 · 자료모음』, 민주노총, 1997, 171쪽)

서 "8월부터 투쟁본부를 구성하여 대중적인 투쟁 분위기를 고양시킨다"고 결정했다. 그러나 9월 3일에 제2차 노개투본 대표자회의가 개최될 때까지도 산업·업종연맹이나 지역본부 등에서 투쟁본부가 제대로 구성되지 않아 노동법개정투쟁 실천단(이하 노개투 실천단) 구성, 순회강연회, 플래카드 걸기, 단위노조 순회교육 등 대중사업들이 매우 더디게 진행되고 있었다. 9월 20일에 개최된 제6차 중앙위원회에서도 투쟁본부의 구성은 거의 완료되었으나 대중사업은 여전히 부진한 것으로 보고되었다. 단위노조 대표자 서명이나 단위노조별 플래카드 부착 같은 비교적 쉬운 사업조차 진행하지 못하는 조직들이 많았고, 하반기 총력투쟁 결의를 위한 대의원대회 일정조차 잡지 못하는 조직들도 많았다.

그러나 9월 3일에 자본에 유리한 내용의 노동법 개정안이 노개위에 제출되자 민주노총과 산하조직들은 긴장하기 시작했다. 몇 차례에 걸친 논의에도 노동법 개정안이 더 이상 개선될 여지가 없다고 판단한 민주노총은 제6차 중앙위원회에서 노개위 불참을 결의하고, 10월 1일에 노개위 불참을 선언했다. 노개위 불참 선언과 함께 민주노총의 투쟁 방침은 노개위 논의 중심에서 대중투쟁 기조로 바뀌었다. 노개위 불참을 선언한 바로 다음 날인 10월 2일에 열린 제3차 투쟁본부 대표자회의에서 민주노총은 전국적 농성 투쟁을 결정하는 등 대중투쟁을 본격적으로 준비하기 시작했다. 10월 4일부터 9일까지 노동법 개정 촉구와 노동법 개악 기도를 규탄하는 전국 농성 투쟁을 시작으로 민주노총은 리본 달기, 차량 스티커 부착, 신문 광고 게재, 중앙상황실 강화, 단위노조 총력 투쟁 결의 등 대중투쟁에 돌입했다. 이러한 대중투쟁으로의 전면적인 방향 전환은 10월 10일에 개최된 임시대의원대회에서 공식적으로 추인되었다.

임시대의원대회 이후 민주노총은 청와대 및 노개위와 막후 협상을 진행했다. 임시대의원대회가 끝난 10월 12일에 박세일 사회복지수석이 노개위 상임위원인 배무기 교수를 통하여 합의를 전제로 몇 가지 노동법 개선안을 민주노총에 제안하였고, 민주노총은 10월 13일에 임원·산별 대표자회의를 열어 이 문제를 논의하였다. 10월 14일, 민주노총은 "자주적 단결권의 조건 없는 인정(전임자 임금, 파업 기간 중 임금, 대체 근로 문제 등 관련)과 파견근로제 삭제 등 몇 가지 조항이 받아들여진다면 정리해고와 변형근로 문제를 검토할 수 있다"•라는 입장을 가지고 노개위에 참석했다. 그러나 청와대와 노개위 상임위원이 장담한 것과는 달리 한국노총과 경총을 설득하는 데 실패하면서 협상은 끝나버렸다.

하지만 노개위가 언론에 민주노총이 정리해고제와 변형근로제를 조건 없이 수용했다고 발표하면서 민주노총 지도부는 조합원들로부터 엄청난 항의와 비판을 받았다. 심지어는 노동법개정투쟁에 대한 의지가 있는지조차 의심을 받았다. 민주노총 지도부는 협상을 위해 정리해고제와 변형근로제 조항을 수용했다는 사실을 공식적으로 부인했지만, 민주노총 지도부는 이미 오래전부터 민주노총과 전국교직원노동조합(이하 전교조)의 합법화를 위해 개별적 노사관계법을 일정 정도 양보할 생각을 하고 있었다. 이러한 민주노총 지도부의 입장은 4장에서 언급했듯이, 제14차 중앙집행위원회(1996.8.8.)에서 노개위 합의파에 의해 일찍

• "변형근로제는 주 42시간 노동시간 단축과 연계하여 주 56시간 범위 내 월 단위 변형을 인정할 수 있으며, 정리해고는 89년 판례 수준(경영상 긴박한 사유, 해고 회피 노력, 객관적 공정한 선정 기준, 노조와의 협의)에서 수용 가능하다."(「대의원대회 이후 노개위와 교섭 경과」, 민주노총, 1996) 이러한 민주노총의 제안은 노개위의 수정공익안 내용과 별반 다르지 않았다. 동일한 내용이 이후 1997년 2월 25일에 개최된 민주노총 중앙위원회에도 제출되었는데, 이는 국회에 제출된 야당안과 거의 차이가 없었다.

부터 드러났었다.

> 의장(권영길): 저는 노개위 참여와 노개투를 전개하면서 중점을 어디에
> 두어야 하는지에 대해 고민을 많이 했다. 오래전 집단적 노사관계법 개
> 정이 중요하다고 결론을 내렸고 노동조합 활동을 제약하는 요소를 없
> 애는 것이 앞으로 활로를 개척하는 데 더 바람직한 것이 아닌가가 개인
> 적인 소견이었다. (…) 지금까지 자본가들이 정리해고를 (…) 절대적으로 추진
> 하고 일체 양보가 없다고 생각했는데 민주노총이 [정리해고를 받았는데도] 경총
> 이 (…) 복수노조[를] 받아들일 수 없다고 했다. 30대 그룹 쪽에서 복수노조
> 허용 문제 여지를 왜 주고 있느냐고 집중 공격을 받고 교섭 창구인 경
> 총이 절대로 받을 수 없다고 된 것이다.(「제7차 중앙위원회 회의록」, 민주노
> 총, 1996. 10. 18., 강조는 인용자)

민주노총 지도부가 청와대와의 막후 협상을 통해 정리해고제와 변형
근로제를 민주노총의 합법화화 맞교환하려고 했던 것은 사실이었다.
노개위가 민주노총을 다시 끌어들이기 위해 노개위 전체회의를 여러
차례 연기하는 동안, 협상에 대한 미련을 버리지 못하고 있던 민주노총
지도부는 10월 한 달에만 1주일 간격으로 연속해서 세 번이나 긴급중
앙위원회를 열어 노개위 재참여 여부를 끈질기게 저울질해나갔다.

이런 상황에서 노개위는 민주노총의 참여를 압박하기 위해 10월
25일에 개최된 노개위 전체회의에서도 결론을 내리지 않고 민주노총
이 참여하지 않으면 복수노조와 전임자 문제는 논의 사항에서 제외한
다고 결정했다. 복수노조 문제를 논의 사항에서 제외한다는 말은 민주
노총의 합법화 문제도 논의 대상에서 제외한다는 것을 의미했다. 이는

사실상 민주노총이 노개위에 참석하지 않으면 '민주노총의 합법화도 없다'라고 하는 최후통첩이었다.

이렇게 되자 민주노총 지도부는 민주노총의 합법화를 저지하려는 음모가 현실화되었다며 당황하기 시작했고, 11월 1일에 곧바로 긴급중앙위원회를 소집하여 노개위에 재참여하기로 결정했다. 그런데 민주노총은 고작 1주일 전에 개최되었던 제8차 중앙위원회(1996. 10. 24.)에서 "정부 주도 노동법 개정은 안 하며 유보될 것"이라는 잘못된 판단을 내렸고, 노개위 불참을 자신 있게 결정했었다. 그러나 노개위에서 압박이 가해지자 11월 1일에 개최된 제9차 중앙위원회에서 권영길 위원장은 '전교조의 단결권을 확보하고, 노동법이 더 개악되는 것을 막으며, 민주노총의 합법화를 저지하려는 음모를 분쇄해야 한다'는 세 가지 이유를 들어 제8차 중앙위원회의 결정을 번복하고 노개위에 참여할 것을 주장했다. 몇 시간에 걸친 난상토론에도 결론이 나지 않자 민주노총은 창립 이후 처음으로 중앙위원회에서 표결에 들어갔다. 표결 결과, 총 74명 중 찬성 50명, 반대 23명, 기권 1명으로 노개위 재참여와 함께 노동법 개정안에 대한 교섭 권한까지 위원장에게 모두 일임한다는 위원장의 제안이 받아들여졌다.* 이에 대해 전지협은 "참여를 통해서 개악을 막

---

* 이런 사업 방식에 대해서는 지역투쟁본부를 비롯한 거의 모든 가맹·산하조직에서 문제를 제기했는데 대표적으로 경기남부지역 투쟁본부의 비판 내용을 보자. "비록 임시대의원대회에서 결의를 얻었고, 임원 및 연맹 대표자 연석회의의 동의를 구하는 것으로 했지만 **중대한 사항에 대해 걸핏하면 위원장에게 비밀 막후 협상을 위임하는 결정을 한다는 점입니다.** 이번 중앙위에서도 논란을 빚었듯이 진척된 안이 나왔느냐는 **판단에서부터 큰 편차를 보이고 있는 미묘하고 중요한 문제를 소수 지도부에게 알아서 판단하도록 맡길 수 있는 것인지 심각하게 묻지 않을 수 없습니다.** 또 설사 위원장이나 지도부에 위임하지 않는다 하더라도 임원 및 연맹대표 연석회의로는 지금까지 지역투쟁을 책임지고 이끌어온 지역조직의 의견이 거의 반영될 수 없다는 점 또한 심각한 문제로 지적하지 않을 수 없습니다. 이는 실질적으로 대중투쟁을 담당하고 있고 책임지고 있는 각 지역의 투쟁본부들을 단순한 물리적 동원기구로 전락시키는 것입니다."("성

을 수 있는 것은 일부 조항에 불과할 것이고 만약 저들의 양보를 얻어내어 민주노총의 합법성을 쟁취한다 하더라도, 그것은 개별적 노사관계법과 민주노총의 합법성을 맞바꾸기했다는 조합원의 비난을 면치 못할 것"이라며 거세게 반발했다.[17]

노개위 재참여 결정에 따라 민주노총은 11월 4일과 7일, 두 차례에 걸쳐 노개위 전체회의에 참여했으나 더 이상 논의는 진전되지 않았고, 민주노총이 불참한 기간 동안 한국노총과 경총이 합의하여 통과된 사항들*조차 철회시키지 못했다. 11월 7일에 열린 제14차 노개위 전체회의를 끝으로 노개위는 더 이상의 합의를 도출하지 못한 채 막을 내렸다. 민주노총은 10월 1일에 노개위 불참을 선언한 이후 노개위 재참여와 탈퇴 문제를 놓고 조직 내 혼란만 가중시켰고, 결국 아무런 성과 없이 노개위 활동을 마감했다. 이에 대해 금속연맹과 병원노련 서울지역본부는 다음과 같은 반성적 평가를 내놓았다.

노개위 활동이 사실상 마감되는 14차 전체회의(11/7) 때까지 이루어진 대중투쟁은 권역별 노동법개정투쟁 승리 결의대회(9/21), 전국 동시다발 농성 투쟁(10/4~10/9), 임시대의원대회에서 총력 투쟁 결의(10/10), 전국노동자대회(11/10) 등이 전부였고 개악 강행 시 총파업이

명서」, 경기남부지역 투쟁본부, 1996, 강조는 인용자)

● 　노개위는 10월 7일에 노동법개정요강소위원회에서 민주노총이 불참한 가운데 ① 노조 대표자의 교섭권과 체결권의 일원화 ② 통신사업을 직권중재 대상으로 추가 ③ 법외단체 노조 명칭 사용 금지 등에 합의했다. 그리고는 이 조항들을 10월 25일에 열린 노개위 전체회의에서 이미 합의된 사항이라며 통과시켜버렸다. 그러나 '연합단체 산업별 규정 철폐' 조항은 합의된 사항이었음에도 현대 등 재벌들의 압력을 받은 경총이 강력하게 문제를 제기해 미합의 사항으로 넘겨졌다.

라는 단선적 투쟁 방침만이 반복되었다. 실제 '법·제도 개선의 기본 방향'이 결정되고 '위원회'가 구성되어 노동관계법에 대한 본격적인 논의가 진행되던 9월 초까지 이렇다 할 투쟁이 전혀 배치되지 못했다. 노개위 활동을 돌아보며 뼈아프게 반성하고 깊이 새겨야 할 교훈은 투쟁이 전제되지 않는 교섭과 협상은 어떠한 힘도 갖지 못한다는 가장 보편적인 원칙을 잊어서는 안 된다는 점일 것이다.(『제1기 2차 임시대의원대회 회의자료』, 금속연맹, 1997, 72쪽, 강조는 인용자)

결과적으로 볼 때 구체적 쟁점에 대해 아무런 합의안을 만들지 못하고 노개위가 종료된 것은 민주노총이 재참여 결정 등의 과정[에서] 정부의 전술에 말린 느낌이다. 즉 민주노총은 노개위에 대한 지나친 기대 속에 상층 협상에만 매몰되다가 결국 대중투쟁, 총력 투쟁의 시기를 계속 놓친 꼴이다. 이번 노개위를 통해 우리는 한국적 노사관계의 전통과 현실 속에서 아무런 제도적 장치 없이 실리 차원의 '교섭'이라는 접근 방식이 얼마나 공허한가를 확인하였다.(『총파업 일지』, 병원노련 서울지역본부, 1997, 16쪽, 강조는 인용자)

3. 핵심 조직들의 총파업투쟁 준비 상황

노개위 합의를 통한 민주노총의 합법화에 미련을 버리지 못한 민주노총 지도부가 노개위 재참여 문제로 조직 전체를 혼란에 빠뜨리고 대중투쟁도 제대로 준비하지 못하고 있을 때, 이와 달리 일찍부터 총파업이 불가피하다고 판단한 일부 산업·업종연맹들과 지역본부들은 투쟁을 성실히 준비하고 있었다. 실제로 이후에 진행된 총파업투쟁의 핵심 동력은 자동차연맹, 금속연맹, 현총련, 전문노련, 병원노련과 같은 산업·업종연맹들과 지역본부들이었다. 그러므로 이들 조직을 제외하고는 총파업투쟁을 분석할 수가 없다. 따라서 여기에서는 이들 조직 중 자료 입수와 활용이 가능한 자동차연맹, 금속연맹, 전문노련, 지역본부, 현대자동차 노조 등의 총파업투쟁 준비 과정을 살펴볼 것이다. 그리고 이를 통해 민주노총의 총파업투쟁은 민주노총의 지도부가 아니라, 일찍부터 투쟁을 착실하게 준비한 핵심 조직들에 의해 가능했다는 사실을 확인해 볼 것이다.

자동차연맹

자동차연맹은 임단투가 마무리되고 난 후에 곧바로 하반기의 노동법개정투쟁을 준비했다. 조합원들이 노동법 개정의 내용에 대해 알지 못하면 투쟁을 힘 있게 전개하지 못한다고 판단해서 먼저 조합원 교육과 선전을 강화하고, 노개투 실천단을 조직하였다. 또한 민주노총의 방침에 따라 조합원총회를 열고 쟁의발생 결의와 쟁의행위 찬반투표를 실시하는 등 앞으로의 투쟁을 강도 높게 준비해나갔다.

교육·선전사업

자동차연맹은 임단투 시에 연맹의 합법성 쟁취를 위한 조합원 서명운동을 하였고, 단체협약에서 연맹을 상급단체로 인정할 것을 요구하는 투쟁을 벌였으며, 대자보와 신문, 홍보물 등을 통하여 노동법개정투쟁의 중요성을 알렸다. 하반기에 들어서는 노동법개정투쟁을 주요 사업으로 결정하고 연맹 차원의 강사단을 조직하여 전체 노동조합을 대상으로 간부 교육과 조합원 교육을 실시하였다. 특히 교육 효과를 높이기 위해 인형극을 만들어 약 50회에 걸쳐 공연을 해 좋은 반응을 얻기도 했다.

자동차연맹은 8회에 걸쳐 약 448명의 간부들과 42회에 걸쳐 약 1만 920명의 조합원들을 직접 교육하였고, 기아 등의 대공장들은 노동법 개정에 대한 자체 교육을 실시하였다. 이러한 교육에 힘입어 전 조직이 통일된 정세 인식을 가질 수 있었고, 이는 조직적인 투쟁에 나설 수 있는 힘이 되었다. 또한 연맹은 조합원용 홍보물 2종(8만 부), 대자보 1500부, 스티커 6000장을 제작하였으며, 총파업 지침을 매일 2회씩 총 39호까지 발간하는 등의 선전사업도 진행하였다.

조직사업

자동차연맹은 현장의 투쟁동력을 불러일으키기 위해 노개투 실천단을 조직하였다. 노개투 실천단은 29개 노동조합에서 약 2000명이 조직되었으며, 연맹뿐 아니라 지역본부와도 함께 폭넓은 활동을 벌였다. 자동차연맹은 단결력을 높이기 위하여 리본 달기, 현수막 달기, 밑그림 그리기 등을 조직하였고, 전국노동자대회에도 5000여 명의 조합원이 참가하였다. 투쟁이 본격화되기 전에 자동차연맹은 쟁의발생 결의와 쟁의행위 찬반투표 등을 실시했고, 대부분의 소속 노조들은 파업에 들어갈 준비를 마쳤다. 또 수많은 지역집회와 가두선전전, 정부 청사와 국회 및 신한국당 항의 방문 투쟁을 하는 등 간부들과 조합원들이 적극적으로 나서는 모범적인 투쟁을 전개하였다.

투쟁사업

자동차연맹은 높은 단결력과 투쟁성을 바탕으로 일사분란하게 총파업을 준비했다. 자동차연맹은 전체 조합원 4만 6439명(34개 노조) 중 94%인 4만 3640명(25개 노조)이 쟁의발생 결의에 참가했고, 쟁의행위 찬반투표에서도 20개 노조에서 4만 3305명이 파업에 찬성하여 93.3%라는 매우 높은 찬성률을 나타내 총파업투쟁에 대한 강력한 의지를 보여주었다. 투쟁 기금 모금에서도 가입 노조들이 조직적으로 결의하여 2억원 이상의 투쟁 기금을 모금했고, TRW와 천안지역의 노조 등 가입하지 않은 노조에서도 기금을 모아 자동차연맹에 전달했다.

자동차연맹은 이처럼 철저한 준비에 의한 막강한 조직력과 투쟁력을 바탕으로 12월 26일부터 시작된 총파업투쟁에 37개 노조 중 28개 노조, 93만 명(연인원)의 조합원들이 총파업에 참가하여 투쟁의 주력부대로 나설 수 있었다. 그리고 자동차연맹의 조합원들은 집회와 가두행진, 시위를 주도하였고, 공단 행진, 신한국당 규탄 투쟁, 가두선전전 등에도 조직적으로 참가하였다. 특히 서울, 인천, 경기남부, 광주, 전북, 경주, 천안, 대전 등의 지역에서는 자동차연맹이 없으면 집회가 안 될 정도로 자동차연맹은 막강한 조직 동원력을 보여주기도 했다.[18]

금속연맹

금속연맹은 민주노총과 달리 '합법성 쟁취에 연연하기보다는 대중투쟁을 중심으로 노동법 개악을 반드시 저지해낸다'는 것을 노동법개정투쟁의 목표로 설정했다. 이 때문에 금속연맹은 전 조합원을 토론에 참여시키고 투쟁결의를 조직화해내는 사업을 매우 중요하게 생각했다. 금속연맹은 조합원이 주체가 되는 대중투쟁을 조직하기 위해 임단투가 마무리되자마자 8월부터 곧바로 총파업투쟁을 적극적으로 준비하기 시작했다.

단병호 위원장의 순회간담회와 강연회

금속연맹은 노동법개정투쟁을 중심으로 하반기의 사업을 힘 있게 조직하기 위해 단병호 위원장의 순회간담회와 강연회를 진행했다. 8월 24일~9월 말까지 진행된 간담회는 시급하게 조직되었음에도 불구하고, 단위노조 간부가 연맹 위원장을 직접 만나 의견을 교환하고 조직 활동에 대해 논의하는 등 그 의미가 매우 컸다. 순회강연회는 10월 7일~11월까지 약 두 달 동안 진행되었고, 12개 지부와 단위노조에서 조합원 4000여 명이 참여했다. 강연회를 통해 노동법개정투쟁에 대한 조합원들의 열기가 고조되었고, 강연회는 이후 연맹의 노동법개정투쟁 방향을 설정하는 데 있어서 중요한 사업이 되었다. 각 지부는 이러한 사업을 통해 지부별로 현장의 조직력을 점검하고 조직을 강화하는 계기를 마련할 수 있었다.

조합원 교육과 간부 교육

금속연맹은 하반기 노동법개정투쟁 준비를 위한 교육도 연맹 차원에서 활발하게 진행하였다. 95개 노조에서 3만 3171명의 조합원이 교육에 참여하였고, 26개 노조가 간부 교육을 실시하였다. 조합원 교육은 노동법개정투쟁 기간 동안 간부들이 현장 조합원들과 결합하기 위한 사업이라는 면에서 매우 중요했다. 이러한 교육을 통해 연맹은 노동법개정투쟁의 방향과 목표 그리고 실천 지침을 현장 조합원들에게 분명히 제시하는 성과를 거둘 수 있었다.

11월 10일 전국노동자대회

금속연맹은 전국노동자대회의 준비에서 마무리까지 최선의 노력을 다하였다. 노동법개정투쟁을 위한 총력 투쟁 기간을 설정하고 5단계 투쟁을 통해 조합원들의 대회 참여 열기를 높여갔다. 또한 연맹은 독자적으로 사전결의대회를 열어 조합원들의 단결력을 높이고, 노개투 실천단을 조직하는 등 노동법개정투쟁의 방향을 올바르게 설정하기 위해 노력하였다. 그 결과 전국노동자대회에 5513명의 조합원(가입 노조 105개)이 참가하였고, 참관노조*까지 합하면 126개 노조에서 7378명의 조합원이 참가하여 민주노총 내에서 가장 큰 대오를 형성하였다.

총파업투쟁 결의

금속연맹은 총력 투쟁 기간을 설정하고 노동법 개정안에 대한 조합원 찬반투표, 쟁의발생 결의, 파업 찬반투표 등을 실시하였다. 총 102개 노조의 조합원 7만 7289명 중 83.1%가 파업 찬반투표에 참여하였고, 91.27%가 총파업에 찬성해 조합원들의 확고한 투쟁의지를 확인할 수 있었다. 그리고 투쟁 기금으로 2억 1200만 원을 모금하는 성과를 거두기도 했다.

   금속연맹은 노동법 개정안에 대한 조합원 찬반투표, 쟁의발생 결의, 파업 찬반투표 등을 가맹조직 중에서 가장 앞장서서 수행했다. 그리고 연맹은 조합원들의 준비된 힘을 바탕으로 중식 집회, 국회 상경 투쟁,

---

*   정식으로 가입한 노조는 아니지만 회의나 사업에 참여하여 활동 등을 같이 하는 노조.

투쟁 기금 모금 결의 등을 앞장서서 수행함으로써 민주노총의 노동법개정투쟁 열기를 전체적으로 끌어올리는 데도 주도적인 역할을 했다.[19]

지역에서도 금속연맹은 노동법개정투쟁을 주도적으로 준비해나갔다. 부천·시흥지역에서는 임금인상투쟁 중인 6월에 금속연맹 부천·시흥지부가 주도해서 지역 상근자와 단체 상근자를 중심으로 공동교육단을 구성하였다. 교육단은 임단투가 마무리된 사업장과 투쟁이 본격화된 사업장에서 상황극과 차트를 이용한 강의 등 노동법개정투쟁에 대한 교육을 입체적으로 진행하였다. 교육에는 금속 및 화학산업 사업장의 노조 전체가 참여하였으며, 병원 노조도 부분적으로 참여하였다. 이러한 공동교육사업을 토대로 부천·시흥지역은 어느 지역보다도 모범적인 노동법개정투쟁을 진행할 수 있었다.[20]

전문노련

전문노련은 민주노총의 사무전문직 노조 중 '민주노총의 방침을 가장 잘 이행하는 연맹 중의 하나로 오히려 너무 앞서나가는 투쟁을 배치하고 있다'는 평을 들을 정도로 민주노총의 노동법개정투쟁의 사업과 방침을 충실히 수행하였다. 전문노련은 각종 집회 및 수련회에 충실히 참여하였으며, 8월 말에는 대표자회의에서 투쟁본부로 전환하고 산하에 조직단, 교육공연단, 선전단 등을 운영하면서 전체 노조를 대상으로 1회 이상의 교육을 실시하였다. 또한 조합원 1인당 5000원의 투쟁 기금을 걷어 연맹 중에는 처음으로 조선일보에 전면 광고를 게재하기도 하였다. 그리고 사무전문직 노조로서는 드물게 노개투 실천단을 조직하여 운영하였다.

쟁의발생 신고에는 65개 노조(당시 사고노조를 제외하면 가능노조는 79개였음)가 참여하였으며, 쟁의행위 찬반투표에서는 43개 노조가 파업에 찬성하였고(3개 노조 부결), 11월 10일의 전국노동자대회에는 약 4000명이 참가하였다. 전문노련은 12월 24일에 열린 대표자회의에서 27일에 파업을 하고, 날치기 시에는 즉각적으로 파업에 돌입하는 것 등을 결의하였다. 전체적으로 보면 전문노련은 중앙과 현장에서 예년과 비교할 수 없는 내용과 수준으로 노동법개정투쟁을 진행하였으며, 상당히 많은 사업과 투쟁을 결의하였다.[21]

부산·양산지역본부

부산·양산지역본부는 지역본부 중에서 가장 충실하게 노동법개정투쟁을 준비했으며, 민주노총에 문제를 가장 적극적으로 제기하였다. 부산·양산지역본부는 8월 19일에 노개투본을 구성하여 산하의 모든 노조가 전 조합원 1인 1교육, 간부수련회, 조합원 준법투쟁, 파업 등을 결의하며 높은 열기로 11월 이후의 투쟁을 힘차게 준비해나갔다. 간부 교육, 조합원 교육이 실시되지 않은 노조가 거의 없었고 참가율 역시 대단히 높았다. 리본 달기, 현수막 달기 등 노동법 개정을 위한 다양한 행사들을 조직하였고, 쟁의발생 및 쟁의행위 결의 역시 조합원들의 높은 참가와 압도적인 찬성으로 통과시킬 수 있었다. 부산·양산지역본부는 투쟁 준비기에 이러한 사업들을 착실하게 집행한 결과, 그 동력을 바탕으로 12월 26일 이후에 총파업을 즉각적이고 강고하게 진행할 수 있었다.

특히 노개투 실천단은 준비기에 사업을 착실히 집행하고, 조합원들의 동참과 높은 파업 결의를 끌어내는 데 커다란 역할을 하였다. "단위노조 임단투를 치르듯 준비하고 투쟁하자!"는 구호에서도 알 수 있듯이, 단위노조 간부 모두가 노개투 실천단이라는 의식을 갖게끔 고무해서 노동법개정투쟁에 대한 책임감을 부여하고 전념할 수 있도록 하였다. 이러한 성과를 토대로 9월 14~15일에 열린 노개투 실천단수련회에는 200여 명의 간부들이 참석하였고, 이곳에서의 결의를 바탕으로 산하의 모든 노조가 간부수련회와 조합원 교육을 1회 이상 실시했으며, 11월 10일에 개최된 전국노동자대회에도 예년에 비해 세 배 이상의 많은 조합원들이 참가했다.[22]

다른 지역본부들도 부산·양산지역본부와 마찬가지로 거의 대부분이 노개위와의 합의보다는 총파업투쟁을 지지하는 입장이었기 때문에 조합원을 투쟁의 주체로 세우기 위한 다양한 형태의 교육, 선전, 문화, 투쟁, 조직사업들을 충실하게 준비했다. 그리고 이러한 지역본부의 충실한 준비 덕분에 민주노총 상층 지도부의 총파업투쟁 준비 부족에도 불구하고 총파업투쟁은 전국적으로 확산될 수 있었다.

현대자동차 노조

총파업투쟁의 결정적인 순간마다 투쟁 방침의 변경을 주도했던* 막강한 조직력과 투쟁력을 가진 현대자동차 노조의 노동법개정투쟁 준비 과정을 살펴보자.

---

* 현대자동차 노조는 1996년 12월 13일의 파업 유보, 1997년 1월 9일의 부분파업으로의 전환, 1월 17일의 수요파업으로의 전환, 1월 28일의 수요파업 중단, 2월 18일의 총파업 유보 결정 등에서 결정적인 역할을 했다.

현대자동차 노조는 임금 협상이 끝나자마자 노동법개정투쟁 준비에 들어갔다. 현대자동차 노조는 제10차 정기대의원대회(1996. 9. 18~23.)에서 노동법개정투쟁에 집중하기로 결정하고, 상급단체 및 전국의 노동운동세력과 공동투쟁을 전개하기로 하였다. 이에 따라 현대자동차 노조는 노동법개정투쟁위원회를 구성하고 노개투 실천단을 조직했다. 노개투 실천단은 노동법개정투쟁의 선봉대였으며, 산별노조 건설, 사회개혁투쟁, 민주노조 강화 사업을 목표로 총 2424명의 대의원과 소위원, 활동가들로 구성되었다. 노개투 실천단은 노동법개정투쟁위원회의 투쟁 지침을 실천하고, 각 사업부의 실정에 맞게 대중적인 사업을 진행하며, 대국민 선전활동에 적극 참여하고, 각종 집회에 조합원들의 참여를 조직하며, 정기적이고 지속적인 선전·선동 작업과 사회개혁투쟁 등을 적극적으로 실천하는 것을 주 임무로 삼았다.

현대자동차 노조는 무엇보다도 조합원들의 교육에 집중했다. 교육에는 교육위원뿐 아니라 위원장과 사무국장, 임원들이 모두 동원되었다. 점심시간이나 저녁시간, 집회 등 언제든지 시간만 나면 교육이나 간담회를 조직했다. 공식적으로 집계된 것만 해도 79회의 교육에 4500명의 조합원이 참여했다. 하부영 사무국장은 "비공식적으로 이루어진 것까지 합하면 한 300회 정도는 될 것"이라고 말했다. 이러한 교육의 결과로 조합원들 중에는 노동법 개정안에 대해서 모르는 사람이 없을 정도였고, 이것은 이후에 노동법이 기습적으로 개정되었을 때 조합원들이 즉각적으로 파업에 동참하게 된 원동력이 되었다. 회사 측 관계자들도 "노조에서 워낙 교육을 많이 시키면서 위기의식을 불어넣었다. 정리해고제가 도입되면 모두 쫓겨나는 것처럼 분위기를 만들어놓으니까 노동법 개정안을 보고 더 반발하게 되었다"며 인정할 정도였다.

그리고 조합원들의 관심을 노동법개정투쟁으로 집중시키기 위해 기발한 아이디어들이 동원되었다. 노동법개정투쟁 구호를 공모해서 채택된 제안자에게 시상을 하고, 노동법개정투쟁 승리를 위한 마라톤대회를 열어 800명이나 참가하는 성과를 거두기도 했다. 조합원들과 함께 10월부터 두 달 동안 유인물 배포, 가두연설, 풍선 나누어주기, 피에로 인형 가면 쓰고 선전전하기 등 대시민 홍보 활동에도 나섰다. 전국노동자대회에는 1500여 명의 조합원이 참가했다. 이런 활동의 결과, 정부의 노동법 개정안이 확정 발표된 12월 3일에 개최된 조합원 결의대회에는 영하의 날씨에도 불구하고 1만 명이 넘는 조합원이 참가할 정도로 투쟁의 열기가 매우 높았다. 그리고 이런 분위기를 반영하여 쟁의행위 찬반투표에도 조합원 3만 4509명 가운데 3만 1572명이 참여하여(참여율 91%) 2만 9695명이 찬성함으로써 총원 대비 86%, 투표자 대비 94%라는 매우 높은 찬성률로 총파업이 통과되었다.

이처럼 현대자동차 노조는 노조 집행부가 중심이 되어 집중적인 교육과 다양한 프로그램 등을 통해 체계적이고 집중적으로 노동법개정투쟁을 준비함으로써 전국에서 가장 높은 투쟁력과 조직력을 가지고 총파업투쟁을 주도할 수 있었다.[23]

4. 민주노총의 본격적인 총파업투쟁 준비

전국노동자대회가 열린 11월 10일에 정부가 고위당정회의를 개최하여 정부 주도로 연내에 노동법을 개정하기로 합의하고 노개추를 구성하자 민주노총은 다급해졌다. 정부안이 노개위의 공익안보다 더 나빠질 것이라는 사실은 불을 보듯 뻔했기 때문이다.

민주노총은 11월 15일에 제5차 투쟁본부 대표자회의를 소집하여 세부적인 투쟁 계획을 수립하였다. 1주일 전인 11월 9일에 열린 제4차 투쟁본부 대표자회의 때까지만 해도 총회 투쟁이니, 11월 말까지 기다려 보자느니 하면서 총파업투쟁에 회의적인 기류가 강했었는데,* 15일 회의에서 전면적인 총파업투쟁으로 그 기조가 완전히 바뀌었다. 제5차 투쟁본부 대표자회의는 12월 4일에 전국적으로 조합원총회를 열어 동시 파업 찬반투표를 실시한 후 12월 10일경부터 총파업에 들어갈 것을 결정했고, 민주노총은 이 계획에 따라 모든 투쟁 일정을 진행시켜나갔다.

민주노총은 각 조직별로 비상대표자회의를 갖거나(전문노련), 합동상임집행부회의 및 철야 농성을 실시하면서(병원노련 서울지역본부) 단위노조 간부들과 상황을 공유하고 투쟁의 결의를 다져나갔다. 금속연맹은 5단계 총력 투쟁 계획을 세워 조합원들의 투쟁의지와 결의 수준을 서서히 끌어올렸다. 총파업 결의까지 비록 20일밖에 남지 않았지만 각 조직별로 집중적으로 교육하고 선전하면서 함께 총파업투쟁을 조직해나갔고, 이에 따라 투쟁의 분위기는 전체적으로 급격하게 고양되기 시작했다. 11월 29일에는 '전국단위노조대표자 결의대회'를 개최하여 346개 단위노조 대표자를 포함한 1000여 명의 노조 간부들이 구속결단식을 갖고, "구속 결단, 필사즉생의 각오로 12월 10일 이후 전국 총파업투쟁의 선봉에 설 것"을 결의했다. 이후 11월 30일에는 전국에서

---

* "우리는 지난 11월 9일 민주노총 투본 대표자회의에서 총파업투쟁의 가능성을 확신하지 못하는 토론이 있었다는 소식을 접하고 심각한 우려를 갖지 않을 수 없습니다."(「당면한 노동법개정투쟁에 관한 자동차연맹의 긴급 제안」, 자동차연맹, 1996. 11. 15.)

동시에 범국민 캠페인을 진행하였고, 12월 2~4일에는 전국의 단위노조들이 철야 농성에 돌입하였으며, 12월 2~7일에는 '노동악법 철폐-개악 저지를 위한 전국 동시다발 준법투쟁'을 벌였다. 민주노총은 1노조 1실천 투쟁(조합원 머리띠 매고 작업하기, 작업 시간에 노동가 부르기, 넥타이 풀고 일하기, 사복 입고 일하기, 출근 투쟁 등)으로 조합원들의 투쟁 수위를 높여나가면서 12월 10일 이후의 총파업을 위해 총력을 기울였다. 또한 12월 4일에 실시한 전국단위노조 쟁의행위 찬반투표 이후에는 매일 서울을 비롯한 전국 주요 도시에서 거리 유세식 대국민 홍보를 전개하였고, 12월 7일에는 전국 20여 개 주요 시·도에서 '전국 동시다발적 범국민 평화대행진'을 개최하여 시민사회단체들과의 연대를 강화해나갔다.

12월 4일의 파업 찬반투표에는 민주노총 소속 조합원 49만 6908명(939개 노조) 중 26만 6542명(314개 노조)이 참여하여 투표율 83.4%와 찬성률 87.63%로 임단투보다 훨씬 높은 투쟁의 결의를 보여주었다. 특히 민주노총 총파업투쟁의 주력부대라고 할 수 있는 금속연맹, 자동차연맹, 현총련 등 금속 3조직의 조합원들은 전체 투표 참가 인원의 거의 3분의 2(64.4%)를 차지했고, 투표율과 찬성률도 각각 89.09%와 91.12%에 이르러 매우 높은 투쟁의지와 결의를 보여주었다.

이런 와중에 12월 6일, 총파업의 시기와 방법을 결정하기 위한 제10차 중앙위원회가 갑자기 소집되었다. 그런데 민주노총의 '총력 투쟁 계획(안)'에 따르면 총파업의 시기와 방법은 중앙위원회가 아니라 투쟁본부 대표자회의가 결정하는 것으로 되어 있었다.

가. 총력 투쟁 계획(안)

(1) 파업 찬반투표를 12월 4일 실시한다.

(2) '파업의 시기와 방법은 투본 대표자회의에 위임한다'라는 사항을 찬반투표 안건에 포함시킨다.(『1996 사업보고·자료모음』, 민주노총, 1997, 89쪽, 강조는 인용자)

'파업의 시기와 방법은 투본 대표자회의에 위임한다'라는 내용을 포함해서 파업 찬반투표가 행해졌기 때문에 투쟁본부 대표자회의는 찬반투표의 결과에 따라 파업의 시기와 방법을 결정하면 되었다. 그런데 민주노총 지도부는 투쟁본부 대표자회의가 아니라 중앙위원회를 긴급하게 소집하여 총파업 시기와 방법을 결정했다. 도대체 왜 그랬을까? 조합원들이 총파업에 나설 준비가 안 되었다는 이유로 현총련이 총파업의 연기를 주장했기 때문이다.

그러나 이러한 현총련의 주장은 12월 4일의 파업 찬반투표 결과에서 나타난 조합원들의 투쟁열기와는 너무나도 동떨어진 것이었다. 대부분의 노조들에서는 간부들조차 놀랄 정도로 임투보다 더 높은 투표율과 찬성률을 보였다.* 특히 현총련의 주력인 현대자동차 노조는 12월 3일에 정부안이 발표되자 1만여 명의 조합원들이 모여 규탄집회를 열었고, 94% 이상의 조합원이 총파업에 찬성할 정도로 투쟁의 열기가 최고조에 달해 있었다.[24] 민주노총은 12월 6일에 중앙위원회에 제출한 총파업투쟁 세부계획에서 "민주노총 차원의 최종적 결단이 내려진다면 사상 최초의 정치파업이 힘차게 진행될 것"이라며 자신감을 드러냈다. 민주노총은 "12월 6일 현재 250여 개 노조에서 18만여 명의 조

• 이중에서도 현총련 조합원들은 총 조합원 8만 8000명(20개 노조) 중 8만 401명(14개 노조)이 파업 찬반투표에 참가하여 투표율 91.36%, 찬성률 91.54%로 총파업투쟁을 압도적으로 지지하고 있었다.

합원들이 파업에 돌입할 수 있고, 총회 투쟁이 가능한 노조까지 포함하면 총파업 참가자수는 훨씬 더 늘어날 것"이라고 예상했다.[25]

이러한 분위기 속에서 민주노총은 중앙위원회에서 12월 13일에는 4시간 경고파업을 하고, 16일 이후에는 무기한 총파업에 돌입하기로 결정했다. 총파업을 결정한 후에 곧바로 『총파업투쟁 지침』 1호가 발표되었고, 각 조직들은 12월 10일에 국회 앞 항의 투쟁, 12월 11일에는 중식시간 단위노조 총파업 결의대회, 12월 12일에는 지역집회 후 각 조직 단위별로 철야 농성 등을 실천하면서 12월 13일로 예정된 총파업 투쟁을 기다리고 있었다.

5. 12월 13일의 총파업 유보

경과

민주노총은 파업 전날인 12월 12일, 임원·산별 대표자회의를 긴급하게 소집하여 13일로 예정된 총파업을 유보하기로 결정했다. 민주노총은 총파업 유보의 판단 근거로 "정기국회 통과가 사실상 불가능하다"는 것과 "파업을 유도하여 민주노총을 와해, 위축시키려는 정부의 공작"[26]에 말려들지 않기 위해서라는 두 가지 점을 제시했다.

그러나 총파업 유보의 이유로 들고 있는 이 두 가지 점은 근거가 없다. 첫째로 제10차 중앙위원회의 결정 사항에는 "12월 12일 자정까지 이 법안의 강행, 통과 방침을 철회하지 않을 경우에는 12월 13일 13시부터 4시간 총파업에 돌입한다"라고 명기되어 있었다. 민주노총은 '아직 신한국당이 공식적으로 강행 방침을 철회하지 않았다는 점'(민주노총은 『총파업투쟁 지침』 3호 3항에 이 사실을 적시하고 있었다')을 정확하게 알고 있었음에도 불구하고, 사실상 정부가 강행 방침을 철회한 것이라고 왜곡까지 하며 총파업을 유보했다. 둘째로 탄압 때문에 민주노총이 와해될 수 있다고 하는 것은 아무런 근거가 될 수 없다. 민주노총에 대한 탄압은 이미 총파업을 상정할 때부터 누구나 예상했던 것이었기 때문에 민주노총은 이에 대한 대책을 일찍부터 세우고 있었다. 단위노조 대표자들은 투쟁 초기부터 구속결단식을 하며 각오를 다지고 있었고, 민주노총은 제2 지도부 구성, 100명 규모의 변호인단 구성, 모금 운동, 국제 노동법 개정 감시단 파견 요청, 연행 및 구속과 손해배상 소송에 대한 대응 등 탄압에 대한 대책을 미리 세워두고 있었다. 권영길 위원장은 11월 29일의 구속결단식 대회사에서 다음과 같이 선언했다.

지금은 결단의 시간이지 이것저것 복잡하게 생각할 시간이 아닙니다. 우리 모두는 온몸을 던지는 투쟁, 구속을 불러일으킬 투쟁에 돌입하자고 이 자리에 모였습니다. 구속을 각오하는 투쟁에서 한 걸음 더 나아가 구속이 되도록 만들어가는 투쟁이어야 합니다. 민주노총 위원장을 비롯한 간부들이 줄줄이 구속된다는 것, 이것이 바로 승리를 향해 나가는 길일 것입니다.(강조는 인용자)

- "3) 민주노총은 아직 신한국당이 공식적으로 강행 방침을 철회하지 않았다는 점, 정부안이 개악안으로 점철되어 있다는 점을 고려하여 정부안의 공식 철회와 민주적 노동법 개정안을 요구하며 계속 투쟁을 전개한다."(『총파업투쟁 지침』 3호 중 권영길 위원장의 투쟁 지침 3항, 1996)

권영길 위원장의 말대로 민주노총이 탄압을 받아 간부들이 줄줄이 구속되는 것은 민주노총이 승리를 향해 나아가는 길이지, 결코 와해되거나 위축되는 길이 아니다. 그런데도 민주노총에 대한 탄압을 이유로 총파업을 유보한다는 것은 그 근거가 너무 약하다.

이런 논리를 제공한 것은 현총련이었다. 현총련은 12월 6일에 열린 민주노총 중앙위원회에서 총파업을 반대했는데도 12월 13일에 총파업투쟁에 돌입한다고 결정되자, 이에 승복하지 않고 12월 11일에 현총련 중앙운영위원회를 개최하여 민주노총에 재차 총파업의 철회를 요청했다.

> 민주노총은 지난 6일 제10차 중앙위원회에서 13일 4시간, 16일 13시 이후 무기한 전면파업을 결정하였습니다. (…) 그러나 이 결정은 정부의 음모를 제대로 꿰뚫어 보지 못한 부분도 있었다는 것을 솔직히 인정하지 않을 수 없습니다. (…) 먼저 13일 4시간 파업 방침을 위원장님의 결단으로 철회할 것을 요청합니다. 그 근거로 첫째, 야 3당이 반대하면 사실상 국회 처리가 불가능합니다. 이미 야 3당의 당론과 해당 상임위원들은 '연내 처리 불가와 여당 강행 시 실력 저지'를 분명히 밝히고 있기 때문입니다. 둘째, 정부 여당의 민주노총 탄압 유인책을 피할 수 있습니다. 또한 야당과 노동계의 반대에도 불구하고 정부 여당이 강행할 경우 파업에 대한 국민적 명분을 획득하며 저들을 곤경에 빠뜨릴 수 있습니다.(현총련 중앙운영위원회, 「위원장님의 현명한 결단이 필요합니다」, 『현장에서 미래를』 1월호, 한국노동이론정책연구소, 1997, 강조는 인용자)

그런데 이러한 표면적인 이유가 아니라 민주노총 지도부가 실제로 총파업의 유보를 결정하게 된 결정적인 이유는 '총파업을 할 수 있는 투쟁동력이 부족하다'[•]는 것이었다.

민주노총은 12월 13일 '4시간 경고파업'을 결정했다가 다시 이를 유보했다. 그 근거는 우선 주체적인 투쟁역량이 준비되지 못했다는 것과 총자본의 의도를 무력화시키기 위한 것이었다. 투쟁을 시작하기 원하는 곳은 많았으나 전국적으로 중소 규모의 사업장뿐만 아니라 대규모 사업장들도 대부분이 파업이 어렵고, 더욱이 사무직과 전문직 사업장들도 투쟁을 조직할 수 없는 어려운 상황이라고 보았다. 그러므로 투쟁 전열이 잘 갖춰지지 않은 상태에서 정기국회에서 노동법 통과가 불가능한데 굳이 선제 타격을 할 필요가 없다는 판단이었다.(『현자노조 20년사』, 금속노조 현대자동차지부, 2009, 261쪽)

이는 노개위 참여 때부터 민주노총 지도부의 일관된 입장이었다. 그렇기 때문에 민주노총 지도부는 지속적으로 투쟁보다는 협상을 통해서 노동법 개정을 얻어내려고 했었고, 이러한 입장이 '12월 13일 총파업 철회'에도 그대로 나타났던 것이다.

민주노총 중앙은 노개위 참여와 투쟁을 방침으로 정하고 노개위 활동

[•] 12월 12일에 열린 긴급임원·산별 대표자회의에서 총파업의 유보와 강행을 놓고 치열한 논쟁이 벌어졌다. 총파업의 유보를 주장하는 측은 "총파업을 할 수 있는 투쟁동력이 부족하다"는 점을 근거로 제시하였다. 이에 대해 총파업의 강행을 주장하는 측은 "투쟁동력에 있어서도 지도부가 적극적인 의지를 가지고 추진한다면 전진 배치시킬 수 있는 동력은 충분히 된다"며 반박했다.(『제1기 2차 임시대의원대회 자료집』, 금속연맹, 1997, 72쪽)

과 각종 투쟁을 조직하였다. 그러나 자본과 권력의 의도를 정확히 파악하지 못하고 조합원 투쟁동력을 의심하면서 이른바 청와대 개혁세력과의 막후 협상에 의존하였던 경향을 보였으며 실제 파업을 준비하지 않고 있다는 비판에 직면하였다. (…) 그러나 그 이후에도 여전히 협상의 가능성에 대한 기대와 투쟁동력에 대한 자신감 부족으로 노개위 탈퇴와 전면적인 투쟁을 통한 개악 저지가 아니라 전술적인 불참과 재참여를 반복하고, 대중적으로 예정했던 12월 13일 파업을 철회(그것도 12일 자정이 되어서야 철회 지침이 떨어졌다)하였다.(고영주 공익노련 수석부위원장의 발제문, 『노동법투쟁 자료집 Ⅱ』, 공익노련, 1997, 726쪽, 강조는 인용자)

핵심 조직들의 평가

민주노총은 「노개투 총파업 평가 기초(안)」에서 12월 13일의 총파업 유보 결정은 노동법 개정이 날치기로 강행될 빌미를 줄이고 총파업에 대한 명분을 축적할 수 있는 계기가 되었다는 점에서 올바른 결정이었다고 평가했다.

13일의 총파업 유보 결정은 연내 날치기 강행의 빌미를 줄이고, 총파업의 명분을 축적할 수 있는 계기가 되었으나 내부의 신속한 의견 수렴 절차가 부족하였으며, 13일 새벽에야 조직에 하달됨으로써 혼선을 빚었다.(『1996 사업보고·자료모음』, 민주노총, 1997, 171쪽, 강조는 인용자)

그러나 민주노총 산하의 각 조직들의 평가는 완전히 달랐다. 심지어 한국노총 위원장조차 "파업을 유보한 것은 뼈아픈 실수였다"며 파업의 유보가 노동법 날치기 통과라는 결과를 가져왔다고 통탄했다.

> 파업을 유보한 것이 뼈아픈 실수였다. 한국노총과 민주노총이 파업을 유보하지 않았다면 '날치기' 통과만은 막을 수 있지 않았을까. 참으로 안타까운 사실은 노동계의 파업 유보가 국면 주도권을 전환시키는 분수령이 됐다는 점이다.(박인상, 『외줄타기』, 매일노동뉴스, 2009, 341쪽)

총파업투쟁을 책임지고 수행했던 핵심 조직들 중에서 자료 수집과 활용이 가능한 전문노련, 병원노련, 금속연맹, 지역본부, 현대자동차 노조, 울산 현총련 조합원 등의 평가를 토대로 12월 13일 총파업 유보에 대한 평가를 종합해보면 다음과 같다.

첫째, 총파업 유보는 조합원들의 투쟁동력을 급격하게 떨어뜨려 노동법 날치기 통과 이후에 진행된 총파업투쟁을 더욱 어렵게 만들었다.

전문노련의 경우에는 12월 13일의 파업을 준비한 노조들이 꽤 많았었는데, 총파업의 유보로 투쟁동력이 떨어지면서 12월 26일의 파업에는 10개 미만의 노조만이 참여했다.[27] 과기노조도 총파업을 철회하면서 그동안 준비해왔던 파업의 열기가 일순간에 무너졌을 뿐만 아니라, 날치기에 대응할 수 있는 체계적인 준비도 이루어지지 않아 총파업은 물론이고 집회에도 제대로 결합하지 못했다.[28] 병원노련은 온몸으로 총파업을 조직하러 다녔던 간부들이 총파업의 유보로 큰 실망감과 허탈감에 빠지게 되었고, 현장 조합원들의 투쟁동력도 급격하게 떨어졌다.[29] 금속연맹 역시 12월 13일의 총파업에 맞춰 투쟁을 준비해왔는데 파업이 유보되자 26일까지 사업을 제대로 배치하지 못했다.[30]

둘째, 수세적으로 대응하는 바람에 호미로 막을 수 있는 싸움이 가래로도 막기 어려운 싸움이 되었다. 만일 민주노총이 공격을 당하고 난 다음에 대응하는 수세적인 방어 투쟁이 아니라, 한발 앞서서 치고 나가는 공세적인 투쟁을 했더라면 문제를 한결 쉽게 해결할 수 있었을 것이다. 그런데 그렇지 못했던 탓에 민주노총은 "세계 노동운동사상으로도 희귀한"[31] 20여 일에 걸친 장기간의 파업이라는 어렵고도 힘든 투쟁을 해야만 했다.

병원노련은 "12월 13일 총파업 시기를 놓친 것이 계속 우리 투쟁을 어렵게 만들었다"고 지적하면서 "지금처럼 당하고 나서 뒷북치는 식의 노조 활동이 아니라 한발 앞서서 먼저 예측하고 대안을 세워나가는 노동운동을 모색해야 한다"고 주장했다.[32] 금속연맹도 "정부가 노동법 개악을 강행한 후에 총파업을 한다는 것은 소 잃고 외양간 고치는 격"이라며 "강행 시 총파업이라는 소극적인 전술이 아니라 날치기 통과 전에 공세적인 총파업전술을 채택했다면 노동법이 지금보다 좋게 개정되거나, 아예 차기 정권으로 넘어갔을 것"이라고 보았다. 강행 시 총파업은 어떤 형태로든 국회에서 처리된 후 대응하는 꼴이 되기 때문에, 비록 날치기였다고 하더라도 일단 법이 국회를 통과한 후에는 정부로서도 버티기 이외에는 다른 방법이 없었을 것이라고 본 것이다. 이런 점을 들어 금속연맹은 이후에 진행된 총파업투쟁의 성격을 '막바지에 몰린 투쟁'으로 규정하였다. 그래서 금속연맹은 정부의 노동법 재개정 약속을 받아내고도 민주노총이 더 이상 밀어붙이지 못하고 무기력하게 4단계 총파업을 마무리할 수밖에 없었던 이유는 바로 이러한 막바지에 몰린 투쟁이 갖는 기본적인 한계로부터 비롯된 것이라고 보았다.[33]

셋째, 총파업 철회로 국가와 자본은 노동법을 자본 측에 유리하게 날치기 통과시킬 수 있는 자신감을 얻게 되었다.

전문노련은 "자본과 정권은 우리가 파업을 실제로 준비하지 못하고 있는 모습을 보면서 이미 많은 노조가 파업하기 어려울 것이라는 판단을 하고 있었는데, 12월 13일의 파업 유보가 그들의 이러한 상황 인식을 더욱 확신하게 만든 계기가 되었다"고 보았다.[34] 과기노조도 "민주노총은 조합원과 국민들의 투쟁열기를 제대로 파악하지 못하고 자신감이 부족한 상태에서 파업을 철회함으로써 노개위안보다도 후퇴된 내용으로 자본과 정권이 날치기하는 데 협조하는 꼴이 되어버렸다"고 비판했다.[35] 금속연맹 역시 "파업이 유보됨으로써 신한국당은 보다 확실하게 자본의 이해를 반영한 노동법 개악을 관철하려 할 수 있었고, 이로 인해 민주노총을 포함한 노동계와의 대화는 단절한 채 자본 측의 집중적인 로비에 의해 노개위안보다 훨씬 후퇴한 개악안을 날치기 통과시킬 수 있었다"고 평가했다.[36]

넷째, 투쟁을 했다고 해서 모든 것이 정당화되는 것은 아니다. 총파업의 유보로 정부 여당이 날치기를 강행하게 만들어 노동자들의 분노를 불러일으키고, 총파업투쟁에 대한 명분을 얻고 총파업을 성공적으로 이끌었으니 이 결정은 올발랐다고 하는 민주노총의 평가는 본말이 전도된 해석이다.

현총련 소속인 울산 현대정공 노조의 김호규 교육위원은 "이러한 민주노총의 논리는 결과를 보고 끼워 맞추는 식"이라며 "만일 20여 일간의 총파업을 수행할 수 있는 역량이 없었더라면, 수많은 구속자와 해고자가 발생했을 것이고, 현장 내부의 조직력은 와해되고 민주노총 지도부가 붕괴됐을지도 모를 정도로 그 결과는 참담했을 것"이라고 비판했다. 그리고 "날치기 통과, 대통령의 연두 기자회견, 현대자동차의 휴업조치 등 자본과 정권의 헛발질로 인한 반사이익도 냉정하게 평가해야

지 우리의 투쟁을 너무 과대평가하면 안 된다"고 지적했다.[37]

자본과 정권이 노동법을 날치기할 때 보인 민주노총 지도부의 반응을 보면 민주노총의 평가가 과연 타당한 것인지 의구심을 가질 수밖에 없다. 민주노총의 평가대로라면 민주노총 지도부는 당황하지 않고 마치 날치기를 기다렸다는 듯이 계획했던 대로 투쟁을 지휘했어야 했다. 그러나 그렇게 하지 못했다. 민주노총 지도부는 조합원들의 투쟁동력을 확신하지 못했기 때문에 거의 절망적인 심정으로 총파업투쟁에 임했었다.

> 처음에는 절망적인 심정으로 옥쇄하고 후일을 도모한다는 심정으로 파업에 돌입하였으며 권영길 위원장도 3~4일 하고 끝나지 않을까 하는 걱정을 갖고 있었다고 토로하였다. 실제로 연말 4~5일에 걸친 파업으로 제조업 일부는 지치고 있었으며 지하철이 이틀 만에 파업을 철회하면서 전체 투쟁을 일단 정리할 수밖에 없었다.(고영주 공익노련 수석부위원장의 발제문,『노동법투쟁 자료집 Ⅱ』, 공익노련, 1997, 729쪽)

다섯째, 총파업 유보 결정은 민주노총 지도부의 투쟁의지 부족과 무책임함을 스스로 드러내는 계기가 되었고, 이후 민주노총의 지도력은 조합원들의 불신으로 인해 상당한 타격을 받았다. 심지어는 12월 26일, 날치기 통과 직후에 민주노총 지도부가 총파업 명령을 내렸는데도 한결같이 "확실합니까?"라고 반문할 정도로 지도부에 대한 불신은 매우 컸다.

'민주노총 전 조직은 오늘 오전부터 즉각적이고 전면적인 총파업에 돌

입합니다!'

휴대전화와 팩시밀리로 통보하면 상대방의 질문은 한결같았다.

'확실합니까?'

나의 대답도 똑같았다.

'확실합니다!'(김영대, 『도울 수만 있다면 이룰 수만 있다면』, 느낌이있는나무, 2003, 233쪽)

민주노총 산하의 6개 지역투쟁본부는 공동항의 성명서를 통해 "노동법 개악 강행 구도가 분명함에도 불구하고 전혀 설득력 없는 정세 판단에 근거하여 총파업투쟁 방침을 번복하자, 현장단위에서는 민주노총 지도부는 물론 그동안 총파업투쟁을 독려하고 조직하여왔던 단위노조 대표자와 간부들조차도 조합원들로부터 불신을 받고 있으며, 이 과정에서 단위노조와 지역의 지도력이 이미 심각하게 타격을 받은 상태"라며 강력하게 항의했다. 그리고 이는 근본적으로 "민주노총 지도부가 총파업투쟁을 얘기하지만 실제로는 총파업투쟁에 대한 투쟁의지와 책임이 없었던 데서 비롯된 것으로, 민주노총의 심대한 조직력과 투쟁력, 지도력의 상실을 가져오게 되었다"면서 "민주노총 지도부는 총파업투쟁 이후 이에 대한 명확한 대중적 책임을 져야 한다"고까지 비판했다.•

• 　민주노총 대구, 부산·양산, 대전·충남, 충북, 부천·시흥 지역본부와 '노동법 개악저지와 올바른 노동법 개정을 위한 경기남부지역 투쟁본부'는 「민주노총 지도부에 각성을 촉구하며 다시 한 번 강고한 노동법 개악 저지를 위한 총파업투쟁을 제안합니다」(『현장에서 미래』, 1월호, 한국노동이론정책연구소, 1997)라는 제목의 글에서 민주노총 지도부를 비판했다.

총파업 유보 이후, 계속되는 혼란

12월 13일의 총파업 철회에 따른 조합원들의 분노와 실망, 배신감, 불신 등으로 지도력과 조직력, 투쟁력 등에 심대한 타격을 받을 것을 우려한 민주노총 지도부는 "흐트러진 전열을 가다듬기 위해"[38] 12월 16일부터 삭발식을 하고 무기한 농성에 돌입했다. 그러나 정기국회가 끝나자 민주노총 지도부는 이틀만인 12월 18일에 임시국회에 맞추어 2단계 투쟁을 준비한다는 명분으로 농성을 해제했다. 이에 대해 「노개투 총파업 평가 기초(안)」은 다음과 같이 비판하고 있다.

> 18일 명동성당 철수는 정부의 공식적인 발표가 없었음에도 불구하고 노총의 단식 농성 해제와 주위의 정황으로만 판단, 결정되어 조직의 혼선을 빚기도 하였다.(『1996 사업보고·자료모음』, 민주노총, 1997, 171쪽)

농성을 해제한 바로 다음 날인 12월 19일, 여당 의원 전원 명의로 임시국회 소집 요구서가 제출되었고, 12월 20일에는 국회의장이 임시국회 소집을 공고하였다. 그리고 12월 23일에는 국회의장이 환경노동위원회 위원장에게 공문을 보내 "24일 자정까지 노동법안을 심의 확정하지 않으면 본회의에 직권상정하겠다"고 통보했다. 이제 12월 25일 이후에 노동법 개정이 강행 처리될 것임은 분명해졌다.

이렇게 되자 민주노총은 12월 23일에 제8차 투쟁본부 대표자회의를 소집하고 노동법 개악안이 강행 통과될 것에 대비하여 총파업을 구체적으로 준비하지 않을 수 없었다. "12월 13일 총파업 유보 이후에도 파업 시기와 날치기 여부에 대한 판단의 차이들이 반복되면서 혼선을 빚어왔"[39]지만 날치기가 분명히 예상되는 정세 속에서는 총파업 이외에 다른 선택의 여지가 없었기 때문이다. 민주노총은 제8차 투쟁본부 대표자회의를 통해 단위노조 간부들의 비상대기와 12월 26일 중식시간에 비상조합원총회를 개최하는 것으로 투쟁 방침을 정하고, 내부적으로는 27일 오후 1시에 파업에 돌입하기로 결정했다. 그러나 노동법이 연내에 강행 처리될 것인가에 대해서는 여전히 확신을 하지 못하고 있었다.

> 연내 강행 처리 여부는 12월 26일 정오경까지 국회 여야 간사 합의가
> 이루어지는지 여부에 따라 결정되므로, 이의 진행을 보면서 최종적으
> 로 권영길 위원장이 파업 일정을 27일 13:00로 할 것인지, 아니면 내
> 년 1월 7일부터 10일 사이에 할 것인지를 결정토록 함.(『노동법투쟁 자료
> 집 I』, 공익노련, 1997, 462쪽)

이처럼 민주노총이 주저하는 사이에 신한국당은 12월 26일 새벽에 날치기로 노동법 개악안을 통과시켜버렸다. 민주노총 지도부가 그렇게도 피하고 싶어 했던 총파업투쟁은 이렇게 국가와 자본의 선제공격에 의해 강제되었다. 더구나 노동법의 날치기 통과로 민주노총의 합법화조차 물거품이 되어버린 상황이었기 때문에 민주노총에게 더 이상 다른 방법은 없었다. 이와 같이 민주노총의 총파업투쟁은 12월 13일의 총파업 유보로 인해 주도권을 완전히 잃고 막판에 몰려서 한 수세적인 방어 투쟁으로 시작되었고, 이후 벌어진 총파업투쟁의 전 과정 역시 이러한 성격을 벗어나지 못했다.

6장

노동법개정
총파업투쟁

1. 총파업투쟁을 둘러싼 계급 간 세력관계의 변화

정부와 여당은 민주노총이 12월 13일의 총파업을 철회하자 민주노총의 총파업이 어려울 것이라고 판단해 노동법을 날치기로 통과시켰다. 그러나 여기에는 또 다른 기대도 있었다. 정부와 여당은 연말연시와 방학으로 인해 노동계와 대학생들이 조직적으로 저항하기 어려울 뿐만 아니라, 노동계의 분할지배전략으로 한국노총이 총파업에 동참하지 않을 것이라고 생각했다.

서청원 신한국당 원내총무는 3일 '한국노총은 정부 여당의 입장에서는 조강지처나 마찬가지'라며 '지난해 말 정부의 노동법 개정안을 당이 수정하면서 상급단체의 복수노조 허용을 3년간 유예시킨 것은 바로 한국노총의 위상을 고려했기 때문'이라고 말했다. 서 총무는 '따라서

민주노총은 몰라도 한국노총 쪽은 파업 강도가 상당히 누그러질 것'이
라고 전망했다.(『한겨레신문』, 1997. 1. 4.)

그러나 민주노총이 총파업투쟁에 돌입하자 예상외로 높은 국민들의
공감대 속에서 한국노총도 총파업에 동참하면서 총파업투쟁은 급속하
게 전국적으로 확산되었다. 그러자 정부와 여당은 당황하기 시작했다.
정부는 이전과 달리 강경 기조로 일관하지 않고 유화책을 제시하는 등
탄력적으로 대응했다. 정부는 12월 27일에 검찰, 안기부, 경찰, 노동부
등 관계기관들과 대책회의를 열고 "노동계 파업을 불법으로 규정하고
파업 가담자를 사법 처리하겠다"고 엄포를 놓으면서도 "파업이 단위사
업장에서 온건하게 진행될 경우 일단 사태를 관망할 방침이지만, 사태
가 장기화해 공공부문까지 이어질 경우 공권력이 개입할 수밖에 없다"
며 이전과는 달리 탄력적으로 대응할 방침임을 밝혔다. 그리고 재정경
제원, 내무부, 노동부 등 5개 부처 장관 명의로 '근로자 생활 향상과 고
용 조정 지원에 관한 특별조치법'을 제정하여 노동자에게 불이익이 돌
아가지 않도록 하겠다는 유화책을 제시하기도 했다.
　이러한 정부의 강온양면책에도 민주노총의 총파업투쟁은 1997년 새
해에 들어 제조업 노조를 넘어 화이트칼라를 중심으로 한 사무전문직
노조로 더욱 확대되어나갔다. 이에 정부는 1월 6일에 민주노총 지도부
를 포함한 노조 간부 123명에게 소환장을 발부하는 등 강경 탄압책으
로 대응 방향을 전환했다. 정부는 1월 9일, 민주노총 지도부와 금속연
맹, 현총련 소속의 대공장 노조 위원장 20명에 대한 구속영장을 신청하
고, 민주노총과 금속연맹, 자동차연맹, 병원노련의 사무실을 압수수색
하였다. 그러나 1987년 6월 항쟁 이후에 처음으로 천주교 사제 862명

이 시국성명을 발표하는 등 투쟁이 교수, 종교인, 법조인, 문화예술인, 여성 등 중간계급으로까지 확산되고, 투쟁의 성격도 단순한 노동법 개정에 대한 반대를 넘어 김영삼 정권에 대한 반대 투쟁으로 확대되어나가자 정부는 결국 타협책을 모색하지 않을 수 없었다.

정부는 총파업투쟁이 처음에는 노조의 파업으로 국한되었으나 시간이 흐르면서 '넥타이 부대'가 가세하는 등 여론의 공감을 얻으면서 민심이 이반되는 양태까지 보이고 있다고 인식했다. 정부는 총파업투쟁이 간단하게 해결될 문제가 아니라고 판단해 민주노총 지도부에 대한 구속영장을 무리하게 집행하지 않고, 이홍구 여당 대표의 한국노총 방문과 TV 토론 제안 그리고 여야 영수회담 및 노동법 재개정 가능성을 언론에 흘리는 등 다각적인 수습 방안을 모색하고 있었다.[1] 이런 상황에서 미국 정부는 정식 외교경로를 통해 노동법 재개정 등 사태를 진정시킬 방안을 마련하라고 한국 정부를 강하게 압박했다. 미국은 많은 회원국들이 노동 관련 법규를 문제 삼아 한국의 OECD 가입을 반대했을 때, 한국의 노동법 개정을 감시할 권한을 ELSA에 주자는 중재안을 제시해 가입안을 통과시켰었기 때문에 노동법 개정을 둘러싼 한국의 사태에 불편함을 느끼지 않을 수 없었다. 게다가 OECD는 1월 22일에 ELSA 임시회의를 개최하여 한국의 개정 노동법에 대한 OECD의 입장을 공식적으로 정리하기로 예정되어 있었다. 미국은 또한 WTO 등을 통해 무역과 노동기준을 연계하고자 했기 때문에 한국의 개정 노동법을 더욱 받아들일 수 없었고, 독일, 프랑스 등 주요 유럽국들도 이런 미국의 입장에 동조하고 있었다.[2] 이러한 국제적 요구와 압력에 따라 김영삼 정권은 종교계 지도자와의 시국대화를 통해 여론을 수렴하는 방식으로 1월 21일에 여야 영수회담을 개최하지 않을 수 없었다.[*] 그 결과 정국의 주도권은 총파업투쟁을 중심으로 한 노동세력으로부터 정치협상을 중심으로 한 보수정치권으로 넘어가게 되었다. 이에 따라 계급 간 세력관계가 완전히 역전되어버리면서 노동법 재개정은 정부와 여당, 자본의 헤게모니하에 자본에게 유리한 방향으로 추진되어나갔다.

자본은 민주노총이 총파업에 돌입하자 바로 다음 날인 12월 27일에 경총 긴급회장단회의를 소집하였다. 자본은 이미 자신들에게 압도적으로 유리하게 노동법이 개정된 상황에서 강경 대응으로 노동자들을 자극하기보다는 정리해고제와 변형근로제에 따른 고용불안과 실질적인 임금 삭감이 없도록 하겠다면서 '노동자 달래기'에 나섰다. 그러나 경총의 이러한 유화적인 방침과는 달리 개별 기업 차원에서는 고소·고발, 무노동 무임금 적용, 손해배상 청구, 직장 폐쇄, 대체인력 파견, 징계와 같은 다양한 탄압이 자행되었다. 그 결과 금속연맹의 핵심 노조인 현대중공업, 대우조선, 효성중공업 노조 등은 일찍부터 총파업투쟁에서 이탈하고 말았다.

민주노총의 총파업투쟁이 새해를 넘기고도 계속해서 확대되어나가자 자본은 1월 6일에 경제 5단체 긴급상근부회장회의를 열어 무노동 무임금 원칙을 준수하고, 민주노총의 핵심 간부들을 업무방해 혐의로 고발하며, 단위사업장별로도 불법파업을 주도한 노조 간부들을 고소하는 동시에 파업 피해에 대해 손해배상 청구소송을 제기하는 등 강경하게 대처하기 시작했다.[3] 그러나 총파업투쟁이 사회적으로 확산되고, 투

● "르몽드는 김 대통령이 노동법의 재논의를 수락한 것은 사회의 불안 분위기와 국제적 압력 등이 주요인으로 작용한 것으로 보인다면서 특히 경제협력개발기구 OECD가 한국의 노동법을 검토하기 직전에 노동법의 재론을 수락한 것은 우연이 아니라고 지적했다."(『한겨레신문』, 1997. 1. 25.)

쟁의 성격도 정권 퇴진 투쟁으로 변하자 정부 여당은 타협책을 모색하지 않을 수 없었다. 결국 정부는 1월 21일에 여야 영수회담을 통해 민주노총 지도부에 대한 구속영장 집행을 취소하고, 노동법을 재개정하기로 한발 물러섰다.

여야 영수회담을 통하여 노정관계가 노동법 재개정을 위한 협상 국면으로 바뀌자 자본은 노동법 개정에서 주도권을 쥐기 위해 단위노조에 대한 탄압을 더욱 강화했다. 자본은 노조 간부들에게 고소·고발, 해고, 징계위원회 회부, 손해배상 소송, 재산 가압류 신청, 무노동 무임금 원칙을 적용하는 등 모든 방법을 동원하여 단위노조들을 무력화시켜나갔다. 그 결과 60개 노조 간부 469명이 회사 측으로부터 업무방해 혐의로 고소·고발당했고, 13개 사업장에서 154명이 징계위원회에 회부되어 해고되거나 정직을 당했다.

이런 가운데 자본은 '정리해고제, 변형근로제, 대체근로제, 무노동 무임금 원칙, 노조 전임자 임금 지급 금지' 등 5개 조항을 노동법 재개정의 핵심 조항으로 제시함으로써 그들의 의도가 장기적으로 노조의 입지를 약화시켜서 계급 간 세력관계에서 우위를 차지하는 데 있음을 분명히 했다. 이중에서도 자본은 특히 무노동 무임금 원칙과 노조 전임자 임금 지급 금지 조항을 끝까지 고수했다. 자본 측은 여야와의 협상 과정에서 이 두 조항만 수용해주면 정리해고제 조항의 삭제도 용납할 수 있다고 할 정도로 집착이 컸다.[4] 노동법 개정에 대한 자본의 이러한 태도는 자본이 철저하게 계급투쟁과 계급 간 세력관계의 변화에 입각해서 노동법 개정을 바라보고 있었음을 보여준다. 즉 자본은 노동시장의 유연화보다 노조의 무력화에 노동법 개정의 방점을 찍고 있었던 것이다. 그렇기 때문에 자본은 총파업투쟁 기간 동안에 노조를 무력화하기 위해 고소·고발, 해고, 무노동 무임금, 손해배상 청구 등 가능한 모든 방법을 동원하여 노동조합을 탄압했던 것이다.

그렇다면 이와 같은 정부와 자본의 공세에 맞서 노동계는 어떻게 대응했는지 살펴보자.

한국노총은 노동법개정 총파업투쟁에 대해 "50년 역사상 처음으로 총파업을 단행하여, 대통령의 노동법 재개정 선언을 이끌어냄으로써, 전체 노동자들에게 승리에 대한 자신감을 심어주고, 침체에 빠진 노동운동에 새로운 활력을 제공했"며 매우 고무적으로 평가했다.[5] 그러나 당시 민주노총은 "한국노총도 총파업투쟁을 한다고 한다. 그러나 실제 상징적인 의미에 국한될 것이다. 아니 오히려 한국노총은 총파업 기간 동안 총파업투쟁을 회피하는 것을 넘어 끊임없이 투쟁을 교란시키고 있다. 한국노총은 민주노총과 공동투쟁을 선언하고 공동집회를 모색하고 있지만 결코 투쟁에 앞장서지 않을 것이다. 민주노총의 투쟁과 내부 조합원들의 동요가 한국노총을 투쟁에서 등 돌리지 못하게 할 뿐이다. 총파업투쟁을 통해 다시 한 번 한국노총의 본질이 폭로될 것이다"라며 한국노총의 총파업투쟁에 대해 매우 부정적으로 평가했다.[6]

한국노총은 12월 26일에 민주노총이 총파업에 돌입하자, 산별 대표자회의를 소집하여 12월 27일부터 24시간 시한부 총파업을 하기로 결정했지만 현장의 조합원들이 "어용위원장 할복하라"는 팩스를 보내는 등 강력하게 반발하자 연말까지 총파업을 연장하기로 입장을 바꾸었다.[7] 그러나 "지난 40여 년 동안 정권에 빌붙어서 파업이라곤 해본 적이 없는 산별연맹과 단위노조 위원장들이 거의 움직이지 않으면서" 사실상 한국노총의 총파업투쟁은 제대로 이루어지지 않았다.[8] 전국철도산업노동조합연맹(철도연맹)은 한국노총 지도부의 파업 명령과 조합원의 파업 요청에도 불구하고 연맹 차원에서 파업 명령을 내리지 않았다. 전국금융산업노동조합연맹(이하 금융노련)도 마찬가지였다. "은행 사업장의 경우 총파업의 결의 수준을 높이기 위한 상급단체의 활동이 거의 없다. 상급단체에서 내려온 총파업 유인물 하나 없다. 대내적인 선전·선동 활동도, 대외적인 홍보 활동도 전혀 이루어지지 않고 있다. 금융노련은 파업 연기에 항의하는 조합원들에 대해 한국노총의 지침이 안 내려왔다는 핑계로 일관하면서 파업을 회피하고 있다."[9]

한국노총은 공식적으로는 12월 27일과 28일 이틀 동안 전국 553개 노조에서 각각 15만 6000여 명과 18만여 명이 총파업투쟁에 참가한 것으로 발표하고 있지만, 실제로 총파업에 참가한 노동자의 수는 이에 훨씬 못 미친다. 노동부는 한국노총의 총파업 참가자 수가 12월 27일에는 121개 노조에서 2만 3000명, 12월 28일에는 88개 노조에서 1만 7000명이라고 발표했다. 노동부가 의도적으로 총파업 참가자의 수를 축소하는 집계 방식*을 사용했다고 하더라도, 실제로 총파업에 참가한 노동자의 수가 과대계상된 것은 사실이다.** 박인상 한국노총 위원장도 "한국노총 중앙이 파악한 파업 참여 조합원의 숫자는 그다지 정확하지 않았다"며 다음과 같이 고백했다.

중앙에는 파업에 들어간다고 해놓고는 실제 파업에 들어가지 않고 중

---

* 　한국노총은 노동부의 집계 방식에 대해 작업 중지 이후의 노동교육 실시, 조합원 전원 귀가 조치 등은 포함하지 않고, 작업 중지 이후 사업장 내에서 집회를 갖는 노조만을 파업 돌입 노조로 집계하고 있다고 반박했다.("1996년도 사업보고』, 한국노총, 1997, 384쪽)

** 　심지어 노동부는 한국노총의 1차 파업(1996. 12. 27~31.)과 2차 파업(1997. 1. 14~15.) 통틀어 실제로 총파업에 참가한 노동자의 수를 14만여 명밖에 안 되는 것으로 집계했다.("매일경제신문』, 1997. 1. 20.) 한국노총이 발표한 1·2차 총파업에 참가한 노동자의 수는 114만여 명이었다.

식 집회로 대체한 지역의 노조들이 여럿 있었다. 항만과 해운에 종사하는 노동자들이 파업에 참여하지 못한 것도 사실이다. 심지어 투쟁 상황실에서 팩스로 내려보내는 투쟁 속보를 숨긴 단위노조 위원장도 있었다.(박인상, 『외줄타기』, 매일노동뉴스, 2009, 349~350쪽)

1997년 1월 14~15일 양일간 진행되었던 2차 총파업도 주력이라고 할 수 있는 공공부문에서는 사실상 파업이 이루어지지 않았다. 전국자동차노동조합연맹(자동차노련)은 파업 돌입 직전에 파업을 유보했다. 금융노련은 파업에 불참했을 뿐만 아니라 단순히 집회에 참가하는 것마저 시한부 총파업이라고 각색했다. 금융산업의 구조 개편을 앞두고 금융노동자들이 정리해고에 내몰리고 있는데도 금융노련이 전 노동계의 연대투쟁을 외면하는 것을 보고는 한국은행 노조, 신한은행 노조 등 금융노련 소속 38개 노조가 무더기로 금융노련을 탈퇴하기도 했다.[10] 민주노총과 한국노총의 공공부문 사업장들이 포함되어 있는 공노대도 "철도, 도시철도, 담배인삼, 전력, 항운, 선원, 자동차 등 공공부문은 거의 참여가 없었으며, 총파업 후 금융, 택시, 화학, 금속 등에서 조직 이탈 현상이 발생했다"며 이러한 사실들을 확인해주고 있다.[11]

이처럼 한국노총의 총파업투쟁은 조합원들의 강력한 요구와 의지에도 불구하고 대다수 산별연맹 지도부와 단위노조 위원장들이 투쟁을 회피함에 따라 제대로 이루어지지 않았다. 그러나 이러한 와중에도 박인상 한국노총 위원장과 전국금속노동조합연맹(금속노련), 화학노련 소속의 제조업 사업장들을 중심으로 한 하층 조합원들이 한국노총의 총파업투쟁을 적극적으로 이끌어냄으로써 역사적으로 일정한 기여를 했다는 사실은 긍정적으로 평가할 필요가 있다. 실제로는 총파업투쟁에 많은 조합원들이 참가하지 못했지만 한국노총의 총파업투쟁 참가는 정부의 분할지배전략 구도에 차질을 가져왔다. 또한 총파업투쟁의 정당성과 불가피성에 대한 국민적 공감대를 형성하는 데에도 기여했다는 점에서, 한국노총의 총파업투쟁은 명백한 한계에도 불구하고 역사적으로 그 의의가 정당하게 평가되어야 한다.

민주노총이 투쟁동력의 부족에도 불구하고 20여 일에 걸쳐 총파업투쟁을 할 수 있었던 것은 노동·시민·사회·종교 단체들로 구성된 '노동법·안기부법 개악철회와 민주수호를 위한 범국민대책위원회'(이하 범대위)의 연대투쟁 덕분이었다. 범대위는 노동법개정 총파업투쟁에 대해 "민주노총의 핵심적인 선도투쟁과 범국민대책위원회의 연대투쟁이 어우러진 것이었고, 전자의 위력적인 총파업투쟁과 후자의 국민적인 확산 투쟁이 결합된 것이었다"고 평가했다.[12]

범대위는 노개위에서 노동법 개정안이 한창 논의되던 1996년 9월에 민주적인 노동법 개정을 촉구하기 위해 '민주적 노사관계와 사회개혁을 위한 공동대책위원회'(공대위)를 구성하여 출발하였다. 그러나 노개위에서 노동법 개정 협상이 실패로 돌아가고, 노동법개정투쟁으로 국면이 바뀌자 민주노총과의 연대투쟁을 위해 1996년 11월에 공대위에서 범국민대책위원회로 전환하였다. 범대위는 김영삼 정권의 노동법 날치기로 노동법개정투쟁이 총파업투쟁 국면으로 들어가게 되자, 다시 1996년 12월 29일에 '노동법·안기부법 개악철회와 민주수호를 위한 범국민대책위원회'로 명칭을 바꾸어 날치기 국면에서의 한시적인 공동투쟁체로서 노동법과 안기부법의 개악을 철회시키기 위한 범국민적인 활동을 집중적으로 펼쳐나갔다.

범대위의 투쟁은 교수, 변호사, 종교인, 보건의료인, 문화예술인 등 지식인 계층과 양심적인 민주세력을 중심으로 한 중간계급의 투쟁으로 한정되었다는 한계는 있었지만, 총파업투쟁의 정당성을 옹호하고 투쟁을 전 국민적으로 확산시키는 데 커다란 기여를 하였다.

1997년 1월 10일에 범대위의 주도로 전국 866개 단체가 전국사회단체 비상연석회의를 개최하여 '1997인 선언'을 발표하였고, 이를 계기로 총파업투쟁은 점차 범국민적인 투쟁으로 발전해나갔다. 1월 11일에 개최된 범국민 결의대회부터 이전의 집회와는 달리 시민들의 참여가 확대되기 시작했고, 가두시위, 가두투쟁 등 보다 적극적인 투쟁 방식들이 나타나면서 총파업투쟁은 민주노총 중심의 평화적인 집회 투쟁을 넘어 '김영삼 정권 퇴진' 등을 요구하는 범국민적인 정치투쟁으로 확대·발전될 가능성을 보여주었다. 그러나 한총련에 대한 탄압으로 학생들의 투쟁동력이 부재했고, 농민과 빈민 등 기층 대중들의 투쟁이 결합되지 못한 채 주로 지식인 계층과 양심적인 민주세력의 투쟁에만 의존하고 있던 범대위로서는 조직 동원과 전술 운용 등에서 민주노총에 크게 기댈 수밖에 없는 한계를 가지고 있었다. 바로 이 때문에 그동안 산발적으로 진행되어왔던 제 민주세력의 투쟁이 전 국민적인 정치투쟁으로 확대되기 시작하는 시점에 민주노총이 투쟁동력의 부족을 이유로 총파업투쟁을 갑자기 중단해버리자 범대위의 투쟁 또한 그대로 중단되어 버렸다.

민주노총은 12월 13일의 총파업 철회로 선제공격의 기회를 놓치면서 김영삼 정권에 의해 노동법 날치기라는 기습공격을 당하게 되자, 어쩔 수 없이 수세적인 방어 투쟁을 위해 총파업에 돌입하지 않을 수 없었다. 그래서 민주노총은 처음부터 총파업투쟁의 준비 부족과 국가와 자본의 탄압에 따른 투쟁동력의 부족이라는 문제에 시달리지 않을 수 없었고, 따라서 총파업투쟁을 김영삼 정권 퇴진 등 정치투쟁으로 확대하고 발전시키기보다는 노동법개정투쟁 수준에서 소극적으로 유지하고 관리하는 데 급급했다. 그 결과 총파업투쟁은 범대위의 적극적인 지원과 연대투쟁에도 불구하고, 전면적인 계급투쟁으로 확대·발전하지 못하고 민주노총 중심의 조합주의적인 투쟁으로 축소되었고, 결국 민주노총은 투쟁동력의 부족을 이유로 범대위와는 아무런 상의도 없이 총파업투쟁을 갑자기 중단해버렸다. 이렇게 되자 점차 전 사회적으로 확산되어가던 정치적 계급투쟁 또한 급속히 냉각되면서 노동법 개정을 둘러싼 계급 간 세력관계의 주도권은 정부와 보수정당 그리고 자본으로 넘어가버렸고, 이에 따라 노동법 개정도 실패하고 말았다.

결론적으로 국가와 자본은 계급투쟁을 통한 계급 간 세력관계의 변화라는 관점에 입각해서 탄압과 회유 등 거의 모든 방법을 동원하여 위로부터의 계급투쟁을 벌였다. 민주노총의 투쟁동력을 충분히 약화시키고 교란한 상태에서 정부와 자본은 계급 간 세력관계에서 주도권을 장악해 여야 협상 국면으로 전환할 수 있었고, 날치기로 통과된 노동법을 방어하는 데 성공할 수 있었다. 반면에 민주노총은 국가와 자본과는 달리 계급투쟁을 통한 계급 간 세력관계의 변화라는 관점에서 총파업투쟁을 계획하고 추진하지 못했다. 민주노총은 총파업투쟁을 전면적인 계급투쟁으로 확대하고 발전시키기보다는 민주노총 중심의 조합주의적인 노동법개정투쟁으로 협소화하였다. 그 결과 총파업투쟁의 중단과 함께 노동법개정투쟁은 투쟁 국면에서 협상 국면으로 넘어갈 수밖에 없었고, 이에 따라 민주노총은 계급 간 세력관계에서 주도권을 잃으면서 노동법개정투쟁은 실패로 끝나고 말았다.

2. 총파업투쟁의 성격 ─ 수세적 방어 투쟁

12월 13일의 총파업 유보 이후 노동법 날치기라는 기습 공격을 당하게 된 민주노총은 즉각적인 무기한 총파업에 돌입했다. 그런데 이는 투쟁 준비가 부족한 상태에서 '막판에 몰려서 한 수세적인 방어 투쟁'이라는 근본적인 한계를 가지고 있었다. 그렇기 때문에 민주노총은 자본의 탄압에 조직적으로 대처하거나 승리에 대한 확신과 투쟁의 전망을 조합원들에게 제시하지 못하고 하루하루 투쟁을 이어나가는 데에만 급급했다.[13]

민주노총은 총파업투쟁의 목표로 크게 정치적 목표와 조직적 목표를 제시했다. 정치적 목표는 '노동악법 철폐! 신한국당 해체! 김영삼 정권 퇴진!'이라는 구호 속에 압축적으로 표현되어 있다.* 물론 이중에서도 1차적인 목표는 노동악법의 철폐였다. 조직적 목표로는 민주노총의 조직역량 강화를 제시했다. 총파업투쟁을 통해 조합원들의 계급적 단결 의식을 강화하여 기업별 의식을 극복하고, 현장의 조직력을 강화하여 산별노조 건설의 토대를 쌓겠다는 것이었다. 이 목표들을 달성하려면 투쟁에 대한 전망을 제시하고, 치밀한 전략과 전술에 따라 목적의식을 갖고 투쟁을 조직하고 배치해야 한다. 그러나 민주노총 지도부는 투쟁 동력의 부족으로 인해 그날그날의 투쟁을 조직하는 데 골몰하느라 다른 생각을 할 여유가 없었다. 민주노총 지도부가 총파업 성공의 일등공신으로 내세웠던 '유연투쟁전술'도 사실은 이러한 부족한 투쟁동력을

---

* 병원노련은 이에 대해 다음과 같이 평가했다. "날치기 통과된 노동법 개악안에 대한 원인 무효화 요구를 하며, 김영삼 정권 퇴진과 신한국당 해체를 요구한 정치적인 파업투쟁이었다. 그러나 총파업에 대한 조직에 치중하면서 총파업의 정치적 의미 및 목표 등이 충분히 검토되고 부각되는 부분이 부족한 점이 있다."(「제9기 활동보고」, 병원노련, 1997, 135쪽)

가지고 투쟁을 배치하는 과정에서 나온 고민의 산물이었다. 투쟁동력에 대한 자신이 없었기 때문에 부족한 투쟁동력을 조정하고 배치하는데 적절한 수사와 포장이 필요했던 것이다.

유연한 전술과 수요파업 전환에 대한 여러 가지 평가가 엇갈리는 부분은 있지만 그것은 정세 인식과 투쟁 기조의 문제가 아니라 순전히 실력의 문제였다. 정말로 힘이 달려서 싸우지 못하는 것을 마치 투쟁 기조에 문제가 있었던 것으로 평가해서는 곤란할 것이다.(고영주 공익노련 수석부위원장의 발제문, 『노동법투쟁 자료집 II』, 공익노련, 1997, 727쪽, 강조는 인용자)

이런 점에서 노동법개정 총파업투쟁은 충분히 준비되지 않은 상태에서 막판에 몰려서 한 수세적인 방어 투쟁이라는 관점에서 바라보아야 전 과정을 제대로 평가할 수 있다.

총파업투쟁에서 핵심적인 요소는 투쟁력이다. 투쟁력이 뒷받침되지 않으면 총파업은 불가능하다. 조합원들에 대한 충분한 의식화·조직화 작업을 통해 투쟁력을 최대로 높인 상태에서도 승리를 장담할 수 없는 것이 투쟁이다. 그런데 충분히 준비되지 않은 상태에서 적의 기습공격에 대응하는 수세적인 방어 투쟁이라면 당연히 투쟁은 어려워질 수밖에 없다. 민주노총은 "23일간의 장기간 파업은 세계 노동운동사에서도 희귀한 영웅적 투쟁"•이라며 자화자찬하고 있지만, 이는 역으로 장기

• "23일간에 걸친 정치 총파업은 세계 노동운동사상으로도 희귀한 영웅적 투쟁이다. 정치파업의 경험이 오랜 서구에서도 대부분 시한부파업의 형태이며, 23일간의 장기간 파업은 매우 드물다."(『사업보고 1996』, 민주노총, 1997, 177쪽)

간에 걸쳐 힘든 투쟁을 하지 않으면 안 될 만큼 벼랑 끝으로 내몰린 투쟁이었음을 시사한다. 민주노총이 주도권을 쥐고 공세적인 투쟁을 했었더라면 법안이 통과된 이후에 방어적인 투쟁을 하는 것이 아니라, 투쟁동력에 맞추어 적당한 선에서 치고 빠지는 식의 전술을 다양하게 구사하면서 자본과 정권을 공격할 수 있었을 것이다. 그러나 한번 통과된 법안을 철폐시키는 데에는 몇 배나 많은 투쟁력과 투쟁 기간이 필요하다.

민주노총 지도부가 노동법 날치기 통과에 대항하여 즉각적으로 무기한 총파업 명령을 내려놓고서도 과연 총파업이 가능할까라고 전전긍긍했던 것도 투쟁의 준비와 투쟁동력의 부족으로 인해 앞으로의 투쟁이 쉽지 않을 것임을 잘 알고 있었기 때문이다.

사실 이번 투쟁이 이렇게 들불처럼 일어날 것이라고 누구도 생각하지 못했습니다. 정부도 민주노총은 절대로 파업하지 못할 것이라고 판단했고, 민주노총도 사실 주춤주춤하면서 때렸는데 이렇게 확산되는 것을 보고 서로 놀라고 있습니다.(박문진 병원노련 위원장, 「노동자-자본가 사이에 평화란 없다」, 『현장에서 미래를』 2월호(통권 18호), 한국노동이론정책연구소, 1997, 25쪽)

12월 26일의 총파업에는 85개 노조에서 14만 명이 참가했고, 27일에서 30일까지는 170~180개 노조에서 21~22만 명이 참가했다. 그런데 민주노총 지도부가 투쟁동력의 부족을 이유로 12월 13일의 총파업을 유보했을 당시 총파업이 가능했던 노조는 금속연맹, 자동차연맹, 현총련, 전문노련, 병원노련을 주축으로 한 150개 노조(13만 5000명)였다.[14] 이렇게 본다면 민주노총이 투쟁동력의 부족을 이유로 12월 13일의 파업을 유보한 것은 결정적인 역사적 과오라고 할 수 있다. 똑같은 동력으로 유리한 위치에서 공세적인 파업을 벌일 수 있었는데도 불구하고 오히려 힘겨운 수세적 방어 투쟁을 하게 된 것이다. 노동법개정 총파업투쟁은 애초부터 이들 주력 연맹을 중심으로 여타 연맹들이 부분적으로 가세하는 형태로 진행될 수밖에 없었다. 이처럼 주력군들의 투쟁의지와 투쟁력이 최고조에 달했을 때조차도 민주노총 지도부는 투쟁동력이 부족하다는 이유로 총파업을 철회했었다. 그런 민주노총 지도부가 총파업 철회에 실망하여 투쟁동력이 급격히 떨어져 있던 조합원들이 즉각적으로 총파업투쟁에 나서리라고는 상상하기 어려웠을 것이다.

> 12월 13일 파업 유보 이후 현장은 투쟁동력이 급격히 떨어져 있고, 간부 또한 허탈해져 힘이 많이 빠져 있고, 시기 또한 성탄절, 연말연시, 격주 휴무(주요 대공장) 등이 끼여 총파업 조직화의 최악의 조건이다.(『총파업 일지』, 병원노련 서울지역본부, 1997, 86쪽)

> 민주노총 지도부는 '정기국회에서 처리가 불가능하다'는 판단하에 12월 13일 총파업을 유보하고 단위노조 철야 농성도 해제해버렸다. 이후 주체의 투쟁동력은 급격히 저하되었고, 민주노총에 대한 '투쟁 회피'의 불신은 커져나갔다.(「총파업투쟁 성과와 이후 투쟁 방향」, 금속연맹, 1997)

여전히 부족하다고 판단되는 투쟁동력을 가지고 어떻게든 총파업투쟁을 계속해서 유지시켜나가지 않으면 안 된다는 것은 민주노총 지도부에게 엄청난 부담이었다. 명동성당에서 총파업투쟁을 지휘하던 민주노총 지도부는 산하조직들을 조정하고 배치하여 총파업 대오로 조직해

내는 데 전념하느라 목적의식적으로 파업을 조직화하는 것은 엄두도
내지 못하였다.

> 장기간의 파업이 준비되지 않은 채 돌입하다 보니 이를 위한 목적의식
> 적인 노력들이 전개되지 못했다. 취약한 조직을 총파업 대오로 조직화하는
> 데 지도부가 대부분 조정적 역할을 하였으며, 이를 뛰어넘는 보다 목적의식적인
> 파업 조직화가 부족하였다. 총파업 과정에서 목적의식적으로 조합원의 정
> 치의식을 강화하기 위한 대중토론이나 정치연설, 정치교육이 전체적으
> 로 진행되지 못했으며, 안기부법 무효를 원칙적으로 제기하였으나 이
> 에 대한 선전과 교육, 투쟁들이 제대로 배치되고 집행되지 못했다.
>
> (『1996 사업보고·자료모음』, 민주노총, 1997, 186쪽, 강조는 인용자)

그러나 민주노총 지도부의 이러한 투쟁동력에 대한 우려는 오판이었음
이 곧바로 드러났다. 투쟁력과 조직력이 강한 자동차연맹, 금속연맹, 현
총련 등 금속제조업 분야의 노조들이 26일에 가장 먼저 총파업에 돌입
하였고, 목적의식적으로 총파업을 조직해왔던 병원노련과 전문노련 등
도 총파업에 가세하였다. 병원노련은 원래 12월 30일부터 총파업에 돌
입한다는 내부 계획을 가지고 있었지만, 조직력이 강한 서울의 대병원
노조들을 중심으로 12월 27일부터 총파업에 들어가기로 결정하였다.

민주노총 방침이 12월 26일 기자회견을 통해서 결정하기로 한 상태
였기 때문에 병원노련은 나흘 뒤인 30일로 혹시 있을 파업을 결정했었
습니다. 그러다가 26일 날치기됐다는 말에 상집 회의에서 '다른 방법
이 없다. 26일 파업으로 대응해야 한다'고 힘들어하면서도 결정했던

그 순간은 지금도 감동과 감격으로 진하게 남아 있습니다.(박문진 병원노련 위원장, 「노동자 – 자본가 사이에 평화란 없다」, 『현장에서 미래를』 2월호(통권 18호), 한국노동이론정책연구소, 1997, 27쪽)

전문노련도 12월 13일 총파업 유보의 후유증으로 내부 동력이 급격히 떨어지면서 총파업 조직에 상당한 어려움을 겪었지만, 연맹 지도부의 적극적인 노력으로 20여 개 노조에서 1만 4000여 명의 조합원들이 총파업에 참가했다. 그리고 여기에 지하철 노조와 전국화물운송노동조합연맹(이하 화물노련) 등이 참가하면서 민주노총은 조합원들의 힘으로 일단 총파업투쟁에 불을 붙이는 데 성공할 수 있었다.

3. 총파업투쟁의 원인 — 고용불안에 대한 위기감

민주노총 지도부가 투쟁을 회피하는 모습에 실망하여 투쟁의지가 하락한 상태에서도 조합원들이 급격하게 총파업투쟁에 나설 수 있었던 것은 무엇 때문인가?* 그것은 노동법 날치기 통과에 대한 분노**와 정리해고

---

* "우여곡절이 많았으나 파업이 선포되면서 현장 조합원 대중의 참여가 의외로 확산되어 충분히 준비되지 않은 조건이지만 총파업투쟁이 힘차게 전개된 것은 현장 조합원들의 열기가 그만큼 컸다는 의미이다."(「총파업투쟁 평가」, 마산·창원지역 노개투본, 1997)

** 김영삼은 3당 합당 이후에 노동법 날치기 처리 전까지 스물세 번이나 법안을 날치기 처리해왔다. 그런데 스물네 번째 날치기에 대해 민주주의가 무너졌다며 분노해서 총파업이 터져 나왔다고 보기에는 무리가 있다. 오히려 노동법 날치기 통과를 계기로 김영삼 정권의 실정에 대해 그동안 쌓여왔던 불만과 분노가 한꺼번에 터져 나온 것으로 보아야 할 것이다. 당시 언론들은 이를 '민심 이반'이라는 말로 압축적으로 표현했다.

등에 대한 위기감 때문이었다고 할 수 있다. 그중에서도 1996년 하반기부터 자본과 정권이 과도하게 경제위기 이데올로기를 조장함으로써 광범위하게 확산된 임금 동결, 감원, 명예퇴직, 정리해고 등 고용불안에 대한 위기감이 총파업투쟁의 가장 핵심적인 원인이라고 할 수 있다.

> 정리해고, 변형근로제 도입에 따른 일반 노동자들의 불안감이 가장 큰 원인이다. 명예퇴직 바람 등으로 가뜩이나 불만이 팽배해 있는 상황에서 「근로기준법」상의 근로자 보호 조항이 대폭 완화된 데 대해 직장인들이 집단 반발하고 있다. 기습 처리도 파업 분위기에 불을 지폈다.(『동아일보』, 1996. 12. 28.)

> 노동계의 파업 분위기가 빠르게 확산되고 있는 것은 노동법 개정에 대한 근로자들의 위기감 때문이다. 실제 지하철 노조의 경우 긴박한 경영상의 이유를 들어 언제든지 정리해고가 가능한데다 근무 여건상 30%나 되는 시간외 수당이 변형근로제 실시로 감소될 것이란 우려가 팽배해 있다고 한 관계자는 전했다.(『경향신문』, 1996. 12. 28.)

당시 여론조사 결과를 보면 국민 2명 가운데 1명은 자신이나 가족 중 누군가가 실직할 수 있다는 위기감을 느끼고 있었으며, 고용불안의 위기감은 연령층이나 소득 수준에 관계없이 일반적인 것으로 나타났다. 『한겨레신문』의 '국민의식 조사'에서는 판매서비스업(68.1%)과 사무직(59.3%), 전문관리직(58.4%) 등의 화이트칼라층은 물론, 기술직(48.8%)과 생산직(50.3%) 등의 블루칼라층까지 평균(46.3%) 이상으로 실직에 대한 위기감을 느끼고 있었던 것으로 나타났다. 연령별로 볼 때도

30대의 54.4%, 40대의 49%가 '가끔 또는 자주 실직의 불안감을 느낀다'고 응답했다. 또한 소득 수준에 상관없이 50% 이상이 실직에 대한 불안감을 호소하고 있는 것으로 나타났다.[15]

평소 돈이나 차량을 지원해주지 않으면 잘 모이지 않던 한국노총 조합원들이 11월 24일에 열린 여의도 집회에 자발적으로 7만 명이나 모인 것도 이러한 위기의식이 얼마나 컸는지 잘 보여준다.[16] 당시 집회에 참석했던 한국노총 조합원은 다음과 같이 말하기도 했다.

> 정리해고제, 변형근로제가 도입되면 당장 남편의 직장생활이 더 어려워지는 것 아닌가요?(집회 참석 어느 은행원의 아내) (…) 복수노조를 허용하든 말든, 제3자 개입 금지 조항을 삭제하든 말든 우리 근로자 생활은 변할 게 없는데 만약 그걸 대가로 정리해고제 같은 게 도입된다면 결국 근로자들만 큰 손해를 보는 셈이다.(『동아일보』, 1996. 11. 25.)

4. 총파업 참가자 수

과대계상된 총파업 참가자 수

민주노총은 1996년 12월 26일부터 1997년 2월 28일까지 4단계에 걸쳐 총 21일 동안 총파업에 참가한 조합원의 수를 3422개 노조, 387만 8211명으로 발표하고 있다.[17] 그러나 이 숫자는 과대계상된 것으로 총파업투쟁에 대한 객관적인 분석을 위해서는 총파업투쟁에 실제로 참가했던 조합원들의 수를 중심으로 다시 계산할 필요가 있다.

총파업투쟁이 진행되면서 자본과 정권의 탄압으로 실제로 파업에 참가하는 조합원들의 수가 줄어들고 있었는데도, 민주노총은 이를 제대로 반영하지 않고 파업 사업장의 전체 조합원 수를 파업 참가자로 계산하여 발표했다. 예를 들면 전면파업, 부분파업, 시한부파업에 관계없이 노조에 가입한 조합원의 수가 100명이면 파업 참가자 수도 100명으로 계산하여 통계를 낸 것이다. 이런 점에서 민주노총이 총파업에 참가한 조합원의 수를 총 388만 명으로 집계하여 발표한 것은 과대 포장된 것이라고 할 수 있다.

금속연맹은 민주노총에 보고한 총파업 참여 인원수는 실제 총파업에 참여한 조합원의 수가 아니라 전체 조합원의 수이기 때문에 집계된 숫자는 과대계상된 것이라고 밝혔다.[18] 사무노련은 대부분의 노조가 1997년 1월 14~15일 양일간 부분파업에 참가했지만, 파업 참가자 수는 전체 조합원의 수로 집계되었다. 병원노련도 파업 참가율은 10~50%밖에 안 되었다.* 병원노련에서 조직력이 가장 세다고 하는 서울지역본부의 경우, 12월 27일에 6개 대병원 노조가 전면파업에 들어갔는데 총 조합원 8391명 중 실제로 파업에 참여한 조합원의 수는 2650명(파업 참가율 32%)에 지나지 않았다.[19] 전문노련도 거의 대부분이 부분파업이나 총회의 형식으로 파업에 참가하고 있었는데, 그중에 비교적 조직력이 튼튼하다고 하는 과기노조도 총력 집중 투쟁의 날인 1월 15일에 전체 조합원 4481명 중 861명(파업 참가율 19%)만이 파업에 참가한 것으로 보고되

---

* 병원노련 부산지역본부는 "조합원의 파업 참석률이 최저 10%에서 최고 30%에 그쳤다"고 보고했다.(「제8기 활동보고」, 병원노련 부산지역본부, 1997, 47쪽) 병원노련 서울지역본부도 "조합원 파업 참가율이 50%~10%, 5% 사이로 그 스펙트럼이 다양하다"고 보고했다.(「총파업 일지」, 병원노련 서울지역본부, 1997, 198쪽)

었다.[20] 현대중공업 노조의 경우도 200~300명의 노조 간부들과 활동가들만이 파업에 참여했는데도 2만 1700명의 전체 조합원이 총파업 기간 내내 파업에 참가한 것으로 집계되었다.

총파업에 참가한 노조 528개 중 300여 개 정도(약 57%)*가 부분파업, 총회, 4시간 파업 등의 형태로 총파업에 참가했던 것으로 볼 때 실제로 총파업에 참가한 조합원의 수는 민주노총이 발표한 숫자보다 훨씬 적다고 보아야 할 것이다. 앞에서 예로 든 사업장들의 파업 참가율을 최대한 30~50%라고 계산하더라도, 실제 총파업에 참가한 조합원의 수는 110만~190만 명 정도로 추산할 수 있다. 그리고 1일 평균 파업 참가 조합원의 수도 민주노총은 163개 노조, 18만 4498명으로 발표하고 있으나, 필자가 추산한 실제 참가 조합원의 수를 기준으로 계산하면 1일 평균 파업 참가 조합원의 수는 5만 2000~9만 명 정도이다.** 노동부는 전면파업이든 부분파업이든 실제로 파업에 참가한 노동자의 수를 중심으로 파업 참가 인원을 125만여 명이라고 발표했다. 이렇게 본다면 실제로 파업에 참가한 조합원의 수는 노동부가 발표한 125만 명과 필자가 추산한 최대치인 190만 명의 범위 내 어디쯤에 있는 것으로 추정하는 것이 합리적일 것이다.

•   이 숫자는 민주노총이 엑셀 파일로 기록해둔 전체 가입노조의 총파업 참가 현황표에서 부분파업, 총회 등으로 표시되어 있는 노조 수를 직접 세어 계산한 것이다.

••   최소: 110만 명 ÷ 21일 = 5만 2000명, 최대: 190만 명 ÷ 21일 = 9만 명.

핵심 5개 조직의 파업 참가 비중

표 1. 1일 평균 파업 참가 규모

연맹	노조 수(개)	구성비(%)	조합원 수(명)	구성비(%)
건설	5	3.1	3160	1.7
금속	42	25.2	4만 3556	23
대노협	1	0.4	1842	1
대학	13	7.8	1802	1
병원	17	10.3	1만 281	5.4
사무	12	7.3	4772	2.5
언론	6	3.6	5027	2.7
의보	1	0.3	2721	1.4
자동차	18	10.8	4만 5749	24.2
전문	25	14.9	1만 969	5.8
전일노		0.1	168	0.1
지하철		0.2	1663	0.9
출판			18	0.2
통신		0.1	5478	2.9
현총련	8	5	6만 7724	35.8
화물	2	1.4	639	0.3
화학	10	6.1	1720	0.9
지역본부	7	4.2	1955	1
총계	168	100	18만 9119	100

민주노총이 1997년에 작성한 「민주노총 총파업투쟁 현황(1996. 12. 26~1997. 1. 18.)」을 근거로 재작성. ('전일노'는 전국건설일용노동조합의 약칭이다.)

표 1은 1996년 12월 26일부터 1997년 1월 18일까지 파업에 참여했던 누적 노조 수(3206개)와 누적 조합원 수(359만 7011명)를 파업 기간인 19일로 나누어서 1일 평균 파업 참가 노조 수와 조합원의 수를 나타낸 것이다. 비록 기존에 민주노총이 발표한 통계를 그대로 사용했기 때문에 정확한 참가자 수를 나타낼 수는 없지만 전체적인 양상은 확인할 수

있을 것이다. 이 계산에 따르면 1일 평균 총파업에 참가한 노조는 168개이고, 조합원은 약 19만 명이다. 이중 총파업투쟁의 주력부대였던 자동차연맹, 금속연맹, 현총련, 전문노련, 병원노련 등 5개 연맹의 참가 조합원 수는 17만 8279명으로 그 비중이 전체의 94%를 넘는다. 이렇게 보면 민주노총의 총파업투쟁은 사실상 이들 5개 연맹이 이끌었다고 해도 과언이 아니다. 사무전문직 노조나 공공부문 노조들도 파업에 참여하기는 했지만 5% 미만이 시한부파업이나 부분파업의 형태로 참여했기 때문에 이들이 총파업투쟁에 미친 영향은 미미했다. 그러나 이들 노조는 중간계급 등 국민 여론에 미친 영향이 적지 않았기 때문에 이를 무시해서는 안 될 것이다.

이번 파업 과정에서 새로운 현상도 나타나고 있다. 즉 파업 참여율이나 부분 또는 전면파업 여부가 의미를 지니지 않는다는 것이다. 마치 사회단체가 시국선언을 하듯, 어느 부문 노조가 파업을 하겠다고 선언하는 것만으로도 효과를 거두고 있다. 실제로 '넥타이 노조'인 사무·건설·전문노련 등이 파업에 가세하면서 증권사 등 상당수의 노조가 부분파업 등 '느슨한 파업'에 그쳤지만 '넥타이 노조'가 갖는 상징성이 엄청난 파급효과를 가져왔다.(『문화일보』, 1997. 1. 15.)

5. 투쟁동력의 부족

이렇게 거품을 뺀 실제 총파업 참가자 수를 보면 과대계상된 통계를 기초로 한 기존의 분석과는 다른 관점에서 총파업투쟁을 살펴볼 수 있다.

조정된 통계를 보면 민주노총 지도부가 총파업투쟁 기간 내내 왜 투쟁동력의 부족 문제를 가지고 그렇게 고민했는지를 비로소 이해할 수 있다. 그리고 통계상으로는 총파업투쟁이 사무전문직 등으로 계속 확대되고 있었는데도 불구하고, 민주노총이 유연전술이라는 명목으로 부분파업으로 전환하거나 총파업투쟁의 분위기가 최고조로 오른 상태에서 갑자기 수요파업으로 전환했던 이유들도 이해가 가능하다. 이런 점에서 여기에서는 조정된 통계를 통해 투쟁동력의 부족 원인과 그에 따른 민주노총의 총파업전술 등을 분석해볼 것이다.

국가와 자본의 탄압

투쟁 준비가 충분히 되지 않은 상태에서 국가와 자본의 기습 공격으로 갑자기 투쟁에 돌입하게 된 조합원들은 투쟁이 길어지자 차츰 지쳐갔고, 여기에 자본의 탄압과 회유가 심해지면서 현장의 투쟁동력에도 문제가 생기기 시작했다.

> 시간이 지나면서 각 노조의 준비 정도가 미비한 데다가 개별 사업장별로 파업 방해, 고소·고발, 손배 청구 등 탄압이 가중되면서 상호 눈치 보기 등 적극적인 파업 조직화가 되지 않았으며 파업 실행 노조 수는 줄어들거나 부분파업화되어갔다. (…) 지역의 주요 전략 사업장인 효성중공업 노조가 회사 측의 탄압 공세를 견디지 못하고 파업을 중단한 결과는 지역 파업전선을 지속시키지 못한 결과를 가져왔다.(「총파업투쟁 평가」, 마산·창원지역 노개투본, 1997, 21~22쪽, 강조는 인용자)

자본가들의 탄압과 회유는 일찍부터 총파업투쟁의 중심 동력인 자동 차연맹, 금속연맹, 현총련, 병원노련 등에 집중적으로 가해졌다. 탄압은 구속·수배, 고소·고발, 경찰의 폭력 진압, 쟁의행위 가처분 신청, 손해 배상 소송, 무노동 무임금, 무단결근 처리, 불법 대체근무, 파업 참가 조합원에 대한 협박과 징계 등 다양하게 이루어졌다.[21] 총파업 기간에 업무방해와 「집회 및 시위에 관한 법률」 위반 혐의 등으로 총 424명의 노조 간부들이 고소·고발되어 소환 통보되었는데, 이중 대부분이 금속 3조직인 금속연맹, 자동차연맹, 현총련 소속으로 전체의 83%를 차지하고 있었다.

그런데 국가와 자본은 이미 총파업투쟁이 시작되기 전부터 투쟁의 중심 동력이 될 것으로 예상되는 핵심 사업장들을 무력화하기 위해 탄압을 가했다. 한국 최대 규모의 노조인 한국통신 노조가 민주노총에 가입하기 위해 대의원대회를 소집하자, 이를 막기 위해 국가와 자본은 1996년 10월 19일 대의원대회 당일에 유덕상 위원장을 긴급 구속하였다. 구속된 위원장이 사퇴를 하여 위원장 선거 국면이 되자 한국통신 노조는 사실상 총파업투쟁을 거의 준비하지 못했다. 게다가 민주파 후보에 대한 회사 측의 방해공작과 탄압은 상상을 초월할 정도였고, 결국 한국통신 노조는 위원장 선거에서 패배하고 말았다. 이 때문에 한국통신 노조는 노동법개정 총파업투쟁에서 거의 아무런 역할도 하지 못했다. 병원노련에서도 총파업투쟁 이전부터 다양한 탄압과 회유가 벌어지고 있었다.

총파업을 앞두고 각 병원별로 다양한 탄압과 회유가 진행되었다. 탄압은 주로 파업에 참가하는 조합원들에게 불이익을 준다는 협박으로 '파업 참가 시 징계, 무노동 무임금 적용', 심지어는 '사법 처리'까지 운운하는 병원도 있었다. 찬반투표자는 불법이므로 징계하겠다(고대)는 병원도 있었다. 회유는 노동법이 개악되어도 우리는 상관없다(노동법 개정 내용은 주로 제조업에 해당되고, 우리 병원은 노사관계가 좋고 기존의 단협이 있기 때문에 노동법이 통과되어도 아무런 영향을 못 미친다. 따라서 이번 투쟁에 참가할 필요가 없다. 환자를 두고 나갈 수 있느냐는 식), 부서장과 1 대 1 면담 강화─이 싸움이 필요한 것은 아는데 여러분이 나선다고 되겠느냐는 등.(『총파업 일지』, 병원노련 서울지역본부, 1997, 74쪽)

총파업에 돌입한 이후에는 탄압의 형태가 더욱 다양해지고 교묘해졌다. 탄압에 대한 소식은 1996년 12월 30일자 『민주노총 투쟁속보』에 처음 등장하는데, 주요 간부들에 대한 고소·고발, 휴업 공고, 직장 폐쇄 협박, 괴유인물 배포, 집회 참가자 연행 등의 형태였다. 그중 고소·고발에 따른 소환장은 12월 30일에는 19명에게 발부되었으나 1주일 후인 1997년 1월 7일에는 193명에게 발부되었고, 1월 17일에는 그 대상이 399명으로 급격하게 늘어났으며, 5명이 구속되고 19명은 수배되었다. 현대중공업과 같이 연말 성과급을 차등 지급하는 식으로 파업 참가자와 미참여자 간에 갈등을 조장하는 등 노골적으로 파업 참여를 방해하는 사업장도 있었다.

이러한 탄압은 핵심 노조의 위원장들과 간부들에게 집중되어 있었기 때문에 현장의 투쟁동력이 약화되어 결국에는 파업을 중단하는 상황에까지 이르게 되었다. 금속연맹의 핵심 노조인 현대중공업 노조는 78명에 대한 고소·고발 및 파업 참가 조합원 전원 징계위원회 회부, 성과급 차등 지급, 무노동 무임금, 잔업 통제 등 회사 측의 파상 공세에 제대로 대처하지 못하면서 일찍부터 파업 대열에서 이탈하고 말았다. 마산·창원지역의 핵심 노조인 효성중공업 노조도 노조 간부 7명에 대한 회사 측의 고소·고발과 보증인을 포함한 손해배상 청구 소송에 견디지 못하고 1월 7일부터 파업을 중단했고, 급기야는 고소·고발과 징계, 손해배상을 취소한다는 조건으로 무쟁의를 약속하고 임금 인상을 회사 측에 위임한다는 결정까지 하게 되었다. 대우조선 노조도 파업에 참가한 720명에 대해 회사 측이 무노동 무임금을 적용하자 일찍부터 총파업 대열에서 이탈하였다. 이처럼 금속연맹은 총파업 초기부터 각 지역의 핵심 노조라고 할 수 있는 현대중공업(울산), 대우조선(거제), 효성중공업(마산·창원) 등 주요 대공장 노조들이 파업에서 이탈하면서 중소사업장 노조들을 중심으로 매우 힘겨운 투쟁을 해야만 했다. 그러나 "투쟁동력 저하로 파업을 유보한 노조 외에 투쟁 가능한 노조들은 어려운 가운데서도 가열찬 투쟁을 전개함으로써"[22] 마지막까지 총파업 투쟁전선을 지켜냈다. 이런 모습은 표 2와 그림 1-1 및 1-2에 잘 나타나 있다. 12월 31일 이전에는 60여개 노조에서 약 6만여 명의 조합원들이 총파업에 참여했는데, 그 이후부터는 참가자의 수가 40여 개 노조에서 4만 명대 수준으로 떨어졌다. 그리고 차츰 부분파업이 늘어나기 시작하더니 1월 9일 이후부터는 부분파업이 전면파업보다 많아지고 파업 참가자의 수도 20여 개 노조, 3만 명대로 줄어들었다. 이후 금속연맹은 투쟁역량이 완전히 소진되어 수요파업조차 시행하지 못할 정도로 현장의 조직력이 파괴되었고,* 그 후유증으로 1997년에도 임단투를 매우 힘겹게 치르게 된다.

• 　단병호 금속연맹 위원장은 1997년 1월 28일에 개최된 민주노총 중앙위원회에서 금속연맹은 책임성 있는 총파업을 할 수 없는 조직 상태에 있다며 수요총파업을 취소하자는 동의안에 찬성했다.

표 2. 금속연맹 총파업투쟁 현황

	12/26	12/27	12/28	12/30	12/31	1/3	1/4	1/6	1/7	1/8
전면파업 노조 수	43	64	60	51	40	27	23	40	30	31
부분파업 노조 수	4	8	7	15	8	6	4	8	15	7
총 참여 노조 수	47	72	67	66	48	33	27	48	45	38
총 참여 인원 수	5만 1143	6만 3956	6만 3338	6만 7143	6만 16	5만 2354	3만 8968	4만 9328	4만 4577	4만 3773

	1/9	1/10	1/11	1/13	1/14	1/15	1/16	1/17	1/18	1/22
전면파업 노조 수	19	7	13	12	13	34	18	15	14	12
부분파업 노조 수	23	17	6	17	25	41	22	14	6	28
총 참여 노조 수	42	24	19	27	38	75	40	29	20	40
총 참여 인원 수	4만 3644	3만 1534	3만 112	3만 8384	4만 7744	6만 5527	3만 9102	3만 7374	1만 3944	384

매일의 인원수 합계는 총파업에 참가한 노조의 조합원 수이므로 실제 총파업에 참여한 조합원의 숫자보다 많다. 노조 수의 합계를 통해 파업의 흐름을 읽을 수 있다. 금속연맹이 1997년에 발간한 『사업보고 1996』 76쪽을 근거로 재작성.

그림 1-1. 금속연맹 소속 노조들의 총파업투쟁 참여 유형

■ 전면파업
■ 부분파업

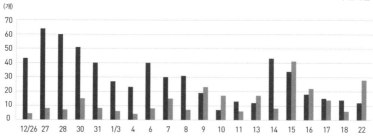

그림 1-2. 금속연맹 총파업투쟁 참여 조합원 수

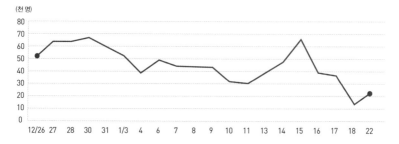

표 3. 자동차연맹 총파업투쟁 현황

	12/26	12/27	12/28	12/30	12/31	1/3	1/4	1/6	1/7	1/8
전면파업 노조 수	14	14	14	15	12	8	7	15	16	11
부분파업 노조 수	1	9	7	6	6	4	3	7	7	10
총 참여 노조 수	15	23	21	21	18	12	10	22	23	21

	1/9	1/10	1/11	1/13	1/14	1/15	1/16	1/17	1/18	1/22
전면파업 노조 수	7	5	6	1	1	19	13	10	3	7
부분파업 노조 수	13	10	5	18	19	4	4	5	2	12
총 참여 노조 수	20	15	11	19	20	23	17	15	5	19

자동차연맹의 1997년도 『제2차 정기대의원대회 자료집』, 67~68쪽을 근거로 재작성.

그림 2. 자동차연맹 소속 노조들의 총파업투쟁 참여 유형

이런 양상은 자동차연맹이나 현총련도 마찬가지다. 조직력이 튼튼한 현대자동차나 기아자동차 같은 일부 대공장 노조들을 제외한 대부분의 중소 노조들은 총파업 초기부터 투쟁역량의 한계로 전면파업이 아닌 부분파업이나 시한부파업으로 총파업에 참가했다. 그러나 대공장 노조들도 파업이 장기화되고 자본과 정권의 탄압이 강화되자 투쟁에 지쳐갔고, 1월 9일부터는 완급을 조절한다는 명목으로 부분파업으로 전환하였다.

1월 3일 자동차와 일부 금속, 1월 4일 금속, 현총련이 들어갔지만, 1월 8일, 9일 되면서 금속연맹에서 어려움이 나타났다. 서부경남의 효성, 동명, 한진에서 파업 조직하는 데 어려움이 나타났고 금속의 중심 사업장이 흔들리고 있었다. 현중[현대중공업]은 처음부터 어려움이 있었고, 그리고 대우조선이 그랬고, 자동차에서는 특히 현대자동차가 버티기는 했지만 '더 이상 버티기는 어렵다. 유연전술을 고민해달라'고 제안했다.(양경규 전문노련 위원장의 발언, 『노동법투쟁 자료집 Ⅱ』, 공익노련, 1997, 291쪽)

이처럼 투쟁력과 조직력이 강하다고 하는 금속제조업 노조들도 자본과 정권의 탄압으로 인해 투쟁동력이 떨어지면서 전면파업보다는 부분파업이나 시한부파업 등으로 전환하는 비율이 점차 늘어나고 있었다.

민주노총의 무대책

국가와 자본의 탄압으로 인해 투쟁동력이 약화되어 총파업 대열에서 이탈하거나 부분파업 또는 시한부파업과 같이 소극적으로 참여하는 노조들이 늘어났음에도 불구하고, 이에 대한 전국적인 대처는 전혀 이루어지지 않았다. 총파업투쟁의 승리를 위한 첫 번째 조건은 투쟁동력을 유지하고 강화하는 것이다. 그런데 투쟁동력이 계속해서 약해지고 있는데도 민주노총은 이에 대한 아무런 대책이 없었다. 투쟁동력 약화의 주된 원인은 자본의 탄압이었다.* 따라서 민주노총은 자본의 탄압에

---

* "금속연맹의 동력이 떨어진 가장 중요한 원인은 현장 내에서 개별 자본가들의 탄압이다."("2년차 정

대한 총공세를 펼쳐서 무너져가는 현장의 투쟁동력을 일으켜 세우는 데 총력을 기울였어야 했다. 그러나 민주노총은 기존의 투쟁동력을 조정하고 배치해서 최대한 투쟁을 유지하고 관리하는 데에만 중점을 두고 있었을 뿐, 현장의 투쟁동력을 살려내는 데는 별 관심이 없었다.

> 총파업의 수위를 어떻게 조정할 것인가의 문제가 마치 현장의 조직력이 어느 정도인가를 점검하는 수준에 머물렀다는 것입니다. (…) 그렇게 하면 그것은 어느 누구든 지도부가 아니라 조합원도 할 수 있었다고 생각합니다. (…) 중요한 것은 지도부들이 끌고 나가는 방향을 결합해서 조합원들이 조금 부담스럽더라도 투쟁의 수위를 올려주고, 이렇게 해서 열심히 투쟁하는 투쟁 대오가 힘이 떨어지지 않는, 이러한 전술적 형태가 취해졌어야 되는 것이 아니냐고 생각합니다.(오의종 부천·시흥지역 노개투본 의장의 발언, 『정기총회 토론회 자료집』, 한국노동이론정책연구소, 1997, 30쪽, 강조는 인용자)

민주노총은 총파업 기간 중에 '전국통일행동의 날'을 정해 전국적으로 통일된 행동을 취했는데, 그 초점은 투쟁이 아니라 국민 여론을 형성하는 데 맞추어져 있었다. 12일 동안의 전국통일행동의 날 중 절반 이상이 국민 여론 활성화 사업에 할애되었다. 여기서 민주노총의 투쟁 전술이 누구를 대상으로 한 것인지가 명확하게 드러난다. 민주노총은 조합원들의 투쟁동력을 어떻게 확대하고 강화해나갈 것인가가 아니라 국민 여론을 어떻게 확산시킬 것인가 하는 데 투쟁전술의 중점을 두었다. 만일 민주노총이 현장의 투쟁동력을 살려내는 데 최우선적인 관심

기대의원대회 자료집』, 민주노총 부산·양산지역본부, 1997, 81쪽)

을 가지고 있었다면 '대국민 봉사활동의 날'이 아니라 '탄압 사업장 집중 타격의 날', '노동자 연대투쟁의 날', '공단 가두행진의 날'• 등을 정해서 자본의 탄압을 정면 돌파하고, 투쟁력과 조직력을 확대·강화했어야 했다. 전국적·지역적 연대투쟁을 통해 자본의 탄압에 대응해야 한다는 요구는 이미 총파업 초기부터 제기되고 있었다. 민주노총은 이러한 요구를 수용해서 전국적으로 지침을 내리고 시행만 하면 되었는데 그렇게 하지 않았다. 울산의 예를 보자.

> 민주노총 사업장인 (…) 태광산업 노조가 대의원의 총파업 결의에도 불구하고 위원장의 거부로 파업에 돌입하지 못하는 상황이었고, 민주노총 가입을 공언한 동양나이론(최근 효성 T&C로 회사이름 바꿈) 노조가 (…) 사측의 탄압으로 어려움을 겪으면서 정문 앞에서 공동집회를 열어[달라고] 지원을 요청하였는데도 이를 받아주지 못한 것은 참으로 안타까운 현실이었다.(천창수 현대중공업 해고자, 「울산지역 총파업투쟁의 아쉬운 점들」, 『연대와 실천』 1월호, 영남노동운동연구소, 1997, 39쪽, 강조는 인용자)

현대중공업 노조의 경우도 총파업 초기에는 수천 명이 파업에 참가하는 열기를 보였으나, 자본의 탄압이 너무 심해서 파업 이틀 만에 300여 명의 조합원들만이 참가하는 수준으로 축소되었다. 이에 일부

• 민주노총은 탄압 사업장에 대한 집중 타격이나 공단에서의 가두시위 등이 아니라 공단 거리 대청소와 같은 봉사활동이나 선전전 정도의 활동만을 수행했다. 이에 대해 이상춘 병원노련 수석부위원장은 "예를 들어 악질적인 사업장 하나만큼이라도 업종과 모든 것을 뛰어넘어 연대투쟁을 해서 한 사업장이라도 집중 공격을 해야 했습니다. 그렇게 했더라면 그 이후 그러한 투쟁을 보면서 다른 사업장에서도 쉽사리 탄압을 할 생각을 못하게 시범적으로라도 전술적으로 배치되어야 했습니다"라고 비판했다.(「정기총회 토론회 자료집」, 한국노동이론정책연구소, 1997, 24쪽)

노조 간부들이 지역투쟁본부에 현대중공업 앞이나 근처에 있는 일산해수욕장에서 대규모 연대집회를 열어줄 것을 요청했으나 지역투쟁본부는 이를 거부하였다.[23]

이와 같은 현장의 요구에 따라 지역연대투쟁을 통해 자본의 탄압에 대처했더라면, 민주노총은 투쟁동력의 부족을 핑계 삼아 유연투쟁이라는 미명하에 총파업투쟁을 유지하고 관리하는 데 전전긍긍하지 않아도 되었을 것이다. 오히려 민주노총은 확대되고 강화된 투쟁동력을 토대로 자신 있게 치고 빠지는 진정한 유연투쟁전술을 구사하여 총파업투쟁을 노동악법 철폐 투쟁을 넘어서 김영삼 정권 퇴진 투쟁으로까지 발전시켜나갈 수 있었을지도 모른다.

자본의 탄압에 대한 민주노총의 방치에 가까운 무관심과 무대책은 수요파업 전환 이후에 극대화되어 나타났다. 바로 이 때문에 노조의 투쟁동력이 무력화되면서 4단계 총파업투쟁은 부분파업조차 제대로 할 수 없을 정도로 완전히 실패하고 말았다. 수요파업으로 전환하면 투쟁의 수위가 축소되어 바로 개별 자본의 탄압과 공세가 더욱 극심해지리라는 것이 충분히 예상되는 상황에서도 민주노총은 이에 대한 아무런 대책이나 준비도 없이 갑자기 수요파업으로 전환해버렸고, 개별 자본의 탄압에 대해서는 각 조직에서 토론을 통해 자체적으로 해결하라는 지침 이외에 어떠한 계획과 대책도 내놓지 않았다.

고소·고발, 해고, 수배 등 투쟁 지도부에 대한 침탈과 이른바 무노동 무임금 적용, 손해배상 청구 등으로 저들은 우리를 조여올 것입니다. (…) 그럴수록 조직 간의 진솔한 토론으로 공세의 본질을 확인하고 총파업전선으로 힘을 집중해 마지막 관문을 돌파해야 하겠습니다.(「조합원 여러분께 드리는

글」, 민주노총, 1997. 1. 20., 강조는 인용자)

　자본의 탄압에 대한 민주노총의 무관심과 무대책에 대해 부산·양산 지역본부는 "단위노조 탄압에 대한 민주노총의 대응은 지침은 있되 실질적인 대응 양식은 단위노조에 개별적으로 맡기고 있다"며 다음과 같이 비판했다.

> 총파업 이후 단위노조 탄압에 대한 민주노총의 대응은 지침은 있되 실질적인 대응 양식은 단위노조에 개별적으로 맡기고 있다고 해도 과언이 아니다. 즉 공동 투쟁의 소중한 성과를 계승은 못할망정 개별 투쟁으로 파편화시키고 또다시 기업별, 연맹별 각개 대응으로 전선을 약화시키지는 말아야 할 것이 아닌가?(『2년차 정기대의원대회 자료집』, 민주노총 부산·양산지역본부, 1997, 82쪽, 강조는 인용자)

　1월 21일에 민주노총은 제11차 투쟁본부 대표자회의를 개최하였지만, 개별 자본의 탄압에 대한 대책은 제시하지 않고 '대국민 서명운동 및 선전의 날', '국민과 함께하는 날', '불우이웃과 함께하기', 시민사회단체와 야당과의 공조 활동, 기타 정책 홍보 활동 등만을 늘어놓았다. 1월 23일에 개최된 제12차 투쟁본부 대표자회의에서도 민주노총은 투쟁에 대한 대책이 아니라 기자회견, 경총(전경련) 항의 방문, 노동부 항의 방문, 항의 공문 발송, 탄압대책위원회 구성 등 국민 여론을 형성하는 데 집중했다. 당연히 전국 차원의 투쟁 대책은 없었고, 민주노총은 연맹과 지역본부, 단위노조별로 '각개 대응'하고 보고할 것을 요청했다. 심지어는 탄압하는 개별 자본가에게 교섭 요청을 해보고 해결되지 않으면 임금 협상 시에 문제로 삼겠다는 압력을 가하라는 정도를 대책이라고 내놓았다.

> 2) 연맹, 지역본부: 악덕 탄압 사업장 1곳씩 선정, 집회, 항의 방문, 지역연대활동 등 투쟁 집중함. 각 조직별로 반드시 선정하여 활동을 전개하고 민주노총에 보고할 것.
> 3) 단위노조: 무노동 무임금, 무단결근 처리 등에 대해서 교섭을 요청한다. 만일 해결되지 않을 시 임금 협상에서 요구하겠다는 압력을 가함.(『1996 사업보고·자료모음』, 민주노총, 1997, 103~104쪽)

이처럼 대책 같지도 않은 무기력한 대책을 대책이라고 내놓고 그것도 산하조직이 알아서 하라는 식의 무책임한 민주노총을 보고 부산·양산지역본부는 "지침은 있되 실질적인 대응 양식은 단위노조에 맡기고 있다"라며 핵심을 정확하게 찔렀다. 병원노련, 전문노련의 현장 간부들도 이구동성으로 문제점을 지적했다.

> 민주노총이 단사 탄압과 정권 퇴진 투쟁에 전선을 만들어내지 못했다. 민주노총 지도부와 단사와의 결합을 높여야 한다. 4차 총파업에서는 노조 사수에 대한 목표를 분명히 하여 투쟁하여야 한다. 탄압에 대한 단사별 대응과 2/18 총파업 준비가 동시에 이루어져야 한다.(경희대병원 노조 간부의 발언, 『총파업 일지』, 병원노련 서울지역본부, 1997, 60~161쪽, 강조는 인용자)

> 민주노총, 연맹이 단위노조 탄압에 대하여 대응이 늦고 있다. 이후 즉각적인 대응이 진행되어야 한다.(서울대병원 노조 간부의 발언, 『총파업 일지』, 병원노련

서울지역본부, 1997, 161쪽, 강조는 인용자)

단위노조별로 사업주가 무노동 무임금, 업무방해죄 등으로 고발해올 때 대책이 매주 수요일 총파업이라는데 이것이 어떻게 해결 방안이 되겠는가? 이를 이겨 나갈 수 있는 책략이 필요할 것이다. 학생들과 연대파업을 고려하고 있는지!(전문노련 과기노조 간부의 발언, 『노동법투쟁 자료집 Ⅱ』, 공익노련, 1997, 624쪽, 강조는 인용자)

민주노총의 운동노선

이렇게 본다면 투쟁동력의 부족 문제는 조직적인 한계*가 아니라 민주노총 지도부의 운동노선에서 비롯된 전술적 실패라는 관점에서 재평가되어야 한다. 현장의 투쟁동력이 떨어지게 된 결정적인 원인은 12월 13일 총파업을 유보하면서 조직 전체의 투쟁 준비가 이완되어버렸다는 점과 개별 자본의 탄압에 대해 전혀 대응하지 못했다는 점 등 크게 두 가지이다. 그리고 이는 민주노총 지도부의 잘못된 정세 판단과 투쟁동력을 적극적으로 조직하려는 의지의 부족에서 기인한다.

민주노총 지도부의 이 같은 문제는 총파업투쟁 과정에서 나타난 일시적인 문제가 아니라 노개위 참여 과정에서부터 계속해서 대립해온 투쟁노선의 차이와 관련이 있다. 즉 참여와 투쟁 중에서 참여 또는 협

---

* "23일간에 걸친 총파업 기간 내내 위력적인 투쟁을 전개하였으나 결정타를 날릴 만한 투쟁의 동력이 마련되지 못하여 결정적인 항복을 받아내지 못한 것도 분명하다. 따라서 앞으로 조직의 확대 강화와 투쟁력의 강화에 보다 힘을 쏟아야 할 것이다."(『1996 사업보고 · 자료모음』, 민주노총, 1997, 184쪽)

상 중심이냐 아니면 투쟁 중심이냐라는 노선투쟁과 깊게 관련되어 있다. 협상중심노선은 투쟁을 협상을 위한 보조수단으로 여기며, 투쟁중심노선은 투쟁의 결과로 협상이 이루어진다고 본다. 민주노총 지도부는 두 노선 중에서 협상중심노선을 선택했고, 협상에 유리한 분위기를 조성하기 위해 국민 여론을 중요시하면서 '국민과 함께'를 강조했다. 투쟁은 이를 위한 최후의 수단쯤으로 여겨졌다. 그래서 민주노총은 투쟁동력을 강화하는 것보다 국민 여론을 활성화하는 데 더 중점을 두었던 것이다. 반면에 투쟁중심노선은 투쟁이 활성화되어야만 국민의 지지도 얻을 수 있다고 생각하기 때문에 투쟁동력의 강화에 훨씬 많은 비중을 두게 된다.

바로 이런 노선상의 차이 때문에 민주노총 지도부는 일관되게 투쟁동력의 문제보다는 국민 여론을 불러일으켜 정부와 여당이 협상에 나서도록 압박을 가하는 데 더 많은 관심이 있었다. 민주노총이 투쟁동력의 부족을 이유로 완급을 조절해가면서 투쟁이 과격한 정치투쟁으로 발전하지 못하도록 제어하고, 투쟁이 폭력적으로 되지 않도록 비폭력 평화 기조를 강조하며 조합원 대중을 완전히 지도부의 통제하에 두려고 했던 것도 투쟁이 격화되어 협상이 깨지지 않도록 조절함으로써 협상의 틀을 유지하기 위해서였다.

지도부에서는 지도부 외에 사전 계획되지 않은 조합원이 마이크를 잡을 경우, 지도부의 방침에 어긋나는 선동을 할 수도 있을 것이라는 우려 때문[에 못하게 하였다.] (…) 또 다른 예로는 지도부는 지나치게 '비폭력 평화 행진'을 강조했다. (…) '비폭력을 깨고 폭력 행위를 유발하려는 자는 적의 프락치로 볼 것이다'는 식의 강요와 억압 (…) '지도부의 비폭력 지침을 따르지 않으려면 필요 없으니 집회에 오지 마라'는 식의 언어 폭력.(천창수 현대중공업 해고자, 「울산지역 총파업투쟁의 아쉬운 점들」, 『연대와 실천』 1월호, 영남노동운동연구소, 1997, 39쪽, 강조는 인용자)

날치기 쿠데타 규탄과 노동법, 안기부법 무효화 투쟁이 신한국당 해체, 재벌 해체, 김영삼 정권 퇴진 투쟁으로 발전하고 있었고, 조합원 대중의 요구와 투쟁 또한 상승되고 있었음에도 너무나 단조로운 투쟁전술과 투쟁사업을 노동법 개정에만 한정시킴으로써 범국민 정치투쟁 전선을 의식적으로 확대시켜나가는 노력을 하지 않은 점은 이 투쟁의 한계이자 문제점이다.(『2년차 정기대의원대회 자료집』, 민주노총 부산·양산지역본부, 1997, 76쪽, 강조는 인용자)

초기에는 조합원들의 분노와 적극적인 행동을 조직하기 위해 평화행진을 기조로 잡았더라도 평화행진조차도 가로막고 시민들과 접촉을 차단하는 경찰에 맞서 방어적인 물리력을 준비하고 투쟁의 수위를 끌어올려야 함에도 불구하고, 계속해서 평화, 인도 행진을 주장하며 조합원들을 무책임하게 무방비 상태로 가두로 내몰아 최루탄 마시고 쫓겨 다니는 것만 반복케 하는 무책임성에 있는 것입니다.(「10차 전국투본대표자회의 결정사항과 그동안의 총파업투쟁에 대한 부천·시흥 노동법개정투쟁본부의 의견서」, 부천·시흥지역 노개투본, 1997, 강조는 인용자)

투쟁노선뿐만 아니라 민주노총의 조직노선 역시 투쟁동력을 부족하게 만든 원인이었다. 총파업투쟁에 대한 계획과 전략·전술을 수립하고 집행하며 이에 대한 책임을 지는 조직은 전국노동법개정투쟁본부였다. 전국노동법개정투쟁본부는 지역의 노동법개정투쟁본부들로 구성되어 있었다. 그런데 총파업투쟁 방침은 아무런 책임과 권한도 없는 임원·산별 대표자회의에서 결정되었다. 그 결과 민주노총 지도부와 현장의 일선 지도부 간에 현실 인식에서 많은 차이가 발생하였고, 이는 조합원들의 투쟁을 지도하고 투쟁의 열기와 동력을 끌어올리는 데 커다란 한계로 작용하였다. 민주노총이 매 시기마다 한발 늦은 지침과 토론으로 긴박한 정세의 변화에 대응하지도 못하고, 투쟁 방침만 내놓을 뿐 구체적인 실천 방침은 제시하지도 못하는 행태가 반복되자 현장으로부터 많은 문제제기들이 쏟아져 나왔다.

특히 2월 28일 4단계 총파업 이후 대응에 대해 현장에서는 문의가 빗발치고 있음에도 민주노총은 느긋하게 3월 4일 중앙위를 소집하였다. 이런 식의 일정이 한두 번이 아니었다. 이후에는 아예 민주노총이 못하고 하기 힘든 것은 못한다고 하고 빨리 연맹이나 본부, 단위 현장에서 논의할 수 있도록 맡겨라. 그리고 민주노총은 현장 중심의 일정을 깊이 고민해야 한다.(『총파업 일지』, 병원노련 서울지역본부, 1997, 297쪽)

민주노총 지도부와 현장 간부들 간의 이 같은 괴리 현상은 산업·업종연맹 중심으로 구성된 민주노총의 조직구조와 관련이 있다. 민주노총의 조직구조는 산업·업종연맹이 움직이지 않으면 어떠한 투쟁이나 활동도 불가능하게 되어 있기 때문에, 설령 투쟁본부를 만들었다 하더라도 산업·업종연맹의 상층 지도부들이 사전에 논의하고 결정하지 않으면 투쟁본부의 결정은 무용지물에 가깝다. 총파업투쟁 과정에서 끊임없이 지속되었던 논란에도 불구하고 임원·산별 대표자회의에서 모든 투쟁 방침과 전술들이 결정될 수밖에 없었던 이유는 바로 이러한 민주노총의 조직구조에서 비롯된 것이었다.

예를 들면 민주노총의 기본 운동 방침에 따르면 '임단투는 산업·업종 연맹이, 노개투 등 정치투쟁은 민주노총 지역본부'가 담당하게 되어 있다. 그러므로 민주노총의 총파업투쟁 지침은 민주노총 지역본부를 통해서 곧바로 단위노조들에서 집행될 수 있어야 한다. 그러나 실제로는 산업·업종연맹에서 중앙의 투쟁 방침을 다시 논의하고 결정해야 비로소 단위노조에서 집행되는 이중적인 구조로 되어 있다. 따라서 산업·업종 연맹 중심의 조직구조 때문에 단위노조에 대한 관장력이 없는 지역본부로서는 지역투쟁의 기획과 집행에 상당한 어려움을 겪을 수밖에 없었다. 아무리 지역본부가 민주노총 중앙의 투쟁 지침에 따라 지역에서 투쟁을 수행하려고 해도, 산업·업종연맹의 지역지부가 결정해야만 산하 단위노조가 실행할 수 있기 때문에 투쟁은 지체될 수밖에 없었다. 이 같은 민주노총의 이중적인 조직구조는 총파업투쟁과 같은 민주노총의 투쟁 방침을 집행하는 데 있어서는 물론이고, 지역적 사안에 대해서도 산업·업종연맹의 지침 없이는 지역본부가 독자적인 투쟁을 할 수 없게 만든다는 점에서 민주노총 조직노선의 근본적인 한계를 잘 보여준다.

그리고 산업·업종연맹 중심의 조직노선이 갖는 또 하나의 중대한 문제점은 투쟁 방침을 논의하고 결정하는 과정에서 민주성을 보장할 수 없다는 것이다. 산업·업종연맹 대표자들이 소속 연맹의 의견을 모으려면 전국에 흩어져 있는 단위노조 위원장들을 소집하거나 임시 중앙위원회를 개최해야 한다. 그러나 긴급한 투쟁기에 전국적인 회의를 개최하기란 쉽지 않다. 따라서 투쟁 방침에 대한 논의와 결정에 있어서 최소한의 민주성과 대중성을 담보하려면, 가까운 곳에 있어 긴급하게 모이기 쉬운 지역본부를 중심으로 활발한 논의와 결정을 내릴 수 있는 구조로 개편되어야 한다. 그래야만 조합원들의 힘이 실린 결정과 집행이 이루어질 수 있을 것이고, 산업·업종연맹의 관료화를 방지할 수 있을 것이다.[24]

투쟁동력의 부족에 따른 투쟁전술의 변화

유연투쟁전술

유연투쟁전술은 민주노총이 총파업투쟁 과정에서 대표적으로 내세웠던 전술이다. 그러나 유연투쟁전술은 투쟁동력의 부족에 따른 민주노총의 고민이 반영된 전술이었다. 원래 유연투쟁전술이라 함은 전술 운용의 폭이 넓어서 전술을 자유자재로 구사할 수 있을 때 사용하는 전술이다. 전술 운용의 선택이 제한된 상황에서 택한 전술을 유연전술이라고 할 수는 없다. 유연투쟁전술은 투쟁동력이 부족해서 공세적인 투쟁을 할 수 없었던 민주노총이 방어적인 투쟁을 대외적으로 포장하기 위해서 사용한 측면이 강하다.

> 유연전술은 탄력적 전술이라고도 표현되었습니다. 한 번은 밀어붙이고 한 번은 빠지고 하는 전술인데, 이게 정말로 훌륭하게 되려면 내부의 투쟁력이 굉장히 좋아야 합니다. (…) 실제로 내부 투쟁력이 없는 노조들은 이미 다 깨져버렸습니다.(오의종 부천·시흥지역 노개투본 의장의 발언, 『정기총회 토론회 자료집』, 한국노동이론정책연구소, 1997, 29쪽)

민주노총의 유연투쟁전술은 우세한 투쟁동력에 기초한 탄력적이고 적극적인 전술이 아니라 부족한 투쟁동력에 따른 소극적인 전술이었다. 그런데 민주노총의 유연투쟁전술은 시민들의 불편을 감안하여 공공부문 노조의 총파업을 중단한다든지, 투쟁의 완급 조절을 위해 부분파업으로 전환한다든지 하는 식으로 마치 민주노총이 막강한 투쟁력을 가지고 있음에도 불구하고 시민들과 국가의 경제를 위해서 투쟁을 유연하게 조절하고 있는 것처럼 선전되었다. 그러나 민주노총의 유연투쟁전술은 투쟁보다는 협상을 중시하는 민주노총의 온건·타협적인 협상중심노선이 그대로 반영된 전술이었다.

유연투쟁전술은 민주노총이 투쟁이 아니라, 국민과 함께 할 수 있는 비교적 부담이 적은 행사나 사업들을 통해 국민들의 지지를 얻고자 하는 목적에서 제기된 전술이었다. 1997년 1월 8일을 '국민과 함께하는 날'로 정하여 대국민 봉사활동을 했던 것 등이 대표적이다.

민주노총은 1월 8일을 '국민과 함께하는 날'로 지정하여 병원노련은 의료봉사활동, 자동차 서비스는 무료 차량 정비 서비스, 여타 제조업체는 공단과 거리 대청소에 나서는 등 각 조직별로 다양한 대국민 봉사활동을 전개하는 한편, 전국 수백 군데에서 전 조합원이 참여하여 '신한국당 심판 및 날치기 노동악법 전면 무효화를 위한 1천만 범국민 서명운동'을 전개한다. 특히 사무, 전문, 건설, 병원, 언론 등 사무전문기술서비스 노조들이 8일 14:00 탑골 공원에서 집회를 갖고 시내 중심가에서 인간띠잇기 형태의 대규모 대국민 홍보에 나설 계획이다.(『민주노총 투쟁속보』 48호, 민주노총, 1997. 1. 7.)

그런데 국민들이 총파업투쟁에 높은 지지 여론을 보인 것은 민주노총이 대국민 봉사활동이나 범국민 서명운동, 인간띠잇기운동 등과 같은 온건하고 부드러운 행사를 했기 때문이 아니었다. 『한겨레신문』의 '국민의식 조사'에도 잘 나와 있듯이 연령, 소득, 직업과 상관없이 전국민 2명 중 1명이 실직에 대한 공포를 느끼고 있을 정도로 심각한 상황에서 국민들은 민주노총이 자신들을 대변하여 앞장서서 강력하게 투쟁을 하고 있었기 때문에 높은 지지를 보낸 것이었다. 자동차연맹, 금속연맹, 현총련, 전문노련, 병원노련 등이 장기간에 걸쳐 완강하게 투쟁하고 있었기 때문에 국민들이 민주노총을 지지했던 것이지, 결코 대국민 봉사활동이나 서명운동, 인간띠잇기운동 등 때문이 아니었다.

> 국민 여론을 노동자들 편으로 끌어들인 것은 (…) 전체 국민의 이해를 위해 민주노총이 완강한 총파업 대오를 유지할 수 있었기 때문이다. 노동자들의 총파업투쟁이 시작되자마자 민주 변호사와 민주 교수들의 즉각적인 지지는 노동자들의 총파업투쟁이 정당하다는 것을 보여주는 것이라면, 이후 각계각층의 광범위한 지지가 대중적으로 확산되는 것은 총파업투쟁을 완강하게 조직하는 노동자들을 보면서 노동자들에 대한 신뢰와 투쟁에 대한 자신감을 가지게 되었기 때문이다.(『2년차 정기 대의원대회 자료집』, 민주노총 부산·양산지역본부, 1997, 80쪽)

민주노총 지도부가 총파업 내내 유연투쟁전술의 주요 대상으로 삼았던 지하철 노조나 병원 노조 등 공공부문의 노조들이 파업에 들어갔는데도 오히려 파업에 대한 국민들의 지지가 높아졌던 것이 바로 이를 증명한다. 대부분의 여론조사 결과를 보더라도 총파업에 대한 지지도는

54.5~75%로 상당히 높은 편이었으며, 공공부문 파업에 대한 지지도도 과반수를 상회했다. 부산여성회가 부산지하철에서 임의로 859명의 승객을 상대로 설문조사를 한 결과, 공공부문의 파업에 대해 45%가 '일시적인 불편이므로 감수하겠다'고 답했으며, 44%는 '신한국당에 항의 전화를 하는 등 사태 해결을 위해 정부의 결단을 촉구하겠다'고 응답했다.*

　이렇게 공공부문의 파업에 대한 지지도가 높은 상태에서 지하철 노조가 파업에 들어가자, 민주노총은 연말연시에 시민들의 불편을 감안하여 공공사업장의 파업을 중단시킨 결정을 마치 유연한 전술인 것처럼 선전하고 있으나 이는 사실과 다르다. 민주노총은 총파업 초기만 하더라도 공공부문의 파업을 중단하려는 의사가 없었다. 자본과 정권으로부터 갑자기 뒤통수를 맞은 상태에서 어떻게든 총파업을 본궤도에 올려놓아야 하는데 파급력이 큰 지하철의 파업을 마다할 이유가 없었다. "민주노총 산하 전 조합원은 '26일 오전부터 즉각 무기한 총파업'에 돌입한다"라는 총파업투쟁 지침에 따라 전지협은 즉각적으로 총파업에 대한 논의에 들어갔고 서울지하철 노조는 28일, 부산지하철 노조는 29일에 총파업에 돌입하기로 결정했다. 그러나 서울지하철 노조는 위원장 선거 때문에 투쟁을 충분히 준비하지 못했고, 이 때문에 조합원들의 투쟁력이 뒷받침되지 않자 이틀 만에 일방적으로 파업을 중단해버렸다. 부산지하철 노조 역시 직제개편 투쟁을 하느라 노동법개정투쟁

---

* 　이 수치는 한국노동운동협의회에서 1997년에 발간한 『12·26 총파업투쟁 자료집』에서 인용한 것이다. 이 자료집에는 총파업 기간 중에 8개 기관에서 여론 조사한 내용을 8개 항목으로 나누어 상호 비교한 자료가 수록되어 있어서 그 당시 여론조사의 내용을 일목요연하게 볼 수 있다.

에 대한 준비가 충분하지 못하여 조합원들의 참여가 그다지 높지 않은 상태였다. 이렇게 되자 민주노총은 서울지하철 노조의 파업 철회가 총파업에 미칠 악영향을 차단하기 위한 방편으로 마치 민주노총이 공공부문의 파업에 대한 국민들의 우려를 고려하여 총파업을 일시 중단한 것처럼 발표했다.

파업에 대한 국민들의 지지도가 높은 상황에서는 파업을 중단하는 유연투쟁전술이 아니라, 파업전선을 더욱 확대·강화해나가는 보다 적극적인 전술을 사용하는 것이 정도正道이다. 그래야만 일반 국민들이 투쟁에 대한 전망과 자신감을 가지고 파업을 더욱 적극적으로 지지하거나 동참할 가능성이 커지기 때문이다. 1월 7일 '대국민 선전의 날'부터 1월 18일 '범국민 총궐기의 날'까지 국민 여론을 향한 사업을 거의 날마다 진행했음에도 불구하고, 1월 17일에 민주노총이 수요파업으로 전환한다는 발표를 하자마자 1월 18일에 파업과 집회 참가자의 수가 절반 정도로 대폭 줄어든 사실이 이를 방증한다. 이런 점에서 보면 국민 여론은 투쟁동력이 뒷받침되지 않으면 물거품처럼 사라진다고 할 수 있다. 투쟁동력이 완강하게 버텨주어야 국민 여론도 계속 유지되는 것이지, 투쟁이 끝나버리면 국민 여론도 식기 마련이다.

민주노총이 유연투쟁전술의 주요 수단으로 채택했던 부분파업에 대해서도 현장으로부터 강력한 비판이 제기되었다. 부분파업전술이 투쟁전선을 확대하고 강화하기보다는 오히려 투쟁의지와 투쟁전선의 긴장감을 떨어뜨린다는 것이었다. 이번 총파업투쟁은 정치파업으로 정부와의 싸움이지 회사와의 싸움은 아니기 때문에 우리 회사만 너무 피해를 입으면 안 된다는 논리로 부분파업을 정당화하면서 전체 투쟁전선을 교란시켰다는 것이다. 실제로 "그동안 총파업을 선도에서 이끌던 몇몇 제조업 노조가 우리 회사가 너무 어렵기 때문에 이번에는 조금 신중해야 되는 것 아니냐, 다른 경쟁업체와의 경쟁에서 뒤떨어진다, 우리만 너무 세게 선도적으로 나가는 것 아니냐"라는 등의 생각으로 4단계 총파업투쟁에 참여하지 않았다.[25]

이번 총파업투쟁은 정부와의 싸움이지 회사(자본)와의 싸움은 아니라는 희한한 사이비 주장의 여파는 경주지역에도 영향을 미쳐 전면총파업 지침에도 불구하고 일부 노조의 경우 부분파업 실시 등의 근거를 제공하기도 했다. (『98년 정기대의원대회 자료집』, 민주노총 경주시협의회, 1998, 108쪽, 강조는 인용자)

노동법개정투쟁이 전국적 정치투쟁이라는 측면이 일면적으로 강조되어 단위사업장 내 개별 자본과의 투쟁전선을 강고하게 지키는 문제가 간과되었다. 이로 인해 사실상의 총파업이 진행된 사업장은 얼마 되지 않으며 대부분의 사업장이 부분파업 내지는 묵인파업(합의파업)으로 진행되었다.(『2년차 정기대의원대회 자료집』, 민주노총 부산·양산지역본부, 1997, 79쪽)

민주노총이나 병원노련 차원에서도 이 투쟁이 정권과 동시에 자본을 상대로 한 투쟁이라는 점을 분명히 하지 못한 점이 있다.(『제9기 활동보고』, 병원노련, 1997, 143~144쪽)

지난 노동법개악저지 총파업투쟁도 처음부터 '정부와의 싸움이지 회사측과의 싸움이 아니다'라는 이상한 논리를 폄으로써 투쟁 과정에서 회사 측에 대한 분노는 없었[다.] (…) [그러다] '무노동 무임금, 고소·고발, 손배 청구' 등 무차별로 얻어맞고서야 [회사 측에] 열 받았던 것이 사실입니다.(현대자동차 노조 김광식 후보 선거대책본부, 『현장에서 미래를』 10월호, 한국노동이론정책연구소, 1997, 66쪽)

유연전술이라고 평가하는 그것이 바로 이 투쟁을 장기적으로 끌고 갈 수밖에 없었고, 장기적으로 감으로 해서 (…) 조합원들의 동력을 떨어뜨리게 했다는 점에서 유연한 전술은 바람직하지 않았다고 봅니다.(이상춘 병원노련 수석부위원장의 발언, 『정기총회 토론회 자료집』, 한국노동이론정책연구소, 1997, 27쪽, 강조는 인용자)

민주노총은 1월 9일부터 전면파업을 부분파업으로 전환하여 완급을 조절하는 등 유연투쟁전술을 적절하게 사용함으로써 2단계 투쟁을 계속해서 이어나갈 수 있었다고 자평하고 있는데 이는 지극히 일면적인 해석이다. 1월 3일부터 1월 14일까지의 2단계 총파업투쟁은 투쟁동력이 많이 떨어진 기간이었다. 투쟁의 주력이었던 자동차연맹, 금속연맹, 현총련, 전문노련, 병원노련 등은 부분파업으로 전환한 상태였고, 다른 사무전문직 노조들이 많이 가담했다고는 하지만 대부분이 시한부파업이나 부분파업 그리고 총회 투쟁 등의 형태로 참가했기 때문에 제조업 노동자들의 빈틈을 메꿀 만큼 투쟁동력이 충분했다고는 할 수 없다.

투쟁동력이 많이 약화된 상태에서도 총파업투쟁이 흔들리지 않고 유지될 수 있었던 이유는 범대위로 조직된 각계각층이 총파업투쟁에 적극적으로 참여하면서 투쟁의 빈 공간을 메꾸어주었기 때문이다. 거기에 더해서 총파업의 양상이 민심 이반으로까지 발전하면서 적극적으로 가담하는 시민들이 늘어났고, 투쟁의 내용도 김영삼 정권 퇴진 투쟁으로 상승하고 발전해나갔기 때문이다. 그래서 김영삼 정권은 민주노총 지도부에 대한 구속영장을 발부해놓고도 민심의 폭발을 우려하여 노심초사하면서 영장을 집행하지 못하고 있었던 것이다.

그러므로 민주노총이 자신들의 힘만으로, 그리고 자신들이 잘해서 총파업이 장기간 유지되었다고 생각한다면 이는 대단한 착각이다. 한국노총의 조합원들이 적극적으로 총파업에 참가했다는 사실은 이미 총파업이 민주노총만의 총파업에서 전 노동계급의 총파업으로 확대·발전되었음을 의미한다. 그런데 민주노총은 총파업투쟁 과정에서 전 노동계급적인 입장보다는 민주노총 중심주의적인 경향을 강하게 나타냈다. 민주노총은 범대위를 연대투쟁의 동지가 아니라 민주노총의 총파업을 도와주고 보조해주는 세력 정도로 대상화하였다. 모든 결정은 민주노총이 내리고 나머지 세력은 그냥 따라오라는 식의 일방적인 전술구사(수요파업 전환 등)는 바로 이러한 민주노총 중심주의적인 관점에서 기인한다고 할 수 있다. 예를 들어 총파업을 선언해놓고 바로 전날에 이를 취소해버린 행태는 민주노총 조합원들에 대한 일방적인 약속 위반이자 무책임한 처사였을 뿐만 아니라, 총파업을 기대하고 동참하려고 준비 중이던 많은 연대세력들에게는 횡포일 뿐이었다.

그리고 언론들이 투쟁동력이 떨어져서 민주노총이 부분파업으로 전환했다는 사실을 몰라서 유연전술로 보도해준 것이라고 해석한다면 이 또한 너무 순진한 생각이다. 기득권세력 중에서 가장 기회주의적인 언론이 유연전술로 아름답게 포장해준 것은 민심의 파도가 이미 김영삼 정권을 침몰시키고 있다는 사실을 동물적인 감각으로 느꼈기 때문이다. 이는 그 시기에 행해진 거의 모든 여론조사에서 김영삼 대통령에 대한 지지도가 총파업 이전의 30%대에서 총파업 이후 10% 이하로 급락했고, 신한국당의 지지율도 최고 24.6%에서 최저 7.2%까지 떨어진데서 잘 나타난다.[26]

따라서 민주노총이 자신들의 투쟁동력이 약화되고 있다는 사실에만 집착해 다른 운동세력들과 일반 국민들의 투쟁동력이 상승하고 있었다는 사실은 전혀 고려하지 않은 채, 일방적으로 총파업을 중단하고 수요파업으로 전환한 것은 민주노총의 역사적 과오로써 엄중하게 재평가되어야 한다.

> 장기적인 투쟁이 흔들리지 않았던 것은 종교계를 비롯, 범대위로 조직된 각계각층이 민주노총 파업에 달라붙어주었기 때문에 가능했다. (…) 전선이 아주 넓게 형성되고 있으며, 투쟁 대오가 확실하게 조직되고 주변이 넓게 형성된 적이 없었다. (…) 따라서 조합원들이 과연 승리할 수 있을까 하는 의구심을 가지고 있지만 우리는 결코 지지 않는다. 반드시 승리한다. (…) 투쟁전선을 유지·강화하고 싸울 수 있는 한 이긴다.(양경규 전문노련 위원장의 발언, 『노동법투쟁 자료집 Ⅱ』, 공익노련, 1997, 291~292쪽)

이처럼 민주노총은 총파업투쟁이 한국노총까지 포함하여 중간시민계급들까지 참가하는 정치적 계급투쟁으로 확대되고 있었음에도 불구하고, 총파업투쟁을 전면적인 계급투쟁으로 발전시키지 않았다. 오히려 조합주의적인 관점에 매몰되어 투쟁동력의 부족 운운하며 일방적으로 총파업을 중단시켜버렸다. 그 결과 점차 확산되고 있던 타 계급·계층의 정치적 계급투쟁도 급속하게 냉각되었고, 계급 간 세력관계를 유리하게 변화시키지도 못한 채 보수정당들 간의 정치적 협상에 정국의 주도권을 넘겨주고 말았다.

전면파업에서 수요파업으로의 축소

민주노총의 온건·타협적인 협상중심노선의 입장에서는 1월 15일의 집중 투쟁으로 대중투쟁의 분위기가 고양되고 국민 여론이 최고로 우호적인 상태에서, 수요파업으로 투쟁의 수위를 조절함으로써 협상 국면으로 전환한 것을 매우 시의 적절했다고 보았을 것이다.* 더구나 총파업이 민심 이반의 양상으로까지 확대되고 있는 모습을 보며 청와대가 민주노총 지도부에 대한 구속영장의 집행을 보류한 상황에서는 더욱 그렇게 판단할 수 있었을 것이다.

> 당장의 과제는 사전 영장이 발부된 민노총 지도부에 대한 영장 집행이다. 영장이 이미 발부된 만큼 법질서 유지 차원에서 영장 집행이 불가피하지만 영장을 집행한다고 해서 수습될 수 있는 사안이 아니라는 데 고민이 있다.
> 이와 관련, 김 대통령은 명동성당에서 농성 중인 민노총 지도부를 연행하기 위해 무리수를 쓰지 말도록 정부관계자들에게 지시한 것으로 알려졌다. 김 대통령은 명동성당 측의 사전 양해 없이 성당에 진입, 노조 간부들에 대한 영장을 집행

---

* 민주노총의 수요파업 전환에 대해 박석운 범대위 집행위원장은 다음과 같은 비유를 들면서 비판했다. "상대는 거의 초죽음 상태에 몰려 있었고 외통수에 몰려 있었습니다. 모가지를 틀어쥐고 조금만 더 조이면 숨을 넘기는 상황이었고 거의 그로기 상태로 몰고 갔는데, 상대를 그로기 상태로 몰고 가려면 모가지 잡고 조이고 있는 손도 거의 기진맥진한 상태에 이를 수밖에 없는 겁니다. 그런데 문제는 잡고 있는 손이 힘들고 기진맥진해 있는 것만 생각한 거예요. 상대는 지금 숨넘어가고 있는 것에 대해서는 제대로 평가를 못했던 겁니다. (…) 결과적으로 이 외통수를 놓쳐버린, 긴장을 놓아버린 그런 꼴이 되어버렸고 숨통을 조이고 있는 것을 숨통을 놓아줘버린 결과가 되어버린 것입니다."(박석운 범대위 집행위원장의 발언, 「정기총회 토론회 자료집」, 한국노동이론정책연구소, 1997, 32~33쪽)

하는 일이 없도록 당부했다는 후문이다.(『세계일보』, 1997. 1. 12., 강조는 인용자)

따라서 민주노총의 온건·타협적인 협상중심노선의 입장에서는 투쟁을 통해 노동악법을 철폐할 수 없는 상황이라면, 1월 15일의 집중 투쟁으로 정부를 최대한 압박한 후에 협상 국면으로 전환한 것이 '협상을 위한 투쟁'이라는 관점에서 볼 때 최선처럼 보였을 것이다.

> 23일간에 걸친 총력 투쟁을 추스르고, 수요파업을 통해 투쟁의 동력을 유지하면서 재파업을 준비한 시기였다. (…) 일부에서는 국면 전환이 투쟁의 마무리를 하지 못하고 완전한 승리를 쟁취하지 못한 주요한 실수라고 평가하나, 그 당시 조직의 피로도, 작은 수준의 범국민적 항의 등으로 볼 때 무리한 총파업은 오히려 조직의 침체와 무기력을 드러냈을 것으로 판단된다.(『1996 사업보고·자료모음』, 민주노총, 1997, 173쪽, 강조는 인용자)

민주노총은 수요파업으로의 전환이 투쟁의 동력을 유지하면서 재파업을 준비하기 위한 것이라고 주장했지만, 오히려 투쟁동력을 떨어뜨려 총파업전선이 와해될 것이라는 반론이 지역투쟁본부들에서 강력하게 제기되었다.

> 급격한 투쟁 수위 축소와 대화 국면으로의 전환으로 전국적 총파업전선이 사실상 와해되고, 각 지역, 단위노조의 투쟁(지역 지도부 침탈에 대한 대응, 자본의 고소·고발에 대한 대응 등)으로 전선이 축소되어 전 조합원을 정권과 자본의 각개격파 탄압으로 내모는 문제를 가지고 있습니다. (…) 10차 대표자회의 결정 이후 지역에서는 중앙지도부만 살아남고

지역과 단사는 이제 다 죽게 생겼다는 이야기를 누구나 하고 있습니다.(「10차 전국투본대표자회의 결정사항과 그동안의 총파업투쟁에 대한 부천·시흥 노동법개정투쟁본부의 의견서」, 부천·시흥지역 노개투본, 1997)

정부와 신한국당이 자중지란을 일으키며 우왕좌왕하고 있음에도 불구하고 투쟁 수위를 급격히 낮추어버림으로써 공격의 시기를 놓쳐버리고, 정부와 재벌에게 반격의 실마리를 제공했다. 이후 노동법, 안기부법 무효화 투쟁 국면이 정치권 내 협상 국면으로 급격히 전화해간 것을 객관적 현실로 보아야 되는지 아니면 우리의 전술적 실기로 보아야 되는지에 대한 냉철한 평가가 필요하다.(『2년차 정기대의원대회 자료집』, 민주노총 부산·양산지역본부, 1997, 77쪽)

이런 문제제기에도 불구하고 민주노총의 온건·타협적인 협상중심 노선의 입장에서 보면, 민주노총이 전면파업에서 수요파업으로 전환한 것은 여전히 투쟁동력이 부족한 상태에서 내린 최선의 합리적인 선택이었다고 할 수 있을 것이다. 그러나 국가와 자본에 의한 탄압으로 현장의 투쟁동력이 속수무책으로 무너져가고 있는데도, 이에 대한 아무런 대책도 없이 투쟁을 축소하고 회피했다는 점에서 이는 궁색한 변명이라고 할 수 있다. 지역투쟁본부들의 우려대로 수요파업으로 전환한 이후에 실제로 투쟁동력이 급격히 떨어지면서 총파업 투쟁전선은 사실상 와해되고 말았다.

6. 확대되는 총파업 투쟁전선

신정 연휴 이후 본격적으로 2단계 파업이 시작되었지만 김영삼 대통령
은 신년 기자회견에서도 전혀 문제 해결의 의지를 보이지 않았다. 이에
국민들은 분노했고, 김영삼 정권에 대한 규탄 투쟁과 총파업투쟁에 대
한 지지 여론이 광범위하게 확산되기 시작했다.

> 범국민대책위가 소집한 1월 10일 비상시국 사회단체연석회의에는
> 862개 단체가 참석하였으며 경실련, YMCA 등 시민단체도 날치기 법
> 안의 백지화와 개정을 촉구하였다. 대학 교수들은 법학교수들의 성명
> 서를 시발로 이화여대, 한신대, 전북대, 서울대, 중대, 건대, 방송대, 충
> 북대, 조선대, 호남대, 부산대, 경상대, 외대 등 대학별 시국선언을 채택
> 하였다. 교수들의 대학별 시국선언은 87년 6월 항쟁, 95년 5·18 투
> 쟁밖에 없었으며 이는 날치기 사건에 대한 지식인의 분노를 단적으로
> 드러내준다. 아울러 종교계의 시국기도회는 87년 항쟁보다 높은 수준
> 으로 개신교 시국기도회, 천주교 사제단 시국기도회 및 시국선언, 불교
> 법회 등 종교계의 항의는 높아만 갔다. 여성단체도 예외는 아니어서 여
> 성단체 200인선언과 보통주부선언 등에 이어 야당마저 파업지지성명
> 을 발표하였다.(『1996 사업보고·자료모음』, 민주노총, 1997, 182~183쪽)

시민들이 보다 적극적으로 집회나 시위에 참여하기 시작했고, 가두
투쟁이 격화되는 등 총파업은 점차 전 국민적인 투쟁으로 확산되었다.
이런 와중에 1월 9일에 민주노총 지도부 20명에게 사전 구속영장과 구
인장이 발부되었고, 민주노총 사무실 등에 대한 압수수색이 실시되자

그동안의 평화적인 집회 및 시위 방식에서 보다 투쟁적인 방식으로 전환할 것을 요구하는 목소리들이 높아졌다. 1월 8일에는 대전지역에서 차량시위를 봉쇄하는 경찰에 항의하던 중에 최루탄이 발사되고 이에 대항해 투석전까지 벌어지는 과정에서 한라공조 조합원이 부상을 당하는 불상사까지 일어났다.

> 어제(1/9)의 대전역 집회와 동양백화점 앞 시위를 대전대첩이라고 부르기로 했답니다. 대전 역사상 최초의 노동자 단일 대오로 거기다 대전역 광장을 꽉 채웠다고 하는군요. 또한 동양백화점 4거리를 장악하고 시가전을 방불케 하는 투쟁을 했다고 하는군요. 물론 그 과정에서 만도기계 선전부장과 조직부장님이 연행되었는데 사용자 놈들이 이때다 싶어서 업무방해로 고소·고발하는 바람에 구속될 것 같다는군요.(『노동법투쟁 자료집 Ⅱ』, 공익노련, 1997, 684쪽)

1월 10일에는 울산에서 2만여 명이 모인 것을 비롯해 전국 각지에서 집회와 시위가 행해졌는데, 경찰과 충돌하면서 집회 참가자 다수가 연행되고 경찰 폭력에 의한 부상자까지 발생하였다. 울산에서는 가두행진 중 경찰과 대치하는 과정에서 현대자동차 노조 정재성 조합원이 분신(오후 4시 30분경)을 시도했다. 이를 계기로 투쟁이 격화될 것을 두려워한 현대자동차 자본 측이 30분 만에 휴업 공고(5시)를 발표하는 기민함을 보여줌으로써 현대자동차 조합원들의 분노를 불러일으켰다. 1월 11일에는 서울 종묘공원에 3만여 명, 울산 1만 5000여 명, 대전 1만여 명, 대구 8000여 명, 부산 7000여 명 등 전국 20여 개 지역에서 10만여 명이 참여하는 '범국민결의대회'가 개최되었는데, 서울 종묘공원에는 공원이 생긴 이래 최대 인파가 모여들었다고 한다. 다음의 신문 기사들에는 당시 국민들이 보여준 파업에 대한 반응과 분위기가 잘 나타나 있다.

지난해 말 시작된 노동계의 총파업이 18일째 계속되면서 이에 맞춰 벌어지는 거리집회와 시위의 양상이 미묘한 변화 양상을 보여 주목된다.

지난 11일 오후 서울 종묘공원에서 민주노총과 범국민대책위가 공동 주최한 '노동법·안기부법 무효화와 김영삼 정권 퇴진을 위한 범국민 결의대회'에는 생산직 노동자 외에 사무·전문직과 교수·변호사·전문가그룹 등 지식인 계층의 참여가 크게 늘어나는 모습이 나타났다. 또한 스님과 수녀들이 대열의 앞줄에 앉아 구호를 외치고 수시로 제각기의 종교 양식대로 기도를 올리는 모습을 보였다.

이날 종로 2가와 5가 등 인도에 늘어서 있던 시민들은 경찰이 시위대에 최루탄을 쏘면 일제히 야유를 보냈다. 시위대가 앞으로 나갈 때는 박수를 치기도 하는 등 시민들의 시위대 편들기가 눈에 띄었다. 87년 6월 항쟁 당시의 초기 양상이 나타난 셈이다.

12일 오후 2시 30분께 민주노총이 서울 명동성당에서 개최한 집회에 참석한 사람들은 '정권 퇴진'이라는 구호를 마스크에 일제히 적어 넣었다. 전날 종묘공원에서도 시민·노동자들은 '김영삼 정권 퇴진' 등의 구호를 일제히 외쳤다.

이런 변화 양상은 지난 8일 김영삼 대통령의 연두 기자회견과 지난 10일 울산 현대자동차 노조원 정재성 씨의 분신 사건 이후 더욱 두드러지고 있다. 범국민대책위나 민주노총의 아무런 지침 변화가 없었는데도 참가자들이 이구동성으로 기존의 '악법 철폐' 구호 대신 '김영삼 정권 퇴진'을 외친 것이다.(『한겨레신문』, 1997. 1. 13., 강조는 인용자)

노동법 날치기에 항의하는 울산 노동자들의 파업과 집회 규모가 87년 노동자대투쟁의 양상을 닮아가고 있다.

지난 14일 오후 태화강 둔치에 노동자 3만여 명이 모인 민주노총 노동법개정투쟁 울산지역본부와 한국노총 울산지부의 공동투쟁 결의대회는 87년 8월 공설운동장에 4만여 명이 모인 현대계열사 노동자 연합집회를 방불케 했다.

매일같이 계속되는 집회와 거리행진 때마다 나타나는 일반 시민의 묵시적 동조나 지도부의 통제에 철저히 따르는 노동자들의 '비폭력 평화' 기조도 10년 전과 비슷하다.

다만 87년엔 행진과 집회 때 샌딩머신과 같은 대규모 중장비들을 내세워 다소 '위력'을 과시했다면 지금은 오토바이 경적시위 정도에 그치고 있다는 점과, 그땐 현대중공업 노동자들이 앞장선 데 비해 지금은 현대자동차 노동자들이 중심을 이룬다는 점이 다르다.(『한겨레신문』, 1997. 1. 16., 강조는 인용자)

이날[1월 15일] 시위는 오후 4시 30분쯤 행사가 끝나자 참가자들이 인도를 따라 행진하려다 경찰이 앞을 막자 참가자 3만여 명 중 3천여 명이 종묘공원 앞 왕복 8차선 도로로 뛰어들면서 시작됐다. 양측은 20여 분간 대치하다 경찰이 최루탄을 쏘며 해산에 나서자 시위대는 보도블록을 깨 던지며 저항했고, 주변에 있던 상당수 시민들은 '김영삼 정권 퇴진' 등 구호를 외치며 박수를 치는 등 시위대에 동조했다.(『세계일보』, 1997. 1. 16., 강조는 인용자)

노동법 및 안기부법 개정안 기습 처리 등에 항의하는 시위가 15일 수도권, 부산,

대구, 광주, 대전, 전주, 창원, 청주 등 전국 대도시로 급속히 확산[되고 있다.]

부산지역 민주노총 산하 13개 산별노조원 1만 5천여 명은 오후 2시 부산 진역에서 노동법 등의 무효화를 요구하는 집회를 갖고 남포동 부영극 장 앞까지 가두행진을 벌였다.

한국노총 및 민주노총 소속 대구지역 근로자 7천여 명도 오후 2시부터 각각 신천 둔치와 동서로 대구백화점 앞 광장에서 항의 집회를 가진 뒤 반월당 사거리와 비산동 북비산사거리까지 가두행진을 벌였다.

민주노총 대전·충남지역본부 소속 근로자 3천여 명과 대학생 3백여 명은 오후 2시 대전역 광장에서 결의대회를 갖고 정부가 개정 노동법을 철회 할 때까지 투쟁하기로 결의했다.

민주노총 광주·전남지역본부와 한국노총 광주시지부는 오후 근로자와 학생·시민 등 1만여 명이 참가한 가운데 광주역 앞에서 '3차 파업 결 의대회'를 갖고 가두시위를 벌였다.

민주노총 전북본부 산하 근로자 6천여 명은 오후 2시 전주 코아백화점 앞에서 집회를 가진 뒤 신한국당 전북도지부로 향하던 중 팔달로 오거 리와 동서 관통로 사거리에서 경찰과 투석전을 벌였다.(『국민일보』, 1997. 1. 16., 강조는 인용자)

15일 오후에는 여의도광장에 모였던 한국노총 소속 시위대 2만여 명 이 신한국당 당사로 몰려들[었다.] (…) 한국노총 측 시위대들은 이날 당사 앞과 옆 도로를 빽빽이 메운 채 30여 분간 '신한국당 박살내자', '문민독재 끝장내자', '노동악법 철폐하라' 등의 구호를 외쳤다. 일부 흥분한 시위대는 당사에 돌, 계란, 소주병을 던져 2층 대변인실 유리창이 깨지기도 했 다.(『세계일보』, 1997. 1. 16., 강조는 인용자)

이처럼 총파업투쟁은 노동자들을 넘어 각계각층으로 급속하게 확대되어가고 있었고, 시민들도 적극적으로 시위나 집회에 참여하기 시작했다. 투쟁의 성격도 '악법 철폐 투쟁'에서 '김영삼 정권 퇴진 투쟁'으로 발전해가는 등 전 국민적인 정치투쟁으로 확산되어나가기 시작했다.

7. 민주노총 지도부의 태도

이런 상황에서 민주노총 지도부는 총파업투쟁을 더욱 확대하고 발전시키려고 하기보다는 일찍부터 투쟁을 마무리할 수순을 고민하고 있었다. 투쟁동력에 대한 자신감이 없었던 민주노총 지도부로서는 공격적인 전술보다는 정부와 협상을 해서라도 투쟁을 빨리 마무리하는 편이 조직의 피해를 줄이는 최선의 방법이라고 생각했을 것이다. 이런 민주노총 지도부의 생각은 기자회견을 통해 일관되게 드러났는데, 정부 여당이 협상을 받아준다면 투쟁의 완급을 조절할 수도 있다는 식이었다.

> '이러한 당면 현안을 원만하게 해결하기 위해 민주노총은 김영삼 대통령과의 면담을 공식 제안'하는 바이다. (⋯) 우리의 요구와 제안에 대한 정부 여당의 성의 있는 답변을 촉구하면서 사업장에 따라 투쟁의 완급을 조절할 수도 있음을 밝힌다.(「기자회견문」, 민주노총, 1997. 1. 8., 강조는 인용자)

민주노총은 사태를 더욱 악화시키는 정부의 노골적인 강경 기조에도 불구하고, 국민 생활 편의와 우리 경제에 대한 국민들의 근심 걱정을 깊이 고려하는 동시에, 날치기 노동악법, 안기부악법의 전면 무효화를 위해서라면 결코 정부 여당과의 대화와 협상을 포기하지 않는 기본 방침에 입각하여, 3단계 총파업에 참여한 공공부문 사업장 투쟁의 완급을 다시 한 번 조절하기로 했다.(「기자회견문」, 민주노총, 1997. 1. 15., 강조는 인용자)

민주노총 지도부는 1997년 1월 7일에 상임집행위원회·산별 대표자회의(이하 상집·산별 대표자회의)를 개최하여 1월 15일을 전후로 총파업투쟁을 마무리할 계획을 논의하였다. 이 회의에서 민주노총 지도부는 그동안 투쟁의 중심축을 담당해왔던 자동차연맹, 금속연맹, 현총련, 전문노련, 병원노련 등을 부분파업으로 전환시켜 투쟁의 완급을 조절한 후 기타 모든 투쟁역량을 총동원하여 1월 15일에 투쟁을 집중하기로 결정했다. 민주노총은 이 방침을 1월 8일에 기자회견을 통해 발표했고, 1월 11일에는 투쟁본부 대표자회의에서 공식화했다. 이 과정에서도 그동안 계속해서 문제로 제기되었던 비민주적이고 패권적인 사업 방식이 그대로 반복되었다. 민주노총은 또다시 아무런 권한도 책임도 없는 회의$^{•}$에서 사전에 결정한 후, 언론 발표를 통해 기정사실화한 다음 공식회의에서 이 결정을 관철한 것이다.

1월 7일에 민주노총이 조직체계에도 없는 비공식적인 상집·산별 대표자회의를 열면서까지 무리하게 방침을 정해서 언론에 먼저 발표하여 기정사실화한 이유는 무엇 때문일까? 원래 민주노총은 1996년 12월 30일에 1단계 투쟁을 마무리하면서 2단계 투쟁 계획을 발표할 때 1997년 1월 7일부터 방송사, 병원, 지하철 등 공공부문의 노조들이 파

• 일상적인 시기가 아닌 총파업투쟁 기간에는 투쟁본부 대표자회의가 모든 집행의 책임과 권한을 갖는다.

업에 돌입할 것이라고 발표했었다.[27] 그러나 1997년 1월 5일에는 그 내용이 좀 달라진다. 1월 7일부터 방송 4사와 병원노련만 총파업에 들어가고 지하철 노조, 한국통신 노조, 조폐공사 노조, 화물노련 등 나머지 공공부문 노조들은 나중에 상황을 보고 총파업에 합류하는 것으로 변경되었다.[28] 그러다가 1월 7일에는 상집·산별 대표자회의를 개최하여 총파업을 마무리할 계획을 논의했다. 민주노총 지도부는 공공부문 노조들(특히 서울지하철 노조와 한국통신 노조)을 접촉한 후 사실상 총파업이 불가능한 조직 상태에 있다는 것을 알고 총파업을 지속하기가 어렵다고 판단했다. 그래서 부분파업 등으로 완급을 조절한 후 1월 15일을 전후로 총력을 집중한 다음 총파업을 마무리하기로 계획을 짰던 것이다.

총파업 돌입 후에 처음으로 개최된 1월 11일 제9차 투쟁본부 대표자회의에서 결정된 사항은 다음과 같다.

1. 1월 15일부터 1월 18일까지 공공부문을 포함한 전면총파업투쟁을 전개한다.
2. 1월 18일 이후의 투쟁에 대해서는 농성지도부가 방침을 결정하거나 필요 시 투본 대표자회의를 개최하여 논의·결정한다.

그런데 '1월 15일부터 공공부문을 포함한 전면총파업투쟁에 들어간다'는 제9차 투쟁본부 대표자회의의 결정은 파업투쟁을 확대하는 것이 아니라, 1월 15일에 투쟁을 집중한 후 총파업을 마무리하는 수순으로 들어간다는 것을 의미했다. 이는 병원노련 서울지역본부의 파업 방침 결정 과정을 보면 그 내용을 명확히 알 수 있다. 원래 서울지역본부는 1월 7일에 2단계 총파업을 재개하면서 1월 11일까지만 파업을 하는 것으로 결정했었다. 그러나 1월 15일로 투쟁을 집중하기로 한 민주노총의 결정을 놓고 1월 8일부터 11일까지 연속해서 서울본부 파업대책위원회와 병원노련 파업대책위원회를 개최하여 격론 끝에 15일까지 파업을 연장하기로 결정했다. 서울본부는 3교대 근무라는 악조건과 장기간의 파업으로 조직이 상당한 어려움에 처해 있었기 때문에 더 이상 파업을 하기 힘들었지만, "1월 15일 총궐기로 전체 전선에서 그 역할을 마지막으로 다하고 공동으로 국면 전환을 해야 한다"고 결정했다.[29] 이는 병원노련 박문진 위원장의 인터뷰 내용에서도 확인된다.

1월 7일부터 다시 파업에 들어가면서 현장 동력과 환자들과의 문제 때문에 11일 이후까지 계속 파업하는 것은 상당히 어려운 상황이었습니다. 9일 위원장단 회의에서 이 문제로 논의를 하는 가운데 (⋯) 조직이 튼튼한 곳은 가고, 그렇지 못한 곳은 현실적으로 인정해주면서 가자는 말이 나왔습니다. 그러나 민주노총이나 병원노련이 방침 없이 접는다는 것은 (⋯) 패배를 인정하는 것이고, (⋯) 지금 분위기 좋아서 올라오는 조합원들에게 아무런 내용도 명분도 없이 접으면 노조 깃발을 내려야 되는 것이라고 서로 울며 설득했습니다. 결국 (⋯) 이번 총파업전선에서 병원노련이 중심적으로 이바지했는데 조직이 힘들다고 아무런 내용 없이 접는다는 것은 스스로 용납할 수 없다는 것으로 모아졌습니다. 그래서 다른 공공부문이 들어올 때까지는 병원노련이 싸워서 투쟁의 바톤을 넘겨주는 것이 우리의 역할이라고 결론을 내렸습니다. 그때 위원장들이 조직이 훼손되는 것을 알면서 눈물을 머금고 (⋯) 무슨 일이 있어도 15일까지는 버텨야 한다고 사명감으로 결정할 때는 정말 고맙고 눈물겨웠습니다.(박문진 병원노련 위원장, 「노동자-자본가 사이에 평화란

없다」,『현장에서 미래를』2월호(통권 18호), 한국노동이론정책연구소, 1997,
27~28쪽)

다른 한편 그 당시 공공부문 노조들은 총파업투쟁에서 거의 아무런
역할도 하지 못하고 있었다.

96년 하반기에는 공노대 소속 중심 노조들 대부분이 선거를 실시하였
다. 한국통신, 서울지하철, 수자원, 주택, 토지, 서울대병원, 전교조, 광
업진흥, 과학기술, 한전기술 등이었다. 중심 노조 대부분에서 선거가 실
시됨으로써 하반기 노개투 등 투쟁과 사업의 동력이 현저히 약화되었
다.(『제3차 정기대표자회의』, 공노대, 1997, 35쪽)

병원노련이 공공(공익)부문 투쟁의 선두에 있었으나 타 공공(공익)부문
이 이 투쟁을 받쳐주지 못함으로써 병원노련이 15일 일시적으로 마무
리할 수밖에 없었다. 그리고 전체 투쟁에서도 공공(공익)부문이 위력 있
게 받쳐주지 못함으로써 전체 투쟁을 좀 더 파급력을 키우지 못한 원인
이 되었다.(『제9기 활동보고』, 병원노련, 1997, 141쪽)

1996년의 상반기 투쟁을 주도했던 공공부문의 핵심 사업장인 서울
지하철 노조*와 한국통신 노조는 내부 조직력의 한계로 인해 파업에

---

* 　서울지하철 노조는 대우조선 노조, 현대중공업 노조 등과 함께 이화의료원 노조의 파업 프로그램인
'파업 불참 노조에게 격려 엽서나 편지 보내기' 대상으로 선정될 정도로 조직 상태가 좋지 않았다. (『총파업
일지』, 병원노련 서울지역본부, 1997, 217쪽)

거의 참가하지 못했다. 부산지하철 노조는 노조 집행부가 파업을 지시했는데도 조합원들이 파업에 참가하지 않아 파업이 불발될 정도였다.[30] 특히 한국통신 노조는 상반기 임단협투쟁의 마무리를 잘못한 탓에 회사 측이 합의 사항을 지키지도 않고, 오히려 투쟁에 적극적으로 참가했던 간부와 조합원들을 징계하고 위원장을 구속시키는 등의 탄압을 가함으로써 조직적으로 혼란한 상태에 있었다. 이런 상황에서 구속된 위원장이 사퇴하여 위원장 재선거가 실시되었고, 이전의 집행부와는 성향이 다른 집행부가 당선되면서 한국통신 노조의 총파업 참가는 기대하기 어려워졌다.

이런 상황이었기 때문에 1월 15일 이후에 총파업을 공공부문으로까지 확대한다는 것은 단순한 수사에 불과했다. 실제로 민주노총은 1월 15일에 투쟁할 수 있는 세력을 총집결시켜서 마지막 힘을 최대한 보여준 후에 투쟁을 정리한다는 계획을 짜고 있었다. 그래서 민주노총은 투쟁의 완급을 조절한다는 명목으로 공공부문의 투쟁을 15일부터 18일까지 하기로 했던 계획을 15일과 16일 이틀로 축소하였고, 바로 다음 날인 1월 17일에 제10차 투쟁본부 대표자회의를 소집하여 전격적으로 수요파업으로의 전환을 결정했던 것이다. 공공부문의 파업 수위를 조절하는 것을 보고서는 이미 언론도 민주노총이 총파업의 정리 수순을 밟고 있다는 사실을 눈치챘다.

특히 민주노총이 이날 3단계 전면총파업에 들어가면서 지하철, 화물노련, 한국통신 등 공공부문 노조 파업을 16일까지 이틀간 시한부로 하겠다고 밝힌 것은 다소 의외라는 반응이 지배적이다.

민주노총은 지난달 26일부터 이날까지 무려 21일째 노동계 파업을 주도해오면서 시민단체와 교수, 종교계의 성명과 시위를 이끌어내는 등 공세적 투쟁을 전개해왔다. 15일 시작된 3단계 총파업도 정부·여당의 개정노동법 무효화에 대한 가시적 조치가 없어 정부에 대한 마지막 총공세를 가한다는 차원에서 단행한 것이다. 따라서 이날 공공부문의 파업 수위 조절은 2단계 총파업 때 자동차연맹 등 제조업종에 대한 수위 조절과는 뭔가 다르다는 분위기가 전해진다. 2단계 때는 '치고 빠지기'나 공권력 행사에 대한 '김 빼기' 성격이 강했고 결과적으로 여권의 유연 대응 분위기를 이끌어냈다. 그러나 이날 밝힌 완급 조절은 정부 여당이 다시 강경 대응으로 돌아선 이후 나온 것이어서 상황이 다르다. 노동계 일각에서는 파업 정리를 위한 조정 단계를 밟고 있는 것이 아니냐는 분석을 내놓기도 한다.(『경향신문』, 1997. 1. 16., 강조는 인용자)

민주노총 지도부가 투쟁을 정리할 생각이 아니라 파업을 지속할 생각을 가지고 있었다면, 대중적으로 총파업투쟁의 분위기가 최고조인 상태에서 갑자기 투쟁의 수위를 낮춰버린다는 것은 전술적으로 성립할 수 없는 하책下策이다. 유효한 전술이 되려면 이전에 완급을 조절했던 때처럼 장기적인 투쟁전선의 설치를 가능하게 할 구체적인 준비나 계획이 있어야 했다. 따라서 민주노총이 수요파업으로 전환한다는 결정을 내렸을 때 전 조직에서 반발이 심했던 것은 당연했다.

지도부를 믿고 어려운 조건에서도 힘차게 총파업투쟁을 벌여온 저희 부천·시흥 노동법개정 투쟁본부는 지난 10차 투본 대표자회의(1/17) 결정 사항을 접하면서 참으로 큰 실망감과 우려를 갖지 않을 수 없습니다. 그리고 이는 투본 대표자들만의 생각이 아니라 현장 조합원들 대다수의 공통된 의견이라는 점을 밝힙니다. (…) 물론 우리의 주장이 앞으로도 계속 무기한 전면파업전선을 설치할 수 있다는 것을 주장하거나 투쟁 수위를 조절할 필요가 있다는 의견을 전적으로 부정하는 것은 아닙니다. 그러나 이번 결정은 주 1회 파업(이것도 말이 '수요파업'이지 한 번 꺾인 투쟁전선을 다시 세워낸다는 것, 또 5일 동안 관리자에게 이 눈치 저 눈치 보아가며 통제당하다가 하루 파업한다는 것은 몇몇 사업장 이외에는 사실상 불가능한 전술로 파업을 지속한다는 명분에 불과하다고 봅니다) 결정 이외에 장기적 투쟁전선 설치를 가능하게 할 어떠한 준비나 구체적인 계획이 없어 이전의 완급 조절과는 달리 사실상 전국적 총파업전선을 해소하는 것에 다름 아니라고 봅니다.(「10차 전국투본 대표자회의 결정사항과 그동안의 총파업투쟁에 대한 부천·시흥 노동법개정투쟁본부의 의견서」, 부천·시흥지역 노개투본, 1997, 강조는 인용자)

게다가 이러한 결정을 다음 날에 언론 발표를 통해서야 처음 알게 된 조합원들은 '민주노총에게 이용당했다'라는 생각을 가질 수밖에 없었을 것이다. 더구나 조합원들보다 언론 발표를 우선시하는 이러한 민주노총의 행태*는 조합원들을 완전히 대상화하는 것이었다.

---

* 1월 7일에 상집·산별 대표자회의의 결정 사항을 발표할 때도 민주노총은 조합원들에게 먼저 그 내용을 알려서 서로 논의할 수 있도록 하는 것이 아니라, 언론을 통해 먼저 발표를 하고 나중에 조합원들에게 알리는 방식을 취했다. "11시 기자회견 결과와 조직별 총파업 돌입 현황 집계는 15:00 『투쟁속보』 51호로 나갑니다. **기자회견에서는 이후 투쟁 방침이 발표됩니다.**"(『총파업 투쟁속보』, 50호, 민주노총, 1997. 1. 8., 강조는 인용자)

10차 투본 대표자회의 결과를 기다리고 계신 동지들께 알립니다. 대표자회의 결과는 내일(18일) 11:00 기자회견을 통해 발표됩니다. 투쟁 일선에 계신 동지들께서 회의 결과를 미리 알고 조합원과 함께 준비하는 시간이 필요할 것이라 생각합니다. 하지만 곧바로 보내드리지 못하는 점은 우리의 투쟁을 보다 힘 있게 진전시키기 위한 과정으로 이해해 주시기 바랍니다.(『민주노총 투쟁속보』72호, 민주노총, 1997. 1. 17.)

총파업투쟁의 주체는 누구인가? 바로 현장의 조합원들이다. 민주노총은 현장에서 직접 파업을 하고 있는 조합원들에게 결정 내용을 먼저 전달하고 향후 대책을 논의할 시간이 필요하다는 사실을 잘 알고 있었는데도, 언론 발표를 통한 극적인 효과를 노렸다. 투쟁의 당사자인 조합원들에게 결정된 내용을 알려줄 수 없다는 민주노총의 태도에 조합원들이 분노하는 것은 당연했다.

작년에도 우리는 중앙 언론에 민주노총 수정안 제출 내용이 보도되면서 조합원들의 엄청난 항의 전화에 해명하느라 진땀을 흘린 적이 있었습니다. 그런데 이 같은 중요한 결정 사항이 조합원들의 손에 전달되고 향후 대책을 논의할 시간도 없이 먼저 언론에 보도된 것은 도저히 묵과할 수 없는 중대한 문제라고 생각합니다. (…) 당장 부천·시흥지역에서는 '이제 투쟁이 다 끝난 것 아니냐'는 분위기가 형성되면서 18일 수도권 집회 참가 인원이 현저하게 줄어드는 결과를 낳기도 했습니다. 민주노총 중앙은 이에 대한 책임 있는 해명과 재발 방지를 약속해야 할 것입니다.(「10차 전국투본대표자회의 결정사항과 그동안의 총파업투쟁에 대한 부천·시흥 노동법개정투쟁본부의 의견서」, 부천·시흥지역 노개투본, 1997, 강조는 인용자)

그런데 이러한 급격한 투쟁 수위의 축소는 김수환 추기경을 통해 청와대와 접촉을 하면서 협상 국면으로 전환할 수 있다는 기대 속에서 이루어졌을 공산이 크다. 이처럼 사회의 원로를 통해 문제를 해결하는 방식은 민주노총 지도부가 전노대 시절부터 선호해오던 방식이었다. 1993년의 현총련 투쟁이나 1994년의 전지협 투쟁 때도 원로를 통해서 정부와의 중재를 요청했던 전력으로 볼 때 그 개연성은 충분하다.

> 민주노총(위원장 권영길)은 정부가 개정 노동법의 시행을 유보하고 2월 말까지 각계 의견을 수렴해 노동법 재개정에 합의한다면 파업을 철회하겠다는 입장을 김수환 추기경을 통해 청와대에 전달한 것으로 알려졌다.
>
> 민주노총 배범식 부위원장은 17일 오후 김 추기경의 청와대 면담이 끝난 뒤 '지난 15일 김 추기경이 민주노총 관계자를 만나 개정 노동법 전면 무효화 주장에 대한 절충안을 물어왔다'며 '김 추기경이 노동법 시행 유보와 철회는 내용상 같은 것이므로 정부의 입장을 고려해 유보를 선택하라고 제안해 이를 받아들인 것으로 알고 있으며 김 추기경이 오늘 이 같은 입장을 청와대 측에 전달한 것으로 안다'고 말했다.(『경향신문』, 1997. 1. 18., 강조는 인용자)

8. 수요파업 이후 — 무력화된 민주노총

충분히 예상되었던 일이지만 수요파업으로 전환한 후에 투쟁의 분위기가 급격히 냉각되면서 수요파업은 사무전문직과 공공부문이 빠지고 금속제조업과 전문노련 중심으로 진행되었다. 1월 22일의 수요파업에는 금속연맹 30개 노조(전면파업 12, 부분파업 28), 자동차연맹 19개 노조(전면파업 7, 부분파업 12), 전문노련 41개 노조(전면파업 3, 부분파업 38) 등이 참가했지만 파업은 부분파업 중심으로 진행되었다. 그리고 집회 참가자의 수도 급감했다. 병원노련 서울지역본부의 경우에는 최대 2000명에서 100~200명으로 파업 참가 조합원의 수가 급격하게 추락했다.[31]

이처럼 수요파업이 힘 있게 진행되지 않자 민주노총은 두 번째 수요파업 전날인 1월 28일에 곧바로 중앙위원회를 소집하여 수요파업 철회 문제를 논의하였다. 논의 결과, 민주노총은 총파업에서 수요파업으로 전환할 때와 똑같이 투쟁동력의 부족을 이유로 수요파업을 취소하였다. 2월 18일에 있을 전면총파업투쟁에 힘을 집중하겠다는 것이었다. 전문노련과 자동차연맹 등이 이에 반대했으나, 투쟁동력을 담보할 수 없다는 금속연맹과 현총련, 현대자동차 노조 등의 주장에 밀려 결국 수요파업마저 취소되었다.[32]

수요파업을 취소한 후에 민주노총은 2월 18일의 4단계 총파업을 앞두고 2월 12일에 중앙위원회를 소집하여 다시 총파업 연기 문제를 논의했다. 논의 결과, 민주노총은 투쟁동력의 부족 문제와 의회의 일정을 고려하여 총파업을 2월 24~28일 중으로 연기하기로 결정했다.* 거의 대부분의 연맹과 지역본부들은 2월 18일에 맞추어서 총파업투쟁을 준

---

* 2월 18일의 총파업이 불가능하다는 것은 이미 조합원들도 예상하고 있었다. "현재 너무 조용하니깐 2월 18일날 실제로 들어가는 거냐고 묻는 조합원들이 많다." "나는 개인적으로 현재 분위기를 볼 때 민주노총에서 2월 18일 총파업을 조직할 분위기가 아니기 때문에(안 들어갈 확률이 99%다. 그때 진짜 들어가려면 지금 이러고 있으면 안 된다) 조합원에게 4차 총파업이라고 하지 2·18 총파업이라고 말하지 않는다."(『총파업 일지』, 병원노련 서울지역본부, 1997, 164쪽)

비해왔기 때문에 18일에 당장 총파업이 가능하다고 주장했지만,* 국민
여론을 감안하여 파업보다는 국회를 압박하는 방법을 모색해야 한다는
산별 대표자회의와 금속연맹, 현총련, 현대자동차 노조의 완강한 주장
에 부딪쳐 결국 총파업은 연기되고 말았다.[33]

2월 18일의 총파업을 연기한 후 민주노총은 2월 21일에 투쟁본부
대표자회의를 소집하여 각 조직의 4단계 총파업 준비 상황을 점검하
고, 세부적인 투쟁 방침을 결정하였다. 이때 민주노총은 정부가 10대
핵심 요구**를 일괄 수용한다면 민주노총의 합법화를 포기할 수도 있다
고 선언했다. 그러나 총파업투쟁을 통해 사실상 복수노조가 인정된 상
황에서 민주노총의 합법화 포기 선언의 진정성을 믿는 사람은 아무도
없었다.*** 이는 단지 그동안 민주노총이 합법화에 연연해 정부 및 국회
와의 협상에 주력하면서 투쟁에 소극적이었다는 조합원들의 불신을 해
소하기 위한 단순한 수사였을 뿐이었다.

민주노총은 2월 25일에 4단계 총파업의 최종 투쟁 방침을 결정하기
위해 중앙위원회를 소집하였다. 노동법 개정 시한이 3월 1일로 다가오
자 더 이상 총파업을 연기할 수 없게 된 민주노총은 시한 마지막 날인

---

* 　전문노련 조합원 설문조사 결과를 보면 '정치권에서 논의하더라도 노동자에게 유리한 내용으로 개
정될 리가 없으므로 총파업 등 가능한 모든 투쟁을 해야 한다'가 57.2%, '국회 개정 논의를 보면서 교섭으
로 풀어가야 한다'가 42.6%인 것으로 나타났다.(『노동법투쟁 자료집 Ⅱ』, 공익노련, 1997, 192~197쪽)

** 　민주노총의 10대 핵심 요구는 다음과 같다. ①교사와 공무원의 단결권 보장 ②노조 전임자 임금 지
급 금지 삭제 ③해고자의 조합원 자격 인정 ④제3자 개입 금지 삭제 ⑤쟁의 기간 중 대체근로 금지 ⑥쟁
의 기간 임금 지급 금지 삭제 ⑦보안작업 사업장 내 쟁의행위 금지 삭제 ⑧직권중재 필수 서비스에 한정
⑨정리해고제 반대 ⑩변형근로제 반대.

*** 　2012년 1월에 개최된 '총파업투쟁 15주년 기념 토론회'에 참석했던 총파업 당시의 민주노총과 산별
연맹 지도부를 포함한 대부분의 토론자들은 이구동성으로 총파업투쟁의 최대 성과로 민주노총의 합법화
를 들었다.

2월 28일에 4시간 시한부 경고총파업을 결정했다. 그러나 이것은 현실적으로 4단계 총파업투쟁이 불가능한 상태에서 어떻게든 2월 말까지 총파업투쟁을 마무리하고 임단투 국면으로 전환하고자 했던 민주노총 지도부가 고육지책으로 내놓은 형식적인 결정에 불과했다. 아직 신한국당의 노동법 개정안이 나오지도 않은 상황에서 4단계 총파업을 철회하면 노동법 개정에 악영향을 미칠 수 있기 때문에, 민주노총은 2월 28일까지는 형식적으로라도 파업을 배치하는 모양새를 취하지 않을 수 없었던 것이다.[34]

3단계 총파업투쟁에서 주도적인 역할을 했던 기아자동차 노조, 쌍용자동차 노조 등 자동차연맹의 핵심 노조들이 경영상의 어려움을 이유로 총파업에서 빠지고, 수차례에 걸친 총파업 연기 결정으로 투쟁의지가 전반적으로 많이 약화된 상태에서 총파업 마무리용으로 행해진 4시간짜리 시한부 경고파업이 힘 있게 진행될 리 없었다.[*] 민주노총은 107개 노조에서 13만여 명이 파업에 참가했다고 발표했지만 노동부는 20개 제조업 사업장에서 3만 2000명이 참가했다고 주장했다.

> 금속, 현총련 산하 한두 군데 노조가 부분파업을 벌이기는 했으나 전반적으로 민주노총 4단계 투쟁 지침이 산하노조에 관철되지 못함.(『2년차 정기대의원대회 자료집』, 민주노총 부산·양산지역본부, 1997, 78쪽)

---

[*] 4단계 총파업에 대해 병원노련 서울지역본부 운영위원회에서는 다음과 같은 비판이 나왔다. "총파업투쟁이라는 말을 아무 때나 사용하지 말았으면 좋겠다. 특히 막판에 민주노총은 너무 지나치게 총파업을 남발했다. 지키지도 못할 것을. 조합원들은 총파업을 선언하면 파업해야 한다고 생각하는데 자칫 잘못하면 우리 자신에 대한 실망감이나 총파업에 대한 긴장감이 떨어질 수가 있다. 공허한 총파업 선언이 정부와 자본에게 더 이상 위협이 안 된다. 이후에는 내실 있게 투쟁을 준비하여 결정적인 시기에 총파업을 선언하고 투쟁하자."(『총파업 일지』, 병원노련 서울지역본부, 1997, 302쪽)

중앙의 방침이 계속 바뀌면서 현장은 파업을 대략 접는 분위기로 정리되어갔고, 2월 28일 지역집회도 그 전의 집회에 비해 현저히 참여가 떨어졌다.(「총파업투쟁 평가」, 마산·창원지역 노개투본, 1997, 22쪽)

SBS 저녁 8시 뉴스에는 민주노총 종묘 집회에 2천명이 모였다고 보도했다. 다들 이래서는 왠지 몸이 따라가지 않는 형국이다. 국회의원이란 자들은 당리당략으로 노동자들을 배반하고 있고, 우리는 솔직히 맥이 빠져 있는 느낌이다.(「노동법투쟁 자료집 Ⅱ」, 공익노련, 1997, 657쪽)

이처럼 민주노총이 4단계 총파업투쟁을 한 번도 제대로 실행하지 못하고 수차례에 걸쳐 연기만 계속하다가 사실상 종결한 가운데, 여야 정치권은 노동법 개정 시한을 3월 8일로 연장하며 협상을 계속해나갔다. 민주노총은 이에 압력을 가하기 위해 3월 4일에 중앙위원회를 소집하여 1000명 규모의 '전국단위노조위원장 상경농성투쟁'을 결정했으나, 이 또한 250~300명 정도의 저조한 참가로 여야 정치권의 노동법 개정 협상에 별다른 정치적 압력이 되지 못했다.

민주노총의 총파업투쟁이 사실상 막을 내렸다는 평가가 지배적인데. 지난 2월 28일 4시간의 시한부 경고파업이 별로 힘 있게 이루어지지 못했다. 중앙위원회 의결을 거쳐 3월 5일부터 8일까지의 항의 농성과 집회 등도 간부나 조합원들의 참여가 극히 낮아 노동법 논의를 하고 있는 정치권에 별다른 압력을 주지 못했다는 것. 비를 맞으며 여의도 광장에 참가한 한 단위노조 대표자는 '민주노총의 유연한 파업전술이 총파업투쟁의 유연한 마무리로 끝나고 있다'면서 '우리는 무엇을 유연하게 얻었는지를 고민하고 있다'고 뼈 있는 한마디. 노동악법이 국회를 통과해도 이제는 조용한 것을 보면 이는 현실로 나타나고 있다는 것.(『전문노련신문』 61호, 전문노련, 1997. 3. 12.)

9. 실패한 노동법개정투쟁

민주노총의 4단계 총파업투쟁은 이처럼 여야의 노동법 개정 협상에 어떠한 영향도 미치지 못한 채 무기력하게 막을 내리고 말았다. 그 결과 여야 정당이 합의하여 통과시킨 노동법 재개정안은 상급단체의 복수노조 허용, 즉 민주노총의 합법화를 제외하고는 사실상 날치기로 통과시킨 노동악법과 달라진 것이 거의 없었다.

개정된 노동법에서 교원과 공무원의 노동기본권 보장은 아예 거론조차 되지 않았으며, 변형근로시간제는 1개월 단위 주 56시간까지 허용됨으로써 장시간 노동, 임금 삭감, 산재·직업병 등으로 노동자의 생활이 더욱 악화될 가능성이 커졌다. '정리해고제'는 2년 유예되었지만 긴박한 경영상의 이유를 시행령이나 법 해석을 통해 악용할 소지가 있을 뿐만 아니라, 법 제정 자체로 대량 실업과 집단 해고가 기정사실화되었다. '노조 전임자 임금 지급'은 5년 이후에 전면 금지하지만 그 이전이라도 단계적으로 감축할 수 있도록 함으로써, 중소기업 노조를 포함한 대다수 노조의 일상 활동이 마비되어 노조가 유명무실해질 가능성이 커졌다. '쟁의 기간 중의 대체근로'도 동일 사업장에서 동일 사업으로 확대되었다. 노조가 '쟁의행위 기간 중의 임금 지급을 요구할 목적으로 쟁의를 할 경우' 2년 이하의 징역 또는 2000만 원 이하의 벌금으로 처벌이 가능해졌다. '직권중재의 대상'인 필수공익사업장에 지하철, 병원, 통신, 은행, 버스 등을 모두 포함시킴으로써 노개위 공익안보다 그 범위가 훨씬 넓어졌다. '보안작업과 생산시설 장소 등에서의 쟁의가 금지'됨으로써 사실상 사업장 안에서는 파업을 할 수 없게 되었다. '임단협의 유효기간'을 1년에서 2년으로 연장함으로써 노동자들은 물가인상을 감당하기 어렵게 되었다. '해고자 조합원의 자격 인정'을 대법원 확정 판결이 아닌 중앙노동위원회 재심 판정으로 완화함으로써 자본가가 보다 쉽게 해고를 할 수 있는 법적 장치가 마련되었다.[35] 이처럼 노동시장 유연화 조항뿐만 아니라 노동기본권 조항에 이르기까지 노동법이 전반적으로 개악되자, 조합원들은 엄청난 패배감을 느꼈고 민주노총 지도부를 불신하게 되었다.

특히 노동법이 별로 달라진 게 없이 개정됨으로 해서 대중들이 가지는 패배감은 엄청났던 것 같습니다. (…) 막판에 정리하면서 복수노조 금지 조항만 바뀐 셈인데, '그러면 결국 민주노총 잘되기 위해서 우리가 한 달 동안 뼈 빠지게 파업을 했었나?' 하는 얘기가 (…) 제기되곤 했습니다. 우리가 할 수 있는 얘기는 '우리가 다 민주노총 아니냐?' 정도밖에 없었습니다. '민주노총이 합법화되면 권영길 위원장이 합법화되는 것이 아니고 우리가 모두 합법화되는 것이니까, 그건 나름대로 성과 아니냐? 이후 합법화되어 싸울 공간이 넓어질 것이니, 그때 준비해서 제대로 싸워보자' 이렇게 얘기해도 설득력도 별로 없었고, 잘 받아들여지지도 않았습니다.(김진숙 부산·양산지역본부 지도위원의 발언, 「특집좌담: 87년 노동자대투쟁 10주년」, 『연대와 실천』 8월호, 영남노동운동연구소, 1997, 36쪽, 강조는 인용자)

23일 동안 총 390만여 명(민주노총 발표)의 노동자가 참가하여 건국 이후 최대 규모의 정치 총파업이라며 온 나라를 뒤흔들어놓았던 총파업 투쟁이 '4단계 파업'을 거치면서 이렇게 허무하게 끝나버린 이유는 무엇인가? 우선 전문노련의 평가부터 살펴보자.

> 4단계 파업 전환 이후 자본의 폭압적인 탄압과 민주노총 중앙의 정세 판단의 오류는 결국 수요파업의 중단과 4단계 투쟁의 침체를 가져왔다. 무너지는 현장을 방치하였으며 집회도 무기력하였다. 중앙의 열의도 많이 떨어져갔다. (…) 야당의 개정안과 협상력에 상당 부분 기대하면서 로비 중심으로 진행하면서 무효화 요구를 너무 쉽게 포기하였으며 탄압 대응과 4단계 파업 준비는 거의 이루어지지 않아 결국 여야 합의 개악을 허용하고 말았다. (…) 민주노총의 4단계 파업은 기조도 잘못되고 내용도 없는 그리고 최선도 다하지 않은 최악의 끝내기였다.(고영주 공익노련 수석부위원장의 발제문,『노동법투쟁 자료집 Ⅱ』, 공익노련, 1997, 731쪽, 강조는 인용자)

민주노총의 4단계 파업은 "무효화 주장을 포기하고 야당에 의존하는 협상에 기대면서 탄압 대응도, 투쟁 조직도 거의 하지 못했으며 3단계 총파업으로 쟁취한 성과마저도 상당 부분 소실시켜버린" 최악의 끝내기라는 전문노련의 신랄한 평가는 부정하기 어렵다.[36] 병원노련 또한 탄압에 대한 민주노총의 대응과 4단계 총파업투쟁 조직화에 대해 동일한 문제를 지적했다. 다음은 1997년 3월 10일에 개최된 병원노련 서울지역본부 운영위원회에서 평가된 내용 중 일부를 발췌한 것이다.[37]

민주노총에는 투쟁 지침만 있지 이에 따르는 현장의 구체적인 실천 방침에 대한 고민이 없어서 투쟁 과정에서 현장 간부가 너무 힘들었다.

우리 조직역량의 한계로 4단계 총파업 시기를 놓친 점은 분명한 우리의 한계이다. 그러나 그것은 조직 현실뿐만 아니라 3단계 총파업 이후 지도부의 구체적인 투쟁 지도 방침이 부재한 데서도 그 원인을 찾을 수 있다. 실제 1/18 3단계 총파업투쟁 이후 4단계 총파업 준비를 위해 현장 조합원들의 인식과 긴장감을 유지할 수 있는 지도 내용과 지침이 어디에서도 제시된 바 없었다.

현재 탄압 사업장에 대한 대응이 미비한 상태이다. 이후에 있을 정부와 자본의 대대적인 공세에 대한 주체적인 대응을 준비해들어가야 한다.

금속연맹 또한 4단계 총파업 기간 중에 민주노총이 조직적으로 제대로 대응하지 못했음을 지적했다.

> 정부의 재개정 방침 천명 이후 여야 합의에 의한 재개정이 이루어지는 과정에서 민주노총의 조직적 대응이 제대로 이루어지지 못한 점은 중요하게 평가되어야 한다. 이 과정에서 대중적인 파업투쟁은 어려웠다 하더라도 간부 중심의 완강하고 치열한 투쟁의 배치가 필요했고, 교원·공무원 단결권, 공익사업(장) 직권중재, 노조 전임자 임금 지급, 정리해고제 등의 사안 및 총파업 기간 중 불이익(미지급 임금, 손해배상, 구속, 징계 등)에 대해 지속적으로 쟁점화시킬 필요가 있었다.(『제1기 2차 임시대의원대회 회의자료』, 금속연맹, 1997, 75쪽, 강조는 인용자)

경주시협의회도 민주노총의 노동법개정 총파업투쟁을 "전투에서 이기고 전쟁에서 패배하는 희한한" 투쟁이라고 평가하면서 4단계 총파업을 힘 있게 조직하지 못한 것이 결국 노동법 개악을 초래했다고 비판했다.

> 건국 이래 최초 최대의 정치적 총파업이라는 화려한 수식어에도 불구
> 하고 노동법은 3월 임시국회에서 여야 야합으로 개악되고 말았다. 소위
> 전투에서 이기고 전쟁에서 패배하는 희한한 상황이 연출된 것이다. (…)
> 민주노총은 총파업의 전체적 전개, 특히 4단계 총파업을 힘 있게 조직하지 못하
> 여 결국 노동법 개악을 초래한 것이었음에도, '정치세력화가 안 되었기 때문'
> 이라는 엉뚱한 곳에서 원인을 찾아 이후 노동법 재개정 투쟁에 총력을 기
> 울이기보다는 정치세력화 사업에 중심을 두는 방향으로 나아갔다.(『98년
> 정기대의원대회 자료집』, 민주노총 경주시협의회, 1998, 108쪽, 강조는 인용자)

이처럼 민주노총 산하조직들은 성공적으로 출발했던 노동법개정 총
파업투쟁이 노동법 개악으로 귀결된 이유를 4단계 총파업투쟁의 실패
때문이라고 보았다. 실패의 주된 책임은 민주노총 지도부에 있었다.
"민주노총이 지시만 하지 조직을 하지 않는다"[38]는 어느 병원 노조 조
합원의 지적처럼 실제로 민주노총은 4단계 총파업을 거의 조직하지 않
았다.

민주노총은 오직 국회와의 협상과 로비에만 주력하였을 뿐이다. 총
파업투쟁의 결과로 노동법이 최소한 노개위 공익안 수준으로는 개정될
것이라고 낙관적인 판단을 하고 있었기 때문이다. 여야가 합의한 개악
안이 나오기 전인 2월 25일에 중앙위원회에서 결정된 '4단계 총파업투
쟁 세부계획(안)'을 보면 민주노총은 노사 합의안과 노개위 공익안 수
준에서 여야 간에 타협이 이루어질 것으로 예상하고 있었다.

6) 노동법 처리의 전망과 관련하여 본다면, 여야의 의견 차이가 크긴 하지만 합의의 가능성이 높다고 보인다. 그 이유는 ① 전교조, 전임자 임금 외에는 핵심적인 쟁점이라고 보기 어렵고, 대강의 타결선이 나와 있는 것으로 보인다. ②야당안도 노사 합의안과 노개위 공익안 수준이며 타협의 자세를 가지고 있다. ③ 대통령이 노사가 의견을 반영한 여야 합의안이 나올 것으로 요구하였다. ④ 날치기안을 여당이 고집하더라도 명분에서 밀리고 핵심 쟁점을 제외하면 실리 면에서 큰 차이가 없다는 점이다.(「1997년 제3차 중앙위 회의자료」, 민주노총, 1997. 2. 25., 강조는 인용자)

이런 잘못된 정세 판단 속에서 민주노총 지도부는 국회에서의 여야 협상에 집중했고, 사실상 탄압에 대한 대응도, 총파업투쟁의 조직화도 방기했다. 그 결과 노동법은 날치기 노동악법과 거의 달라진 것 없이 최악으로 개정되었다.

총파업투쟁 실패의 여파는 최악의 노동법 개정에만 그치지 않았다. 많은 노동조합들이 총파업 실패의 후유증으로 현장이 무력화되어 무쟁의를 선언하고, 회사에 임금 인상까지 위임해버렸다. 그리고 총파업투쟁의 실패로 일반 조합원들은 무노동 무임금, 손해배상 청구, 가압류, 고소·고발, 징계 등으로 이루 말할 수 없는 고통과 피해를 겪었다. 60개 노조의 간부 469명이 회사 측으로부터 업무방해 혐의로 고소·고발되었고, 13개 사업장에서 154명이 징계위원회에 회부되어 해고되거나 정직당했다. 무노동 무임금의 적용으로 475개 사업장에서 17만 6000여 명의 노동자가 906억여 원의 임금을 공제당했다. 6곳의 회사가 169명의 노조 간부와 조합원 그리고 보증인 26명에게 36억여 원의 손해배상을 청구하였다. 또한 3개의 사업장은 139명의 조합원에 대해

90억여 원에 이르는 가압류를 신청하였다.[39]

> 현장에서 특히 문제로 삼은 것은 파업을 종료하면서 민주노총이 파업에 참가했
> 던 조합원들에게 너무 무책임했다는 점입니다. (…) 손해배상, 무노동 무임금, 사
> 측의 징계 문제 등 수없이 많은 문제들이 생겨났는데, 민주노총에서는 (…) 정치
> 적으로 해결하라고 말로만 큰소리 빵빵 치고는 실제로는 완전히 단사 차원으로
> 넘겨버리는 바람에 임투가 발목잡혀버리는 사태가 발생했습니다. 민주노총이
> 수많은 대중이 참가한 파업을 조직했고 그걸 수행했던 지도부라고 하
> 면 (…) 줄기차게 해결을 요구하고 싸움을 지속시켜 전국적 차원에서
> 방어막을 쳐주어야 단사에서도 그걸 바탕으로 교섭도 할 수 있었던 겁
> 니다. 민주노총이 이렇게 전선을 쳐주지 못하니까 사측에서는 임투 교
> 섭권을 회사에 넘겨주면 손해배상이나 징계 문제를 풀어주겠다고 하
> 여 많은 노조들이 넘어갔습니다. 현대중공업의 경우에도 노개투에 참
> 가했던 사람들이 엄청나게 피해를 받았고, 그런 것들이 쌓이니까 현장
> 활동가들이 집회나 투쟁에 소극적으로 되는 등의 문제가 발생하였습
> 니다. 민주노총이 끝까지 대중들에 대해 책임지는 모습을 보여주면 좋
> 겠습니다.(천창수 현대중공업 해고자, 「울산지역 총파업투쟁의 아쉬운 점들」, 『연대
> 와 실천』 1월호, 영남노동운동연구소, 1997, 37쪽, 강조는 인용자)

그러나 민주노총 지도부는 조합원들에게 엄청난 희생과 피해를 안겨
준 총파업투쟁의 실패 원인에 대해 진지하게 반성하고 성찰하지 않았
다. 오히려 정치세력화가 안 되었기 때문에 노동법 개정에 실패했다면
서 이후 민주노총의 모든 역량을 정치세력화 사업으로 집중시켜나가기
시작했다. 이러한 민주노총의 방침은 1997년 상반기 임단투는 물론 하

반기 대통령선거투쟁(이하 대선투쟁)에 이르기까지 이후 민주노총의 모든 투쟁과 사업을 정치세력화, 특히 선거운동 중심의 정치세력화로 집중시키는 결과를 낳았다.

노동법개정 총파업투쟁은 조합원들의 엄청난 희생과 헌신적인 투쟁에도 불구하고 민주노총 지도부의 잘못된 운동노선과 투쟁전술로 인해 노동법을 개정하는 데 실패했다. 하지만 조합원들은 총파업투쟁의 참가를 통해 노동자계급에 대한 연대의식과 투쟁에 대한 자신감을 가질 수 있게 되었으며, 기업별노조의 한계를 경험하면서 산별노조와 정치세력화에 대한 필요성을 구체적이고 현실적인 요구로 인식할 수 있게 되었다.

> 단위노조 차원에서 각 노조마다 몇 년이 걸려도 할 수 없는 조직 강화, 조합원 의식 강화를 이루어내면서 정치적 대부대가 만들어졌다. 파업은 노동자의 학교라는 것을 실감하면서 투쟁 과정 속에서 조합원들 서로에 대한 사랑과 믿음을 확인했다. (…) 단사 차원 임투 중심의 활동을 극복하는 계기가 되었고, 총파업투쟁을 통해 더 큰 단결로 더 큰 투쟁의 힘과 가능성을 깨달았다. (…) 노동자가 자기 존재를 깨달으면서 정치적으로 각성되는 계기로 작용하였다. 총파업투쟁 이후 모든 분할과 차별의식, 허위의식은 사라지고 오로지 '노동자는 하나다'라는 사실만 남게 되었다.(『총파업 일지』, 병원노련 서울지역본부, 1997, 295~296쪽)

조합원들이 주체가 된 역동적이고 대중적인 총파업투쟁을 통해 한국 노동운동은 비로소 질적으로 발전할 수 있는 가능성을 확인할 수 있었다. 그러나 총파업투쟁에서 드러난 민주노총 운동노선의 한계와 지도력의 부재는 이러한 가능성을 제약하는 걸림돌이 되었다. 이 같은 민주노총 지도부의 과오와 한계들은 이후 1997년의 노동자투쟁과 대통령 선거운동 그리고 1998년 2월의 노사정 합의에 이르기까지 반복적으로 나타났다.

7장

1997년 노동자투쟁과
대통령선거운동

1. 계급 간 세력관계의 변화

김영삼 정권은 총파업투쟁으로 정치적 타격을 입은 데다가 한보 비리, 김현철 비리 등과 같은 정치비리 사건들이 터져 나오면서 지배블록 내에서 정치적 헤게모니를 상실하게 되었다. 한보, 삼미, 대농, 진로, 기아그룹 등 재벌 대기업들이 줄줄이 부도를 내고 대출해준 금융기관들이 부실화되는 등 한국 경제가 위기로 치달아가고 있는데도, 김영삼 정권은 산업구조조정과 금융구조조정을 위한 입법과 정책조차 제대로 실행하지 못할 정도로 무력화되었다.

정부는 노동법 개악을 통해 신자유주의적인 구조조정을 본격적으로 추진할 수 있는 기본 토대가 형성되었다고 보고, OECD 가입에 따른 후속 대책으로 산업구조조정과 금융구조조정을 위한 제반 정책들을 매우 빠른 속도로 추진해나갔다. 1997년 3월 20일에 정부는 인수합병 등을 통한 기업의 구조조정에 걸림돌이 되는 규제를 완화하고 지원책을 마련하는 등 산업구조조정을 촉진해나가겠다고 발표했다. 5월 6일에는 한국통신, 담배인삼공사, 한국가스공사, 한국중공업 등을 민영화한다는 내용의 '공기업 구조개선 및 민영화에 관한 법률(안)'을 확정하여 입법 예고했고, 6월에는 금융개혁안을 발표했다. 7월 31일에 재정경제원은 '노동시장의 유연성 제고 방안'을 발표했다. 이 방안에는 기업의 인수 합병 시 정리해고 가능, 근로자파견법 연내 제정, 퇴직금제도 폐지, 연 월차수당 지급 금지, 여성 생리휴가 폐지 등 영·미식 신자유주의적 노 사개혁을 완결 짓겠다는 정부의 의중이 반영되어 있었다. 국제경쟁력 을 강화하고, 고용안정을 이루기 위해서는 노동시장, 즉 임금과 고용의 유연화전략이 필수적이라고 본 것이었다.[1] 이에 따라 재정경제원은 정 기국회에서 통과시키기 위해 정리해고제를 담은 산업구조조정법과 근 로자파견법의 입법화를 지속적으로 추진해나갔다. 그리고 기아그룹의 부도를 계기로 자동차산업의 구조조정 문제가 제기되자 정부는 9월 2일에 부도유예협약 시 주식 또는 경영권 포기 각서를 제출하고, 임금 및 인원 감축에 관한 노조 동의서를 첨부하는 것으로 관련 규정을 개정 했다. 그러나 정부의 이러한 노력에도 불구하고 대통령 선거와 시기가 맞물리면서 김영삼 정권은 자본 분파 간의 치열한 경쟁과 노동세력의 저항에 부딪혀 입법은커녕 정책 방안조차 제대로 실시하지 못하였다.

반면에 자본은 경제위기설을 이용하여 김영삼 정권의 재벌개혁을 좌 초시키고, 자본에 유리한 방향으로 개정된 노동법을 통해 계급 간 세력 관계에서 우세한 위치를 차지하게 되자 더욱 공세적으로 나왔다. 자본 은 경제위기 이데올기를 이용하여 임단협에서 고용안정과 임금 동결을 맞바꾸고, 개악된 노동법을 고착화시키며, 자본 주도의 교섭체계를 확보하기 위해 정부와 함께 총공세를 폈다. 3월 11일에 전경련은 회장단 회의에서 30대 그룹의 임금 동결을 결정했고, 3월 12일에는 노동부가 고용안정 자세로 임금 교섭에 임할 것을 권고하는 임금 교섭 지침을 발표하였다. 3월 18일에 경총은 기업의 임금 총액 동결을 선언했고, 4월 1일에는 임단협 지침을 발표하였다. 5월 12일에 노동부는 노동관계 지원에 관한 지침을 발표하였고, 5월 25일에는 교섭권 위임에 관한 유권해석을 통해 사용자가 교섭을 거부할 수 있는 대상을 명시하는 등 국가와 자본의 입체적인 공세가 계속적으로 이어졌다.[2] 자본은 개악된 노동법을 이용한 단체협약 개악안과 총파업으로 발생한 고소·고발, 손해배상 청구, 무노동 무임금 문제 등을 활용하여 개별 사업장을 중심으로 '고용과 임금 맞바꾸기'를 추진함으로써 노동자들의 투쟁을 무력화하는 데 성공했다.

자본은 임단협에서 승리한 여세를 몰아 8월 1일에 전경련 회장단회의에서 대기업들의 부도 사태를 핑계로 기업구조조정특별법을 제안하면서 2년 유예된 정리해고제의 조속한 도입을 요구하고 나섰다. 그리고 9월 4일에 전경련은 30대그룹 기획조정실장회의에서 재차 부실기업의 정리, 인수합병, 고용조정 등 기업구조조정이 원활하게 이루어질 수 있도록 기업구조조정에 관한 특별법의 제정을 요구했다. 이처럼 자본은 경제위기 공세를 통해 총파업투쟁으로 유예되었던 정리해고제와 근로자파견제의 도입 등 노동시장의 유연화 작업을 추진해나가면서 신자유주의적 구조조정을 위한 정지작업을 착실히 수행해나갔다.

그러나 민주노총은 전국적 공동투쟁전선을 형성하여 이에 대응하는 대신, '경제난 극복을 위한 공동대책회의'(이하 경제대책회의)*에 참가하는 등 타협적인 기조를 취하면서, 자신들의 주 임무인 임단투전선을 개별 사업장 차원으로 방치하거나 분산시켜버렸다. 그 결과 민주노총은 총 파업투쟁의 후유증과 개별 사업장에 대한 국가와 자본의 지속적인 탄압으로 약화된 조직력과 투쟁력을 회복하지 못한 채 계급 간 세력관계에서 열세에 놓이게 되었고, 이는 이후 하반기 투쟁에서 무기력하게 대응할 수밖에 없는 조직적인 한계로 작용했다.

특히 민주노총은 1997년의 사업 기조를 정치세력화를 중심으로 여타의 사업들을 배치하는 것으로 설정함으로써, 당면한 투쟁인 임단투전선의 강화보다 대통령 선거에 모든 관심과 역량을 집중했다. 민주노총이 경제살리기 운동의 일환으로 경제대책회의에 참가하거나 총자본의 탄압과 공세를 임단투전선으로 정면 돌파하지 않고 정치력과 교섭력의 강화를 내세우며 경제개혁·재벌개혁 등 사회개혁투쟁에 집중한 것도 이를 통해 민주노총의 국민적 입지를 강화한 후에 대통령 선거에 참가하려는 목적에서였다. 그 결과 민주노총은 임단투전선도 강력하게 형성하지 못했고, 정치세력화 사업은 조합원들의 무관심 속에서 일부 상층 간부 중심으로 추진되었다. 이 때문에 민주노총은 총파업투쟁으로 약화된 조직력과 투쟁력을 회복하지 못하였고, 그 결과 하반기 노동자투쟁과 대통령선거투쟁 역시 힘 있게 전개할 수 없었다.

하반기 들어 경제위기가 심화되자 자본의 공세는 더욱 강화되었고, 고용 문제에 대한 대중들의 불안과 불만은 더욱 높아졌다. 이에 조합원들은 기존 노조 집행부의 타협적이고 노사협조적인 경향에 불만과 위

● '경제난 극복을 위한 공동대책회의'는 1997년 4월 1일에 여야 경제영수회담에서 결성하기로 합의한 뒤 4월 10일에 발족했다. 경제대책회의는 3당(신한국당, 새정치국민회의, 자유민주연합) 정책위 의장과 경제 5단체장, 노동단체장(민주노총과 한국노총), 소비자 단체 및 학계·언론계 대표 등 13명과 정부 측 관계 장관 1인으로 구성되었다.

기의식을 느끼면서 보다 강력한 지도부를 요구하기 시작했다. 이러한 조합원들의 요구로 만도기계, 현대자동차, 현대정공, 기아자동차 등 대공장 노동조합들이 보다 전투적인 집행부로 대대적으로 교체되었고, 이들 노조는 이후 IMF 경제위기 시기에 국가-자본과 노동 간의 계급투쟁 양상을 결정짓는 주요한 변수로 떠오르게 된다.

1997년은 노동세력이 노동법 개악과 총파업투쟁의 후유증으로 약화된 투쟁력과 조직력을 임단투와 대통령 선거 등을 통해 회복할 수 있는 좋은 기회였다. 그러나 민주노총이 이를 제대로 활용하지 못하면서 노동세력은 국가와 자본의 신자유주의적 구조조정 공세에 수세적으로 대응할 수밖에 없는 불리한 위치에 놓이게 되었다. 당시에 정부는 총파업투쟁과 한보 비리, 김현철 비리 사건 등으로 레임덕에 빠져 있었고, 자본은 대기업의 연쇄 부도 사태로부터 촉발된 자본 분파들 간의 경쟁이 격화하면서 지배블록 전체가 헤게모니의 위기에 봉착해 있었다. 이런 상황에서 민주노총은 노동·기업·산업·금융 등 사회 전반에 걸친 국가와 자본의 신자유주의적 구조조정 공세를 투쟁으로 정면 돌파하지 않고, 노사정 3자 기구에 참여하는 등의 정책 참여를 통해 국가-자본과의 파트너십(코포라티즘)을 형성하는 데 보다 많은 관심과 노력을 기울였다. 하지만 국가와 자본은 민주노총의 희망과 달리 노동세력과의 동반자적 관계를 원하지 않았으며, 오히려 신자유주의적 구조조정의 관점에서 노동시장의 유연화와 노동운동의 무력화를 더욱 가속화하는 방향으로 정책을 펴거나 입법화를 추진해나갔다. 그 결과 민주노총은 총파업투쟁의 후유증으로 약화된 조직력과 투쟁력을 회복할 수 있는 기회를 놓치면서 계급 간 세력관계에서의 열세를 극복할 수 없었다.

그럼에도 불구하고 대통령 선거가 여야 간에 팽팽하게 치러지면서 신자유주의적인 구조조정을 위한 정책이나 입법화가 거의 이루어지지 못하는 계급 간 대치상태가 지속되었다. 이러한 상황에서 IMF 경제위기가 터졌고, 이후 신자유주의적 구조조정을 둘러싼 본격적인 계급투쟁은 IMF를 중심으로 한 초국적 자본과 새로 대통령으로 당선된 김대중 정권과의 대결로 이월되었다.

2. 1997년 임단협투쟁

공통된 요구 — 전국적 공동투쟁전선의 구축

노동법개정 총파업투쟁에도 불구하고 노동법이 이전 수준보다 개악되자 민주노총을 비롯한 산하의 산업·업종연맹, 지역본부, 단위사업장들은 전국적 공동투쟁전선을 형성하여 1997년 임단투를 총파업투쟁의 연장선에서 총노동으로 대응해야 한다고 이구동성으로 주장했다.

민주노총은 1997년 2월 13일에 개최된 제4차 대의원대회에서 "97년 임단투는 총파업투쟁의 연장선에서 전개될 수밖에 없다"고 하면서 "민주노총의 총괄책임과 주관하에 전국적 투쟁전선을 구축하고 요구와 시기, 투쟁전술을 집중한다"는 방침을 정했다. 그리고 "총파업투쟁으로 전국적 통일성과 집중성이 제고되었기 때문에 과거 어느 해보다 민주노총이 총괄하는 전국적 투쟁전선 구축이 현실화될 가능성이 높다"며 5월 이후에 총파업을 한다는 구체적인 일정까지 제시했다.[3]

전문노련은 "97 임단투의 기본 성격은 정권과 자본의 노동조합 무력화 기도에 대한 노조 지켜내기 투쟁의 성격을 가지므로 연맹 97 임단투는 민주노총의 방침에 따라 총자본 대 총노동의 전선을 구축하는 데 적극적으로 동참"하는 것을 1997년 임단투의 기본 방향으로 설정했다.[4]

병원노련 역시 "97 공투는 노개투의 연장선이며, 총파업투쟁의 성과를 토대로 전국적 공동투쟁전선을 강화한다. 97 공투는 개악 노동법에 따른 정리해고, 변형근로제 도입 저지와 고용안정 확보, 총파업 이후 탄압 저지 등을 전국적 주요 공동요구로 하여 전국적 투쟁으로 전개될 것"이므로 "이전의 각개 약진하는 임단투 방식을 넘어 전국투쟁전선 속에서 공동요구, 공동투쟁을 통해 총자본과 정권에 맞선 투쟁을 전개해야 한다. 총자본에 대응하기 위해서 민주노총 차원의 연대전선을 구축, 강화해야 한다"고 공동투쟁 방침을 정했다.[5]

금속연맹도 "총자본의 대대적인 공세가 예상되므로 노개투 총파업투쟁의 연장선에서 탄압 저지와 공동단협 통일 투쟁, 전국적인 투쟁전선 구축이라는 투쟁의 흐름을 조직하고 산별노조 건설의 대중적 토대를 넓혀나간다"라고 투쟁 방침을 정했다.[6]

공노대 또한 "노개투의 쟁점이 해소되지 않는 한 임투 시기에도 투쟁의 1차적 과제는 노개투이고 임투는 부차적인 과제가 될 것"이라고 보고 "날치기 노동법 무효화와 전면 개정, 노동운동 탄압 저지, 임금 동결 타파 및 실질임금 확보, 신경영전략 분쇄 및 경영 혁신"을 공동요구로 내걸고 "시기 집중과 전국적 공동투쟁전선을 구축"하기로 방침을 정했다.[7]

그러나 각급 조직의 이러한 요구에도 불구하고 실제로 임단투 시기에 전국적 공동투쟁전선은 형성되지 않았고, 산업·업종연맹 차원에서조차 이를 위한 구체적인 계획은 제출되지 못했다. 그 결과 1997년의 임단투는 단위사업장별 개별 투쟁으로 고립되고 분산된 형태로 진행되었다.

전국적 노동탄압 저지 투쟁전선 형성의 실패

산업·업종연맹이나 지역본부 등이 전국적인 공동투쟁전선의 구축을 요구하면서 가장 먼저 내걸었던 공통적인 요구는 총파업 이후에 단위사업장에 몰아치고 있던 자본의 탄압을 저지할 수 있는 전국적인 투쟁전선이었다.

파업 기간 결근 처리, 무노동 무임금 적용, 월차·연차 유급휴가 삭제, 정기 승급에서 제외, 징계, 노조 탈퇴 압력, 부당해고, 부서 이동, 손해배상 청구, 고소·고발, 기숙사 퇴출 압력, 파업 불참자에게만 성과급 지급, 용역깡패를 동원한 집단 폭행, 출근 방해, 감금한 채 파업하지 않겠다는 각서 강요[8]등 쉴 새 없이 몰아치고 있는 자본의 탄압으로 현장이 속절없이 무너지고 있는 상황에서 이에 대한 전면적인 대책 없이는 노동법 개정은커녕 임단투조차 불가능했다.

그러나 민주노총은 총파업 시기부터 일관되게 자본의 현장 탄압에 대한 대책을 외면해왔다. 탄압에 대한 대응은 민주노총이 아니라 해당 산업·업종연맹이나 단위노조에서 알아서 해결하라는 식이었다. 민주노총은 3월 27일에 열린 제5차 대의원대회에서 민주노총은 정치적·법률적 대응만 하고, 실제적인 대책은 당사자들이 사안별 공동대책위원회를 구성하여 대응한다는 임단협투쟁 방침을 통과시켰다.

총파업 이후 불이익에 대해서는 중앙 차원에서 정치적·법률적 대응을 강화하고, 개정 노동법의 독소조항이 현안으로 제기된 조직들 중심으로 사안별 공동대책위를 구성하여 공동대응을 강화한다.(『제5차 대의원 대회 자료집』, 민주노총, 1997, 65쪽)

그래서 탄압을 받고 있던 일부 해당 산업·업종연맹과 지역본부들은 민주노총에 전국적인 공동대책을 요구하는 한편, 스스로 탄압대책반을 만들어 공동대응하거나 지역적으로 총파업을 조직해 자본의 탄압에 직접 대응해나갔다.

마산·창원지역 투쟁본부는 자본으로부터 집중적인 탄압을 받고 있었다. 7개 노조에서 31명이 업무방해로 고소·고발되었으며, 19개 노조에는 무노동 무임금이 적용되었고, 3개 노조에는 손해배상이 청구되었다. 이 외에도 1개 노조가 징계위원회에 회부되었고, 6개 노조에서는 회유와 협박, 감시 등이 자행되었다. 이에 마산·창원지역 투쟁본부는 "탄압에 대한 대응을 민주노총에서 정리해줄 것을 제안"했다.[9]

병원노련은 "올해는 노동법개정 총파업투쟁을 빌미로 무노동 무임금, 징계 등을 앞세운 사용자들의 탄압을 병원노동자들의 연대투쟁으로 분쇄해야 할 상황에 처해 있고, 이러한 투쟁이 실패한다면 산업별 연대는 힘 있게 전개될 수 없다. 기업 단위의 투쟁으로 이러한 상황을 돌파할 수 없음은 분명하다. 이것은 전국 차원의 병원노동자의 단결, 나아가 민주노총 차원에서 전체 노동자의 단결을 바탕으로 한 연대전선을 확실히 구축함으로써 돌파해나가야 한다"며 '병원노련 총파업 이후 노조탄압 저지 비상대책반'을 구성하여 현장의 노조 탄압 상황을 종합하고 공동으로 대응했다.[10] 그 결과 병원노련 서울지역본부는 총파업 시에 적용된 무노동 무임금의 철회와 경희대병원의 해고자 복직 투쟁 등을 임단협 교섭 이전에 배치하여 승리했다. 병원노련 서울지역본부는 이 동력을 토대로 단협 개악안을 철회시키고, 임단협투쟁에서 유리한 고지를 점령할 수 있었다.[11]

전문노련의 경우도 "이번 투쟁은 성격상 단위노조와 단위기관 간의 싸움이 아니라 전 노동계와 자본과 정권의 투쟁임. 따라서 징계에 대한 대응도 단위노조 차원에서 하는 것이 아니라 원칙적으로 연맹과 민주노총에서 대응해야 함. 사측에서 징계가 논의될 경우 단위노조에서 대응하다 대응이 용이하지 않을 경우 연맹으로 지원 요청하는 것이 아니라 처음부터 연맹에서 싸움을 전개할 것"[12]이라는 방침에 따라 연맹 차원에서 공동으로 대응한 결과, 대림엔지니어링의 무노동 무임금을 철회시키고, 중소기업진흥공단의 부당징계를 철회시키는 성과를 거둘 수 있었다.

금속연맹은 한보 비리를 위시하여 재벌 규탄 집회를 배치하면서 자본의 탄압에 대해 적극적인 대응을 시도하였지만, 단위노조의 탄압에 대한 공동대응은 미흡하였다. 그러나 교섭이 진행되면서 각 지부는 자본 측의 노조 탄압을 지부별 투쟁으로 대부분 극복하였다.[13] 예를 들어 부천지역의 경우에는 핵심노조 3사(경원세기, 대흥기계, 유성기업)가 중심이 되어 2월부터 시장조사를 통해 공동임금인상 요구안을 작성하고, 공동교섭과 공동투쟁을 준비했다. 이들은 '무노동 무임금 철회 없이 97년 임투 없다'는 투쟁 방향 아래 무노동 무임금 철회 투쟁을 벌여 승리를 거두었고, 이를 토대로 5월에 임금인상투쟁을 원활하게 진행할 수 있었다.[14]

대전지역도 한라공조의 노조 간부 폭력 테러와 노조 사무실 침탈 등에 항의하여 6개 노조가 연대파업에 들어갔고, 매일 저녁 6시에 한라공조 정문 앞에 집결하여 항의 집회를 개최하는 등 자본의 탄압에 공동으로 대응하여 일정한 성과를 거둘 수 있었다.[15]

이처럼 자본의 탄압에 공동투쟁으로 대처하여 일정한 성과를 거둔 일부 산업·업종연맹이나 지역투쟁본부의 경우에는 이때 축적된 투쟁 동력을 토대로 1997년의 임단투를 성공적으로 수행하기도 했다. 그러나 민주노총은 총자본의 집중적인 공세에 대해 전국적인 공동투쟁전선을 구축하여 총노동으로 대응하지 못하였다. 대부분의 노조들은 단위노조별로 분산적으로 대응하다가 투쟁동력의 부족으로 결국에는 고소·고발, 징계, 무노동 무임금 취소 등을 조건으로 무교섭 타결에 동의하거나 임금 대신 고용안정을 택하는 양보교섭을 한 경우가 많았다.

따라서 민주노총이 전국적 공동투쟁전선을 구축하는 데 실패한 주된 원인은 자본의 탄압을 노동법개정투쟁의 연장선에서 올바르게 대처하지 못하면서 현장의 투쟁동력이 무너지는 것을 방치한 데 있다고 할 수 있다. 전문노련의 조합원 설문조사에서도 확인할 수 있듯이 현장의 조합원들은 '올해 임단투에서 민주노총과 연맹이 가장 중요하게 추진해야 할 사업'으로 '신노동법 노조 탄압 대응'(42.8%)을 꼽을 정도로 자본의 탄압에 대한 대응을 가장 중요하게 생각하고 있었다.[16]

전문노련은 민주노총이 1997년의 임단투 기조로 "노동법개정투쟁의 연장선상에서 조합원의 투쟁의지를 더욱 고양시키고 개악된 내용을 단위 현장에서 무력화시켜야 한다고 올바르게 기조를 설정했음에도 불구하고 실제로 전혀 그러지 못했다"고 평가했다. "초기 출발 당시에는 임단투가 노동법개정투쟁의 연장이란 논의가 있었으나 본격적인 교섭 시기에 들어서면서부터는 이러한 논의조차 이루어지지 않았고, 단위노조든 연맹이든 자기 조직 임단투에 매몰되어 임단투의 기조에 대해서는 거의 관심을 기울이지 못했으며, 민주노총에서도 상황 파악 이상의 역할은 하지 못했다"면서 "구체적인 목표로 내세웠던 개악 노동법 무력화도 단위노조 책임으로 맡겨졌고, 민주노총 차원에서 적극적인 책임 있는 투쟁을 조직하지 못했다"고 비판했다.[17]

박문진 병원노련 위원장도 5월 29일에 열린 제7차 중앙위원회에서 "총파업 이후 현장 간담회에서 주로 듣는 얘기가 와작이 날 정도로 깨지고 있는 것이 현실이다. 임단투를 해야 할지 말아야 할지 그런 상황이다. 일정이나 방향을 보면 총파업 이후 무자비하게 탄압받고 있는 부분에 대해 전술적 배치가 하나도 없다"라며 민주노총의 무대책을 강하게 비판했다.

경주시협의회 역시 1997년의 임단투를 평가하면서 "총파업으로 준비도 많이 늦고, 개악된 노동법으로 현장은 많이 침체되고, 개악된 노동법을 현장에 적용시키기 위한 자본의 공세도 만만치 않은 어려운 상황"임에도 불구하고 "전국적인 통일, 집중 투쟁의 모습은 보이지 않고, 중앙, 연맹, 지역, 단위노조가 각기 따로 노는 현상을 보였다"고 비판했다.[18]

부산·양산지역본부는 "노동법 불복종운동은 노개투 총파업을 마무리하기 위해 조합원 설득 수단으로 내세운 방침에 불과"할 뿐, 사실상 민주노총이 "책임 있게 전국투쟁전선을 형성하지 못했다"고 하면서 "사회개혁투쟁조차도 면피성으로 제기된 측면이 있고, 일회성 캠페인에 그치고 있다"고 신랄하게 비판했다.[19]

변경된 민주노총의 투쟁 방침

이처럼 산업·업종연맹과 지역본부에서는 민주노총이 노동탄압 저지투쟁, 노동법개정투쟁, 임단협투쟁 등에서 전국적인 공동투쟁전선을 형성하지 못한 것은, 민주노총의 의지 부족이나 무책임함 때문인 것으로 보고 있다. 그러나 이러한 비판은 일면적이다.

민주노총의 임단투 방침은 노동법 개정 이전에 개최된 제4차 대의원대회(2. 13.)에서와 노동법 개정 이후에 개최된 제5차 대의원대회(3. 27.)에서의 내용이 완전히 다르다. 제4차 대의원대회에서는 "97년 임단투는 총파업투쟁의 연장선에서 전개될 수밖에 없음"을 분명히 하면서 "97년 임단투는 민주노총의 총괄책임과 주관하에 전국적 투쟁전선을 구축하고 요구와 시기, 투쟁전술을 집중한다"라고 결정했었다. 그러나 제5차 대의원대회 때는 총파업투쟁의 연장선이라는 표현이 없어지고 "총파업투쟁의 성과를 계승하고 임단투를 힘 있게 전개하기 위해서"라는 표현으로 바뀌었다. 그리고 전국적 투쟁전선의 구축도 민주노총의 '총괄책임과 주관' 대신 총괄책임이 빠진 채 '주관'만 하는 것으로 바뀌었다. 그런데 이 차이는 단순한 표현상의 차이에 불과한 것이 아니다. 양자는 그 의미가 완전히 다르다. 제4차 대의원대회의 결정에 따라 민주노총의 총괄책임과 주관 아래 전국적 투쟁전선을 구축하기 위해서는 총파업투쟁 때와 같이 투쟁 초기부터 민주노총이 직접 총대를 메고 요구와 시기, 투쟁전술 등을 결정하고, 각 연맹과 지역본부는 민주노총의 방침에 따라 투쟁을 해야만 했다. 그러나 제5차 대의원대회의 결정에 의하면 민주노총은 전국적 투쟁전선을 구축할 책임을 직접 지지 않고 각급 조직의 요구와 투쟁 시기, 투쟁전술 등을 조율하거나 상황을 파악하는 정도의 역할만 하면 됐다. 투쟁전선을 구축할 책임은 이제 민주노총이 아니라 각 연맹이나 지역본부가 지게 되었고, 따라서 전국적 투쟁전선의 구축은 어려울 수밖에 없었다.

1997년 임단투의 핵심 전술이라고 할 수 있는 산업·업종연맹으로의 교섭권 위임 문제도 제4차 대의원대회와 제5차 대의원대회의 문제의식이 완전히 다르다. 제4차 대의원대회의 결정과 같이 민주노총이 직접 전국적 투쟁전선의 구축을 책임졌다면, 교섭권 위임은 산별연맹의 주관하에 산업별 공동교섭·공동투쟁을 전개할 수 있는 유력한 수단이 될 수 있었다. 병원노련은 산업별 공동교섭·공동투쟁을 목표로 한 교섭권위임전술의 의미를 다음과 같이 정리하고 있다.

> 교섭권 위임의 의미는 산별노조로 가기 위한 징검다리로서 기업별 교섭의 한계를 극복하고 지역적 구심, 전국적 구심을 만들어내는 것에 목표를 두어야 한다. (…) 교섭권 위임을 통해 기업별노조 교섭과 투쟁을 넘어 다양한 공동투쟁을 경험한다. 시기 집중과 전국투쟁전선 형성을 가능하게 하는 주요 전술적 의미를 갖는다. (…) 단위노조 차원의 교섭을 연맹 차원으로 집중, 통일시켜냄으로써 총파업전선에서 보였던 민주노총 차원의 전국적 전선을 형성하도록 노력한다. (…) 교섭권위임전술은 전국적인 투쟁전선을 어떻게 만드느냐에 성패가 달려 있다.(『제10기 활동보고』, 병원노련, 1998, 62~64쪽, 강조는 인용자)

그러나 제5차 대의원대회의 결정처럼 전국적 투쟁전선의 구축이라는 전망이 없는 상태에서 교섭권을 위임하는 것은 산업별 공동교섭·공동투쟁은커녕 기껏해야 대각선교섭*이나 대리교섭 등 단위노조의 교섭력을 보충하거나 지원하는 정도에 머무를 수밖에 없다. 실제로 8월 14일에 개최된 제5차 투쟁본부 대표자회의에 제출된 「97 임단투 평가 기초자료」는 교섭권의 위임을 통한 공동교섭이나 공동투쟁은 이루어지지 않았으며. 대부분 대각선교섭에 그쳤다고 평가했다.

> 공동투쟁전술로 채택되었던 교섭권 위임의 경우, 300여 개 노조에서 교섭권이 위임되었고, 조직별로는 병원노련 일부 노조에서 집단교섭이 이루어졌고, 대부분의 조직(건설, 금속, 대학, 자동차, 공익, 화학 등)에서는 대각선교섭의 형태를 취하였다. (…) 그러나 그간 공동교섭의 경험을 갖고 있던 병원, 공익노련 소속 노조를 제외하고는 대규모 사업장의 경우 교섭권 위임을 통한 공동교섭이 조직되지 못하거나 실효성을 갖지 못했다.(「제5차 투쟁본부대표자회의 회의자료」, 민주노총, 1997. 8. 14.)

노동법개정투쟁과 관련해서도 제4차 대의원대회에서는 "만약 2월 임시국회에서 이상의 독소조항이 전면 개정되지 않는다면 임단투 기간에 노동악법 불복종운동을 대대적으로 전개하여, 정권과 자본 스스로 이들 조항을 개정하지 않는 한 산업평화 내지 경쟁력 강화를 기대할 수 없다는 사실을 절감하게 만든다"라며 노동법개정투쟁에 대한 의지를 분명히 했다.[20] 그러나 제5차 대의원대회에서는 "많은 우여곡절과 엄청난 사회적 파문 끝에 국회는 3월 10일 노동법을 개정했다. 많은 아쉬움이 남지만 금년에 노동법이 다시 개정될 가능성은 적다. 따라서 당장은 개정된 조항을 최대한 활용하여 조직의 확대·강화·발전을 도모하

• 개별 기업의 노동조합이 속한 상급단체나 산업별 노동조합이 개별 기업과 개별적으로 교섭하는 방식.

는 한편 독소조항의 폐해를 최소화하고 이를 쟁점화하면서, 중장기적 관점하에 새로이 노동법개정투쟁을 전개해야 한다"라며 사실상 노동법개정투쟁을 포기했다.[21]

이처럼 민주노총은 전국적 투쟁전선을 구축할 책임을 직접 질 것을 결정한 제4차 대의원대회의 결정을 제5차 대의원대회에서 뒤집어버리고, 교섭권의 위임을 핑계로 사실상 임단투에 대한 책임을 산업·업종 연맹으로 전가했다. 그런 뒤에 민주노총은 경제개혁과 재벌개혁, 사회개혁 등 정치·정책적 대응을 통한 민주노총의 사회적·정치적 위상과 국민적 입지를 높이는 방향으로 전환했다. 이러한 기조의 변화는 제5차 대의원대회에서 새롭게 추가된 세 가지 항목의 총괄사업 기조에 잘 나타나 있다.

민주노총의 총괄사업 기조에는 가장 중요한 투쟁 과제인 전국적 투쟁전선의 구축에 관한 내용이 전혀 없었다. 조직역량의 확대와 강화도 투쟁(전국적·산업별·지역별 공동투쟁 등)을 통한 조직의 양적·질적 확대와 강화가 아니라 신규 노조 결성, 가입 노조 확대, 신규 조합원 확대 등과 같은 단순한 양적 확대 방안만을 제시하고 있었다. 사회개혁투쟁 또한 초점이 전국적 투쟁전선의 구축이 아니라 하반기의 대통령 선거를 향하고 있었다. 즉 1997년 당시 민주노총의 총괄사업 기조의 핵심은 노동법개정투쟁과 임단투를 중심으로 한 전국적 투쟁전선의 구축이 아니라 경제개혁과 재벌개혁 그리고 사회개혁 등 정치·정책적 활동의 강화를 통하여 하반기에 있을 대통령 선거에 적극적으로 대응하는 것이었다. 이런 기조에 따라 민주노총의 1997년 사업은 대중투쟁을 통해 민주노총의 조직을 확대·강화하기보다 하반기 대통령 선거에 참가하는 것을 목표로* 사회개혁 요구를 중심으로 해서 '국민과 함께하는 민주노

총'을 부각시키는 방향으로 설정되었다.[22]

실패한 전국적 공동투쟁전선의 구축

민주노총은 사실상 전국적 공동투쟁전선을 구축할 생각이 없었기 때문에 적극적인 투쟁 대책을 세우기보다는 노사정 3자 기구를 통한 정책 참여, 여론 작업, 사회개혁 캠페인, 대선 방침 수립 등 정치·정책적 활동을 중심으로 사업을 진행해나갔다.

　민주노총은 4월 투쟁 계획에서 "정치적·정책적 대응"의 일환으로 "임금 투쟁과 제도 개선을 연계"시켜 "정부와 경제계에서 사회복지와 재벌개혁을 위한 제도 개선을 한다면 민주노총은 투쟁을 자제할 수도 있다"••며 "5대 제도 개선 요구를 중심으로 '중앙노사정협의회'를 빨리 가동하여 구체적인 논의에 착수하자"고 제안했다.[23] 권영길 위원장은 제107주년 세계노동절 기념사에서 민주노총이 임금 인상률을 낮게 제시한 이유는 불황을 고려하여 책임 있는 경제 주체로서 사회개혁에 대한 요구를 가지고 정부와 정치적으로 협상하기 위한 목적에서라며 이를 재차 강조했다.

　민주노총은 이미 과거에 비해 훨씬 낮은 임금 인상률을 제시하는 등 현

•　민주노총이 대통령 선거 참가를 구체적인 목표로 설정하고 있었다는 사실은 "늦어도 8월 말까지는 선거구별 조합원 주소록 전산작업을 완료한다"(『제4차 대의원대회 회의자료』, 민주노총, 1997, 75쪽)고 명시한 정치 방침에서 구체적으로 확인할 수 있다.

••　이 내용은 4월 10일에 개최된 제1차 투쟁본부 대표자회의에서 삭제되었다. 이러한 '조건부 투쟁 자제'는 돌발적인 것이 아니라 민주노총 지도부가 노개위 시기부터 총파업투쟁 시기까지 일관되게 제안해온 것이었다.

재의 경제 불황에 대하여 책임 있는 경제 주체로서의 성숙된 모습을 보였습니다. 민주노총의 임금 인상안은 정부가 각종의 사회보장제도의 확충이나 세제의 개혁 등을 통해 노동자의 생활을 안정시키고 경제를 개혁하여 올바른 경제살리기를 하라는 전제 위에서 제기되는 것입니다.(『민주노총 투쟁속보』 2호, 민주노총, 1997. 5. 2.)

민주노총 지도부는 한보 비리 사태로 공멸의 위기에 처한 정치권이 이를 모면하기 위해 경제살리기라는 명분으로 급조한 경제난 극복을 위한 공동대책회의에 참가를 요청하자, 아무런 조직적 논의도 결정도 없이 참가해버렸다.* 정책 참여를 통해 민주노총의 정치력과 교섭력도 높이고, 사회적 위상과 국민적 입지도 강화할 수 있는 좋은 기회라고 판단했기 때문이다.** 민주노총은 경제대책회의를 "정경유착 근절, 부정부패 추방(정치자금법 개정, 부패방지법 제정), 재벌개혁과 같은 민주노총의 경제살리기 대안을 제시하고 민주노총의 요구를 적극 제기할 수 있는 장으로" 생각했다.[24] 그러나 민주노총의 희망과 달리 경제대책회의는 "기아자동차 등 대기업 부도 위기 대책 같은 정작 중요한 문제는 의제에 포함시키지도 못한 채 알맹이 없는 구호성 의제들만 놓고 소모

● 　민주노총은 4월 10일에 열린 1차 회의부터 참가했는데, 공식적인 참가 결정은 4월 24일에 개최된 민주노총 제6차 중앙위원회에서 논란 끝에 표결(투표자 56명 중 찬성 32명, 반대 18명)로 통과되었다. 민주노총은 노개위 때부터 정부기구에 일단 참가부터 해놓고 사후에 중앙위원회에서 추인을 받는 방식으로 사업을 진행해왔다.

●● 　민주노총은 수백만 명이나 총파업투쟁에 참가한 막강한 투쟁력에도 불구하고, 노동법을 노동자들에게 유리하게 개정하지 못한 이유가 자본 우위의 사회적 세력관계를 뒤집을 수 있는 정치력과 교섭력이 부족하기 때문이라고 보았다. 따라서 사회개혁투쟁을 중심으로 사회 제반에 걸친 정치적·정책적 사업을 전개하여 이들 역량을 강화하고 정치·경제 및 사회적 주체로서의 입지를 강화해야 한다고 주장했다.(『제5차 대의원대회 회의자료』, 민주노총, 1997, 58~59쪽)

성 논쟁만 벌이다가 대선 정국이 다가오자 아무런 성과도 없이 서둘러 폐업하고 말았다".[25]

사회개혁투쟁과 관련해서도 민주노총은 "노사정 3자 기구 참여, 제 시민사회단체와의 연대, 대선 정국 적극 활용 등 세 가지 축을 매개로 사회개혁 3대 과제를 최대한 쟁점화하고 구체적인 제도개혁을 강제한 다"라는 방침을 정한 뒤 사업을 적극적으로 추진해나갔다. 그러나 경제 대책회의의 참가가 별다른 성과 없이 끝나고, 민주노총이 합법조직이 아니라는 이유로 대부분의 노사정 3자 기구에서 배제되었기 때문에 가 장 기대를 걸었던 노사정 3자 기구에의 참여를 통한 사회개혁투쟁의 활성화는 아무런 성과도 거둘 수 없었다. 시민사회단체와의 연대도 사 회개혁 전반을 과제로 설정하고 있었던 탓에 구체적인 사안과 관련해 실질적인 연대투쟁은 이루어지기 어려웠다. 그리고 사회개혁투쟁 또한 현장의 요구와 결합된 대중투쟁보다는 정책토론회와 선전물과 대자보, 집회와 캠페인 중심으로 이루어지면서 조합원들에 대한 교육사업조차 거의 추진되지 못했다.[26] 이처럼 민주노총이 가장 중점을 두었던 사회 개혁투쟁은 대정부 교섭은커녕 기본적인 사업조차 제대로 조직하지 못 했을 정도로 거의 진행되지 않았다.[27]

공익노련은 이와 관련해 "임단투에 매몰되어 사회개혁투쟁에 대해 많은 관심을 기울이지 못했다"며 "사회개혁투쟁은 당연히 해야 하지만 그 시기는 이제까지 해온 것처럼 습관적으로 임단투 시기에 각 연맹별 로 주요하게 생각하는 사회개혁투쟁 요구안을 열거하고 단위노조에서 는 거리선전전에 동원되기만 하는 방식은 지양해야 한다"고 반성했 다.[28]

민주노총의 사회개혁투쟁의 모델이자 모범인 병원노련도 "97년도는 실제적인 진전이 거의 안 되었다"면서 "사회개혁투쟁은 임단투 시기뿐만 아니라 지속적으로 진행해야 할" 것이라는 의견을 표명했다.[29]

이처럼 민주노총은 노동법 개정과 임단투를 중심으로 전국적인 공동투쟁전선을 공세적으로 구축하려고 하기보다는, 자본 측의 경제위기 이데올로기를 인정한 속에서 사회개혁 요구를 중심으로 한 정치·정책적 대응에 치중했다.* 그 결과 6월까지도 투쟁의 분위기는 전국적으로 거의 형성되지 않았다. 6월 19일에 열린 제8차 중앙위원회에 보고된 내용을 보면 투쟁의 요구나 시기, 파업투쟁 등 모든 면에서 전혀 집중이 이루어지지 못하고 있었음을 알 수 있다. 투쟁의 요구는 1996년처럼 노동시간 단축이나 해고자 복직 등과 같이 전국적인 쟁점으로 부각될 수 있는 공동의 사안이 없었다. 투쟁의 시기도 각 조직들이 자기 일정에 따라 교섭과 투쟁에 들어가면서 집중하기가 힘들었다. 파업투쟁도 뚜렷한 쟁점 사항이 부각되지 않으면서 투쟁의 중심 노조를 설정하는 것 또한 매우 어려웠다.[30]

민주노총은 6월에 들어서야 투쟁을 집중시키기 위해 다양한 시도를 해보았지만, 투쟁 관련 회의들이 계속해서 무산되는 등 투쟁의 조율은 커녕 상황을 파악하는 것조차 쉽지 않았다. 6월 12일에 열린 제3차 투쟁본부 대표자회의를 시작으로 19일에는 전임자대책회의, 27일에는 쟁점노조대책회의, 7월 3일에는 제4차 투쟁본부 대표자회의가 성원 부

---

* 이에 대해 공익노련은 다음과 같이 비판하고 있다. "97 임단투에서 자본과 정권은 이른바 경제위기론을 들고 나왔고 이는 거의 모든 사람들에게 당연한 것으로 받아들여지고 있는 일종의 신화가 되고 있다. 과연 정말로 경제위기인가, 경제위기의 원인 제공자는 누구인가를 검토하는 것도 중요하다. 그러나 97 임단투에서 반드시 지적해야 할 사항은 민주노총이 경제위기론을 받아들이면서 수세적으로 대응했다는 점이다. 자본과 정권의 공세에 대해 정면 돌파를 하기보다는 일단 기본 논리를 받아들인 다음에 세세한 부분에서 대응하려 할 경우 그 한계는 뚜렷하다."(『'97년 활동보고』, 공익노련, 1998, 104~105쪽)

족으로 잇달아 무산되었다.[31] 1단계 총파업투쟁의 중심 부대였던 공공부문 노조들의 공동투쟁과 지원을 위한 공공부문대책회의도 성원 미달로 회의를 할 수 없었다. 더구나 전국의 투쟁전선을 책임지는 투쟁본부 대표자회의가 가장 치열하게 투쟁을 하고 있던 6~7월에 두 차례나 연속으로 무산되었을 뿐만 아니라, 투쟁본부 집행위원회는 여섯 번의 회의 대부분이 정족수 미달일 정도로 상황은 매우 심각했다. 6월 말과 7월 초, 두 차례에 걸쳐 열린 총력투쟁 결의대회조차 전국적으로 소수가 참가한 가운데 무기력하게 치러질 정도로 사실상 전국적 투쟁전선의 구축 가능성은 물 건너간 상태였다.*

민주노총은 7월 7일에 기자회견을 열고 7월 9일부터는 1단계로 서울지하철 노조, 부산교통공단 노조, 의료보험 노조, 조폐공사 노조가, 7월 16일부터는 2단계로 병원노련과 금속연맹이, 7월 중순 이후에는 현총련 소속의 노조 등이 3단계로 참여하는 단계적 총파업을 선언했지만,[32] 이것도 계획적인 배치가 아니라 분산적으로 투쟁하고 있는 사업장들을 시기에 따라 배열한 것에 지나지 않았다. 그래서 7월 9일에 서울지하철 노조의 협상이 타결되자 1단계 파업은 시작도 하기 전에 핵심 동력을 잃어버렸고, 2단계 파업도 투쟁의 중심이던 서울대병원 노조 등 대병원 노조들이 파업에 들어가자마자 협상이 타결되면서 역시 일단락되었다. 3단계 투쟁 또한 현대자동차 노조가 7월 22일에, 현대중

---

* 7월 6일의 제2차 총력투쟁 결의대회에 대해 금속연맹 서부경남지부 투쟁본부는 다음과 같이 평가했다. "민주노총 총력 투쟁 방침을 대중적으로 공유한다는 의미는 있었으나, 결의를 다지는 각오나 긴장감을 갖는 내용이 빈약했다(왜 서울 집회를 했는지 의미를 모르겠다). (…) 총력 투쟁 결의 연설 내용이 정치세력화나 사회개혁투쟁이 중심이 되어 주제와 내용이 맞지 않았다. 조직 동원에 있어서도 민주노총 집회라기보다 연맹 집회 정도의 왜소한 인원이었다."("12차 대표자회의」, 금속연맹 서부경남지부 투쟁본부, 1997. 7. 7.)

공업 노조가 7월 25일에 잠정합의를 하면서 사실상 끝나버렸다.

이러한 전국적 공동투쟁전선 구축의 실패는 일찍부터 예견된 것이었다. 민주노총이 총자본의 현장 탄압이나 경제위기 이데올로기 공세를 대중투쟁으로 정면 돌파하지 않고 경제개혁, 재벌개혁, 사회개혁 등의 제도 개선 요구와 연계시켜 정치·정책적 대응으로 우회한 것이 실패를 초래한 근본적인 원인이었다.

민주노총은 5월 8일에 개최된 제3차 투쟁본부 집행위원회에서 "현재 조건에서 임단협만으로 힘 있는 투쟁전선을 구축하기 어렵기 때문에 사회적 파급력이 큰 경제개혁–정치개혁투쟁, 민주노총 합법성 쟁취투쟁 등과 함께 종합적인 투쟁전선을 구축"한 후 이를 바탕으로 "민주노총 중앙 차원에서 경제개혁–정치개혁을 요구하며 대정부 중앙교섭을 추진해야 한다"고 결정했다.[33] 이어서 민주노총은 5월 29일에 제7차 중앙위원회에서 "나라바로세우기 12대 요구 등을 중심으로 정치적 전선을 형성함으로써 한편으로 정치–경제개혁투쟁에 적극 나서고 또 한편으로 정치전선을 통해 임단투를 엄호하도록 한다"는 내용의 6월 투쟁 계획(안)을 통과시켰다.[34] 그러나 임단투를 엄호한다는 정치전선이 엄호전선이 아니라 주전선이 되면서 주전선이 되어야 할 임단투전선에서 전국적 공동투쟁전선은 형성되지 못했다. 그 결과 1997년 임단투는 산업·업종연맹, 지역본부, 단위노조별로 각각 고립되어 분산적으로 진행되었다.

민주노총의 온건·타협적 협상중심노선의 한계

투쟁의 사령부가 아니라 산업·업종연맹이나 단위노조의 투쟁을 정치적으로 조정하고 중재하는 역할을 중시하는 민주노총의 온건·타협적 협상중심노선은 1997년의 상반기 투쟁 과정에서 그 한계가 명확하게 드러났다.

첫째, 민주노총은 자본의 집중적인 탄압에 대해 모든 조직들이 전국적인 대응을 요청했지만 노동탄압 저지 투쟁을 전국적으로 조직하지 않고 방기했다.

둘째, 민주노총은 총자본의 경제위기 이데올로기 공세가 집중되고 있었는데도 이를 정면으로 돌파하기보다는, 경제위기를 인정한 상태에서 생계비 원칙을 포기하고 임금 인상 요구율 수준을 낮춤으로써 현장(특히 중소사업장)에서의 대응을 어렵게 했다. 금속연맹 서울지부는 민주노총과 금속연맹이 국민적 여론과 사회적 분위기를 고려하여 임금 인상 요구액의 수준을 낮게 설정한 것에 대하여 다음과 같이 비판했다. "상급단체인 민주노총과 금속연맹의 임금 인상 요구율은 사회적인 요구이며 이는 원칙적인 입장을 견지해야 한다. 그럼에도 불구하고 민주노총과 금속연맹의 요구의 근거로서 표준생계비가 큰 의미가 없었으며 오히려 국민 여론과 사회적 분위기를 고려한 것이 중소사업장 등 단위 노조에 부정적인 영향을 미쳤다."[35]

셋째, 민주노총은 임투전선을 엄호한다는 명분으로 사실상 임투전선을 포기하고 '나라바로세우기 13대 요구'(제7차 중앙위원회에서 언론개혁 추가)를 중심으로 한 사회개혁 캠페인에 주력하거나 허구적인 경제대책회의 등에 참가하여 임투전선에 혼란을 초래했다.

넷째, 중앙위원을 비롯한 민주노총 상층 지도부는 노동법개정투쟁이나 임단협투쟁과 같은 대중투쟁보다는 하반기 대통령 선거를 둘러싼 정치 방침의 구축에 훨씬 더 많은 관심을 가졌고, 이를 중심으로 상반기 사업을 집행해나갔다. 투쟁본부 대표자회의 등 임단협투쟁과 관련된 중요한 회의들이 대부분 정족수 미달로 인해 무산되거나 중앙위원회에서 투쟁 계획을 논의할 때에도 거의 반 이상의 중앙위원들이 졸거나 토론에 적극적으로 참가하지 않는 등 투쟁에 무관심한 모습을 보였다. 5월 29일에 열린 제7차 중앙위원회원회에서는 안건을 토론하는데 아무런 반응이 없자 의장이 "묵묵부답이라 (…) 넘어갔는데 회의 절반 참여자가 졸고 있다. 3분의 2 정도가 무관심한 얼굴을 하고 있다"며 질타하기도 했다. 반면에 정치 방침과 관련된 토론에는 중앙위원들이 활발하게 참여해 회의 시간의 대부분을 차지할 정도였다.

다섯째, 민주노총은 기아자동차 부도 문제를 '노동자 살리기'가 아닌 '회사 살리기'라는 노사협조적인 관점에서 접근하여 투쟁전선에 많은 혼란을 가져왔다. 공익노련은 민주노총의 '기아살리기 운동'에 대해 "소유분산이 조금 나은 편이라고는 해도 어쨌든 재벌기업인데 이를 국민기업인 양 호도하고, (…) 고용 문제로 접근해야 할 문제를 본말이 전도되어 기업살리기 운동으로 전환"함으로써 노동계 전체에 커다란 악영향을 미쳤다고 비판했다.[36]

이처럼 대중투쟁보다는 정책 참여나 정치 협상을 중시하는 민주노총의 온건·타협적인 협상중심노선 때문에 민주노총은 전국적 공동투쟁전선을 구축하는 데 실패했다. 민주노총은 단위노조별로 분산적이고 수세적인 방어 투쟁을 함으로써 총파업투쟁으로 무너진 현장의 조직력과 투쟁력을 복구하지 못했다. 이 때문에 민주노총은 1997년 하반기에 경제위기를 빌미로 정리해고제와 파견근로제의 법제화를 압박하는 총자본의 공세에 맞서 총파업을 결의하지도 못할 정도로* 조직력과 투쟁력이 매우 취약해졌다. 금속연맹은 "노동법 총파업 이후 현장 조직력이 매우 약화되어 있어 총파업이란 말이 현장 간부나 조합원에게 무척 부담스러운 상태에서, 민주노총이 총파업 결정을 하기는 했지만 구체적인 실천 계획의 부재와 불투명한 투쟁 전망으로 총파업 결의를 한 단위노조는 30여 개에 지나지 않는다. 그리고 약화된 조직력 때문에 동시 중식 집회, 선전전, 집회 등도 힘 있게 집행되지 못하였다"고 보고하고 있다.[37] 이러한 조직 상태에서 하반기 투쟁의 중심축을 담당하고 있던 기아자동차 노조의 기아살리기 운동이 실패로 끝나자 하반기 경제민주화와 고용안정 쟁취를 위한 민주노총의 총력 투쟁은 무기력하게 끝나버렸다.**

3. 대통령선거운동

민주노총의 대선 방침 결정

민주노총은 1996년에 "노동법 개정과 사회개혁 3대 과제를 중심으로 교섭단을 구성하여 대정부·대국회·대정당 교섭을 집중적으로 벌이고, 성과가 없으면 97년 대선에서 후보전술을 매개로 정치세력화를 추진

•   10월 말까지 민주노총 산하의 전 노동조합이 총파업을 결의하기로 했으나 11월까지 총 1280개의 단위노조 중 266개의 노조만이 파업을 결의했다. 그러나 그중 200개는 완전월급제 투쟁을 하고 있던 전국민주택시노동조합연맹(민주택시연맹) 산하의 노동조합들로, 이 수를 제외하면 사실상 66개밖에 되지 않았다. 택시 노조를 제외하면 5% 정도의 단위노조들만이 총파업을 결의했을 뿐이었다.

••   하반기의 주요 투쟁은 기아자동차 노조의 기아살리기 투쟁, 민주택시연맹의 완전월급제 쟁취 투쟁, 민주금융노동조합연맹(민주금융연맹)의 한국은행 독립성 쟁취와 감독기관 통합 저지 투쟁 등이었는데 이중 핵심 동력은 기아자동차 노조의 기아살리기 투쟁이었다.

한다"는 투쟁 방침을 결정했었다.[38] 민주노총은 수백만 명이 참가한 총파업투쟁에도 불구하고 노동법 개정이 실패로 끝나자 그 원인을 '정치력과 교섭력의 부족'에서 찾으면서 정치세력화를 통해 이를 극복해야 한다며 대통령 선거 준비에 들어갔다.

　　민주노총은 1997년에 제4차 정기대의원대회(2. 13.)와 제5차 임시대의원대회(3. 27.)에서 정치 방침을 제출했으나 대선과 관련해서 구체적으로 결정된 방침은 없었다. "'97년 대통령 선거, 98년 지방자치제 선거, 2000년 국회의원 선거 등 정치 일정이 연속적으로 있기 때문에 대선 방침을 포함한 정치 방침을 수립해야 한다. 그러나 현재 대선 구도가 분명하지 않은 상태에서 상반기에 대선 방침을 정하는 것은 운신의 폭을 좁힐 수 있기 때문에 적절하지 못하다"라는 것이 두 차례에 걸쳐 개최된 민주노총 대의원대회의에서 결정된 내용이었다.[39] 다만 "98년 4월 지자체 선거 대거 진출, 98~99년 정당(정치조직) 건설, 2000년 4월 국회의원 선거에서 원내 진출을 목표로 이번 대선부터 '독자적인 영역'을 구축하여(야권과의 정책연합이든 독자후보 방침이든) 적극적으로 대응한다"는 방침만이 정치위원회의 사업계획(안)으로 제출되었다.[40] 그런데도 민주노총 정치위원회는 마치 제5차 대의원대회에서 민주노총의 '포괄적 정치 방침'*으로 "98년 지자체 선거 대거 진출 → 98~99년 정당 건설 → 2000년 국회 원내 진출을 목표로 하는 정치세력화 사업을 힘

●　　제5차 대의원대회의 결정 내용은 대선 구도가 윤곽을 드러내는 하반기에 가서 대선 방침을 포함한 정치 방침을 결정하자는 것이었기 때문에 정치 방침이든, 포괄적 정치 방침이든 어떠한 것도 결정된 바가 없었다. 그런데도 민주노총이 마치 '1998년 지자체 선거 대거 진출', '1998~1999년 정당 건설', '2000년 국회 내 진출' 등을 정치세력화의 구체적인 목표로 설정한 것처럼 왜곡하여 이를 '포괄적 정치 방침'으로 선전한 것은 매우 의도적이라고 할 수 있다. 민주노총은 이처럼 왜곡된 정치 방침을 가지고 시급한 정치 일정을 핑계로 대선 방침을 수립하기 위해 각 연맹과 지역본부의 간부들을 적극적으로 추동해나갔다.

차게 전개해나간다"*⁴¹는 결정이 이루어진 것처럼 왜곡하고 선전했다. 민주노총은 이를 토대로 임단투 집중 시기인 6월 13~7월 22일에 스물아홉 차례의 전국순회간담회를 실시하는 등 대선 방침 수립을 위한 정치사업을 적극적으로 추진해나갔고, 7월 24일에는 6차 대의원대회에서 후보전술을 중심으로 대선투쟁에 인적·물적 역량을 최대한 집중한다는 방침을 이끌어냈다.

대선 방침이 공식적으로 처음 논의된 것은 5월 29일에 개최된 제7차 중앙위원회에서였다. 그 이전까지 연맹이든 지역본부든 공식적으로 토론해본 곳은 거의 한 곳도 없었고, 기껏해야 상임집행위원회나 대표자회의에서 토론해본 정도였다. 현총련과 금속연맹, 병원노련, 전문노련, 언론노련, 전국민주철도지하철노동조합연맹(이하 민철노련) 등 대부분의 연맹들은 민주노총이 대통령 선거에 적극적으로 뛰어드는 것에 대해 부정적이었다. 임단투와 산별노조 건설 등 민주노총이 시급하게 주력해야 할 사업들이 산적해 있는데 이런 상황에서 대선투쟁에 얼마나 많은 역량을 투입할 수 있겠는가라는 것이었다. 그러나 민주노총 지도부는 대내외적인 필요성 때문에라도 대선 방침을 정해야 한다는 이유로 6월 중에 중앙위원회를 개최하여 토론이 아니라 7월에 있을 대의원대회에 상정할 문안을 검토하기로 했다.⁴² 사실상 대선 방침과 관련한 토론은 중앙위원회에서 한 번도 제대로 진행된 적이 없었다고 할 수 있다. 제7차 중앙위원회의 토론 자료는 5월 28일에 정치위원회의 기획단

● 이는 제5차 대의원대회가 아니라 4개월 후인 7월 24일에 개최된 제6차 대의원대회에서 결정된 대선 방침 중 두 번째 항목에 들어 있는 내용이다. 정치위원회는 4개월 후에야 결정될 내용을 미리 앞당겨서 결정 사항인 양 왜곡했다.

회의에 제출된 뒤 바로 다음 날인 5월 29일에 제7차 중앙위원회에 제출되었기 때문에 중앙위원들은 검토할 시간조차 없었다.[43]

6월 19일의 제8차 중앙위원회에 제출된 '노동자의 정치세력화와 97년 대통령 선거에 관한 민주노총의 방침'은 7월에 개최될 예정인 임시대의원대회에 제출할 문안에 관한 것이었다. 이 문안은 5개 항목으로 구성되어 있었다. 핵심적인 내용은 "민주노총은 민주적이고 개혁적인 후보를 만들어내기 위해 제 민주세력과 연대하여 공동선거대책기구를 구성하고, 이를 위해 인적·물적 역량을 최대한 집중한다"라는 것이었다. 이에 대해 김유미 병원노련 중앙위원은 "민주적이고 개혁적인 후보라고 두루뭉술하게 표현하고 있지만 사실상 민주노총을 중심으로 하는 국민후보전술이라는 느낌을 배제할 수 없다"라며 강한 의문을 제기했다. 배범식 민주노총 부위원장도 "조직 내 동의도 되지 않은 상태에서 인적·물적 지원이 가능한가? 어떤 경우라도 조합원 전체 동의가 있어야 한다. 조합원 투표도 있어야 한다"라며 강력하게 반발했다. 권영길 의장은 문제제기를 인정하면서도 "임시대의원대회에서 토론을 통해 정리하기 위해 국민후보전술로도 또는 정책연합전술로도 보일 수 있는 복합적 의미로 민주적 개혁적 후보라고 표현했다"며 슬쩍 눙치고 넘어갔다. 그러나 이는 사실이 아니다.

민주노총 지도부는 일찍부터 민주주의민족통일전국연합(이하 전국연합)과 대선 방침을 놓고 의견을 교환해왔다.[44] 전국연합은 6월 14일에 개최된 임시대의원대회에서 대선 방침을 "1. 전국연합은 민주노총 등 민주주의와 사회 진보를 위해 노력하는 제 세력들과의 합의를 바탕으로 민주연합을 대표하는 '우리 후보'를 낸다. 2. '우리 후보'는 '국민 후보'이다. 3. 민족민주 진영은 공동의 선거기구(가칭 민주개혁국민연합)를 제안하고, 여기에 민주세력을 결집하고 이를 바탕으로 국민 후보를 추대한다"라고 결정했다.[45] 그러고는 바로 당일인 6월 14일에 민주노총과 전국연합, 진보정치연합을 중심으로 '국민후보운동 추진을 위한 실무모임'을 구성했다. 진보정치연합도 7월 6일에 임시대의원대회를 개최하여 대선 방침으로 노동계, 진보적인 정치단체, 시민사회단체 등과 국민후보운동을 전개한다고 결정했다. 이처럼 민주노총이 6월 19일에 중앙위원회에 제출한 대선 방침은 전국연합과 진보정치연합의 대선 방침과 거의 똑같았다. 다만 노동자 후보도 민중 후보도 아닌 국민 후보에 대한 민주노총 내부의 부정적인 인식을 고려하여, '민주적이고 개혁적인 후보'로 두루뭉술하게 표현한 점만이 다를 뿐이었다.

민주노총 지도부는 이미 제 정치단체 및 시민사회운동단체와 합의해서 국민후보전술을 구체적으로 추진하고 있었으면서도, 마치 아무것도 결정되지 않은 것처럼 연막을 치고 있었다. 왜 이렇게 했을까? 민주노총 지도부는 민주노총에서 대통령 선거에 후보를 낼 생각을 강하게 갖고 있었다. 그러나 제7차 중앙위원회에서 가맹조직들이 강하게 반발하자 이를 피하기 위해 국민후보전술과 관련된 모든 사항을 공동선거대책기구를 우회해서 결정하는 모양새를 취할 필요가 있었다. 실제로 민주노총 지도부는 공동선거대책기구에서의 결정을 통해 역으로 민주노총을 압박해들어감으로써 민주노총 내부의 반발을 무마하고 권영길 위원장을 대통령 후보로 선출할 수 있었다.

7월 16일에 개최된 제9차 중앙위원회에서도 제8차 중앙위원회 때와 마찬가지로 민주적이고 개혁적인 후보가 구체적으로 무엇을 의미하는지, 새로운 정당의 건설을 위한 정치조직의 성격을 갖는 공동선거대책기구라면 정당의 계급적 지향은 무엇인지, 공동선거대책기구의 역할은 무엇인지 등등에 대한 토론은 전혀 이루어지지 않았다. 단지 제8차 중앙위원회에서 결정된 대선 방침에 3개 항목의 실천 방침이 추가되었고, 문안만 검토되었다. 실천 방침은 대선 방침을 간단하게 정리한 것으로써 그 내용을 좀 더 명확하게 한 정도에 지나지 않았다. 이에 대해 자동차연맹의 한 중앙위원은 "총파업투쟁에서 보여준 민주노총의 지도력에 대해 재평가해봐야 한다"면서 "현재 현장에서 엄청난 루머가 돌고 있다. 민주노총에서 후보를 내는 것에 반대한다. 대의원대회에서 후보를 낼 것인가 아닌가를 결정해야 한다"며 강하게 반발했다. 실천 방침은 총 53명 중 찬성 29명, 반대 5명으로 겨우 과반수로 통과되었다. 기권이 19명(약 36%)이나 될 정도로 여전히 대선 방침에 대해 흔쾌히 동의하고 있지는 않았던 것이다.

7월 24일에 개최된 제6차 대의원대회에는 임원·산별 대표자회의를 통해 "4. 공동선거대책기구에서 후보를 결정할 때에는 그 이전에 민주노총 대의원대회를 개최하여 이에 관한 민주노총의 입장을 결정한다"는 항목이 추가된 수정동의안이 제출되었다. "민주노총이 집행부 또는 정치위원회에서 어떤 그림을 그려놓고 요식행위로 밟아나가는 것이 아닌가"[46] 하는 조합원들의 의심과 불신 그리고 반발을 피하기 위해 대의원대회에서 후보를 선출하는 과정을 한 번 더 거치기로 한 것이었다. 토론 과정에서 "조합원들에 대한 토론과 교육 후 방침을 정하자", "민주적이고 개혁적인 후보가 무엇인지 그 내용이 모호하다"라는 문제제기가 있었지만, 출석 대의원 총 193명 중 발언자가 8명에 불과할 정도로 대의원들은 토론에 적극적으로 참여하지 않았다.* 이런 분위기 속

---

* 권영길 의장이 "또 발언할 분, 이렇게 중요한 의견에 대해 현재까지 다섯 분이 발언했는데, 다섯 분

에서 민주노총의 대선 방침은 대의원 총 193명 중 찬성 169명, 반대 14명, 기권 10명 등 '압도적인' 표차로 통과되었다.[•]

민주노총에서 대선 방침이 결정된 바로 다음 날인 7월 25일부터 '국민후보운동 추진기구' 사무실의 입주를 시작으로 본격적인 국민후보운동이 추진되었다. 8월 18일에는 '국민승리21 건설과 국민후보 추진을 위한 선언자대회'가 개최되었고, 권영길 위원장이 공동대표로 선출되었다. 8월 19일에 민주노총은 임원·산별 대표자회의를 개최하여 하반기의 중심 사업으로 정치사업을 설정하였고, 이에 따라 정치위원회가 아닌 사무총국을 중심으로 한 기본 집행체계에서 정치사업을 담당하기로 결정하였다. 이는 민주노총이 권영길 위원장을 대선후보로 내보낼 실무적인 준비를 완전히 마쳤음을 알리는 시그널이었다.

국민승리21이 권영길 위원장을 국민 후보로 추대하는 결의대회를 9월 7일에 개최하기로 확정하자, 민주노총은 권영길 위원장을 국민 후보로 추천하지 않을 수 없게 되었다. 이런 상황에서 9월 5일에 후보 추천을 결정하기 위한 임시대의원대회가 소집되었고, 8월 29일에는 대의원대회에서 의견을 조율하기 위해 제10차 중앙위원회가 개최되었다. 그러나 각 조직 간의 의견 차이가 워낙에 컸기 때문에 합의를 통해 권

으로 끝냈다면 민주노총이 창피한 것 아니겠는가. 다 쏟아놓는 장으로 만들자"라며 적극적인 토론 참여를 독려했지만, 토론은 활성화되지 않았다.

• 임시대의원대회에는 전체 대의원 354명 중 221명이 참석했지만, 대선 방침을 결정할 때에는 193명으로 줄어든 상태에서 투표가 이루어졌다. 재석 193명 중 169명의 찬성으로 찬성률은 87.5%였지만, 전체 대의원의 54.5%밖에 참석하지 않았기 때문에 실제로 대선 방침에 찬성한 대의원의 수는 47.7%로 전체 대의원의 절반도 되지 않았다. 대의원들의 참석이 저조했던 이유는 투쟁 중인 지역과 연맹의 대의원들이 참석할 수 없었기 때문이다. 이는 임단투와 정치세력화가 서로 분리되어 조합원들은 물론 대의원들의 의견조차 수렴하지 못한 상태에서 대선 일정에 쫓겨 대선 방침이 졸속으로 결정되었음을 의미한다.

영길 위원장을 국민 후보로 추천하는 것은 불가능했다. 결국 국민 후보 추천 문제는 임시대의원대회에서 결정할 수밖에 없었다.

9월 5일에 개최된 제7차 임시대의원대회는 권영길 위원장의 언급처럼, 침묵과 난감한 표정이 교차되는 곤혹스러운 분위기 속에서 진행되었다.[*] 이때 단병호 금속연맹 위원장이 물꼬를 트는 발언을 했다. 개인적으로도 조직적으로도 현재 추진되고 있는 노동자 정치세력화 방안에 대해 전혀 동의하지 않지만, 어차피 권영길 위원장이 출마하기로 결심을 굳힌 상태이기 때문에 홀가분하게 갈 수 있도록 보내주자는 것이었다.[**]

> 정치세력화를 하자는 데는 누구도 반대하지 않는다. (…) 그러나 개인적으로도, 금속연맹 조직적으로도 동의하지 못했던 데는 몇 가지 원인이 있었다. (…) 지금까지의 논의들이 노동자를 주체로 살려내기 위한 정치세력화가 되어가고 있는가. (…) 정치위원회가 건설되고 많은 사업이 있었지만, 노동자가 주체로 서는 데는 많은 문제가 있었다. (…) 두 번째로 (…) 노동자의 정치세력화를 하자고 하지만 그에 대한 구체적인 프로그램이 없다. (…) 보다 구체적이고 치밀한 프로그램이 필요하지

---

[*] "침묵을 지키는 동지들 보니까 못된 짓 하고 있는 것 같은 생각이 든다. 난감한 표정을 보면서 너무 큰 고민을 안겨주고 있다는 생각이 든다."(권영길 위원장의 신상 발언 중에서 일부 인용)

[**] 금속연맹은 8월 27일의 제11차 중앙위원회에서 "97년 대선 후보로 민주노총 권영길 위원장을 추대하는 것은 여러 가지 조건상 적절하지 못하다는 다수 의견을 확인하고, 민주노총 임시대의원대회에서 금속연맹 조합원의 의견을 올바르게 전달한다. 다만 민주노총 임시대의원대회의 결정에 대해서는 책임 있게 사업을 집행한다"고 결의했었다. 그러나 정작 민주노총 임시대의원대회에서는 "민주노총에서 다수의 연맹이 찬성하고 정치세력화와 진보정치를 위한 권영길 위원장의 의지가 확고하다는 것을 확인한 상황에서 계속 반대하는 것은 바람직하지 않다는 판단"하에 후보 추대를 승인했다.(『사업보고 1997』, 금속연맹, 1998, 115쪽)

않는가. (…) 정치세력화를 하자고 하면서 어떤 정치세력화를 하자고 하는지 전혀 논의가 없었다. (…) 그래서 금속연맹에서는 이번 대선에서 정치세력화를 할 필요가 없다라고 생각하는 것뿐만 아니라, 오히려 정치세력화가 더욱더 중요하기 때문에 현장부터 작업을 해야 한다고 생각해왔다. 그러한 것이 지난 중앙위에서 반대를 결정하게 된 의견이었다. 그러나 지금 이제 판단해야 할 것이다. 만일 권 위원장이 조직의 판단에 맡기겠다고 한다면 반대를 했을 것이다. 그러나 권 위원장은 나가겠다고 결의했다면 금속연맹은 이제 최대한 할 수 있는 바를 할 수 있도록 결의했다. 어렵게 결심하신 권 위원장에게 홀가분하게 갈 수 있고, 힘을 얻어서 갈 수 있도록 하는 대의원대회가 되었으면 한다.

한국통신 노조와 전남광주지역 대의원 등의 반대가 있기는 했지만, 결국 제7차 대의원대회에서 단병호 금속연맹 위원장의 제안에 따라 권영길 위원장이 만장일치로 국민 후보로 승인되었다. 그리고 이와 함께 25억 원 모금, 정치실천단 10만 명 조직, 각 조직별 상근자 1인 선거대책기구 파견 등도 결의하여 인적·물적 역량을 최대한 집중하기로 결정했다.

대통령선거운동

민주노총의 대선 방침은 조합원은 물론 대의원과 중앙위원에 이르기까지 교육은커녕 제대로 된 토론도 한 번 없이 졸속으로 결정되었다. 노동법개정투쟁은 '전조합원 1인 1교육'이라는 기치하에 거의 6개월 동안 엄청난 토론과 교육을 통해 조합원들의 의식과 의지를 통일했기 때문에 총파업이 가능할 수 있었다. 전 조합원이 교육과 토론을 통해 노동자 정치세력화의 방향과 내용에 동의하고 의지와 역량을 모아 적극적으로 참여해도 쉽지 않은 것이 대선투쟁이다. 그런데 이렇게 졸속으로, 그것도 총파업의 후유증으로 수세에 몰린 상태에서 임단투를 방어하기 위해 힘겹게 투쟁하고 있는 조합원들에게, 아무런 교육도 토론도 없이 통과된 대선 방침이 과연 얼마나 효력을 발휘할 수 있었을까? 당시 현대자동차 노조 신임 위원장으로 당선된 김광식 위원장의 인터뷰 내용을 보면 조합원들의 상태를 추측해볼 수 있다.

> 대선 문제에서 가장 곤혹스러운 것은 어떤 입장을 가질 것인가 하는 점인데 (⋯) 조직적으로는 어떠한 보고나 논의도 진행되지 않은 상태입니다. (⋯) 우려가 되는 것은 권 위원장님이 나가서서 정치세력화의 발판이 마련될 수 있는지. 200만 표를 목표로 한다고 하셨는데 그것이 가능하겠는가 하는 점입니다. 또 올려놓고 표 안 나오면 이거 망신 아닙니까? 마찬가지로 대선 자금도 만만치 않잖아요. 50억 모금 얘기가 있던데 참 부담스럽습니다. 대선 논의가 좀 일찍 시작되었으면 이후에 사업하는 게 훨씬 쉬웠을 텐데 지금 조합원들이 너무 모릅니다. '권영길 위원장이 나온다고 하더냐' 하는 정도지, '권영길 위원장이 나온다더라' 하는 분위기는 아니죠. 너무 몰라요.(『현장에서 미래를』 10월호, 한국노동이론정책연구소, 1997, 57~58쪽, 강조는 인용자)

9월 5일에 열린 임시대의원대회에서 권영길 위원장이 대선 후보로 추대되었는데도 현장에서는 그 내용을 전혀 모르고 있을 정도로 조합원들은 민주노총의 대선 방침에 대해 무관심했다. 현장 활동이 가장 활발하다고 하는 현대자동차 노조에서조차 어떠한 조직적 보고나 논의도 이루어진 적이 없었다면, 다른 노조들은 말할 것도 없었다. 대선 방침에 대한 조합원들의 관심과 인식이 이러한 상황에서 조합원들이 대선 투쟁에 적극적으로 참여해 활동하기를 기대했다면, 그것은 환상일 뿐이었다.

1997년 대통령 선거에서 권영길 후보의 득표율은 1.2%(30만 6026표)에 불과했다. 이는 민주노총의 조합원 수(55만 명)에도 훨씬 못 미치는 득표수였다. 총 득표수 30여만 표 중 15만 표 정도를 민주노총 조합원의 표로 추산한다면 권영길 위원장에게 투표한 민주노총 조합원은 채 30%도 안 된다.[47] 대선 방침으로 결의한 25억 원 모금도 총 8억 6000만 원을 모금하여 목표액의 3분의 1 정도밖에 안되었다. 이는 상반기의 북한동포돕기 모금액인 14억 원에도 훨씬 못 미치는 금액이었다. 정치실천단은 목표 인원수인 10만 명의 27%가량인 총 2만 7000명*이 모집되었다. 대선 방침으로 결의했던 인적·물적 역량의 목표량에 비하면 상당히 저조한 실적이었다. 민주노총 위원장이 대선에 출마했음에도 불구하고 조합원들은 선거에 무관심했거나 외면했던 것이다.** 전태일 열사의 어머니 이소선 여사도 11월 초에 가진 인터뷰에서 "권영길 위원장이 대선 후보로 나왔는데 왜 이렇게 꿈쩍거리지도 않고 잠잠한가? 내보냈으면 단결해서 조직적으로 해야지"라고 한탄할 정도였

• 　그러나 이 숫자도 보고용으로 제출된 것이어서 과장되었을 가능성이 크다. 12월 10일에 개최된 제13차 중앙위원회에서 한 중앙위원이 발언한 내용에 따르면, 당시 정치실천단으로 조직된 인원은 1만 명 정도였다.

•• 　국민승리21도 「15대 대통령 선거 평가(안)」에서 다음과 같이 지적했다. "민주노총 주요 간부의 결합이 적었고, **다수의 조합원이 권영길 후보의 출마에 관심조차 두지 않았다.** 또 상당수 지역연합이 실질적으로 국민후보운동을 보이코트하였다."(「현장에서 미래를」 1·2월호, 한국노동이론정책연구소, 1998, 134쪽, 강조는 인용자)

다.[48] 이에 대해 금속연맹은 다음과 같이 평가하고 있다.

하반기 충분한 준비 없이 결정된 대선 방침은 대단히 미흡한 선거 결과로 귀결되었다. 저조한 득표율은 준비 과정이나 대선 사업 추진 과정에서 조직적 토론과 대중적 공감대가 형성되지 못함으로써 어쩌면 당연한 결과일 것이다. (…) 이번 대선투쟁의 교훈은 노동자 정치세력화는 철저한 사전 준비와 올바른 전망 속에서 조합원들이 능동적으로 참여할 수 있어야 한다는 점이다.(『사업보고 1997』, 금속연맹, 1998, 228쪽)

조직적 토론과 대중적 공감대 속에서 조합원들이 능동적으로 참여할 수 없었기 때문에 대선투쟁의 결과가 저조했다는 금속연맹의 평가에 대해 경주시협의회도 동일한 의견을 내놓았다. 경주시협의회는 임단투와 단위노조 선거 때문에 9월 초부터 뒤늦게 대선에 관한 논의를 시작하다보니 "현장의 논의를 바탕으로 해서 사업을 진행하는 것이 아니라 중앙에서 이미 결정된 내용을 실천하는 방식"이 되었고, 그로 인해 조합원들의 주체적이고 능동적인 참여가 이루어지지 않았다고 평가했다.[49] 이러한 '내리꽂기' 식의 비민주적인 사업 방식은 현장에서 대중들의 결의를 광범위하게 이끌어내는 데 심각한 걸림돌로 작용했을 뿐만 아니라 심지어는 거부당하기까지 했다. 금속연맹 충청지부의 경우를 보자.

이번 대선이 노동자 정치세력화의 출발이라고 했을 때 가장 중심에 두어야 하는 것은 충분한 민주노총 조합원들의 논의와 결의를 모아내는 것 이상으로 중요한 것은 없었다. 그러나 현실은 국민승리21→민주노총

→연맹→단위노조로 내리꽂기 식 사업을 진행함으로써 우리의 힘들을 올바로 결집해내지 못하였다. 이러한 사업 방식은 대한공조와 대흥아산에서 연맹 방침이므로 기금을 내기는 하는데 정치실천단 기금으로 내는 것이 아니라 헌금 방식으로 내겠다는 결과를 낳았다. 특히 '일어나라 코리아'의 경우 현장 조합원들이 월드컵 응원 구호라며 심각하게 반발함으로써 뜻있는 조합원들이 돈을 내어 '고용안정'을 주요 내용으로 하는 새로운 플래카드를 다는 등 해프닝을 연출하였다.(『사업보고 1997』, 금속연맹, 1998, 204쪽, 강조는 인용자)

대선 실패의 원인으로 선거 기조와 선거전술 등 많은 문제를 지적할 수 있겠지만, 그중에서 가장 치명적인 것은 조합원들의 광범위한 참여를 끄집어내지 못했다는 점이다. 1997년 대선의 기본 목표가 '노동자 정치세력화를 위한 인적·물적·조직적 토대의 구축'이었다면 노동자 계급의 단결과 의식을 강화하는 데 집중했어야 했다. 따라서 조합원들의 무관심과 외면 속에서 치러진 1997년의 대선은 완전히 실패했다고 평가할 수 있다. 그러나 민주노총은 극히 부분적인 성과만을 가지고 '정치세력화를 위한 단초를 마련하는 성과를 거두었다'라고 자평했다. 그리고 더 나아가 이 성과를 토대로 국민승리21을 더 발전시켜 정당을 건설하자고 주장했다. 과연 1997년의 대선을 통해서 노동자 정치세력화를 위한 단초가 마련되었다고 평가할 수 있을까? 이에 대해서는 민주노총이 노동자의 정치세력화를 위한 조직적 토대로서 가장 중요하게 생각했던 정치실천단에 대한 평가에서 그 답을 찾을 수 있을 것이다.

정치실천단에 대한 평가

노동자 정치세력화의 토대를 구축하는 사업에서 가장 주력해야 할 활동은 조직화이다. 정치실천단은 현장에서 조합원들의 정치의식을 고양시키고, 조합원들을 정치활동의 주체로 만들어가는 핵심 부대라는 점에서 대선투쟁에서 가장 중요한 사업이었다. 그러나 금속연맹의 평가에서와 같이 정치실천단은 현장의 조직력을 강화하는 사업과 긴밀하게 연결되지 못하고 선거자금을 모금하는 데 힘을 쏟느라 조직화 사업에 실패했다. 오히려 선거운동을 중심으로 하는 정치실천단으로 인해 현장실천위원회가 조직화 사업에 집중하지 못하게 되어 현장의 조직력을 강화하는 데 방해가 되기도 했다.[•]

> 인천지부 등 일부 지부에서는 현장실천위가 정치실천단에 적극 참가하기로 결의하기도 하였으나 대부분 지역에서는 현장조직과는 별개로 정치실천단이 조직되었다. 그리고 조직된 정치실천단의 현장 활동 부재와 현장 조직력 강화와의 관계, 정치실천단의 이후 전망 등이 명확하게 정립되어 있지 않은 상태에서 실천을 담보로 한 조직화가 이루어지지 못했다. 연맹에서는 하반기(특히 대선 시기) 현장 조직력 강화를 위한 특별한 대안이 없는 가운데 정치실천단 조직에(특히 자금 모집에) 힘을 쏟게 됨으로써 기존의 현장실천위 조직화는 흐지부지되고 말았다.(『사업보고 1997』, 금속연맹, 1998, 99쪽)

• 그러나 금속연맹은 대우정밀이나 효성중공업 등 일부 노조의 경우에는 정치실천단의 조직사업을 통해 느슨했던 노조의 조직력이 회복되거나 강화됨으로써 현장을 조직하는 데 도움이 되기도 했다고 평가했다.(『사업보고 1997』, 금속연맹, 1998, 116쪽)

경주시협의회에서도 정치실천단의 조직은 저조했다. 경주시협의회는 그 이유가 현장 조합원들에게 충분한 교육과 선전, 토론이 진행되지 않은 채, 정치실천단의 활동이 기금 1만 원 납부라는 '돈' 문제로 귀결되면서 공감을 얻지 못한 데 있다고 보았다. 게다가 정치실천단이 구성된 이후에도 별다른 실천 프로그램 없이 방치해둠으로써 이들을 정치활동의 주체로서 훈련시키고 단련시킬 수 있는 좋은 기회를 놓쳤다고 평가했다.[50] 금속연맹 구미지부는 "일반 실천단 450명을 조직하면서 정치세력화에 대한 대중적 요구를 확인하기도 하였으나, 올바른 노동자 정치세력화에 대한 독자적 정치실천단 사업이 부족함으로 인해 결국 정치실천단 사업이 대선 기금 조성 차원의 문제로 전락하기도 했다"고 평가했다.[51] 금속연맹 부산·양산지부도 "정치실천단 조직화 사업에 많은 역량을 투여했지만 큰 성과를 거두지 못했다"며 "정치실천단 사업은 기금 조성 이상도 이하도 해내지 못한 한계를 보였다"고 평가했다.[52] 민주노총의 부산·양산지역본부 역시 "800여 명의 정치실천단을 조직하였으나 실천 활동을 한 경우는 일부에 지나지 않고, 대부분은 정치 실천 기금의 모금에 참여하거나 투개표 참관인으로 참여하는 수준"에 머물렀다고 평가했다.[53]

교육, 선전, 지역 선전전, 선거운동 결합 등은 일부 사업장과 지역을 제외하고는 제대로 되지 않았다. 민주노총 대전·충남, 인천, 수원, 울산, 충북 등이 그나마 선거운동에 결합하였고 여타의 연맹이나 지역은 교육과 선전을 수행하는 데도 벅찬 실정이었다.(『노동전선』 1월호, 전국노동단체연합, 1998, 139쪽)

이처럼 정치실천단의 주요 활동은 대선 기금 모금사업에 집중되었고, 노동자들의 정치의식과 정치역량의 강화를 위한 사업이나 실천은 제대로 이루어지지 않았다. 선거 일정 중심의 기본 방침만 있었을 뿐, 노동자 정치세력화를 위한 구체적인 실천 프로그램은 없었기 때문이다. 그러나 민주노총이 구체적인 프로그램을 제시하지 않았다고 하더라도, 설남종 현대중공업 노조 정치실천단장의 말처럼 "노동자 정치세력화와 관련한 내용들과 원칙들에 대해 충분한 교육과 학습, 토론이 진행된 후 현장과의 긴밀한 연결 속에서 정치실천단이 조직되었다면"[54] 구체적인 실천 내용은 상호 토론이나 논의를 통해 만들어낼 수 있었을 것이다. 출퇴근 시간 피케팅, 현장 유세, 토론 조직화 등등 정치실천단이 현장에서 할 수 있는 정치활동은 상당히 많았다. 대우정밀 노조의 경우에는 정치실천단이 주체적으로 부산 동래지구에서 아침 유세와 퇴근 유세를 적극적으로 수행하고, 고용안정과 대선투쟁을 연계해 조합원들을 교육하면서 실제로 현장의 조직력이 강화되는 성과를 거두었다. 그리고 이를 바탕으로 조합원들의 반 이상으로부터 정치실천단 기금을 모금할 수 있었다.[55]

　문제는 노동자 정치세력화의 방향과 내용에 대해 조합원들과 교육, 학습, 토론 등을 충분히 진행한 후에 정치실천단을 주체적으로 조직했느냐의 여부에 있었다. 그러나 당시에 정치실천단은 노동자 정치세력화라는 중장기적인 전망을 가지고 현장에서 충분히 토론을 한 뒤 아래로부터의 논의를 모아서 만든 것이 아니라, 대통령선거운동용으로 위에서부터 내리꽂기 식으로 급조한 조직이었기 때문에 활동 자체가 지지부진할 수밖에 없었다.

선거에 대한 논의가 너무 후보 논의로 집중되고 길어지면서 정치세력화에 대한 사전 교육과 논의가 충분하게 이루어지지 못했습니다. 노동자 정치세력화라는 맥락 속에서 후보전술이 나왔어야 했는데, 선결 과제들을 해결하지 못했기 때문에 현장 사업들이 지지부진해졌다고 봅니다.(이승원 공익노련 사무처장의 발언, 「특별인터뷰: 현장의 정치실천단을 찾아서」, 『현장에서 미래를』 12월호, 한국노동이론정책연구소, 1997, 57쪽)

대선을 위한 정치실천단 조직이 아니라 노동자 정치세력화라는 명확한 전망 속에서 정치실천단이 되어야 한다고 생각합니다. 대선과는 별개의 의미로 정치실천단을 조직해나가야 한다고 생각합니다. (…) 대선이라는 시기에 맞춰서 정치세력화를 조직해야 하는가? 정치세력화에 대한 현장의 충분한 토론과 밑으로부터 논의를 모아서 하는 사업 방식이 아니라 위로부터 내리는 사업 방식은 잘못됐다는 것이죠.(설남종 현대중공업 노조 정치실천단장의 발언, 「특별인터뷰: 현장의 정치실천단을 찾아서」, 『현장에서 미래를』 12월호, 한국노동이론정책연구소, 1997, 45쪽)

이는 민주노총이 노동자들의 정치세력화가 아니라, 제도권 정치에 진출하기 위해 선거 중심의 정치세력화를 지향한 필연적인 결과였다.

저는 정치세력화가 대중투쟁이라는 생각이 들거든요. 정치적인 요구, 제도적인 요구를 내걸고 대중들이 그런 요구를 쟁취하기 위해 자본이나 정권을 상대로 싸우는 과정이 바로 정치세력화되는 게 아니냐 생각합니다. 그런데 지금은 대중들은 너무 바깥에 있고 상층 간부 중심으로 정치세력화 논의가 되고 있다는 느낌입니다. 정치세력화를 하기 위한 사업 내용도 실제 하나도 안 나오고 있고, 단지 대선과 관련해서 후보를 어떻게 내고 선거운동을 어떻게 하느냐, 어떻게 조합원들 주소를 확인해서 지역별로 편재하여 투표블록을 만들고 어떻게 표로 연결하느냐, 그런 논의만 진행되고 있습니다. (…) 노동자들이 내세우는 요구를 중심에 두고 투쟁하는 속에서 조합원들을 각성시키고 그래서 계급의식도 갖게 하는 것, 이게 중요하지 않겠는가 생각하는데, 지금은 그런 문제의식이 부족한 것 같습니다.(천창수 현대중공업 해고자의 발언, 「특집좌담: 87년 노동자대투쟁 10주년」, 『연대와 실천』 8월호, 영남노동운동연구소, 1997, 45~46쪽)

선거 중심의 정치세력화가 갖는 또 다른 한계는 대중투쟁과 선거운동의 결합을 강조하지만 선거운동이 본격화되면 모든 역량이 득표 중심의 선거운동으로 집중되기 때문에 대중투쟁을 소홀히 하게 된다는 것이었다.* 더구나 유인물 배포조차 불법으로 규정한 선거법으로 인해 정치실천단이 할 수 있는 합법적인 선전활동은 고작해야 전화홍보 정도였다.[56]

그러나 이와 같은 한계에도 불구하고 3만 명에 가까운 정치실천단이 자발적으로 돈을 내가면서까지 활동했다는 사실은 노동자 정치세력화에 대한 조합원들의 열망이 대단히 높았음을 보여준다.** 따라서 민주

---

* 권영길 위원장이 "총파업을 조직하는 최초의 대통령 후보가 되겠다"고 공언했지만 득표 중심의 선거운동에 치중하느라 대중투쟁은 방기되었다.

** 그러나 민주노총 대전·충남지역본부 중앙위원의 발언대로 조직된 정치실천단이 1만 명에 불과하다면, 이는 보다 부정적으로 평가되어야 할 것이다. 그만큼 조합원들은 민주노총의 대통령 선거 참가를 대단히 부정적으로 보고 있었다고 할 수 있다. "현재 정치실천단은 불과 만 명이다. 현재 정치실천단의 활동 지침이 거의 전무한 상황이다. 앞으로 정치실천단을 어떻게 발전시킬 것인가 고려해야지, 만일 실천단이

노총이 현장 조합원들과의 교육, 학습, 토론 등을 통하여 노동자 정치 세력화의 노선과 방향 등에 대해 공감대를 형성하고 그 토대 위에서 이를 추진했었더라면, 노동자 정치세력화는 상당히 가능성이 있었을 것이다.

그러나 민주노총은 대선 이후에 이에 대한 공식적인 평가나 반성도 없이[*] 바로 "민주노총은 국민승리21을 확대 재편하여 노동자 중심의 진보정당을 건설하기 위해 적극 지원, 연대한다"라고 결정했다.[57] 그로 인해 제도권 선거 중심의 정치세력화가 아니라 노동자들의 대중투쟁이 중심이 되는 노동자의 정치세력화를 모색할 수 있는 기회는 사라져버렸다. 총파업투쟁을 통해서 산별노조에 대한 대중들의 인식이 높아지고 실천을 위한 방법들이 구체적으로 찾아졌듯이, 정치세력화도 그렇게 되어야 할 것이다. 노동자 정치세력화는 경제투쟁과 정치투쟁을 포함한 광범위한 대중투쟁전선이 형성되는 속에서 대중들의 계급의식이 고양되고, 정치활동과 정치투쟁에 대한 요구가 높아져갈 때라야 비로소 추진될 수 있을 것이다. 그러나 민주노총의 선거 중심적 정치 방침을 따르는 한, 노동자들이 중심이 되는 정치세력화는 불가능할 것이다.

필요하다면 새로운 시각에서 새로이 조직하는 것이 현실성이 있다고 본다. 현재 만여 명밖에 조직되지 못했고, 단위노조나 지역에서 실천사업이 배치되지 않은 상황에서 새로 배치하는 것은 큰 의미가 없다고 본다."(「제13차 중앙위원회 회의록」, 민주노총, 1997. 12. 10.)

●　　　민주노총은 대선투쟁에 대한 공식적인 평가를 하지 않았다. 「'97 대선활동 평가를 위한 기초토론 자료」가 1998년 제1차 중앙위원회(1. 7.)에 제출되었지만 이후 어떤 회의에서도 대선투쟁 평가 문제를 토론한 적은 없었다. 제11차 대의원대회(1998. 5. 20.)에서 국민승리21에 대한 정치 방침을 결정할 때에도 대선투쟁에 대한 평가는 없었다. 이전 대의원대회의 결정 사항이라는 이유로 타당한 문제제기조차 무시되었다. 권영길 전 위원장은 제9차 중앙위원회(1998. 5. 14.)에서 일부 중앙위원들이 국민승리21에 대한 정치 방침과 관련해 문제를 제기하자 "국민승리21은 민주노총 대의원대회에서 결정해서 탄생된 것이다. (…) 그럼에도 다른 부분을 말한다면 민주노총 대의원대회에 권영길을 소환하고 지난 결정이 잘못되었음을 확인해야 한다"며 강력하게 반발하기도 했다.

8장

1998년 2월의
노사정 합의와 지도부 총사퇴

1. 계급 간 및 계급 내 세력관계의 변화

1997년 11월 21일, 한국이 IMF에 구제금융을 신청하면서 계급 간 세력관계는 완전히 바뀌었다. IMF-미국-초국적 자본은 IMF 협약에 따라 신자유주의적인 개혁을 추진할 수 있게 됨으로써 한국 사회를 지배하는 규정적인 요인으로 등장했다. 그들은 IMF 프로그램을 통해 그동안 한국 사회를 지배해왔던 국가자본주의적인 개발 모델을 신자유주의적인 모델로 완전히 개조하는 것을 목표로 기존의 국내 계급 간 세력관계를 완전히 무력화시키고 자기들 중심으로 세력관계를 재편하고자 했다. 외환 확보와 외채 상환에 중점을 둔 IMF의 구조조정 프로그램은 초고금리와 초긴축정책을 통해 많은 기업들을 도산시키고, 백만 명이 넘는 노동자들을 실직시키면서 한국 경제를 완전히 공황상태로 몰아넣었다. 이런 상황에서 IMF-미국-초국적 자본은 한국의 정부와 자본 그리고 노동세력 간의 계급 간 세력관계를 새롭게 재편함으로써 신자유주의적인 개혁을 추진해나갈 수 있는 기반을 마련했다. 이들이 IMF 협약 조건으로 한국의 대통령 후보와 국회의장에게까지 IMF 협약의 이행을 서약하게 하고, 금융개혁과 기업개혁 그리고 노동개혁 등 한국 경제의 시스템 전반에 대한 구조조정 내용을 IMF 협약서에 집어넣었던 것은 바로 이를 위해서였다.

이처럼 IMF-미국-초국적 자본이 한국 사회를 지배하는 규정적인 요인으로 등장하게 되자, 한국의 재벌들과 그들의 이해를 대변하는 관료들은 김영삼 정권 이래로 자신들이 추진해왔던 신자유주의적 개혁을 관철할 수 있는 호기로 생각했다. 따라서 그들은 IMF-미국-초국적 자본의 요구에 호응하여 금융개혁과 시장의 자유화를 중심으로 한 IMF의 기존 프로그램에다 그들의 관심 사항인 노동개혁을 협약서에 집어넣었다. 이럼으로써 한국의 재벌과 관료들은 이후의 국가-자본-노동 간의 세력관계에서 IMF-미국-초국적 자본을 방패삼아 경제위기 책임론으로 약화된 그들의 입지를 강화하고, 세력을 확대해나갈 수 있었다.[1]

신자유주의적 경제개혁과 관련하여 김대중 정권이 수행한 독자적인 역할은 거의 없었다. 김대중 정권의 역할은 IMF와 미국 재무부, 초국적 자본들이 이미 짜놓은 신자유주의적 경제정책과 개혁의 틀 안에서 이를 구체화하기 위한 정치적·이데올로기적 환경을 조성하는 데 있었다. 한국 정치사상 최초로 평화적인 정권 교체를 이루어낸 김대중 정권은 IMF 경제위기의 책임을 김영삼 정권과 관료, 재벌들에게 돌림으로써 그동안 무력화되었던 국가의 정치 지도력을 회복하고, 신자유주의적인 개혁을 추진하는 데 유리한 정치적 환경을 조성할 수 있었다. 더욱이 당시에는 경제살리기라는 이데올로기가 전 국민적인 공감대를 얻고 있었기 때문에 신자유주의적인 개혁을 추진하기가 보다 용이했다.

김대중 정권의 이러한 정치적·이데올로기적인 뒷받침 속에서 한국의 재벌과 관료들은 자신들의 관심 사항이 반영된 IMF 협약서의 내용을 이용하여 신자유주의적인 개혁을 주도해나갔다. 노동의 구조조정과 관련하여 첨예한 대립을 가져왔던 정리해고제와 근로자파견제는 미국과 IMF가 강력하게 요구한 정책이 아니라 한국의 재벌과 관료들이 끼워 넣은 대표적인 신자유주의 개혁정책이었다.* 당시 미국이나 IMF 입장에서는 금융시장의 개방과 자유화가 우선이었지 정리해고제는 부차적인 것에 지나지 않았다. 더구나 IMF의 무리한 초고금리·초긴축정책으로 한국이 오히려 국가 부도의 위험에 처하게 되자, 미국과 초국적 자본은 한국이 부도날 경우 그들도 막대한 손실을 감수해야 할 것이 분명한 데다, 정치·사회·군사·안보적으로도 위험해질 것을 우려하여 조기 금융 지원을 하지 않을 수 없던 상황이었다. 이 때문에 당시 한국은 굳이 정리해고제의 도입을 약속하지 않아도 사실상 조기 자금 지원과 외채 만기 협상을 끌어낼 수 있는 위치에 있었다.[2] 그러나 김대중은 대통령에 당선되자마자 '6개월간 정리해고 동결'이라는 선거 공약을 번복하고, 조기 자금 지원과 외채 만기 연장을 위해 정리해고제를 도입하지 않을 수 없다고 하면서 노사정위원회를 구성하여 이를 입법화했다.

한국의 자본 역시 1997년 11월 21일에 정부가 구제금융을 신청하자

---

* 　정리해고제와 근로자파견제는 1997년 12월 24일에 체결된 제2차 IMF 협약서에 구체적으로 명시되었다. 신자유주의적 경제 관료인 김기환은 김대중 대통령이 당선되기도 전에 미국과 협상하여 이를 기정사실화했고, 정리해고 6개월간 동결을 공약으로 내걸고 당선된 김대중 대통령은 이를 받아들였다.(지주형, 「한국 신자유주의의 기원과 형성」, 책세상, 2011, 196~207쪽)

마자 곧바로 개별 자본 차원에서 감원과 임금 삭감을 발표하는 등 매우 발 빠르게 움직였다. 11월 26일부터 29일 사이에 삼성, 대우, 현대자동차, 쌍용, 두산, 한화 등 거의 대부분의 재벌그룹들이 인원 감축과 임금 삭감 등의 조치들을 취했다. 여기에 제일은행은 2000년까지 1800명을 감원하고, 증권업계는 1998년까지 1만 명을 감원하기로 하는 등 금융권의 대대적인 정리해고도 예고되었다. 이러한 개별 자본 차원의 감원 및 임금 삭감 계획과 함께 전경련의 제도적·정책적 개악 공세도 시작되었다. 11월 26일에 전경련은 정리해고제의 즉각적인 시행과 근로자 파견제와 변형근로시간제의 확대 실시를 요구했다. 심지어는 노동자 보호를 취지로 하는 「근로기준법」을 폐지하고, 그 대신에 자유로운 계약 형태의 자율근로계약법의 제정을 요구하기까지 했다. 경총도 1998년 1월 6일에 긴급확대회장단회의를 개최하여 인수합병 시 정리해고의 도입을 강력하게 촉구했다.

이처럼 한국의 자본은 IMF 경제위기를 초래한 주범임에도 불구하고 경제살리기 등의 이데올로기 공세와 감원과 임금 삭감 등의 협박, 법·제도 개악, 현장 통제 강화 등 노동자와 민중에 대한 총공세를 강화했다. 그러나 자본은 IMF 경제위기를 초래한 주범으로서 이에 대한 책임을 지지 않을 수 없었기 때문에, 김대중 대통령 당선자가 1998년 1월 13일에 4대 그룹 총수들과의 회동에서 '기업구조조정 5원칙'*을 일방적으로 통고했을 때 이를 받아들이지 않을 수 없었다. 국민들의 여론이

---

* 기업구조조정 5원칙 ① 기업 경영 투명성 강화—결합재무재표 도입 및 핵심 기업 재무정보 공개 ② 상호지급보증 해소—재벌 계열사의 재무적 독립성 강화 ③ 재무구조 개선—자기자본 증가 및 불필요한 사업·자산 정리 ④ 핵심 역량 강화(사업 전문화) 및 중소기업과의 협력 강화 ⑤ 대주주와 경영진의 책임 강화—사재 출연을 통한 부실기업 증자.

재벌에 극도로 적대적이었기 때문에 재벌들은 불만이 있어도 정부의 구조개혁안에 반대할 수 없었던 것이다.

　IMF 경제위기로 지배세력 내부의 세력관계가 변화했음에도 불구하고 민주노총은 여전히 재벌과 정권을 주된 투쟁 대상으로 삼고 미국과 IMF는 부차적인 타격 대상으로 보았다.

> 투쟁의 주요한 대상은 경제 파탄의 주범인 재벌과 현 정권이다. (…) 아울러 IMF를 내세워 한국 경제를 장악하려는 미국을 타격 대상으로 삼고 IMF와 미국을 규탄하는 투쟁을 전개한다. (…) 그러나 현재 경제 파탄의 주원인이 재벌과 부패 무능 정권에 있는 만큼 주된 투쟁 대상을 미국으로 상정하는 경우 재벌들이 노리는 사이비 민족주의에 휘말리고 투쟁의 주된 대상인 재벌·정권에 대한 투쟁이 흐려질 수도 있다는 것을 명심해야 한다.(「1997년 투본대표자회의 회의자료」, 민주노총, 1997. 12. 26.)

　이 때문에 민주노총은 노사정 협상을 통해 고용안정 문제를 해결해나가려고 했다. 그러나 IMF-미국-초국적 자본이 총체적 불황 유도 정책을 통해 지속적으로 기업들을 도산시키고, 실업자를 양산하는 상황에서 고용불안 문제는 지속될 수밖에 없었다. 따라서 고용불안 문제를 근본적으로 해결하기 위해서는, 기업의 도산과 실업을 양산하는 IMF-미국-초국적 자본의 신자유주의적인 개혁정책 자체를 폐지시키지 않으면 안 되었다. 그런데도 민주노총이 IMF-미국-초국적 자본의 신자유주의적인 개혁정책을 공격하는 것이 아니라, 노사정 협상을 통해서 정리해고제 등의 법제화를 저지하여 고용불안의 문제를 해결하려고 했던 것은 기본적으로 한계가 있을 수밖에 없었다.

당시의 계급 간 세력관계를 보면 민주노총이 어떻게 투쟁을 준비하느냐에 따라 그들에 대한 공격이 전혀 불가능한 것은 아니었다. IMF-미국-초국적 자본을 중심으로 한 국가와 자본 등 지배세력이 노동세력에 대해 우위에 있었던 것은 사실이지만 그들의 지배력에는 상당한 약점이 있었다. 정권, 재벌, 관료 등 국내의 지배세력은 국민들로부터 IMF 경제위기를 초래한 주범이라는 공격을 받고 있었기 때문에 그들의 지배력은 힘을 쓸 수 없을 정도로 매우 약화되어 있었다. 집권을 하기는 했지만 김대중 정권도 지배세력 내의 비주류 소수 분파에 지나지 않았고, 국회도 여소야대의 상황이었기 때문에 정치적으로 매우 취약했다. 그리고 이들을 지휘하고 통제하고 있는 IMF-미국-초국적 자본 또한 무리한 초고금리·초긴축정책을 통하여 의도적으로 한국 경제를 공황 상태로 몰아넣었기 때문에 노동자·민중을 비롯한 전 국민들로부터 광범위한 반발과 저항의 대상이 되었다. 외신들도 한국에 대한 IMF의 협약 조건이 전례 없이 과도하고 무리하다며 언제 한국의 노동자와 민중들의 저항이 터져 나올 것인지를 예의 주시하고 있었다. 그래서 그들은 자신들이 부차적인 문제라고 여기는 정리해고제 같은 문제들로 인해 민주노총이 총파업투쟁을 벌여 IMF의 신자유주의적인 개혁을 무산시키지 못하도록 김대중 정권에 노사정 협상을 통해 민주노총을 회유해줄 것을 적극적으로 권유했다.

[민주노총]: 한국에서는 국제통화기금이 2월 임시국회에서 정리해고제 도입을 위한 법 개정을 강하게 요구하고 있는 것으로 알려지고 있는데 사실인가.

[깡드쉬 IMF 총재]: 정리해고제 도입이 국제통화기금의 조건이 아니다. 한국 정부가 결정한 것이다. 정부로서는 국제 사회에 무엇인가 투명하게 제시할 필요가 있어 정리해고의 법제화를 선택한 것으로 보인다. 국제통화기금은 정리해고제 도입이 국가신인도를 높이는 유일한 수단이라고 생각하지 않는다. 더 중요한 것은 노사정 3자기구에서 지속적인 합의를 도출해내는 것이다. 정리해고 법제화보다 3자 협의 과정이 더욱 중요하다.(『한겨레신문』, 1998. 1. 14.)

따라서 민주노총이 계급 간 및 계급 내 세력관계를 올바르게 판단하고 투쟁의 주요 대상을 제대로 선정해서 공격했다면, 일방적으로 당하는 결과는 없었을 것이다. 계급 간 세력관계에서 볼 때 당시의 정세는 매우 유동적이었다. 그러나 민주노총은 현장 조합원들의 강력한 요구에도 불구하고, 상층 지도부가 패배주의에 빠져서 당시의 유동적인 정세를 타산해보지도 않고 투쟁을 포기했고, 노사정위원회에서 정리해고제와 근로자파견제를 법제화하는 데 합의해버렸다. 그 결과 민주노총은 이후의 계급 간 세력관계에서 완전히 수세에 몰렸고, IMF와 김대중 정권의 신자유주의적인 구조조정에 속수무책으로 당하게 되었다.

2. 1998년 2월의 노사정 합의

IMF 구제금융이 도입된 이후 민주노총은 국가와 자본보다 먼저 노사정 간의 사회적 협약을 제안했다. 민주노총이 공식적으로 노사정 간의 사회적 협약을 처음 주장한 것은 1997년 12월 10일에 개최된 제13차 중앙위원회에서 였다. 그러나 이때까지만 하더라도 민주노총은 대중투쟁을 통해서 사회적 협약을 쟁취해나가야 한다고 주장하면서 여전히 총파업투쟁에 보다 중점을 두고 있었다.

하지만 이러한 투쟁 기조는 12월 26일에 개최된 투쟁본부 대표자회의에서 완전히 역전되어버렸다. '재벌개혁·고용안정을 위한 노사정 사회적 협약 쟁취 투쟁'이 '총력 투쟁'보다 우선하는 목표로 배치된 것이다. 이전에는 노사정 사회적 협약 쟁취 투쟁이 총파업을 포함한 총력 투쟁을 뒷받침하는 부차적인 위치에 있었다면, 12월 26일 이후에는 총력 투쟁이 노사정 간의 사회적 협약의 체결을 뒷받침하는 부차적인 위치로 떨어졌다. 총력 투쟁의 내용도 '총파업을 포함한 총력 투쟁'에서 '가두시위·대규모 집회를 중심으로 한 총력 투쟁'으로 바뀌면서 사실상 총력 투쟁에서 총파업은 배제되었다. 제13차 중앙위원회에서는 실질적인 총파업 준비와 총력 투쟁을 결의했다면, 투쟁본부 대표자회의에서는 노사정 간의 사회적 협약과 이를 위한 산별교섭권 위임 그리고 총파업이 없는 총력 투쟁을 결의했다. 이런 기조에 따라 투쟁본부 대표자회의는 정리해고법을 저지하기 위한 투쟁 계획으로 총파업투쟁이 아니라, 1월에는 사회적 교섭 쟁취 투쟁을, 2월 이후에는 산업별 임단협 투쟁 등을 제시하였다.

총파업투쟁 대신 노사정 간의 사회적 협약을 우선시하는 이러한 투쟁 기조는 1998년의 투쟁 방침을 결정하는 제1차 중앙위원회(1998. 1. 7.)에 그대로 제출되었다. 민주노총은 "97년 1월에는 전 국민적 지지하에 총파업을 전개할 수 있었지만, 98년 1월은 주변 여건이 크게 달라져 자칫 잘못 대응하면 노동운동의 몰락마저 자초할 수 있는 고립무원의 상태임을 감안하여 신중한 대응을 강구해야 한다"라며 투쟁본부 대표자회의와 마찬가지로 총파업에 대해 부정적이었다. 그리고 "기업별 교섭으로는 고용안정도 임금도 보장할 수 없기 때문에 '중앙교섭·산업별 교섭을 통한 전체 노동자 대중의 고용·생활보호'로 교섭 방식과 목표를 전환할 것"을 요구했다. 게다가 "노사정 3자 협정이 대통령 당선자 공약이고, 노사정 합의문 발표가 IMF의 요구이며, 대통령 당선자와 양 노총 간 합의 사항이고, 언론에서 멕시코의 노사정 3자 협정이 경제위기 극복의 모범 사례로 대대적으로 선전되고 있기 때문에, 98년 1월에는 노사정 3자 교섭이 이루어질 가능성이 크다"며 노사정위원회의 참가를 기정사실화했다.

이에 따라 민주노총은 투쟁 방침으로 "민주노총 주관하에 노사정 중앙교섭과 총력 투쟁을 병행"하되 "중앙교섭이 어떻게 진행되느냐에 따라 98년 임단협과 사회개혁투쟁의 상이 달라질 것"이기 때문에 "최우선적으로 중앙교섭에 역량을 집중"할 것을 제안하였다. 그러나 이러한 민주노총의 투쟁 방침에 대해 중앙위원들은 강력하게 반발하면서 투쟁 기조에 대한 전면적인 수정을 요구하였다. 1997년의 하반기 선거에서 보다 전투적인 집행부로 교체된 현대자동차, 기아자동차, 한라중공업, 현대정공 등 22개 대공장 노조의 위원장들은 연대서명을 한 투쟁결의문을 발표하는 등 총파업투쟁에 대한 강력한 의지를 표명했다. 금속연맹과 현총련 등의 중앙위원들도 "현 시국을 돌파하기 위해서는 비상한 결의가 필요하며 총파업이 배치되지 않고는 자본의 공세를 막아내기 힘들다"며 공세적인 투쟁 방침을 요구하였다. 그러나 사무노련, 민주금융노동조합연맹(이하 민주금융연맹), 병원노련 등에서는 총파업투쟁을 조직하기 어렵다며 총파업투쟁 중심으로 투쟁의 기조를 변경하는 것에 반대하였다. 하지만 다수의 중앙위원들이 민주노총 지도부에게 보다 명확한 투쟁의 목표와 공세적인 투쟁 방침을 요구했고, 투쟁 방침을 결정하는 투표에서 참가자 82명 중 61명이 찬성(찬성률 74%)해 '총파업을 포함한 총력 투쟁'을 전개하는 것으로 투쟁 기조는 전면 수정되었다.

중앙위원회는 총파업투쟁 결의와 함께 "민주적 구성과 운영을 전제로 노사정 3자 협의체를 구성하고 중앙교섭을 전개한다"고 결정함으로써 노사정 협의체 참가도 병행하는 절충적인 방침을 설정했다. 또한 "잠정합의 시 임시대의원대회를 개최하여 잠정합의안 수용 여부를 결정한다"라는 내용을 추가해 노사정 합의 시 민주노총 상층 지도부의 독단적이고 타협적인 결정을 견제하고자 하였다. 그리고 1월 중순에 금융산업 정리해고제의 도입을 위해 임시국회가 소집된다면 노사정 협의회에 불참할 것을 선언함과 동시에 철야 농성, 총회 투쟁, 전국 동시다발 집회 투쟁 등으로 강력하게 대응하기로 결의함으로써 투쟁 우선의 기조를 분명히 했다.[3] 이처럼 민주노총은 1998년의 제1차 중앙위원회에서 노사정 간의 사회적 협약 체결을 우선시하는 기조에서 총파업투쟁을 중심으로 하는 총력 투쟁 기조로 다시 바꾸고, IMF-국가-자본에 의해 급속하게 추진되고 있던 정리해고제의 도입을 저지하기 위한 총파업투쟁을 실질적으로 준비해나갈 수 있는 조직적 태세를 갖추었다.

총파업투쟁을 포함한 총력 투쟁에 대한 중앙위원들의 의지는 중앙위원회 다음 날인 1월 8~9일에 개최된 전국단위노조대표자 수련대회에서도 그대로 나타났다. 폭설로 인해 교통이 불편했는데도 전국단위노조대표자 수련대회에는 500여 명의 대표자들이 참석해 준비해간 자료집이 모자랄 정도였으며, 높은 참여와 열기 속에서 진행되었다. 참가한 연맹 및 노조의 대표자들은 대부분 고용안정과 생존권 사수를 위한 총파업투쟁이 불가피하다는 의견을 내고 민주노총의 총파업을 포함한 총력 투쟁 결정에 최대한 따르겠다고 결의했다.[4]

이러한 민주노총 중앙위원들과 단위노조 대표자들의 강력한 총파업 투쟁 의지는 1월 15일의 임시국회에서 부실금융기관 정리해고제를 강행 통과시키려고 했던 김대중 대통령 당선자의 방침을 철회하게 만들었다. 김대중 당선자는 노동계의 저항으로 대외신인도가 약화될 것을 우려했고, 정권이 출범도 하기 전에 정치적 부담을 질 수 없다고 판단해 노사정위원회에서 논의하고 결정한 후 처리한다는 방침으로 후퇴했다.[5] 그러자 민주노총은 1월 14일 새벽에 한국노총과 집권여당인 새정치국민회의(이하 국민회의)와 함께 노사정위원회에 참가하는 데 합의하였고, 이에 따라 노사정위원회는 1월 15일에 출범하였다.

노사정위원회는 애초부터 미국에 파견되는 외채협상단을 지원할 목적으로 그 일정에 맞추어서 졸속으로 구성되었기 때문에 근본적인 한계를 가지고 있었다. 국가와 자본은 인수합병 시 정리해고를 마음대로 할 수 있는 정리해고제법을 도입해 해외 자본을 유치하고자 노사정위원회를 만들었다. 그래서 여당인 국민회의와 자본 측은 1월 15일에 열린 노사정위원회의 첫 회의 때부터 정리해고제를 법제화하는 방향으로 분위기를 몰아갔다. 그들은 외채협상단의 외자 유치 교섭에 힘을 실어주기 위해 정리해고제의 법제화에 동의한다는 공동합의문을 작성해줄 것을 민주노총에 집요하게 요구했다. 외자 유치를 위해서는 한국 정부가 IMF 협약을 충실히 이행할 의지가 있음을 미국과 초국적 자본에게 보여줄 필요가 있다는 것이었다. 민주노총 지도부는 이러한 국가와 자본의 요구와 강요를 이기지 못하고 노사정위원회가 출범한 지 1주일도 채 지나지 않은 1월 20일에 10개 항의 논의 의제와 「경제위기 극복을

위한 노사정 간의 공정한 고통 분담에 관한 공동선언문」(이하 공동선언
문)에 합의하고 말았다.

10개 항의 논의 의제 중 노동계가 요구한 '대기업 총수 퇴진, IMF 재
협상, 경제청문회, 경제 파탄 책임자 규명과 처벌'은 아예 제외된 반면,
'노동시장 유연성 제고 방안'은 논의 의제로 채택되어 정리해고제의 도
입을 위한 국가와 자본의 의도가 그대로 관철되었다. 공동선언문도
IMF 협약의 충실한 이행을 전제함으로써[*] 국가와 자본이 IMF 체제하
에서 경제위기를 극복하기 위해 최우선 과제로 설정한 정리해고제의
도입을 기정사실화했다. 공동선언문의 다섯 번째 항목에 그 내용이 압
축적으로 표현되어 있는데, 2월 임시국회 때까지 해외 자본을 유치하
기 위한 여건을 조성하기 위해 정리해고제법을 통과시키겠다는 것을
분명히 하고 있다.

> 다섯째, 우리 노사정위원회는 해외 자본 유치를 위한 여건 조성에 최선
> 을 다하며, 본 위원회가 합의·채택한 의제들에 대하여 2월 임시국회
> 일정을 감안하여 조속히 노사정 대타협을 통해 일괄 타결하도록 하겠
> 습니다.

민주노총 지도부가 노사정위원회에 참여한 지 5일 만에 졸속으로 만
들어진 공동선언문은 총파업투쟁을 활발하게 조직하고 있던 현장으로

• "이에 우리 **노사정**은 IMF 체제하의 경제위기 극복을 위해 필요한 종합적인 제반 정책을 충실하게 **이행할 것을 다짐하면서**, 이 과정에서 불가피하게 요구되는 고통을 각 경제 주체가 공정하게 분담하기로 다음과 같이 합의합니다."(노사정 공동선언문 중에서, 강조는 인용자)

부터 상당한 분노와 반발을 불러일으켰다. 현장에서는 '1월 17일까지 총파업 결의를 완료'해야 한다는 제1차 중앙위원회의 결정에 따라 총파업 찬반투표가 조합원들의 높은 참여 속에서 한창 진행되고 있었다. 총파업투쟁 결의와 함께 대부분의 산업·업종연맹과 소속 노조들은 중앙위원회의 결의에 따라 1월 12일부터 철야 농성에 돌입해 있었다. 전국적으로 인원 감축, 임금 삭감, 임금·상여금 체불, 부당노동행위 등으로 현장이 어려운 가운데서도 꾸준히 총파업투쟁을 조직한 결과, 수도권 지역에서도 1000~2000명밖에 참석하지 않았던 12월의 집회와 달리 1월 17일에 열린 집회에는 울산지역에서만 1만여 명이 참석하는 등 투쟁의 분위기도 서서히 고조되고 있었다.[6]

이런 상황에서 1월 21일에 제2차 중앙위원회가 개최되었고, 중앙위원들은 공동선언문과 이에 합의한 민주노총 지도부를 격렬하게 비판했다. 가장 크게 문제가 되었던 점은 '지금 현장은 한창 총파업투쟁을 조직하고 있는데 너무 성급하게 노사정위원회에 참여하고 공동선언문에 합의함으로써 노사정위원회가 대중투쟁의 동력을 살리는 것이 아니라 오히려 찬물을 끼얹었다'는 것이었다.* 중앙위원들은 협상을 하더라도 투쟁력에 기반한 협상을 하기 위해 조합원들의 투쟁동력을 불러일으켜야 하는데, 협상에만 치중하고 있는 모습을 보면서 민주노총 지도부의 투쟁의지를 우려했다. 그리고 중앙위원회의 소집이 예정되어 있었는데도 '중앙위원회에서의 논의와 결정을 거치지 못할 정도로 그렇게 급박하게 공동선언문에 합의할 필요가 있었는가'라며 민주노총 지도부의

● 　김광식 현대자동차 노조 위원장은 '1월 15일에 파업 찬반투표가 예정되어 있었는데 노사정위원회 참여가 TV에서 발표되자 동력이 떨어졌다'고 보고했다.

관료주의적 행태에 대해서도 많은 문제들이 제기되었다.

또한 중앙위원들은 공동선언문의 내용에 대해서도 중앙위원회의 결의와는 달리 투쟁 중심 기조에서 교섭 중심 기조로 변화한 점, IMF 재협상 요구가 IMF 정책의 충실한 이행으로 바뀐 점, 경제위기가 노동자의 책임이 아닌데도 고통을 공정하게 분담한다고 한 점, 국민통합을 위한 실질적인 선행조치 없이 무분별한 해고와 부당노동행위를 하지 않겠다는 형식적인 선언 수준에 그친 점, 대화와 타협을 통해 산업평화를 유지하겠다고 한 점, 노사정 대타협을 통한 일괄 타결이 전제가 되면 사실상 투쟁동력을 불러일으키기 힘들다는 점 등을 조목조목 비판했다. 중앙위원회는 현대정공 소속의 중앙위원이 제안한 내용(「당면 정세에 대한 중앙위원회 결의 제안」)을 포함시켜 투쟁 계획을 수정·보완하고, 총력투쟁에 대한 중앙위원들의 연대서명이 포함된 대자보를 작성하여 전 조직적으로 공유하기로 결정했다.

> 우리는 정리해고제, 근로자파견제 도입 반대 의지를 분명히 하고, 2월 임시국회에서 자본과 정권이 정리해고와 근로자파견제 등의 일방적 강행에 대비하여 총파업을 포함한 총력 투쟁에 돌입하기 위한 만반의 준비를 갖출 것을 중앙위원 전원의 연대서명으로 대내외에 공포한다.(「당면 정세에 대한 중앙위원회의 결의 제안」, 민주노총, 1998. 1. 21.)

이처럼 중앙위원들은 노사정 간의 협상에도 불구하고, 2월 임시국회에서 자본과 정권이 정리해고제와 근로자파견제를 강행 처리할 것이라고 생각해 총파업투쟁을 준비하고 있었다. 하지만 민주노총 상층 지도부는 여전히 노사정 간의 협상에만 매몰되어 투쟁을 준비하고 진두지

휘할 조직적 태세가 전혀 되어 있지 않았다.

> 상근 임원 대부분이 협상에 들어가 있다. 그래서 그들이 투쟁에 포스트
> 가 되지 못하고 있다. 결의하면 무엇하는가? 준비하고 채근하는 단위
> 가 있어야 하는데, 교섭 사령탑은 있지만 투쟁 사령탑이 없다. 지금 중
> 앙의 임원 체계를 보았을 때 [투쟁은] 택도 없다.(「제2차 중앙위원회 회의
> 록」, 민주노총, 1998. 1. 21.)

민주노총이 고통 분담을 위한 노사정 공동선언문에 합의하면서 정세
의 주도권은 국가와 자본으로 완전히 넘어가버렸다. 비록 방어적인 위
치에 있기는 했지만 노동세력은 경제 파탄의 책임을 물어 재벌과 정권
을 공격하고, IMF와의 재협상을 촉구하는 등 정세를 반전시킬 수 있는
위치에 있었다. 그렇기 때문에 IMF-미국-초국적 자본은 물론 자본과
김대중 당선자 모두 노동세력을 노사정위원회에 끌어들여 노동세력의
저항을 봉쇄하려고 했던 것이다. 그런데 민주노총이 노사정 협상에 참
여하여 2월 중에 노사정 대타협을 하기로 동의하자, 전체 전선은 정리
해고제와 근로자파견제의 법제화를 둘러싼 노자 간 이해관계의 대립으
로 협소화되었고, 민주노총은 주도권을 잃은 채 방어에만 급급하지 않
을 수 없었다.

국가와 자본이 정리해고제의 수용을 강하게 압박하면서 협상이 교착
상태에 빠지자, 1월 30일에 개최된 제3차 투쟁본부 대표자회의에서 민
주금융연맹과 사무노련, 전교조 등 노사정 합의를 주장하는 노조들이
정리해고제의 수용과 관련해 입장을 정리하자고 요구했다. 무작정 정
리해고제 반대만 외칠 것이 아니라 정리해고제를 수용할 수 있는 조건

을 검토해서 협상 가능한 안을 제출해야 교섭이 진행되지 않겠느냐는 것이었다. 즉 이제는 노사정 합의를 위해서 정리해고제의 법제화를 검토할 시점이 되었다는 것이다. 그러나 대다수의 투쟁본부 대표자들은 '현재 교섭이 진척된 것이 전혀 없는데 지금은 그런 타협안을 낼 시기가 아니라 힘을 강화할 시기'라며 반대하였다. 현재 국면은 노동자들이 5만 명 정도만 파업을 해도 정치적으로 엄청난 타격을 줄 수 있기 때문에 총파업투쟁을 조직하는 데 집중해야 한다는 것이었다. 그리고 '현재 자본 측과 국민회의의 태도로 볼 때 투쟁이 없으면 노사정 합의는 전혀 불가능하다'며 총파업투쟁의 점검과 구체적인 총파업 일정을 논의했다. 논의 결과, 제3차 투쟁본부 대표자회의는 2월 4일 이후에 노사정위원회의 합의 없이 임시국회 상임위원회에 법안이 상정될 시 민주노총은 노사정위원회의 불참을 공식적으로 선언하고, 2시간 시한부 경고파업에 돌입하기로 결정했다. 그리고 2월 3일에 비상중앙위원회를, 2월 9일에는 비상대의원대회를 개최하여 총파업투쟁에 대한 결의를 다지고 구체적인 총파업투쟁 방침을 정하기로 했다.

그러나 민주노총 지도부는 총파업투쟁을 조직하기 위한 활동들을 거의 수행하지 않았다. 임원들은 현장을 순회하거나 교육 등을 통해 투쟁을 조직하거나 격려하지도 않았고, 투쟁이 진행되고 있는 십수 개에 달하는 주요 부당노동행위 사업장들*을 전국적으로 집중시켜 공동연대투쟁전선을 만들어내지도 못했다. 특히 부당노동행위 사업장들의 전국적 공동연대투쟁은 제2차 중앙위원회에서 결의된 사항이었고, 총파업

●　투쟁본부 대표자회의에 보고된 투쟁 중인 주요 부당노동행위 사업장은 삼미특수강, 서울지하철, 한국통신, 한양대병원을 포함해 거의 20개 가까이 됐다.

투쟁에서 핵심 고리의 역할을 할 수 있는 매우 중요한 투쟁이었지만 민주노총 지도부는 노사정 협상에만 매몰되어 있었다.

투쟁이 진행 중인 부당노동행위 사업장이 많다. 선행 조치를 강력히 요구하고 선행 조치가 되지 않았기 때문에 파업에 들어간다고 하는 것이 필요하다고 본다. [그러나] 현재 상황은 중앙에서 [투쟁을] 진행하기 어려운 상황이다. 각 사업장별로 투쟁 일정에 따라 진행하고, 민주노총 중앙은 국회 등을 만나 해결을 요구하는 식이 좋지 않겠나 하는 의견이다.(「제3차 투쟁본부대표자회의 회의록」, 민주노총, 1988. 1. 30., 강조는 인용자)

2월 2일에 국민회의 측이 구체적인 협상안을 제시하지 않고 자신들의 일정대로 임시국회에서 정리해고제법을 강행 처리하겠다고 하자, 민주노총은 이에 대한 경고로 노사정위원회에 불참했다. 이러한 와중에 열린 제4차 투쟁본부 대표자회의에서 협상팀은 정리해고제의 법제화와 관련해 구체적인 안을 가지고 가지 않으면, 노사정 회의에서 할 이야기가 없다며 정리해고제의 법제화에 대한 민주노총의 입장을 밝혀 줄 것을 요구하였다.

정리해고, 파견법 나오면 입 꾹 다물고 있어야 한다. 그건 고문이다. 우리는 질문밖에 하지 못한다. 쟁점을 다루기 어렵다. 그것을 다루려면 법제화 쪽으로 가닥을 잡아야 한다. 문제점 보완하고 법제화하라고 하면 모르지만, 지금 상태로는 심의를 거부하거나 다른 엉뚱한 짓을 하고 있어야 하는데 그것을 하기는 어렵다.(「제4차 투쟁본부대표자회의 회의록」, 민주노총, 1998. 2. 2.)

그러나 중앙위원회에서 이미 '정리해고제 법제화 반대, 강행 시 총파업 강행'이라는 방침을 결정했었기 때문에 집행기구인 투쟁본부 대표자회의에서 이를 번복할 수는 없었다. 노사정위원회에 참가하는 협상팀으로서는 참으로 곤혹스러울 수밖에 없었다. 정리해고제 법제화 반대 방침과 노사정위원회 참여 방침이 서로 모순을 일으키면서 더 이상 노사정위원회에서 대타협을 기대할 수 없다는 것이 명백해졌다. 그런데도 민주노총은 아무런 대책도 없이 국민회의 측으로부터 전향적인 안이 나오기만을 마냥 기다렸다. 민주노총의 회의가 끝나면 곧바로 그 회의의 내용을 알 정도로 민주노총의 상태를 훤히 들여다보고 있던 국민회의 쪽에서는 투쟁본부 대표자회의를 보면서 민주노총이 총파업투쟁을 하지 못할 것이라고 확신했을 가능성이 크다.• 그래서 그들은 마지막까지 민주노총의 총파업 돌입 여부를 주시하면서 최종 협상안의 제출을 미루고 있었다.

민주노총이 2월 3일에 중앙위원회를 열고 2월 6일에 2시간 경고파업을 한다는 투쟁 일정을 확정하자, 그제야 국민회의 측은 전교조 합법화, 노조의 정치활동 보장, 노조 전임자 임금 지급 등의 카드를 제시하면서 협상을 서두르기 시작했다. 2월 5일에 투쟁본부 대표자회의는 국민회의 측이 노동기본권과 관련하여 전향적인 안을 제시할 경우에 정리해고제와 근로자파견제의 법제화에 대해 논의할 수 있다는 권한을

• 총파업투쟁으로 돌파하지 않으면 안 된다고 하는 현장 대표자들이 중심이 된 중앙위원회의 투쟁 기조와 노사정 합의에 대한 기대와 미련을 갖고 총파업투쟁을 회의적으로 바라보는 투쟁본부 대표자회의의 협상 기조가 계속 부딪치면서 총파업투쟁 준비가 힘 있게 진행되지 못하고 있음을 국민회의 측은 민주노총 내부의 소식통을 통해 너무도 잘 파악하고 있었다(의장은 회의 도중 회의가 끝나면 회의 내용이 곧바로 국민회의 측으로 들어간다고 몇 차례나 강조했다).

협상팀에게 위임하였다.* 이후에 노사정 간의 협상은 급물살을 타게 되었고, 2월 6일에 13시간에 걸친 마라톤 협상 끝에 정리해고제와 근로자파견제의 법제화 조항과 전교조 합법화, 공무원 직장협의회 설치, 노조의 정치활동 보장 등을 핵심으로 하는 노동기본권 조항을 서로 맞교환하는 방식으로 협상은 타결되었다.

그러나 이 합의는 '정리해고제 법제화 반대'라는 중앙위원회의 결정 사항에 위배될 뿐만 아니라, 노동자들의 생존권과 노동조합의 활동에 직접적인 위협이 될 수밖에 없었기 때문에 즉각적으로 엄청난 반발을 불러일으켰다. 이 합의는 단순히 협상팀의 실수나 판단 착오에 의해 저질러진 것이 아니라 투쟁본부 대표자들을 중심으로 한 민주노총 지도부의 생각이 그대로 반영된 것이었다. 민주노총 지도부는 노개위 때부터 전교조의 합법화와 정리해고제를 맞바꿀 수 있다고 생각할 정도로 전교조의 합법화를 매우 중요하게 생각하고 있었다. 그래서 협상팀은 조성준 국민회의 의원에게 자신 있게 다음과 같이 말할 수 있었던 것이다.

일단 우리가 전면적으로 위임받아왔다. 따라서 우리하고 합의하면 합의는 유효하다. 다만 이 합의는 유효한데 돌아가서 조직을 설득하느냐 못 하느냐는 우리 내부의 문제로서 우리 책임이다. 설득을 못하면 우리는 책임지고 사퇴할 것이다.(『환경노동위원회 회의록』, 국회, 1998. 2. 10.)

---

* 당시 투쟁본부 대표자회의에 참가했던 이수호 전교조 부위원장은 노사정 합의안에 대한 가부를 결정하기 위해 2월 9일에 개최된 대의원대회에서 '첫째, 대타결을 한다. 둘째, 정리해고 문제에 대한 우리의 타결안을 가지고 나간다. 셋째, 최대한 많은 것을 따내도록 한다. 넷째, 협상팀이 알아서 교섭하라는 암묵적 동의하에 협상팀을 노사정위원회에 내보냈다'고 보고했다. 이렇게 보면 투쟁본부 대표자회의는 명시만 하지 않았을 뿐 사실상 협상팀에게 협약체결권까지 포함한 거의 모든 권한을 위임했다고 볼 수 있다.

노사정위원회에서 합의된 정리해고제는 1996년에 날치기로 통과되었던 '날치기 노동법'보다 개악된 것이자, 1년 전 수백만 명이 총파업투쟁을 통해서 이루어냈던 성과를 완전히 헛수고로 만들어버리는 매우 심각한 것이었다. '지속되는 경영 악화로 인한 양도·인수·합병' 시 정리해고를 허용하는 것에서 '경영 악화를 방지하기 위한 사업의 양도·인수·합병'의 경우에도 정리해고를 할 수 있게 됨으로써 정리해고가 훨씬 쉬워졌다. 경영 악화가 지속되고 있다는 객관적인 지표가 없더라도 자본가가 일방적으로 경영 악화를 방지하기 위해서라고 선언만 하면 언제든지 정리해고를 할 수 있게 허용의 폭이 매우 넓어졌기 때문이다. 노동기본권 조항도 1997년의 노동법 개정 당시에 가장 심각하게 개악되었던 파업권과 교섭체결권을 포함한 단체교섭권의 회복이 전혀 포함되어 있지 않은 핵심에서 벗어난 내용들이었다. 국가와 자본이 정리해고제를 관철하는 데 그렇게 적극적이었던 것은 정리해고 자체보다 노조의 저항을 무력화시키기 위해서였다. 따라서 민주노총은 노동기본권에 대한 협상을 할 때 전교조의 합법화나 노조의 정치활동 보장보다는 1997년의 노동법 개악으로 무력화된 파업권과 단체교섭권을 회복하는 데 주력했어야 했다.

　　국가와 자본은 노사정 합의를 통해 노동자들의 저항을 무력화시킬 수 있는 핵심적인 수단들을 개별적·집단적 노사관계법 모두에서 갖게 되었다. 국가와 자본의 이러한 성공은 민주노총의 상층 간부들은 포섭하고 하층 노동자들은 통제하는 분할지배전략에 따라 이루어진 것이었다. 정리해고제와 근로자파견제 그리고 무력화된 파업권과 단체교섭권은 아래로부터의 노동자들의 저항을 철저하게 통제하기 위한 수단이었고, 전교조의 합법화와 공무원 직장협의회의 설립 그리고 정치활동의 보장은 상층 지도부를 포섭하기 위한 수단이었다.

노사정 협상에서 정부가 민주노총에게 양보한 것은 아무것도 없었다. 노동기본권의 개선은 ILO가 요구한 것이었고, 노동부도 이미 계획하고 있었다. 재벌개혁, 행정개혁, 실업 대책 등도 한국 경제의 신자유주의적인 구조조정을 위해 총자본의 입장에서도 어차피 추진하지 않으면 안 되는 과제였다.

3. 민주노총 지도부의 총사퇴와 비상대책위원회

2월 6일 새벽, 민주노총 지도부가 노사정위원회에서 정리해고제와 근로자파견제에 합의했다는 내용이 보도되자 각 지역과 연맹, 단위노조들에서 즉각적으로 이를 반대하며 지도부를 비판하는 성명들이 빗발치기 시작했다.

'정리해고제 도입 저지와 비리 재벌 해체를 위한 경기남부 투쟁본부'와 민주노총 부산·양산지역본부, 대구지역본부, 대전·충남지역본부, 광주·전남지역본부, 민철노련, 전국의료보험노조 등은 노사정 합의에 반대하면서 지도부 총사퇴와 비상대책기구를 구성하여 총파업투쟁을 전개할 것을 촉구하였다. 노사정 합의가 이루어졌다는 보도를 접한 한라중공업 노조의 조합원 50여 명은 8일에 상경하여 민주노총 사무실에서 노사정 합의안 전면 거부 등을 요구하며 철야 농성을 벌였고, 해고자복직투쟁특별위원회 소속의 해고 노동자 10여 명도 이 농성에 합류하였다.[7]

조합원들의 엄청난 분노와 반발 속에서 2월 9일에 노사정 합의안에 대한 가부를 결정하는 중앙위원회와 대의원대회가 개최되었다. 오전에 열린 제4차 중앙위원회에서는 정리해고의 요건과 절차가 날치기 노동법 수준보다 개악되었다면서 경영 악화 방지를 위한 사업의 양도·인수·합병이 도대체 무슨 의미인지, 그리고 부당노동행위 사업장 문제는 해결된 곳이 하나도 없는데 국민대통합을 위한 선행 조치 없이 어떻게 노사정 합의를 할 수 있는지 등에 대한 질문과 답변이 오갔다. 이 과정에서 중앙위원들의 비판이 쏟아지자 배석범 위원장 직무대행은 노사정 합의를 하게 된 솔직한 심경을 털어놓았다.

> 물리적 투쟁이 아닌 대타협이 필요한 시기라 판단했다. (…) 민주노총이 불참할 경우 더 형편없는 법이 통과될 것을 우려한 결정이었다. (…) 듣기에 따라 정부가 이야기하는 것과 비슷할 수도 있다. 그러나 IMF 등 여러 관계자들을 만나보니까 노사정 대타협이 국제신인도 회복과 나라를 살리는 데 도움이 된다고 믿었다. (…) 부당노동행위 근절 문제는 국민회의 측과 노동부가 확실한 의지를 갖고 있다. (…) 당선자가 이번 노사정 합의를 계기로 민주노총에서 추천한 사람들 중에서 노동부 장관으로 앉히고 문제를 해결해나갈 수도 있겠다는 생각이 들었다.(「제2차 중앙위원회 회의록」, 민주노총, 1998. 2. 9.)

배석범 위원장 직무대행의 발언을 보면 그동안 "총파업 이외 다른 길은 없다"며 총파업투쟁을 주장해왔던 민주노총 지도부와 투쟁본부 대표자들이 어째서 정리해고제에 동의하게 되었는가를 이해할 수 있다. 민주노총 지도부는 이미 IMF와 정부의 신자유주의 논리와 정책에 포섭되어 있었던 것이다. 그렇기 때문에 그들은 투쟁본부 대표자회의 때마다 중앙위원회의 '정리해고제 절대 반대' 결정에 계속해서 문제를 제기하면서 실제로는 총파업투쟁 준비를 해태하고 노사정 간의 대타협을 기다려왔다.

대의원대회는 전국 각 지역에서 상경한 300여 명의 대의원들과 조합원, 사회단체, 기자 등 무려 600여 명의 참관인들이 빽빽하게 들어찬 가운데 개최되었다. 노사정 합의안에 대한 보고와 설명이 있은 후에 찬반토론이 시작되었다. 전국건설노동조합연맹(건설노련)과 사무노련의 몇몇 대의원들은 "어쩔 수 없는 상황이었다", "부결했을 때 총파업이 가능한가"라고 현실론을 펴며 합의안에 찬성할 것을 주장했다. 그러나 대부분의 대의원들은 "조합원 목 자르는 걸 어떻게 동의해줄 수 있는가", "투쟁역량이 없다고 우리 모가지를 내줄 것인가", "천만 노동자가 뒤에 있는데 무엇이 두렵단 말인가", "전교조 합법화, 정치활동 보장 등을 얻었다는데 이것은 떡 주고 떡고물 얻은 것에 불과하다. 우리는 천만 노동자의 희망인 민주노총의 지도력과 50만 조합원의 신뢰를 잃었다. 조직의 파괴와 천만 노동자의 희망을 주고 우리가 얻을 것은 무엇인가"라며 노사정 합의안에 반대하고 민주노총 지도부를 강력하게 비판했다. 이런 분위기 속에서 표결이 진행되었고, 노사정 합의안은 재석 대의원 272명 중 찬성 54명, 반대 184명, 기권 34명으로 압도적인 차이로 부결되었다.[8]

노사정 합의안이 부결되자 이에 대한 책임을 지고 지도부가 총사퇴하기로 했지만 임원뿐만 아니라 투쟁본부 대표자들도 모두 사퇴해야 한다는 문제가 제기되었다. 노사정 대타협을 해야 한다고 결정한 곳은 투쟁본부 대표자회의인데 투쟁본부의 결정대로 시행한 사람들만 사퇴를 하고, 투쟁본부의 대표자들은 그대로 자리를 지킨다는 게 말이 안 된다는 것이었다. 실제로 협상팀에게 협약체결권을 포함한 거의 모든 권한을 위임한 것은 투쟁본부 대표자회의의 결정이었다. 그러므로 지도부가 총사퇴하려면 임원뿐만 아니라 투쟁본부의 대표자 전체가 책임을 지고 총사퇴하는 것이 이치에 맞다. 그러나 이럴 경우 투쟁본부 대표자회의 핵심 골간을 이루고 있는 산업·업종연맹의 대표자들 또한 모두 사퇴해야 하기 때문에, 사태를 수습하기 위한 지도부를 구성하기 어려워진다는 문제가 있었다. 그래서 대의원들은 '논의하라고는 했지만 합의하라고 한 적은 없다'는 투쟁본부 대표자회의의 궁색한 해명을 받아들여 상근 임원을 제외한 산업·업종연맹의 대표자들을 책임에서 제외시켰다. 이는 정치적·도의적 책임은 질 수 있지만 법적·조직적 책임은 질 필요가 없다는 뜻이었다.

민주노총 지도부가 총사퇴를 한 후, 산업·업종연맹 위원장들 중에서 단병호 금속연맹 위원장이 비상대책위원회(이하 비대위)의 위원장으로 추대되었고, 투쟁본부 대표자회의 역시 '이전의 과오를 투쟁으로 만회할 기회를 준다'는 명분으로 비상대책위원회로 전환되었다. 그리고 지도부의 자의적인 판단에 의한 혼란을 방지하기 위해 비대위의 목표와 임무를 분명하게 규정해야 한다는 제안에 따라 다음과 같이 투쟁 방침을 결정하였다.

고용안정조정법의 법제화 반대를 전제로 재교섭을 요구하고, 받아들여지지 않을 시 노사정위원회 불참을 선언한다. 총파업투쟁의 일정과 계획은 비대위에 위임한다. 국회 강행 처리 시 즉각 총파업에 돌입한다.(「제8차 대의원대회 회의록」, 민주노총, 1998. 2. 9.)

새롭게 구성된 비대위가 본격적으로 총파업투쟁을 벌였다면 민주노총은 전화위복의 기회를 마련할 수도 있었을 것이다. 하지만 비대위는 그렇게 하지 않았다. 총파업투쟁의 임무를 부여받은 비대위는 10일 오전에 제1차 대표자회의를 개최하여 2월 13일 오후부터 67개 노조 13만 명의 조합원이 전면총파업에 들어간다고 발표했다. 그러나 비대위는 12일 오후에 제2차 대표자회의를 개최하고, 그날 밤 12시에 갑자기 13일 오후로 예정되었던 총파업을 철회해버렸다. 대의원대회의 총파업 결정을 불과 사흘 만에 번복해버린 것이었다. 당일 12시에 국민회의 당사 앞에서 집회를 할 때까지만 해도 "총파업투쟁으로 민주노총 강화하자!"라는 구호가 쩌렁쩌렁하게 울려 퍼질 정도로 총파업투쟁에 대한 결의와 의지는 매우 높았다.

비대위가 총파업 철회의 주요 근거로 내세운 것은 '극단적으로 불리한 여론', '파업 동력', '총파업을 둘러싼 첨예한 의견 대립에 따른 조직의 균열' 등이었다. 첫 번째, 불리한 여론은 2월 9일의 대의원대회에서 노사정 합의를 부결시키고 비대위를 구성하여 총파업투쟁을 선언할 때부터 이미 예상된 것이었다.

적당히 넘어갈 수 있는가. 아니다. 이것은 국민들 앞에서 칼이 들어와도 싸워야 한다는 결심이 있어야 한다. 아니, 당장 내일부터 민주노총 무책임하다고 비판할 것이다. 우리[는] 그것 받아들여야 한다.(권영길 전 민주노총 위원장의 발언,「제8차 대의원대회 회의록」, 민주노총, 1998. 2. 9.)

두 번째, 전면적인 타격은 아닐지라도 정치적인 타격은 줄 수 있을 만큼 파업동력도 비교적 괜찮았다. 민주노총 마산·창원지역협의회는 이미 11일에 한국중공업, 태광특수기계, 현대정공, 센트랄, 한국산연 등 10개 사업장의 노조가 13일부터 파업에 들어간다고 밝혔었다. 현대자동차와 현대정공 등 현총련 산하의 24개 노조도 파업 찬반투표를 마치고 민주노총 비대위의 파업 지침만을 기다리고 있었다. 자동차연맹과 금속연맹, 현총련 등 제조업 노조를 중심으로 전국 67개 노조에서 13만 명의 조합원이 13일의 총파업투쟁에 대비해 대기하고 있었다. 이는 1996년의 노동법개정 총파업투쟁(83개 노조, 14만 명)과 비교해도 결코 뒤지지 않는 수준이었다.

그러므로 총파업 철회의 핵심적인 이유는 악화된 여론이나 파업동력의 부족이 아니라 노사정 합의의 부결과 지도부의 총사퇴 과정에서 표출되었던 조직 균열의 문제였다.

[총파업] 동력의 확인과 조직의 고민, 대의원대회 이후 표결의 찬반 문제를 놓고 조직 내 균열이 감지되고 있는 속에서 고민 끝에 그런 결정 [총파업 철회]을 내렸다.(의장의 발언, 「제5차 중앙위원회 회의록」, 민주노총, 1998. 2. 13.)

투쟁본부와 비대위에서 노사정 합의에 찬성하고 총파업투쟁에 반대했던 세력들은 그 비율이 90%를 넘을 정도로 민주노총 내부의 세력관계에서 압도적이었다. 그런데 그들은 노사정 합의가 부결되고 지도부가 총사퇴하면서 정치적으로 큰 타격을 입게 되었고, 그 때문에 이후에 치러질 민주노총 임원 선거에서도 불리한 위치에 놓이게 되었다. 그러자 그들은 대의원대회 당시에 조직적으로 동원된 일부 세력들의 폭력에 의해서 강압적인 분위기가 조성되었고, 기립투표라는 방식 때문에 대의원들이 자유롭게 의사를 표현하지 못해서 노사정 합의안이 부결되었다고 주장하기 시작했다. 심지어는 노사정 합의안에 반대한 세력들이 이를 조직적으로 사주했거나 묵시적으로 방조했다고 공격하기까지 하였다. 그들은 정상적인 분위기 속에서 표결이 이루어졌다면 노사정 합의안은 부결되지 않았을 것이라며 사실상 대의원대회의 결정을 인정하지 않았다. 그들은 비대위에게 대의원대회의 폭력 사태에 대한 진상조사와 명예 회복을 강력하게 요구하였고, '현재의 정세 조건과 우리의 역량상 총파업투쟁은 불가능하며, 이런 상태에서 총파업투쟁을 강행한다면 내부 분열로 민주노총이 깨질 수도 있다'며 총파업투쟁을 결사반대하였다.

왜 그들은 그토록 총파업투쟁을 강력하게 반대했을까? 그 이면에는 노사정 합의에 대한 노선상의 차이가 아니라, 이후에 치러질 민주노총 임원 선거에서 주도권을 장악하는 문제가 깔려 있었다. 당장 진행되고 있는 정리해고와 구조조정에 대응해야 할 현실적인 필요성 때문에라도 총파업투쟁을 하지 않을 수 없었기 때문에, 단순한 노선상의 차이라면 총파업을 지지하는 세력들이 투쟁을 하려는 것까지 막을 이유는 없었다. 1996년의 총파업투쟁도 투쟁동력이 있는 5개 조직들을 중심으로 진행되었던 것처럼 총파업투쟁에 참가하지 않는다고 해서 조직적으로 불이익을 당하거나 피해를 보는 것도 아니었다. 그리고 총파업을 하루이틀 한다고 해서 민주노총이 깨지는 것도 아니었다.

그런데도 그들이 총파업투쟁을 격렬하게 반대했던 이유는 결국 불리한 여론과 파업동력의 부족이라는 똑같은 조건 속에서 총파업투쟁이 성공할 경우, 노사정 합의와 비교되면서 자신들의 명예 회복은커녕 이후의 세력관계에서 입지가 약화될 가능성이 컸기 때문이었을 것이다.

이러한 분파적 이해관계가 아니라면 대의원대회에서 비대위의 목표와 임무를 총파업투쟁의 수행이라고 명확하게 규정했음에도 불구하고, 두 번씩이나 의결기관의 결정을 위배해가면서까지 총파업투쟁을 반대한 것은 도저히 납득하기 어렵다. 이러한 그들의 분파적인 사고는 비대위가 총파업을 철회한 후에 개최된 중앙위원회와 대의원대회에서 적나라하게 드러났다. 노사정 합의를 한 지도부나 총파업투쟁을 철회한 비대위나 똑같은 상황에서 똑같은 결정을 내렸는데도 비대위는 면책되고 지도부는 불명예를 뒤집어쓴다는 것은 불공정하기 때문에, 지도부에게도 면죄부를 주어 명예를 회복시켜주어야 한다는 것이었다.

상황 논리가 임시대의원대회 당시에는 충분히 예측 가능한 상황이었다. 그런데 과거 지도부와 같은 이유로 [비대위가] 총파업을 하지 못한다는 것은 말도 안 된다.(민주금융연맹 중앙위원의 발언, 「제5차 중앙위원회 회의록」, 민주노총, 1998. 2. 13.)

임단투 방침을 보면 정리해고 철폐를 위한 강도 높은 투쟁의 노력이 보이지 않는다. 이 기조대로라면 1기 지도부는 대의원대회의 과도한 분위기 속에서 불명예 퇴진한 것이 된다. 대의원대회를 폭압적 분위기로 만들었던 부분들의 사과와 진상조사가 이루어져서 명예 회복이 되어야 한다. 선거 이전에 서로 함께할 수 있는 방안이 논의되었으면 좋겠다.(대학노련 중앙위원의 발언, 「제6차 중앙위원회 회의록」, 민주노총, 1998. 3. 2., 강조는 인용자)

[비대위가] 조직 내 균열 수습과 여론 등의 이유로 총파업을 철회했다면 노사정 합의가 부결되었던 대의원대회도 같은 이유가 적용될 수 있

다. 이런 점에서 비대위는 똑같은 상황인데도 불구하고 총파업을 번복한 것에 대해 사과와 반성이 있어야 한다.(민주금융연맹 중앙위원의 발언, 「제9차 대의원대회 회의록」, 민주노총, 1998. 3. 3.)

결국 비대위는 노사정 합의 세력의 압박에 굴복하여 총파업을 철회함으로써 지도부에게 면죄부를 주었고, 이를 통해 상층 지도부 내의 대립과 갈등을 해소해 민주노총을 조속하게 안정화시키려고 하였다. 비대위는 조직의 단결을 꾀한다는 명목으로 노사정 합의의 부결과 총파업 철회에 대한 책임을 동렬에 올려놓고 투쟁본부 대표자회의, 사퇴한 지도부, 비대위, 대의원대회 폭력 사태 당사자 등 네 주체가 공식적으로 사과하는 것으로 위기를 봉합하고 곧바로 임원 선거로 넘어가려고 했다. 그러나 상층 지도부의 이러한 계획은 3월 2일에 개최된 제6차 중앙위원회에서 "정리해고 위협과 대의원대회 소란을 동렬에 놓는, 위기의 본질을 전혀 모르는 미봉책"이라며 강력히 반발하는 중앙위원들의 반대에 부딪혀 거부당했다.

노사정 합의 이후 현장 조합원들이 가슴에 달고 있는 민주노총 배지를 집어 던지면서 우리가 1만 원씩 내서 건설한 민주노총이 이런 거냐고 항의할 때 감당하기 힘들었다. 그런 항의가 대대[대의원대회]까지 이어졌다고 본다. 그 항의가 왜 이루어졌는지 냉철히 보지 않고, 단순히 그 행위만을 보고 진상조사니 하는 것은 온당치 않다고 본다. 우리가 잃은 것은 정리해고 법제화보다 동지적 신뢰와 지도력을 잃었는데, 명예 회복할 것 없다고 본다. 전임 지도부가 사퇴한 것은 부결되면 사퇴하겠다는 안건으로 이해하고 있다. 그런데 명예 회복 운운하는 것은 본질을 왜곡하는 것이고, 소란 일으킨 사람에게 화살을 돌리는 것 아닌가 의심하지 않을 수 없다.(『제6차 중앙위원회 회의록』, 민주노총, 1998. 3. 2.)

한편 총파업투쟁을 적극적으로 추진해왔던 현총련과 금속연맹 등의 중앙위원들은 비대위의 총파업투쟁 철회에 대한 평가를 강력하게 요구하였다. 중앙위원들은 민주노총이 다시금 오류를 범하지 않고 현재의 위기를 극복하려면, 비대위에 대한 평가를 통해 문제의 원인이 무엇인지 제대로 파악하고 난 후에 선거를 치러야 한다고 주장했다. 그러나 자신들에 대한 평가가 달가울 리 없었던 비대위는 평가에 대해 매우 소극적이었다.

3월 3일에 개최된 제9차 정기대의원대회에서 비대위에 대한 평가가 마지막 안건으로 상정되었다. 현대자동차 노조의 대의원이 성원 부족으로 비대위에 대한 평가를 다루지 못할 것을 우려하여 회순 변경을 요구하였으나 거부되었다. 실제로 이후에 성원 부족으로 대의원대회가 유회되면서 비대위에 대한 평가는 다음 대의원대회로 이월되어버렸다. 그리고 총파업 철회의 논의 과정을 파악하기 위해 대의원들이 회의록의 공개를 요청하였으나 비대위는 회의록을 작성하지 않았다며 제공을 거부하였다. 일반적으로 회의 안건을 상정할 때 제공되는 경과보고서와 자체 평가 내용이 들어간 기본 자료조차 전혀 제출되지 않았고, 회의 자료에는 '제5호 의안 비대위 평가 건'이라는 제목만이 실려 있었다. 비대위는 비대위 평가에 대한 의지를 전혀 보여주지 않았다.

3월 31일에 개최된 임시대의원대회에서도 비대위는 "각 산별에서 평가서를 제출하고, 이를 취합해서 차기 집행부가 종합적으로 평가하는 것이 좋겠다"며 비대위에 대한 평가를 차기 집행부로 미룰 것을 제안하였다. 3월 3일의 정기대의원대회 이후 거의 한 달 동안 아무것도 안 하고 있다가 연맹별 평가서를 핑계로 비대위에 대한 평가를 차기 집행부로 넘기자는 이러한 제안은 사실상 비대위에 대한 평가를 할 생각이 전혀 없음을 방증하는 것이었다.* 이에 대해 금속연맹 대의원들을 중심으로 "비대위를 맡았던 사람들의 직무유기다", "어떻게 지난 싸움에 대한 평가 없이 2기 지도부를 선출할 수 있는가", "비대위가 잘했는가 못했는가에 대한 판단 없이 지나가면 이후 또다시 민주노총이 양분될 우려가 있다", "우리 경주에는 작은 사업장이 많다. 정리해고를 막아내기 위해 파업 결의했다. 그런데 철회됐다. 나는 사실 누가 당선되는지 관심 없다. 분명히 평가하고 넘어가야만 앞으로 이런 일이 안 생긴다"며 비대위에 대한 평가를 강력하게 주장했으나, 선거를 위해 참가한 대의원들의 호응을 얻지 못해 결국 비대위에 대한 평가 없이 임원 선거가 치러졌다.

비대위는 대의원대회에서 정리해고제 철폐를 위한 총파업투쟁을 수행한다는 임무를 띠고 출발하였다. 그러나 노사정 합의의 중심 주체였던 투쟁본부 대표자회의가 그대로 비대위로 전환되면서 비대위는 투쟁본부 대표자회의와 똑같은 과오를 반복하게 되었고, 민주노조운동에 돌이킬 수 없는 엄청난 타격을 입혔다. 비대위의 총파업 철회는 노사정 합의와는 비교가 안 될 정도로 타격이 컸다. 비대위의 총파업 철회로 조합원들은 또다시 배신을 당했고, 민주노총 지도부에 대한 불신은 더

---

* 이렇게 차기 집행부로 넘겨진 비대위 평가 건은 1년이 지난 제14차 정기대의원대회(1999. 2. 24.)에서 비로소 다루어졌다. 그러나 산별연맹 중 평가서를 제출한 연맹은 공익노련과 민주섬유연맹뿐이었고, 그중 민주섬유연맹은 노사정 합의와 관련한 평가가 네 줄밖에 안 될 정도로 평가 내용이 거의 없었다. 당시 회의를 주재했던 비대위 위원장이 소속된 금속연맹은 평가서조차 제출하지 않았다.

욱 증폭되었으며, 투쟁의지 또한 완전히 꺾여버렸다. 노사정 합의 때는 대의원대회에서 이를 뒤집고 다시 총파업을 결의할 분노와 의지라도 있었지만, 비대위의 총파업 철회 결정 이후에 조합원들은 민주노총을 올바르게 세워낼 의욕마저 상실한 채 그저 냉소만을 보낼 뿐이었다.

민주노총의 총파업투쟁은 경제위기 속에서 전면화될 총자본의 정리해고 공세를 사전에 저지한다는 의미도 있었다. 당시에 정리해고가 되었거나 구조조정이 진행되고 있던 현대자동차, 현대정공, 만도기계, 한라중공업 등에서 벌어진 노동자들의 투쟁을 엄호하고, 이후에 진행될 대량의 정리해고와 정리해고제의 법제화를 막아내기 위한 예방 투쟁이라는 점에서도 총파업투쟁은 매우 중요했다.* 따라서 비대위의 총파업 철회 결정은 역사적인 과오로서 엄중하게 비판받고 제대로 평가되었어야 했다.

그러나 비대위는 노사정 합의와 총파업투쟁의 철회를 통해서 드러난 자신들의 과오를 포함해 민주노총의 전반적인 문제들에 대해 제대로 된 평가와 성찰을 전혀 하지 않았다. 오히려 비대위는 민주노총의 임원 선거를 핑계로 자신들에 대한 평가를 차기 집행부로 넘겨버렸다. 그러고는 민주노총의 통일과 단결을 꾀한다는 명목으로 산업·업종연맹 대표자들 간의 담합을 통해 단일 후보를 내세워 새로운 집행부를 구성함으로써 민주노총의 위기를 봉합하고 자신들의 패권을 계속 유지하려고 했다. 그러나 이러한 그들의 구상은 그동안의 투쟁과 활동 과정에서 드

● 이때 민주노총이 제대로 투쟁을 하지 못한 결과, 이후에 모든 부담을 현대자동차 노조가 전적으로 떠맡게 되었다. 현대자동차 노조는 36일간에 걸쳐 치열하게 정리해고 반대 총파업투쟁을 벌였으나 결국 패배하였고, 이후 한국에서 신자유주의적 구조조정은 전면화되었다.

러난 민주노총의 지도력에 대한 조합원들의 광범위한 불신 때문에 현장 대의원들에 의해 거부되었고, 임원 선거에서의 패배로 일단은 무산되었다. 하지만 산업·업종연맹의 과두적 지배체제라는 조직구조의 한계로 말미암아 새로운 집행부 또한 산업·업종연맹의 영향력을 벗어나는 데는 한계가 있을 수밖에 없었고, 이러한 한계는 지금까지도 민주노총의 족쇄로 작용하고 있다.•

• 이에 대한 구체적인 내용은 본 연구의 범위를 벗어나므로 다루지 않지만, 이갑용 전 민주노총 위원장의 『길은 복잡하지 않다』(철수와영희, 2009)에 자세하게 나와 있다.

9장

결론

민주노총은 전노협이 지향했던 사회변혁주의 대신 체제 내에서의 개혁을 목표로 하는 사회개혁주의를 이념적 목표로 내세웠다. 민주노총의 사회개혁주의는 필연적으로 민주노총이 합법적인 조직으로서 인정을 받는 것과 노동조합운동 차원에서 제기된 문제들을 정치적인 영역에서 해결할 수 있는 수단을 확보해야 한다는 과제를 낳았다. 이 때문에 민주노총은 현 시기 노동조합운동의 최고 목표라고 할 수 있는 계급적 단결과 연대조직으로서의 산별노조 건설을 첫 번째 목표로 삼지 않았다. 민주노총의 첫 번째 목표는 민주노총의 합법화였고, 최종 목표는 합법화된 민주노총을 토대로 합법정당을 건설하고 이를 통해 제도정치권으로 진출하는 것이었다. 이러한 민주노총의 지향은 산별노조의 건설보다 정치세력화를 우선적인 목표로 설정하고 있는 민주노총의 강령과 선언, 규약 등에 잘 나타나 있다. 민주노총은 창립 때부터 이미 산별노조의 건설보다 정치세력화에 더욱 중점을 두는 방향으로 사업 기조를 잡고 있었던 것이다.

이러한 기조에 따라 민주노총은 '임단투는 산별연맹이, 정치·정책적 참가와 대정부·대국회 교섭은 민주노총'이 담당한다는 사업 방침을 정하고, 임금·단체협약 투쟁과 같은 경제투쟁보다는 사회개혁에 대한 요구와 정치세력화를 중심으로 하는 사회개혁 투쟁노선을 민주노총의 투쟁노선으로 정식화했다. 민주노총의 사회개혁 투쟁노선에 의하면, 민주노총은 하층 조합원들을 중심으로 한 전투적인 대중투쟁이 아니라 상층 간부들 중심의 온건·타협적인 협상 방식을 주요한 투쟁 방식으로 선택하지 않을 수 없었다. 그리고 이러한 협상 중심의 사회개혁 투쟁노선을 뒷받침하기 위해서는 민주노총의 합법화가 절대적으로 필요했다. 그래서 민주노총은 김영삼 정권이 민주노총의 합법화를 미끼로 노개위의 참여를 제안했을 때, 다른 어떤 단체들보다도 적극적으로 노개위에 참여했다. 또한 사회개혁 투쟁노선을 최종적으로 실현할 수 있으려면 대정부·대국회 협상을 통해 법과 제도를 개선하지 않으면 안 되었다. 이를 위해서 민주노총은 합법정당을 만들고, 선거를 통해 의회에 진출함으로써 노동자들의 경제적·사회적·정치적 지위를 향상시킨다고 하는 의회주의적 합법정당 노선을 정치노선으로 채택했다.

이처럼 민주노총은 체제 내에서의 개혁을 목표로 한 사회개혁주의를 실현하기 위해 합법적이고 온건·타협적인 협상 중심의 운동노선을 실천전략으로 내세워 민주노총의 투쟁과 활동을 일관되게 추진해왔다. 이 책은 이러한 민주노총의 이념과 운동노선이 민주노총의 투쟁과 활동에 어떻게 관철되어왔고, 그 과정에서 어떠한 역사적 공과가 있었으며, 이를 통해 우리가 얻을 수 있는 역사적 교훈과 실천적 함의는 무엇인가라는 관점에서 민주노총 1기(1995. 11~1998. 3.)의 투쟁과 활동을 분석했다.

그리고 이 책은 계급타협을 목표로 하는 코포라티즘과 법과 제도의 변화를 중시하는 제도주의적 접근 방법에 기초한 '사회적 대화' 또는 '사회적 합의론'이나 '1987년 노동체제론'과 같은 기존 연구들과 분석의 관점을 달리한다. 기존의 연구들은 구조나 행위·전략 중 어느 한 측면을 강조한다는 차이는 있지만, 코포라티즘적 관점에서 노사관계개혁위원회나 노사정위원회와 같은 상층에서의 계급타협적인 정치 협상 과정을 주요한 분석 대상으로 하고 있다는 점에서는 동일하다. 그러나 상층을 중심으로 한 정치적 협상은 하층 노동자들의 계급투쟁과 그 결과로 형성된 계급 간 세력관계의 변화에 의해 규정되기 때문에, 이에 대한 분석은 임단투나 총파업투쟁과 같은 하층 조합원들의 계급투쟁에 대한 분석으로까지 나아가지 않으면 현상적인 분석에 그치기 쉽다. 이런 점에서 이 책은 기존의 연구들과는 달리 상층에서의 계급타협이 아닌, 하층으로부터의 계급투쟁과 이를 통해 형성된 계급 간 세력관계 및 계급 내 세력관계의 변화라는 관점에서 민주노총의 투쟁과 활동을 새롭게 분석함으로써 기존 연구의 관점으로서는 포착할 수 없었던 새로운 분석 시각과 역사적 평가 내용을 제시할 수 있었다.

1. 기존 연구와의 차별성

첫째로, 민주노총의 합법화를 어떻게 볼 것인가 하는 문제이다. 기존의 연구들은 민주노총의 합법화를 민주노조운동을 제도화하기 위한 국가와 자본의 전략으로 보고 있다. 그러나 계급투쟁과 계급 간 세력관계의 변화라는 관점에서 볼 때, 국가와 자본이 민주노총의 합법화를 인정한 것은 민주노조운동을 제도화하여 사회적·정치적 파트너로서 인정하겠다는 것이 아니었다. 국가와 자본의 목적은 민주노조운동의 상층 세력을 포섭하여 기업별노조체제를 유지·관리하고 순치하려는 것이었다. 국가와 자본의 입장에서는 계급 간 세력관계에서 자신들이 압도적인 우위를 차지할 수 있는 기업별노조체제를 포기하고 민주노조운동을 사회적·정치적으로 제도화해줌으로써 계급 간 세력관계에서 동등해지거나 역전될지도 모를 위험 부담을 감수할 이유가 전혀 없었다. 그렇기 때문에 국가와 자본은 기존의 기업별노조체제를 유지하고 통제하기 위해 상급단체(기업별노조 연맹체로서의 산업·업종연맹과 민주노총)를 합법화하여 상층을 포섭하는 대신, 하층의 기업별노조의 토대는 약화시키는 방향으로 노동법의 개정을 추진했던 것이다.[*]

민주노조운동의 상층인 산업·업종연맹과 민주노총을 하층인 기업별노조와 분리하여 지배하려는 국가와 자본의 이러한 분할지배전략은 그들의 일관된 전략이었다. 그들은 일찍부터 전노협과 같은 전투적인 세력은 탄압하고 배제하는 대신, 업종회의와 같은 온건·타협적인 세력은 합법화해주면서 체제 내로 포섭하려고 하였다. 또한 그들은 신경영전략을 통해 대기업 정규직 노동자들의 노조는 인정하고 실리를 보장해주는 반면, 중소·영세기업의 노동자들과 비정규직 하청 노동자들의

---

[*] 국가와 자본의 목적이 상층의 포섭에 있었다는 것은 상급단체만 복수노조를 허용하고, 기업별노조는 복수노조를 인정하지 않은 것에서 단적으로 드러난다. 이러한 국가와 자본의 구상은 기업별노조의 연맹체로 출발한 산업·업종연맹과 민주노총의 이해관계가 일치하는 부분이다. 그리고 국가와 자본이 노동법 개정 과정에서 노조 전임자 임금 지급 금지와 무노동 무임금 조항을 끝까지 고집한 것도 기업별노조의 토대를 약화시키기 위한 것이라고 볼 수 있다.

노조는 인정하지 않을 뿐만 아니라 이들을 가혹하게 착취하고 억압하였다. 이러한 국가와 자본의 계급전략은 민주노조운동 내부의 세력관계에 영향을 미침으로써, 온건·타협적이고 실리적인 세력이 계급 내 세력관계에서 주도권을 잡고 자신들의 운동노선을 민주노총의 운동노선으로 채택하게 만드는 데 일정한 역할을 하였다.

이처럼 계급투쟁을 통한 계급 간 세력관계와 계급 내 세력관계의 변화라는 관점에서 볼 때, 국가와 자본의 상급단체 합법화전략은 민주노총 내에서 합법주의가 강화되는 데 커다란 영향을 미쳤다. 그 결과 민주노총의 투쟁노선은 임단투를 중심으로 한 전투적인 대중투쟁노선 대신에 합법적인 청원·캠페인·정책 참가 등을 중심으로 하는 온건·타협적인 사회개혁 투쟁노선으로 설정되었다. 조직노선도 산업별 공동투쟁과 계급적 연대투쟁을 통한 산별노조의 건설이 아니라, 합법적인 기업별 노조의 연맹체인 산업·업종연맹과 민주노총의 건설로 설정되었다. 정치노선 또한 노동자들이 정치투쟁의 주체로서 참가하는 노동계급 중심의 체제변혁적 정치세력화가 아니라, 산업·업종연맹과 민주노총에 기초한 합법정당의 건설이라는 선거 중심의 의회주의적 정치세력화로 설정되었다. 이러한 민주노총의 합법주의적 운동노선은 민주노총의 투쟁과 활동을 규정하는 요인으로 작용했고, 노동계급 전체의 이해를 대변하는 투쟁과 연대보다는 합법화된 민주노총의 내부 권력을 둘러싼 분파투쟁과 노선투쟁을 가속화시키는 결과를 가져왔다.

따라서 민주노총의 합법화는 민주노조운동을 사회적·정치적으로 인정한다는 의미에서의 제도화, 즉 민주노조운동의 성장에 의해 변화된 계급 간 세력관계가 반영된 제도화를 의미하는 것이 아니었다. 이는 오히려 민주노조운동의 상층은 합법화라는 미끼로 포섭하고, 하층은 무력화하는 것을 통해 민주노조운동을 순치함으로써 기업별노조체제를 유지하고 통제하려는 국가와 자본의 전략이었다. 그리고 이러한 국가와 자본의 계급전략에 호응하여 설정된 민주노총의 합법주의 운동노선은 이후 진행된 민주노총의 투쟁과 활동에서 내부의 권력을 둘러싼 노선투쟁과 분파투쟁을 야기하는 근본적인 원인이 되었다.

둘째로, 기존의 연구 대부분은 김영삼 정권의 노동법 개정을 '집단적 노사관계법과 개별적 노사관계법의 맞교환'이라는 관점에서 본다. 그러나 이러한 분석은 계급투쟁과 계급 간 세력관계의 변화라는 관점에서 보면 다분히 피상적일 뿐만 아니라 현실을 왜곡하고 있기까지 하다.

국가와 자본은 단 한 번도 맞교환의 관점에서 노동법의 개정을 고려하지 않았다. 그들은 철저하게 계급 간 세력관계의 변화라는 관점에서 노동법 개정 문제에 접근했다. 그들이 처음부터 일관되게 내세웠던 주장은 교섭력에서 힘의 균형을 회복해야 한다는 것이었다. 노동조합의 힘이 너무 강하기 때문에 이를 약화시켜야만 교섭력에서 균형을 이루고 생산적·협조적인 노사관계를 구축할 수 있다는 것이었다. 이러한 관점에서 제시된 조항들이 정리해고제, 전임자 임금 지급 금지, 무노동 무임금, 복수노조 금지, 제3자 개입 금지, 대체근로 허용 등이었다. 이들 조항은 개별적 노사관계법이든 집단적 노사관계법이든 노동조합의 활동을 심각하게 제약하는 조항들로, 계급 간 세력관계를 완전히 역전시킬 수 있는 내용들이었다. 노동세력이 총파업투쟁을 통해 강하게 반대했는데도 불구하고, 이 조항들이 거의 그대로 관철된 것만 보더라도 개별적 노사관계법과 집단적 노사관계법의 맞교환이라는 관점이 얼마나 허구적인지를 알 수 있다.

일반적으로 정리해고제를 개별적 노사관계법의 범주에 넣어서 구조조정을 통해 비용을 절감하고 이윤을 증대시키기 위한 노동시장 유연화 정책으로 보는 것은 일면적인 분석이다. 신자유주의가 노동조합과 단체교섭제도— 이는 케인스주의적인 계급타협체제에서 가장 중요하게 여겨지는 부분이다 —를 공격할 때 사용했던 핵심적인 수단은 '탈집중화전략', 즉 고용을 줄이거나 분산시켜서 노동조합을 약화시키는 것이었다.[1] 노동조합이 약화되어야 노동력을 유연하게 활용할 수 있고, 또한 노동력의 활용이 유연해지면 다시 노동조합을 더욱 약화시킬 수 있기 때문이다. 따라서 노동력의 유연한 활용은 노동조합 무력화의 원인이자 결과라고 할 수 있다. 실제로 노동조합을 무력화하는 가장 유용한 무기는 고용불안이며, 정리해고제는 이를 위한 강력한 수단으로 사용되어왔다.

이처럼 계급투쟁과 계급 간 세력관계의 변화라는 관점은 김영삼 정권의 노동법 개정을 단순히 집단적 노사관계법과 개별적 노사관계법의 맞교환으로 보는 기존 연구들의 시각을 교정할 수 있는 유용한 수단을 제공한다.

셋째로, 민주노총은 어떤 기준을 가지고 노개위와 노사정위원회에 참가했을까? 민주노총에게는 정부의 선의가 참가의 주요 기준이었다. 민주노총은 자신들을 합법화시켜주겠다는 김영삼 정권의 말만 믿고 노개위에 참가했고, 노사정위원회에는 김대중 정권의 약속만 믿고 참가했다. 그러나 결과는 모두 정권의 배신이었다. 그렇다면 과연 정부가 민주노총을 배신했다고 할 수 있을까? 『손자병법』의 「시계始計」 편에 따르면, 전쟁은 기본적으로 속임수이므로 항상 적이 속일 것을 예상하여 작전을 세우고 준비를 해야 한다. 이렇게 보면 민주노총은 배신을 당한 것이 아니라 계급투쟁에서 스스로의 무능함을 드러냈을 뿐이었다. 이 무능함은 기본적으로 계급투쟁의 적대성을 이해하지 못한 데서 비롯된 것이지만, 계급투쟁과 계급 간 세력관계의 변화라는 관점에서 분석하면 그 의미가 한층 분명해진다. 계급투쟁을 통해서 계급 간 세력관계를 변화시키지 못하면 적으로부터 받아낸 어떠한 약속도 그 이행을 보장할 수 없다. 약속을 강제할 수 있는 것은 오직 노동계급의 힘이 뒷받침될 때뿐이다.

민주노총은 노개위와 노사정위원회에 참가할 때 계급 간 세력관계를 변화시키기 위해 어떠한 노력을 했는가? 기존의 연구들 가운데 1996년 상반기의 계급투쟁과 하반기의 총파업투쟁을 연관시켜서 분석하고 있는 연구는 거의 없다. 그러나 이러한 관점에서 민주노총의 역사를 분석해보면 1996년 상반기의 계급투쟁은 역사적으로 매우 중요한 의미를 갖는다. 계급투쟁과 계급 간 세력관계의 변화라는 관점에서 볼 때, 노개위 협상과 이후 총파업투쟁이 실패하게 된 결정적인 이유는 민주노총이 1996년의 상반기 계급투쟁에서 계급 간 세력관계를 민주노조운동에 유리하게 변화시키지 못한 것, 즉 계급투쟁에 유리한 지형을 형성하지 못했기 때문이다.

1987년 이래로 민주노조운동이 지역적·산업적·전국적 차원의 공동투쟁전선을 형성하여 임단협에 대응해온 것은 계급투쟁에 유리한 지형을 형성하기 위해서였다. 그런데 민주노총은 1996년의 상반기 계급투쟁에서 전국적인 공동투쟁전선의 구축을 방기하고, 정부와의 협상을 통해 공공부문의 공동투쟁을 조기에 마무리해버림으로써 계급 간 세력관계에서 우위에 설 수 있는 기회를 놓쳐버렸다. 그로 인해 민주노총은 국가와 자본을 압박할 수 있는 위력적인 수단과 힘을 상실한 채 수세적인 위치에서 노개위와 협상을 할 수밖에 없었고, 결국에는 국가와 자본으로부터 무시당하는 처지가 되었다. 반면에 국가와 자본은 경제위기설의 유포, 한총련 탄압,* 임금 총액 동결 선언, 고용불안 조장 등 위로부터의 총체적인 계급투쟁을 통해 계급 간 세력관계를 자신들에게 유리하게 변화시켜나갔다. 그 결과 자본 우위의 세력관계 속에서 노개위 협상이 진행되었고, 자본에게 압도적으로 유리한 내용의 노동법 개정안이 제출되어 국회에서 날치기로 통과되었다.

1998년 2월의 노사정 합의도 계급투쟁과 계급 간 세력관계의 변화라는 관점에서 보면, IMF를 포함한 지배계급이 압도적으로 우위에 있는 상황에서 민주노총이 노사정 협상에 들어간 것 자체가 패배를 자초한 것이라고밖에 볼 수 없다. 더구나 민주노총은 총파업투쟁 이후에 거의 모든 역량을 대통령선거운동에 집중하느라 투쟁력과 조직력이 많이 약화되어 있었다. 이러한 상황에서 노사정 협상을 벌인다는 것은 사실상 투항을 의미했다. 당시의 정세는 IMF 경제위기로 인해 국가와 자본도 전열을 제대로 갖추지 못한 매우 유동적인 상태였다. 따라서 민주노총이 시간을 두고 투쟁력과 조직력 등을 점검하면서 계급 간 세력관계를 변화시키기 위한 전면적인 계급투쟁을 준비했다면, 상황이 조금은 달라질 수도 있었다. 당시에 IMF와 김대중 정권은 노동세력의 저항을

---

* 기존의 연구들은 한총련에 대한 탄압에 별반 주목하지 않아왔다. 이것은 계급투쟁을 총체적 계급투쟁의 관점이 아니라 노동자들의 투쟁으로만 한정시키는 잘못된 관점에서 기인한다. 한총련에 대한 탄압은 계급투쟁을 통한 계급 간 세력관계의 변화라는 관점에서 볼 때 매우 중요한 의미를 갖는다. 국가에 의한 위로부터의 계급투쟁에 의해 한총련은 괴멸될 상태에 처하게 되었고, 이는 이후에 전개된 총파업투쟁이 전면적인 계급투쟁으로 확산되는 데 결정적인 한계로 작용했다. 총파업투쟁이 민주노총 중심의 제한된 계급투쟁으로 끝나버린 결정적인 이유는 당시 최대의 정치투쟁 역량을 갖고 있던 한총련이 거의 아무런 역할을 하지 못했기 때문이다. 김영삼 정권은 계급 간 세력관계에서 우위를 차지하기 위해 노동자들의 경제적 계급투쟁은 노개위로 발목을 잡고, 정치적 계급투쟁의 선봉장이라고 할 수 있는 한총련은 탄압으로 무력화하는 등 일찍부터 그 정지작업을 착실하게 진행해왔던 것이다.

매우 두려워하고 있었다. 그래서 민주노총이 1996년 말에 총파업투쟁으로 정리해고제를 2년 유예시켰던 것처럼, 어떠한 전략과 전술을 가지고 대응하느냐에 따라 계급 간 세력관계를 노동세력에게 유리하게 전환할 수 있었다. 따라서 민주노총이 계급투쟁을 통해 계급 간 세력관계를 변화시키지 않는 한, 어떠한 협상과 약속도 유효하지 않다는 관점을 가지고 정치·경제·이데올로기 등 전 영역에서 총체적인 계급투쟁을 준비했더라면, 국가와 자본에게 일방적으로 당하는 결과는 없었을 것이다.

그런데 계급 간 세력관계가 계급 내 세력관계에 영향을 미치면서 민주노총 상층의 지도부는 다수가 패배주의에 빠져 타협전략을 선택했다. 그러나 이와는 반대로 고용불안에 의기의식을 느낀 하층 조합원들 사이에서는 현대자동차나 기아자동차에서와 같이 노조의 지도부를 투쟁적인 지도부로 교체하는 등 계급 내 세력관계에서 일정한 변화가 있었다. 민주노총 중앙위원회에서 계급전략이 타협 기조에서 투쟁 기조로 바뀌었던 것은 하층 조합원들 내부의 세력관계가 변화된 결과였다. 하지만 하층에서와는 달리 민주노총의 상층 지도부는 여전히 타협전략을 고수하는 세력이 압도적인 다수를 차지하고 있었고, 노사정 합의는 그들의 주도하에 강행되었다. 노사정 합의는 하층 조합원들의 격렬한 반대에 의해 대의원대회에서 부결되었고 지도부는 총사퇴하였다. 그 이후에 곧바로 총파업투쟁의 집행을 임무로 하는 비상대책위원회가 구성되었으나, 비상대책위원회 또한 이전 지도부의 구성원들로 재구성되면서 총파업투쟁은 다시 철회되었고, 민주노총은 조직적으로 혼란한 상태에 빠지게 되었다.

노개위와 노사정 합의 과정을 이처럼 계급투쟁과 계급 간 및 계급 내

세력관계의 변화라는 관점에서 분석하면, 민주노총이 계급투쟁과 계급 간 세력관계의 변화를 통해 자신의 정치적 목표를 관철하려고 하기보다는 온건한 계급타협적인 전략을 일관되게 고수해왔다는 사실이 선명하게 드러난다.

넷째로, 총파업투쟁의 핵심적인 목표는 계급 간 세력관계를 변화시키는 것이 되어야 한다. 계급 간 세력관계의 변화가 가장 유의미하게 나타나는 곳은 총자본과 총노동 간의 대립과 투쟁이 전면적으로 벌어지는 총파업과 같은 대투쟁에서이다. 따라서 총파업투쟁은 필연적으로 정치·경제·이데올로기 등 사회 전 영역에서의 전면적인 계급투쟁으로 발전해 나갈 수밖에 없다. 부분적인 계급투쟁만으로는 계급 간 세력관계를 변화시켜낼 수 없기 때문이다. 이런 관점에서 민주노총의 총파업투쟁을 분석하면 기존의 분석과는 매우 다른 결론을 얻을 수 있다.

수백만 명이 참가한 건국 이후 최대라고 하는 역사적인 총파업투쟁에도 불구하고 민주노총의 총파업투쟁이 그다지 큰 성과를 올리지 못한 이유는 무엇인가? 대부분의 연구들이 그 이유로 '투쟁동력의 한계', '의회 내에서 노동자들을 대변하는 정치세력이 없다는 것', '투쟁의 마무리 실패' 등을 들고 있으나 이는 대단히 피상적이고 부분적인 이유에 불과하다. 이 책은 가장 근본적인 이유가 민주노총이 총파업투쟁의 핵심 목표를 계급투쟁을 통한 계급 간 세력관계의 변화에 두지 않았기 때문이라고 본다. 민주노총의 총파업투쟁은 조합주의적인 성격의 노동법 개정투쟁으로 협소화되었고, 그 결과 타 계급·계층이 참가하는 전면적인 계급투쟁으로 확대 및 발전하지 못하였다. 민주노총은 계급 간 세력관계를 변화시키지 못함으로써 투쟁에 실패하고 말았던 것이다.

민주노총이 20여 일에 걸쳐 장기간 총파업투쟁을 할 수 있었던 이유는 김영삼 정권에 대한 민심 이반이 가속화되고, 한국노총의 참가와 더불어 중간시민계급들까지 포함한 정치적 계급투쟁으로 확대·발전하면서 계급지형이 변하기 시작했기 때문이다. 그런데 민주노총은 이런 역동적인 정세 속에서 총파업투쟁을 전면적인 계급투쟁으로 확대시키기보다는 투쟁동력의 한계 운운하며 일방적으로 중단해버렸다. 이렇게 되자 점차 확산되고 있던 타 계급·계층의 정치적 계급투쟁도 급속히 냉각되었고, 계급 간 세력관계는 변화시키지도 못한 채 결국 보수정당들에게 협상의 주도권을 넘겨주고 말았다. 그 결과 민주노총의 총파업투쟁은 민주노총의 합법화를 제외하고는, 별다른 성과를 남기지 못하고 노동법은 오히려 이전의 노동법보다 노조의 활동을 심각하게 제약하는 내용으로 개악되었다.

이처럼 계급투쟁을 통한 계급 간 세력관계의 변화라는 관점에서 총파업투쟁을 분석하게 되면, '경제적 정치파업'이라는 조합주의적인 정치투쟁으로 민주노총의 총파업투쟁을 한정시키는 시각이 얼마나 협소한지 분명하게 알 수 있다.

다섯째로, 계급투쟁과 계급 간 세력관계의 변화라는 관점은 민주노총의 활동과 운동노선을 평가할 수 있는 기준을 마련해준다. 기존에는 민주노총의 활동과 운동노선을 평가할 수 있는 기준 자체가 없었다. 투쟁적인 입장과 타협적인 입장이 공존할 경우에는 각 분파들의 입장에 따라 평가 기준이 다르기 때문에 합의가 불가능했다. 이 때문에 민주노

• 경제적 정치파업이란 순수한 정치파업과는 구별되는 임금, 기타 근로조건에 직접적인 영향을 미치는 정부 정책이나 입법에 대한 항의파업을 의미하는데, 국제 노동법에서도 그 정당성을 인정하고 있으며 한국에서도 통설로 되어 있다.(곽노현, 「파업은 불법이 아니다」, 「범국민대책위 자료집 I」, 1997)

총에는 합의된 공식적인 평가서가 거의 존재하지 않는다.

현재도 민주노총은 '투쟁 중심이냐 타협 중심이냐', '노사정 참가냐 불참이냐'라는 문제들을 놓고 표면적인 논란만 벌이고 있다. 그러나 이 문제도 계급투쟁과 계급 간 세력관계의 변화라는 평가 기준을 적용한다면 간단하게 해결할 수 있다. 민주노총이 노사정위원회의 참가(또는 타협)를 통해 계급 간 세력관계를 노동계급에게 유리하게 변화시킬 수 있다고 판단한다면 여기에 적극적으로 참가하면 될 것이고, 그것이 어렵다면 계급 간 세력관계의 변화를 위한 준비 작업(주체역량의 강화를 위한 활동과 투쟁)들을 충실히 하면 될 것이다. 이런 점에서 계급투쟁과 계급 간 세력관계의 변화라는 평가 기준을 적용하면, 계급 간 세력관계의 변화 여부를 중심으로 민주노총의 각종 투쟁과 활동 그리고 운동노선 등을 객관적으로 평가할 수 있게 된다. 민주노총은 노개위 참가부터 총파업투쟁, 노사정 합의에 이르기까지 계급 간 세력관계를 자신들에게 유리하게 만들어서 투쟁 또는 교섭을 해야 한다는 관점을 가져본 적이 없었다. 반면에 국가와 자본은 항시 계급 간 세력관계의 변화라는 관점에서 치밀하게 접근하여 계급투쟁에서 승리할 수 있었다. 이 책은 기존의 연구들과는 달리, 민주노총의 활동과 운동노선을 평가하기 위해 계급투쟁을 통한 주체역량의 강화와 계급 간 세력관계의 변화라는 평가 기준을 제시했다.

2. 역사적 교훈과 실천적 함의

이러한 평가를 통해 얻을 수 있는 역사적 교훈과 실천적 함의는 다음과 같다.

첫째, 총파업투쟁이든 일상적인 투쟁이든 투쟁에서 승리하려면 충분한 준비를 통하여 이길 수 있는 형세를 만들어놓고 싸워야 한다. "이기는 군대는 먼저 이긴 뒤에 전투를 벌이고, 패배하는 군대는 먼저 싸움을 걸어놓고 이기려고 한다"는 손자병법의 경구처럼, 투쟁력과 조직력을 강화해서 적이 싸움을 포기하고 협상을 하도록 만들어야 한다.

민주노총은 1996년의 상반기 투쟁에서부터 노개위 협상, 총파업투쟁, 노사정위원회의 협상에 이르기까지 충분히 준비를 한 후에 투쟁이나 협상에 임한 적이 없다. 말로는 '참여와 투쟁', '투쟁과 협상'을 병행한다고 했지만, 실제로는 투쟁은 거의 준비하지 않은 채 협상에만 치중하다가 매번 투쟁동력이 없다는 이유로 쉽게 투쟁을 포기하거나 합의해버리는 행태를 반복해왔다.

1996년의 상반기 투쟁에서도 민주노총은 전국공동투쟁전선을 구축하기 위한 노력을 전혀 하지 않고 있다가 공공부문의 투쟁이 터져 나오자 뒤늦게 전선을 집중시키려고 했지만, 이미 시기를 놓친 후였다. 노개위 협상 때도 서울지하철 노조에서 1996년의 상반기 투쟁부터 투쟁본부체계를 구성하여 힘을 결집시키고 이를 토대로 노동법개정투쟁과 노개위 협상에 임해야 한다고 제안을 했는데, 이를 거부하고 노개위에서의 협상만 기대하다가 노동법 개정안에 합의도 못하고 나중에는 날치기까지 당하였다. 총파업투쟁 역시 경고파업 등으로 선제공격을 하여 국가와 자본이 경거망동을 하지 못하도록 경고를 했어야 했는데, 오히려 적으로부터 날치기라는 기습 공격을 당한 후에 뒤늦게 대응하려고 하다 보니 어려운 싸움을 할 수밖에 없었다. 노사정위원회에서 협상을 할 때도 총파업투쟁을 하지 않으면 정리해고제를 막을 수 없다는 것에 모두가 동의하고 있었는데도 불구하고, 총파업 준비는 하지 않고 노사정 간의 협상에만 치중하다가 결국에는 정리해고제와 근로자파견제의 법제화에 합의하고 말았다.

반면에 민주노총이 1996년의 상반기 투쟁에서 해고자 복직 등의 성과를 올릴 수 있었던 이유는, 공공부문의 총파업이 민간부문으로까지 확대되어 노개위가 무산될 것을 우려한 청와대가 공공부문의 총파업을 막기 위해 타협안을 제시했기 때문이다. 김영삼 정권이 구속자를 석방하고, 정리해고제를 2년 유예하며, 민주노총의 합법화를 인정한 것 또한 협상의 결과가 아니라 민주노총이 20여 일에 걸쳐 총파업투쟁을 벌였기 때문이다. 노사정위원회의 협상 과정에서 정부가 아무런 협상안을 내놓지 않다가 전교조 합법화 등의 타협안을 제시하면서 적극적으로 협상에 나선 것도, 민주노총 중앙위원회에서 총파업의 일시를 확정하고 실제로 총파업을 준비하기 시작했기 때문이다.

민주노총은 투쟁의 뒷받침 속에서 협상을 하려고 하지 않고 투쟁과 협상 중 어느 하나를 선택하려고만 함으로써 사실상 투쟁을 방기해왔다고 할 수 있다. 투쟁과 협상의 병행이라는 민주노총의 방침에서 방점은 협상이 아니라 투쟁에 있어야 했는데, 민주노총 지도부는 협상에 방점을 찍고 투쟁을 등한시해왔던 것이다. 민주노총의 이러한 역사적 실패는 충분한 준비를 통한 투쟁력과 조직력이 뒷받침되지 않으면 어떠한 협상에서도 결코 승리할 수 없다는 진리를 다시 한 번 확인시켜준다.

노개위 활동을 돌아보며 뼈아프게 반성하고 깊이 새겨야 할 교훈은 투쟁이 전제되지 않는 교섭과 협상은 어떠한 힘도 갖지 못한다는 가장 보편적인 원칙을 잊어서는 안 된다는 점일 것이다.(『제1기 2차 임시대의원대회』, 금속연맹, 1997, 72쪽)

둘째, 민주노총과 민주노조운동을 활성화하기 위해서는 산업·업종 연맹 중심의 조직구조로 인해 실종되어버린 전국적인 임단협 공동투쟁 전선을 복원할 필요가 있다.

임단투 시기마다 전국적인 공동투쟁전선을 형성하여 공동교섭과 공동투쟁을 한다면 해마다 유리한 계급지형 속에서 국가-자본과 투쟁을 하고 교섭도 할 수 있다. 기업별노조들과는 달리 산별노조들은 임단투 시기를 집중하는 것만으로도 국가와 자본에 커다란 위협이 될 수 있다. 경제적 계급투쟁으로서의 임단협투쟁도 전국적으로 확대되면 계급에 대한 계급의 투쟁, 즉 총자본과 총노동 간의 투쟁이 되면서 계급 간 세력관계에 영향을 미치는 중요한 정치적 행위가 된다.* 따라서 전국공동투쟁전선이 형성되는 수개월의 임단협 기간 동안 최저임금제 투쟁과 같은 전 계급적 투쟁이나 전국적·정치적 과제들을 내걸고 집중적으로 투쟁을 한다면, 이러한 문제들을 이슈화하기도 쉽다. 산별·지역별·기업별 과제들도 전국적으로 형성된 유리한 계급 지형 속에서 연대투쟁을 하면 보다 쉽게 해결할 수 있다. 그리고 임단투 시기에 전국적인 공동투쟁전선을 형성하면 임단투 교섭도 기업별교섭이나 산별교섭을 넘어 총자본 대 총노동 간의 교섭이 될 것이므로 계급적 힘을 통하여 이를 강제할 수 있다.

실제로 노조로 조직되어 있지 않은 노동자들이 90% 가까이 되고, 비정규직 노동자들이 산업·업종에 관계없이 최저 수준의 대우를 받으며 고용불안에 시달리고 있는 현재와 같은 상황에서는, 산업·업종별로 분산된 투쟁이 아니라 임단투 때마다 전국공동투쟁전선을 형성하여 계급

---

* "계급에 대한 계급의 투쟁은 정치적 투쟁이다."(카를 마르크스, 『철학의 빈곤』, 아침, 1989, 172쪽)

적 힘으로 노동자들의 노동조건을 바꿔내는 방법이 가장 효과적일 수 있다.

셋째, 민주노총 조직구조의 가장 큰 문제점은 민주노총이 산업·업종노조(연맹) 중심으로 구성되어 있다는 것이다. 이 때문에 전국공동투쟁전선도, 지역연대투쟁전선도 실종되어버렸다. 따라서 전국공동투쟁전선과 지역연대투쟁전선을 복구하려면 민주노총은 산업·업종노조 중심의 과두적 지배체제를 청산하고, 지역연대조직과 산별조직이 동일한 권한과 책임을 갖는 조직형태로 구조를 재편해야 한다.

산업·업종노조는 투쟁보다 교섭 중심으로 운영되기가 쉽다. 산업·업종노조들은 지역적으로 분산되어 있고, 각 지역에 속해 있는 단위노조의 수도 얼마 되지 않기 때문에 지역별로 투쟁을 해보아야 큰 힘을 발휘하기가 쉽지 않다. 또한 산업·업종별 투쟁은 대기업 노조가 투쟁에 동참하지 않으면 투쟁 자체가 어렵기 때문에 대체로 대기업 노조가 있는 일부 지역을 중심으로 투쟁전선이 형성된다. 그래서 산업·업종별 투쟁으로는 전국공동투쟁전선을 형성하기가 힘들다.

그러나 지역은 일상적인 생활과 투쟁이 이루어지는 공간이다. 지역연대조직은 규모와 관계없이 지역에 있는 노조들로 구성되기 때문에 최소한 수십 개 이상의 노조들이 결합되어 있다. 그러므로 지역연대투쟁도 가능하고, 노동법개정 총파업투쟁 때와 같이 전국적인 공동투쟁도 가능하다. 그리고 지역은 중소기업노조들이 다수를 차지하고 있기 때문에 조직이 대기업 노조 중심으로 운영될 수도 없다.

이뿐만 아니라 비정규직 노조도 지역 단위로 조직하는 것이 훨씬 효과적이다. 비정규직 노조는 힘을 갖기 어렵기 때문에 자본이 교섭을 거부하거나 부당노동행위를 하더라도 법적으로 대항하기가 사실상 불가능하다. 그러므로 비정규직 사업장에 문제가 발생할 경우, 이를 해결할 수 있는 유일한 방법은 노동자들의 단결된 힘뿐이다. 이 힘은 지역의 노동자들과의 연대투쟁을 통해서만 나올 수 있다.

또한 지역과 전국의 정치적·사회적 과제 역시 조직의 구조를 지역 연대조직 중심으로 재편해야만 일상적으로 문제를 제기하고, 투쟁을 통해 해결할 수 있다. 더욱이 정치적·사회적 활동과 투쟁이 이렇게 지역을 중심으로 활발하게 이루어질 때에만 선거 중심의 의회주의적 정치세력화가 아닌, 노동자들의 일상적인 정치활동과 투쟁이 중심이 되는 진정한 의미의 노동자 정치세력화를 실현할 수 있다.

그러므로 민주노총의 역사를 통해 얻을 수 있는 귀중한 교훈 가운데 하나는 조직의 확대를 위해서나, 투쟁을 위해서나, 정치세력화를 위해서나 산업·업종노조 중심의 과두적 지배체제를 청산하고, 민주노총의 조직구조를 지역연대조직과 산별조직이 동일한 책임과 권한을 갖고 조직을 운영하는 형태로 재편해야 한다는 것이다.

넷째, 1987년 노동자대투쟁 이후에 민주노조운동이 획득한 가장 중요한 자산은 조합원이 노조의 운영에 대해 결정권을 가지게 되었다는 점이다. 특히 단체교섭 결과에 대한 조합원들의 인준투표는 민주적인 노조임을 증명하는 핵심적인 지표였다. 조합원들의 인준투표 없이 노조 위원장이 단체협약에 직권조인을 해버리면 위원장은 조합원들에 의해 여지없이 쫓겨났다. 민주노총에서도 1998년 2월의 노사정 합의 때 직권조인을 했다는 이유로 지도부가 총사퇴를 해야만 했다.

조합원들의 인준투표 또는 찬반투표는 조합원들의 주체적인 자기 결정권을 강화한다는 의미에서 민주노조의 운영에 있어 가장 중요한 요소이다. 따라서 조직의 운영에 이를 전반적으로 활용할 필요가 있다.

1998년 2월에 있은 노사정 합의 때에도 잠정합의안에 대한 찬반 여부를 대의원대회에 참가한 300명도 채 안 되는 대의원들에게 물을 것이 아니라, 조합원 찬반투표에 부쳐서 전체 조합원들에게 물었더라면 국가와 자본도 정리해고제의 법제화를 강행하기 어려웠을 것이다. 조합원 찬반투표를 통해서 참가 여부부터 의제, 협상안, 합의안까지 결정한다면 아무도 이의를 제기할 수 없을 뿐만 아니라, 지도부에 대한 조합원들의 통제력을 강화하고 국가자본과의 관계에서도 교섭력을 강화할 수 있다. 그러므로 민주노총은 현재 노사정위원회를 둘러싼 많은 논란들도 이러한 방식을 통해 해결해야만 한다.

대통령 선거에 민주노총 위원장이 출마를 했는데도 전체 조합원들로부터 3분의 1 정도밖에 지지를 얻지 못했던 것 역시, 권영길 위원장이 출마 과정에서 조합원들의 동의와 공감대를 전혀 얻지 못했기 때문이다. 300명 남짓한 대의원들의 투표로 대선 출마를 결정할 것이 아니라 총파업 찬반투표처럼 교육과 토론을 통해 충분히 공감대를 형성한 후에 조합원 찬반투표에서 결정했다면 결과는 달랐을 것이다.

그러므로 민주노총의 경험으로부터 배워야 할 또 다른 교훈은 조합원 찬반투표를 조직의 운영 전반에 걸쳐 활성화하는 것이 민주노조를 혁신하고 강화하는 데 매우 중요하다는 점이다. 민주노총에서 총파업과 같은 중요한 문제에 대한 결정을 위원장에게 위임하는 경우가 다반사로 벌어지고, 총파업투쟁의 철회나 노사정 합의와 관련된 중대한 결정 사항들이 임원·산별 대표자회의나 투쟁본부 대표자회의에서 임의적으로 변경되고 집행된 것 역시 조합원들이 지도부를 통제할 수 있는 수단이 매우 제한적이었기 때문이다. 따라서 민주노총은 상층 지도부에 대한 조합원의 통제수단으로써 조합원 찬반투표를 더욱 확대해야 한다. 특히 조합원들의 요구와 열망, 투쟁의지 등에 비해 훨씬 취약한 지도력을 보여주고 있는 민주노총의 역사를 볼 때, 상층 지도부들에 대한 하층 조합원들의 통제는 더욱 강화되어야 한다.

다섯째, 계급전략 또는 운동노선을 둘러싼 내부의 노선투쟁은 어떻게 계급투쟁을 통해 계급 간 세력관계를 변화시킬 것인가에 대한 노선투쟁일 경우에만 의미를 가질 수 있기 때문에, 계급투쟁을 통한 계급 간 세력관계의 변화를 전제하지 않는 한 '구조와 전략', '투쟁과 타협' 등을 둘러싼 노선투쟁은 아무런 의미가 없다.

비대위가 총파업을 철회한 과정을 살펴보면 어떠한 원칙과 기준을 토대로 노선투쟁을 수행해야 하는지 배울 수 있다. 노사정 합의가 부결된 후에 총파업투쟁의 임무를 부여받은 비대위는 노선을 둘러싼 심각한 내부의 대립과 갈등 그리고 분파투쟁 때문에 총파업을 철회했다. 이는 어려운 조건에서도 투쟁에 나서려고 했던 조합원들의 투쟁의지를 완전히 꺾어버렸을 뿐만 아니라, 투쟁동력을 스스로 붕괴시킨 최악의 결정이었다. 외부의 탄압에 의해서 무너진 투쟁동력은 조합원들의 투쟁의지만 있으면 회복할 수 있지만, 상층의 권력을 둘러싼 지도부 내부의 끝없는 분파투쟁과 지도부의 배신으로 인해 좌절하고 스스로 무너져버린 조합원들의 투쟁의지와 투쟁동력은 쉽게 회복되지 않는다. 비대위의 총파업 철회 결정은 노사정 합의에 이어 조합원들을 '두 번 죽이는' 결과를 초래함으로써 민주노총에 회복할 수 없는 타격을 주었다. 따라서 당시 지도부의 총파업 철회 결정은 역사적인 과오로써 엄중하게 비판받아야 한다.

타협전략이든 투쟁전략이든 그것이 자기 분파의 생각과 맞지 않는다고 할지라도, 일단 조합원들이 결정을 했다면 이를 따른 뒤 추후에 평가를 하는 것이 올바른 자세일 것이다. 투쟁을 하건 타협을 하건 이를 수행하는 것도 조합원들이고, 그 결과를 받아들이는 것 또한 조합원들이기 때문에 어느 분파도 조합원들의 주체적인 활동을 막을 권리는 없다. 그러나 민주노총은 어떻게 계급투쟁을 수행해서 계급 간 세력관계를 변화시킬 것인가에 대한 건설적인 노선투쟁보다는, 상층 중심의 분파적 이해관계와 내부의 권력투쟁에 집중하느라 올바른 계급전략과 운동노선을 세우지 못했다. 게다가 조합원들이 내린 결정을 번복함으로써 그들의 투쟁의지와 투쟁동력마저 꺾어버렸다. 그 결과는 노개위 협상, 총파업투쟁, 노사정 협상 등 거의 모든 계급투쟁에서의 잇따른 패배였다.

여섯째, 민주노총은 창립(1995. 11.) 이후부터 비대위의 총파업 철회 (1998. 2.)에 이르기까지 자신들의 투쟁과 활동에 대한 공식적인 평가서를 하나도 남기지 않았다.*

민주노총은 1996년의 상반기 투쟁부터 노개위 협상, 총파업투쟁, 1998년 2월의 노사정 합의와 비대위의 총파업 철회에 이르기까지 거의 모든 투쟁을 투쟁동력이 부족하다는 이유로 계속해서 회피했다. 이는 민주노총이 자신들의 활동과 투쟁에 대한 평가 작업을 단 한 번도 하지 않았던 것과 깊은 관련이 있다. 평가를 하지 않으면 무슨 문제가 있었고, 어떠한 잘못을 범했는지를 전혀 파악할 수 없기 때문에 같은 잘못을 반복하게 될 수밖에 없다. 그러므로 자신들의 활동과 투쟁을 평가하지 않는 조직에게 발전이란 있을 수 없다.

• 　민주노총의 공식적인 평가서가 최초로 작성된 것은 2기 집행부가 들어선 1999년 2월의 정기대의원 대회에서였다.

다른 한편 민주노총이 단 한 번도 평가를 하지 않았다는 사실은 민주노총 지도부에게 자신들의 활동과 투쟁을 책임질 의사가 전혀 없었음을 의미한다. 그들이 만일 책임 있는 지도부였다면 투쟁동력이 부족하다는 말만 되풀이하는 것이 아니라, 평가를 통해 그 원인을 찾아내서 투쟁동력을 복구시킬 방법들을 구체적으로 모색하고, 이를 토대로 새로운 투쟁과 활동을 해나가려고 했을 것이다. 그러나 민주노총 지도부는 반성과 성찰은커녕 오히려 명예 회복을 요구하거나, 비대위에 대한 평가를 거부하며 총사퇴한 임원들과 비대위원들이 곧바로 다시 임원 선거에 출마하는 등의 관료적이고 무책임한 행태를 보였다.*

당시에 민주노총은 평가를 통해 문제의 원인을 분석하고 해결책을 찾아냈어야 했다. 그리고 지도부에게는 그들의 책임을 물어, 현장으로 내려가 실천을 통해 자신들의 과오를 반성하고 성찰할 수 있는 기회를 주어 조직 전체의 '동맥경화'를 치료하는 데 전력을 기울였어야 했다. 그랬더라면 민주노총은 현재처럼 충분한 투쟁역량과 준비도 없이 '총파업을 남발'하는 행태를 반복함으로써 국가와 자본으로부터 완전히 무시당하는 수모를 겪지 않아도 되었을 것이다.

민주노총의 역사는 자신의 투쟁과 활동에 대해 아무런 평가도 책임도 지지 않는 조직에게 발전이란 있을 수 없으며, 오로지 후퇴만이 있을 뿐이라는 진리를 오늘날에도 뼈아프게 되새기게 한다.

---

* 자신들의 투쟁과 활동에 대해 책임을 묻지도, 지지도 않는 민주노총의 사업 작풍은 1998년에 폭로된 재정위원회 공금횡령 사건에서 극대화되어 나타났다. 이러한 민주노총의 무책임한 사업 작풍의 근저에는 분파 이기주의가 자리해 있다. 자기 분파와 관련된 일이라면 잘못이 있더라도 최대한 은폐하거나 책임을 회피하는 것이 일상화되어 있는 것이다.

1장 서론

1 김대환, 『한국 노사관계의 진단과 처방: 합리화의 길』, 까치글방, 2008.; 『노동리뷰』 7월호, 한국노동연구원, 2017.

2 노중기, 『한국의 노동체제와 사회적 합의』, 후마니타스, 2008.; 임영일, 「한국 노동체제의 전환과 노사관계」, 『경제와 사회』 통권 40호, 까치, 1998.; 장홍근, 「한국 노동체제의 전환과정에 관한 연구」, 서울대학교 박사학위논문, 1999.

3 박승호, 『자본론 함께 읽기』, 한울 엠플러스, 2016, 46~48쪽.

4 박승호, 「좌파 현대자본주의론의 비판적 재구성」, 서울대학교 박사학위논문, 2004. 270쪽.

5 아스비에른 발, 『지금 복지국가는 어디로 가고 있는가』, 부글북스, 2012.

2장 민주노총의 이념과 운동노선

1 최영기 · 김준 · 조효래 · 유범상, 『1987년 이후 한국의 노동운동』, 한국노동연구원, 2001. 446쪽.

2 유범상, 『한국 노동운동의 이념』, 한국노동연구원, 2005.

3   조돈문, 이수봉 엮음, 『민주노조운동 20년: 쟁점과 과제』, 후마니타스, 2008.
    107쪽.

4   「창립선언문」, 전노협, 1990. 1. 22.

5   최영기·김준·조효래·유범상, 『1987년 이후 한국의 노동운동』, 한국노동연구
    원, 2001.; 유범상, 『한국 노동운동의 이념』, 한국노동연구원, 2005.

6   「제2차 대표자회의 회의자료」, 민주노총 서부경남 금속산업공동투쟁본부,
    1996.

7   『노동법개정 투쟁속보』 1호, 전문노련, 1996. 12. 3.

8   『95년 임단투와 사회개혁투쟁 승리를 위한 실천·교육지침』, 민주노총 준비위원
    회, 1995.

9   『1996 사업보고·자료모음』, 민주노총, 1997, 130~131쪽.

10 『1997 사업보고』, 민주노총, 1998, 157~159쪽.

11 『창립까지의 사업보고·자료모음』, 민주노총, 1996, 475쪽.

12 『제2차 대의원대회 자료집』, 민주노총, 1996, 15쪽.

13 『제2차 대의원대회 자료집』, 민주노총, 1996, 128쪽.

3장 김영삼 정권의 신노사관계 구상과 노사관계개혁위원회

1   장신철, 『OECD의 한국 노동법 모니터링』, 한국노동연구원, 2008, 9쪽.

2   최영기·김준·조효래·유범상, 『1987년 이후 한국의 노동운동』, 한국노동연구
    원, 2001, 488쪽.

3   최영기·김준·노중기·유범상, 『한국의 노사관계와 노동정치(Ⅰ)』, 한국노동연구
    원, 1999, 122쪽.

4   최영기·김준·조효래·유범상, 『1987년 이후 한국의 노동운동』, 한국노동연구
    원, 2001, 478쪽.

5   『노사관계개혁 백서』, 노사관계개혁위원회, 1998, 6~8쪽.

6   배무기, 「노사관계 개혁의 방향」, 『민주노총 정책세미나 자료집』, 민주노총,
    1996.

7   배무기, 「노사관계 개혁의 방향」, 『민주노총 정책세미나 자료집』, 민주노총,
    1996.

8   『노사관계개혁 백서』, 노사관계개혁위원회, 1998, 7~8쪽.

9   『민주노총 정책세미나 자료집』, 민주노총, 1996, 151쪽.

10 「제4차 중앙위원회 회의자료」, 민주노총, 1996.

11 최영기·김준·노중기·유범상,『한국의 노사관계와 노동정치(Ⅰ)』, 한국노동연구원, 1999, 120쪽.

12 이교관,『누가 한국경제를 파탄으로 몰았는가』, 동녘, 1998, 201~209쪽.

13 『국민일보』, 1996. 12. 18.

14 『'96-'97, 그해 겨울』, 한국노총, 1998, 22쪽.

15 『'96-'97, 그해 겨울』, 한국노총, 1998, 24쪽.

16 『한겨레신문』, 1996. 2. 25.

17 허재준,「노동」,『OECD 가입의 분야별 평가와 과제』, 대외경제정책연구원, 1996, 306쪽.

18 『노사관계개혁 백서』, 노사관계개혁위원회, 1998, 29쪽.

19 『한겨레신문』, 1997. 1. 11.

20 장신철,『OECD의 한국 노동법 모니터링』, 한국노동연구원, 2008, 30쪽.

21 장신철,『OECD의 한국 노동법 모니터링』, 한국노동연구원, 2008, 6쪽.

22 『대통령의 신노사관계 구상』, 노동부, 1996.

23 『1996년 노동백서』, 노동부, 1996, 7쪽.

24 『1996년 노동백서』, 노동부, 1996, 9쪽.

25 아스비에른 발,『지금 복지국가는 어디로 가고 있는가』, 부글북스, 2012, 128쪽.

26 장석준,『신자유주의의 탄생』, 책세상, 2011, 165쪽.

27 『한겨레신문』, 1996. 12. 11.

28 『매일노동뉴스』, 1996. 7. 4.

29 『환경노동위원회 국정감사 회의록』, 국회, 1996. 10. 1., 41쪽.

30 『한국경제신문』, 1996. 6. 29.

31 『한겨레신문』, 1996. 6. 21.

32 『한겨레신문』, 1996. 6. 17.

4장 1996년 상반기 노동 – 자본 간 계급투쟁

1 『1996 사업보고·자료모음』, 민주노총, 1997, 122쪽.

2 『월간자료』, 전국노동단체연합, 1996년 8월호, 25쪽.

3 「제5차 중앙위원회 회의자료」, 민주노총, 1996, 14쪽.

4 『제2차 정기대의원대회 자료집』, 자동차연맹, 1997, 60쪽.

5 『사업보고 1997』, 금속연맹, 1998, 67쪽.

6 「제6차 중앙집행위원회 회의자료」, 민주노총, 1996.

7 「제6차 중앙집행위원회 회의자료」, 민주노총, 1996.

8 「제4차 중앙위원회 회의록」, 민주노총, 1996.

9 『매일경제신문』, 1996. 7. 3.

10 「제13차 중앙집행위원회 회의자료」, 민주노총, 1996.

11 「제5차 중앙위원회 회의자료」, 민주노총, 1996.

12 「제4차 중앙위원회 회의 별지자료」, 민주노총, 1996.

13 「제4차 중앙위원회 회의 별지자료」, 민주노총, 1996.

14 『제2차 정기대의원대회 자료집』, 자동차연맹, 1997, 37쪽.

15 『사업보고 1996』, 금속연맹, 1997, 149쪽.

16 『사업보고 1996』, 금속연맹, 1997, 282쪽.

17 『제2차 정기대의원대회 자료집』, 자동차연맹, 1997, 56쪽.

18 『제9기 활동보고』, 병원노련, 1997, 89쪽.

19 『7기 활동보고』, 병원노련 서울지역본부, 1997, 306~307쪽.

20 『제9기 활동보고』, 병원노련, 1997, 141과 143쪽.

21 『7기 활동보고』, 병원노련 서울지역본부, 1997, 296쪽.

22 『제2차 대의원대회 자료집』, 민주노총, 1996, 61쪽.

23 『2년차 정기대의원대회 자료집』, 민주노총 부산·양산지역본부, 1997, 65~67쪽.

24 염경석, 「상반기 임단투의 열정으로 하반기 노동법개정투쟁을」, 『현장에서 미래를』 8월호, 한국노동이론정책연구소, 1996, 17쪽.

25 『97년 정기대의원대회 자료집』, 민주노총 경주시협의회, 1997, 95쪽.

26 『지역본부 간부수련회 자료집』, 민주노총, 1996, 13쪽.

27 『97년 정기대의원대회 자료집』, 민주노총 경주시협의회, 1997, 100~101쪽.

28 『2년차 정기대의원대회 자료집』, 민주노총 부산·양산지역본부, 1997, 68쪽.

29 『지역본부 간부수련회 자료집』, 민주노총, 1996, 13쪽.

30 『1997년 노동백서』, 노동부, 1998, 54쪽.

31 서현진, 「'96년 금속연맹 임단투 평가」, 『월간자료』 9월호, 전국노동단체연합, 1996, 43~44쪽.

32 『1997년 노동백서』, 노동부, 1998, 48쪽.

33 『1996 사업보고·자료모음』, 민주노총, 1997, 126쪽.

34 『1997년 노동백서』, 노동부, 1998, 46과 48쪽.

35 『사업보고 1996』, 금속연맹, 1997, 100~104쪽.

36 『제2차 정기대의원대회 자료집』, 자동차연맹, 1997, 49~56쪽.

37 염경석, 「상반기 임단투의 열정으로 하반기 노동법개정투쟁을」, 『현장에서 미래를』 8월호, 한국노동이론정책연구소, 1996, 19쪽.

38 김진규, 「부천지역 임단투 평가」, 『월간자료』 9월호, 전국노동단체연합, 1996, 80~81쪽.

39 인천민중연합, 「대한마이크로 노동자들의 노동조합 사수투쟁」, 『월간자료』 7월호, 전국노동단체연합, 1996, 117쪽.

40 「지역본부 간부수련회 결과 보고서」, 민주노총, 1996.

41 『2년차 정기대의원대회 자료집』, 민주노총 부산·양산지역본부, 1997, 99~100쪽.

42 「지역본부 간부수련회 결과 보고서」, 민주노총, 1996.

43 「지역본부 간부수련회 결과 보고서」, 민주노총, 1996.

44 『1996 사업보고·자료모음』, 민주노총, 1997, 123쪽.

45 『사업보고 1996』, 금속연맹, 1997, 288쪽.

46 『제2차 정기대의원대회 자료집』, 자동차연맹, 1997, 60쪽.

47 「96년 사업평가(안)」, 금속연맹 서부경남지부, 1997.

48 『민주노동자』, 현대자동차 민주노동자투쟁위원회, 1996. 8. 20.; 이종호, 「울산지역 노동운동의 현주소―96년 임투 평가」, 『현장에서 미래를』 12월호, 한국노동이론정책연구소, 1996, 71~73쪽.

49 대림자동차 노조, 「대림자동차노조 임단투 평가」, 『연대와 실천』 10월호, 영남노동운동연구소, 1996, 14~17쪽.

5장 노동법개정 총파업투쟁의 준비 과정

1 『한겨레신문』, 1996. 10. 3.

2 『서울신문』, 1996. 10. 14.

3 『서울신문』, 1996. 10. 15.

4 『경향신문』, 1996. 10. 20.

5 『경향신문』, 1996. 11. 12.

6 『경향신문』, 1996. 9. 7.

7 『경향신문』, 1996. 9. 8.; 『한겨레신문』, 1996. 9. 11.

8 『한겨레신문』, 1996. 9. 13.

9 『매일경제신문』, 1996. 10. 3.

10 『세계일보』, 1996. 10. 14.

11 『서울경제신문』, 1996. 11. 13.

12 『세계일보』, 1996. 11. 27.

13 『96~'97, 그해 겨울』, 한국노총, 1998, 38쪽.

14 『96~'97, 그해 겨울』, 한국노총, 1998, 21쪽.

15 『96~'97, 그해 겨울』, 한국노총, 1998, 41~47쪽.

16 『96~'97, 그해 겨울』, 한국노총, 1998, 52~56쪽.

17 「민주노총의 노개투 진행과 관련한 전지협의 입장」, 전국지하철노조협의회, 1996.

18 『제2차 정기대의원대회 자료집』, 자동차연맹, 1997, 62~65쪽.

19 『사업보고 1997』, 금속연맹, 1998, 71~86쪽.

20 『사업보고 1996』, 금속연맹, 1997, 222쪽.

21 『노동법투쟁 자료집 II』, 공익노련, 1997, 728~729쪽.

22 『2년차 정기대의원대회 자료집』, 민주노총 부산·양산지역본부, 1997, 69쪽.

23 『현자노조 20년사』, 금속노조 현대자동차지부, 2009, 256~259쪽.; 이성희, 「조합원들은 무리한 파업을 거부했다」, 『사회평론 길』 3월호, 1997.

24 『총파업 일지』, 병원노련 서울지역본부, 1997, 36쪽.

25 『총파업 일지』, 병원노련 서울지역본부, 1997, 36쪽.

26 『총파업투쟁 지침』 3호; 『민주노총 투쟁속보』 16호 민주노총, 1996. 12. 12.

27 『노동법투쟁 자료집 II』, 공익노련, 1997, 729쪽.

28 『노동법투쟁 자료집 II』, 공익노련, 1997, 735~736쪽.

29 『총파업 일지』, 병원노련 서울지역본부, 1997, 64쪽.

30 『제1기 2차 임시대의원대회 회의자료』, 금속연맹, 1997, 77쪽.

31 『1996 사업보고·자료모음』, 민주노총, 1997, 177쪽.

32 『총파업 일지』, 병원노련 서울지역본부, 1997, 299~300쪽.

33 『제1기 2차 임시대의원대회 회의자료』, 금속연맹, 1997, 72~73쪽.

34 『노동법투쟁 자료집 II』, 공익노련, 1997, 729쪽.

35 『노동법투쟁 자료집 II』, 공익노련, 1997, 735쪽.

36 『제1기 2차 임시대의원대회 회의자료』, 금속연맹, 1997, 73쪽.

37 김호규, 「96~'97 총파업투쟁을 돌아보며」, 『노동사회연구』 3월호, 한국노동사회연구소, 1997, 52~53쪽.

38 『1996 사업보고·자료모음』, 민주노총, 1997, 171쪽.

39 『노동법투쟁 자료집 II』, 공익노련, 1997, 729쪽.

1   『한겨레신문』, 1997. 1. 12.

2   『한겨레신문』, 1997. 1. 22.

3   『한겨레신문』, 1997. 1. 7.

4   『서울신문』, 1997. 3. 13.

5   『'96~'97, 그해 겨울』, 한국노총, 1998, 59쪽.

6   『노동법투쟁 자료집 Ⅱ』, 공익노련, 1997, 82쪽.

7   『경향신문』, 1996. 12. 28.

8   『전문노련 투쟁속보』, 전문노련, 1996. 12. 31.

9   PC 통신에 올라온 어느 은행 노동자의 글, 『노동법투쟁 자료집 Ⅱ』, 공익노련, 1997, 413쪽.

10 『문화일보』, 1997. 1. 16.; 『서울신문』, 1997. 1. 16.

11 『제3차 공노대 회의』, 공공부문노동조합대표자회의, 1997, 44~45쪽.

12 『범국민대책위 자료집 Ⅰ』, 노동법·안기부법 개악 철회와 민주수호를 위한 범국민대책위원회, 1997, 4쪽.

13 「총파업투쟁 성과와 이후 투쟁 방향」, 금속연맹, 1997.

14 『총파업 일지』, 병원노련 서울지역본부, 1997, 71쪽.

15 『한겨레신문』, 1997. 1. 1.

16 『경향신문』, 1996. 12. 5.

17 『1996 사업보고·자료모음』, 민주노총, 1997, 187쪽.

18 『사업보고 1996』, 금속연맹, 1997, 71쪽.

19 『총파업 일지』, 병원노련 서울지역본부, 1997, 124쪽.

20 『노동법투쟁 자료집 Ⅱ』, 공익노련, 1997, 148쪽.

21 『노동법투쟁 자료집 Ⅱ』, 공익노련 ,1997, 105~112쪽.

22 「총파업투쟁 성과와 이후 투쟁 방향」, 금속연맹, 1997.

23 「현대중공업 노개투 평가」, 현대중공업 노동자투쟁위원회, 1997, 22~23쪽.

24 『2년차 정기대의원대회 자료집』, 민주노총 부산·양산지역본부, 1997, 70~71쪽

25 『총파업 일지』, 병원노련 서울지역본부, 1997, 298쪽.

26 『12. 26 총파업투쟁 자료집』, 한국노동운동협의회, 1997, 103~107쪽.

27 『민주노총 투쟁속보』 34호, 민주노총, 1996. 12. 30.

28 『민주노총 투쟁속보』 45호, 민주노총, 1997. 1. 5.

29 『총파업 일지』, 병원노련 서울지역본부, 1997, 127~131쪽.

30 『경향신문』, 1997. 1. 16.

31 『총파업 일지』, 병원노련 서울지역본부, 1997, 159쪽.

32 「제1차 중앙위 회의록」, 민주노총, 1997.

33 「제2차 중앙위 회의록」, 민주노총, 1997.

34 「제3차 중앙위 회의록」, 민주노총, 1997.

35 「성명서」, 민주노총, 1997. 3. 10.

36 『노동법투쟁 자료집 Ⅱ』, 공익노련, 1997, 727쪽.

37 『총파업 일지』, 병원노련 서울지역본부, 1997, 295~302쪽.

38 『총파업 일지』, 병원노련 서울지역본부, 1997, 164쪽.

39 『서울경제신문』, 1997. 2. 24.;『민주노총 투쟁속보』, 92호, 민주노총, 1997. 2. 5.

7장 1997년 노동자투쟁과 대통령선거운동

1 『문화일보』, 1997. 9. 2.

2 곽탁성, 「다시 요구되는 계급현실과의 결합」,『현장에서 미래를』 9월호, 한국노동이론정책연구소, 1997.

3 『제4차 대의원대회 회의자료』, 민주노총, 1997, 62쪽.

4 『97년 활동보고』, 공익노련, 1998, 99쪽.

5 『제10기 활동보고』, 병원노련, 1998, 59~62쪽.

6 『사업보고 1997』, 금속연맹, 1998, 55쪽.

7 『제3차 정기대표자회의 회의자료』, 공공부문노동조합대표자회의, 1997, 54~55쪽.

8 『제9기 활동보고』, 병원노련, 1997, 402쪽.

9 「21차 대표자회의 결의사항」, 민주노총 마산·창원지역 노개투본, 1997. 3. 3.

10 『제10기 활동보고』, 병원노련, 1998, 139쪽.

11 『제10기 활동보고』, 병원노련, 1998, 76~77쪽.

12 『노동법투쟁 자료집 Ⅱ』, 공익노련, 1997, 63~64쪽.

13 『1997 사업보고』, 금속연맹, 1998, 61쪽.

14 김진규, 「노개투 패배를 딛고 경제위기 이데올로기 격파한 부천지역 3사 공동투쟁」,『노동전선』 8월호, 전국노동단체연합, 1997, 31~39쪽.

15 『민주노총 투쟁속보』 87호, 민주노총, 1997.1.29.

16 『전문노련신문』 61호, 전문노련, 1997.6.11.

17 『97년 활동보고』, 공익노련, 1998, 104~105쪽.

18 『98년 정기대의원대회 자료집』, 민주노총 경주시협의회, 1998, 109쪽.

19 『98년 정기대의원대회 자료집』, 민주노총 부산·양산지역본부, 1998, 84쪽.

20 『제4차 대의원대회 회의자료』, 민주노총, 1997, 64쪽.

21 『제5차 대의원대회 회의자료』, 민주노총, 1997, 63쪽.

22 『제5차 대의원대회 회의자료』, 민주노총, 1997, 59쪽.

23 「제1차 투쟁본부 집행위원회 회의자료」, 민주노총, 1997. 4. 3.

24 『노동전선』 5월호, 전국노동단체연합, 1997, 26쪽.

25 『문화일보』, 1997. 8. 1.

26 『1997 사업보고』, 민주노총, 1998, 157~159쪽.

27 『'97 임단투 평가 기초자료』, 민주노총, 1997.

28 『97년 활동보고』, 공익노련, 1998, 105~106쪽.

29 『제10기 활동보고』, 병원노련, 1998, 80쪽.

30 『민주노총 투쟁속보』, 9호, 민주노총, 1997. 6. 20.

31 『1997 사업보고』, 민주노총, 1998, 141~142쪽.

32 『민주노총 투쟁속보』 12호, 민주노총, 1997. 7. 9.

33 『민주노총 투쟁속보』 3호, 민주노총, 1997. 5. 9.

34 『민주노총 투쟁속보』 6호, 민주노총, 1997. 5. 30.

35 『사업보고 1997』, 금속연맹, 1998, 186~187쪽.

36 『97년 활동보고』, 공익노련, 1998, 104~105쪽.

37 『사업보고 1997』, 금속연맹, 1998, 91쪽.

38 『제2차 대의원대회 자료집』, 민주노총, 1996, 58~59쪽.

39 『제5차 대의원대회 자료집』, 민주노총, 1997, 79~80쪽.

40 『제5차 대의원대회 자료집』, 민주노총, 1997, 144쪽.

41 『1997 사업보고』, 민주노총, 1998, 224쪽.

42 「제7차 중앙위원회 회의록」, 민주노총, 1996.

43 「1997 사업보고」, 민주노총, 1998, 224~225쪽.

44 「제7차 중앙위원회 회의록」, 민주노총, 1996.

45 「노동전선」 7월호, 전국노동단체연합, 1997, 71~72쪽.

46 「제6차 대의원대회 회의록」, 민주노총, 1997.

47 「'97 대선활동 평가 초안」, 민주노총, 1998.

48 『노동과 세계』, 민주노총, 1997. 11. 14.

49 『98년 정기대의원대회 자료집』, 민주노총 경주시협의회, 1998, 112~118쪽.

50 『98년 정기대의원대회 자료집』, 민주노총 경주시협의회, 1998, 125~126쪽.

51 『사업보고 1997』, 금속연맹, 1998, 164쪽.

52 『사업보고 1997』, 금속연맹, 1998, 172쪽.

53 『98년 정기대의원대회 자료집』, 민주노총 부산·양산지역본부, 1998, 111쪽.

54 『현장에서 미래를』 12월호, 한국노동이론정책연구소, 1997, 41~44쪽.

55 『사업보고 1997』, 금속연맹, 1998, 173쪽.

56 『98년 정기대의원대회 자료집』, 민주노총 경주시협의회, 1998, 119쪽.

57 「제11차 대의원대회 결정사항」, 민주노총, 1998. 5. 20.

8장 1998년 2월의 노사정 합의와 지도부 총사퇴

1 지주형, 『한국 신자유주의의 기원과 형성』, 책세상, 2011, 232~240쪽.

2 지주형, 『한국 신자유주의의 기원과 형성』, 책세상, 2011, 236~240쪽.

3 「제1차 중앙위원회 결과보고」, 『1998 사업보고·자료모음』, 민주노총, 1999, 128~131쪽.

4 『주간정세동향』, 전태일을 따르는 민주노조운동연구소, 1998. 1. 12.

5 최영기·김준·노중기·유범상, 『한국의 노사관계와 노동정치(I)』, 한국노동연구원, 1999, 213쪽.

6 『노동과 세계』, 민주노총, 1998. 1. 23.; 『주간정세동향』, 전태일을 따르는 민주노조운동연구소, 1998. 1. 19.

7 『주간정세동향』, 전태일을 따르는 민주노조운동연구소, 1998. 2. 11.

8 「제8차 대의원대회 회의록」, 민주노총, 1998.

9장 결론

1 박승호, 「좌파 현대자본주의론의 비판적 재구성」, 서울대학교 박사학위논문, 2004.

참고문헌

■ 1차 자료

1. 정부 기관(발행기관 가나다순)

『본회의 회의록』, 국회, 1996. 7. 20.

『환경노동위원회 회의록』, 국회, 1995. 7. 13.

『환경노동위원회 회의록』, 국회, 1995. 10. 13.

『환경노동위원회 회의록』, 국회, 1996. 7. 24.

『환경노동위원회 회의록』, 국회, 1996. 7. 25.

『환경노동위원회 회의록』, 국회, 1996. 11. 11.

『환경노동위원회 회의록』, 국회, 1996. 11. 22.

『환경노동위원회 회의록』, 국회, 1996. 12. 4.

『환경노동위원회 회의록』, 국회, 1998. 2. 10.

『환경노동위원회 국정감사 회의록』, 국회, 1996. 10. 1.

『환경노동위원회 국정감사 회의록』, 국회, 1996. 10. 18.

『환경노동위원회 공청회 회의록』, 국회, 1997. 2. 19.

『기초소위안』, 노동관계법연구위원회, 1993.

『대통령의 신노사관계 구상』, 노동부, 1996.

『1994년 노동백서』, 노동부, 1994.

『1995년 노동백서』, 노동부, 1995.
『1996년 노동백서』, 노동부, 1996.
『1997년 노동백서』, 노동부, 1998.

『노사관계개혁 백서』, 노사관계개혁위
　원회, 1998.

2. 전국민주노동조합총연맹(가나다순)

1) 기관지
『노동과 세계』, 1997. 11. 14.
『노동과 세계』, 1998. 1. 23.
『노동과 세계』, 1998. 2. 28.

2) 대의원대회
『창립 대의원대회 자료집』, 1995.
『제2차 대의원대회 자료집』, 1996.
『제4차 대의원대회 회의자료』, 1997.
『제5차 대의원대회 자료집』, 1997.
『제5차 대의원대회 회의자료』, 1997.
『제6차 대의원대회 자료집』, 1997.
「제6차 대의원대회 회의록」, 1997.
『제7차 임시대의원대회 자료집』, 1997.
「제7차 임시대의원대회 회의록」, 1997.
「제8차 대의원대회 회의록」, 1998.
「제9차 대의원대회 회의록」, 1998.
「제10차 대의원대회 회의록」, 1998.
「제11차 대의원대회 결정사항」, 1998.
『제14차 대의원대회 회의자료』, 1999.

3) 사업보고
『창립까지의 사업보고·자료모음』, 1996.
『1996 사업보고·자료모음』, 1997.
『1997 사업보고』, 1998.

4) 수련회
『96 민주노총 단위노조 대표자 수련대
　회 자료집』, 1996.
『지역본부 간부수련회 자료집』, 1996.
「지역본부 간부수련회 결과 보고서」,
　1996.

5) 중앙위원회
「제4차 중앙위원회 회의자료」, 1996.
「제4차 중앙위원회 회의록」, 1996.
「제5차 중앙위원회 회의자료」, 1996.
「제7차 중앙위원회 회의록」, 1996.
「제8차 중앙위원회 회의록」, 1996.
「제9차 중앙위원회 회의록」, 1996.
「제10차 중앙위원회 회의자료」, 1996.
「제1차 중앙위원회 회의록」, 1997.
「제2차 중앙위원회 회의자료」, 1997.
「제2차 중앙위원회 회의록」, 1997.
「제3차 중앙위원회 회의자료」, 1997
「제3차 중앙위원회 회의록」, 1997.
「제7차 중앙위원회 회의록」, 1997.
「제12차 중앙위원회 회의자료」, 1997.
「제13차 중앙위원회 회의자료」, 1997.
「제13차 중앙위원회 회의록」, 1997.
「제1차 중앙위원회 회의자료」, 1998.
「제1차 중앙위원회 회의록」, 1998.
「제2차 중앙위원회 회의록」, 1998.

「제4차 중앙위원회 회의록」, 1998.

「제5차 중앙위원회 회의록」, 1998.

「제6차 중앙위원회 회의록」, 1998.

「제1차 중앙위원회 회의자료」, 1999.

「제1차 중앙위원회 결과보고」, 1999.

6) 중앙집행위원회

「제4차 중앙집행위원회 회의자료」, 1996.

「제6차 중앙집행위원회 회의자료」, 1996.

「제8차 중앙집행위원회 회의록」, 1996.

「제11차 비상중앙집행위원회 회의자료」, 1996.

「제13차 중앙집행위원회 회의자료」, 1996.

「제13차 중앙집행위원회 회의록」, 1996.

「제14차 중앙집행위원회 회의록」, 1996.

「비상중앙집행위원회 회의록」, 1997.

7) 투쟁본부 대표자회의

「제1차 투본집행위원회 회의자료」, 1997.

「제1차 투본대표자회의 회의자료」, 1997.

「제5차 투본대표자회의 회의자료」, 1997.

「투본대표자회의 회의자료」, 1997. 12. 26.

「제1차 투본대표자회의 회의록」, 1998.

「제3차 투본대표자회의 회의록」, 1998.

「제4차 투본대표자회의 회의록」, 1998.

8) 투쟁속보

『민주노총 투쟁속보』 16호, 1996. 12. 12.

『민주노총 투쟁속보』 18호, 1996. 12. 16.

『민주노총 투쟁속보』 21호, 1996. 12. 24.

『민주노총 투쟁속보』 33호, 1996. 12. 30.

『민주노총 투쟁속보』 34호, 1996. 12. 30.

『민주노총 투쟁속보』 45호, 1997. 1. 5.

『민주노총 투쟁속보』 48호, 1997. 1. 7.

『민주노총 투쟁속보』 87호, 1997. 1. 29.

『민주노총 투쟁속보』 92호, 1997. 2. 5.

『민주노총 투쟁속보』 2호, 1997. 5. 2.

『민주노총 투쟁속보』 3호, 1997. 5. 9.

『민주노총 투쟁속보』 6호, 1997. 5. 30.

『민주노총 투쟁속보』 9호, 1997. 6. 20.

『민주노총 투쟁속보』 12호, 1997. 7. 9.

『민주노총 하반기 투쟁속보』 6호, 1997. 10. 30.

『민주노총 하반기 투쟁속보』 11호, 1997. 12. 5.

9) 기타

「선언·강령·창립선언문」, 1995.

『95년 임단투와 사회개혁투쟁 승리를 위한 실천·교육지침』, 1995.

『96년 운동방침 수립을 위한 정책 세미나』, 1995.

「신노사관계 구상 발표회에 참여하며」, 1996.

「김영삼 대통령의 신노사관계 구상에 대한 민주노총의 입장」, 1996.

「106주년 세계노동절 기념대회 결의

문」, 1996.

『민주노총 정책세미나 자료집』, 1996.

「대의원대회 이후 노개위와 교섭 경과」, 1996.

「96년 임단투 평가」(미완성본), 1996. 9. 20.

「민주노총 지역본부 운영규정 개정 취지」, 1997.

「기자회견문」, 1997. 1. 8.

「기자회견문」, 1997. 1. 15.

「노사관계 민주화와 사회개혁을 위한 제
안」, 1997. 1. 20.

「조합원 여러분께 드리는 글」, 1997. 1. 20.

「민주노총 4단계 총파업투쟁 세부계획 (안)」, 1997. 2. 25.

「여야 정치권의 제2의 노동법 개악을 강력히 규탄한다」, 1997. 3. 10.

「97 대선활동평가 초안」, 1998.

「당면 정세에 대한 중앙위원회의 결의제안」, 1998. 1. 21.

3. 민주노총 지역본부(발행기관 가나다순)

「성명서」, 노동법 개악저지와 올바른 노동법 개정을 위한 경기남부지역 투쟁본부, 1996. 10. 22.

『97년 정기대의원대회 자료집』, 경주시협의회, 1997.

『98년 정기대의원대회 자료집』, 경주시협의회, 1998.

「지역본부의 위상과 역할을 강화하기 위한 제안」, 마산·창원지역협의회, 1997.

「총파업투쟁 평가」, 마산·창원지역 노동법개정투쟁본부, 1997.

「21차 대표자회의 결의사항」, 마산·창원지역 노동법개정투쟁본부, 1997. 3. 3.

『2년차 정기대의원대회 자료집』, 부산·양산지역본부, 1997.

『98년 정기대의원대회 자료집』, 부산·양산지역본부, 1998.

「10차 전국투본대표자회의 결정사항과 그동안의 총파업투쟁에 대한 부천·시흥 노동법개정투쟁본부의 의견서」, 부천·시흥지역 노동법개정투쟁본부, 1997. 1. 20.

「제2차 대표자회의 회의자료」, 서부경남 금속산업 공동투쟁본부, 1996. 4. 2.

「회의 결과보고」, 지역본부 사무처장단 회의, 1996. 8. 13.

4. 산업·업종연맹(가나다순)

1) 전국공익사회서비스노동조합연맹

『노동법투쟁 자료집Ⅰ』, 1997.

『노동법투쟁 자료집Ⅱ』, 1997.

『97년 활동보고』, 1998.

2) 전국민주금속노동조합연맹

「선언·강령·창립선언문」, 1995.

『확대간부수련회 자료집』, 부산·양산지부, 1996.

중앙위원 일동, 「노사관계개혁위원회 참가를 결정하며 민주노총에 드리는 글」, 1996. 5. 8.

「총파업투쟁 성과와 이후 투쟁방향」, 1997.

『사업보고 1996』, 1997.

『제1기 2차 임시대의원대회 자료집』, 1997.

「96년 사업평가(안)」, 서부경남지부, 1997.

「12차 대표자회의」, 서부경남지부 투쟁본부, 1997.

『사업보고 1997』, 1998.

3) 전국병원노동조합연맹

『제9기 활동보고』, 1997.

『7기 활동보고』, 서울지역본부, 1997.

『총파업 일지』, 서울지역본부, 1997.

『제8기 활동보고』, 부산지역본부, 1997.

『제10기 활동보고』, 1998.

4) 전국자동차산업노동조합연맹

「결성선언문」, 자동차연맹 준비위원회, 1994.

「당면한 노동법개정투쟁에 관한 자동차연맹의 긴급 제안」, 1996. 11. 15.

『제2차 정기대의원대회 자료집』, 1997.

『제3차 정기대의원대회 자료집』, 1998.

5) 전국전문기술노동조합연맹

「민주노총 동지들에게 드리는 글」, 1996. 5. 7.

『노동법개정 투쟁속보』 제1호, 1996. 12. 3.

『전문노련 투쟁속보』, 1996. 12. 31.

『전문노련신문』 61호, 1997. 3. 12.

6) 전국지하철노동조합협의회

『전지협 공동투쟁 속보』, 제6호, 1994. 7. 30.

「민주노총의 노개투 진행과 관련한 전지협의 입장」, 1996. 11. 1.

5. 기업별 노동조합(발행기관 가나다순)

『현자노조 20년사』, 금속노조 현대자동차지부, 2009.

「대림자동차노조 임단투 평가」, 대림자동차 노동조합, 1996.

「민주노총 건설에 대한 대우그룹노동조합협의회(대노협)의 입장」, 대우그룹노동조합협의회, 1994. 8. 19.

「정부의 신노사관계 구상 정국의 민주노총 대응방향」, 서울지하철 노동조합, 1996.

『96 활동보고』, 한국통신 노동조합 서울지역본부, 1997.

「위원장님의 현명한 결단이 필요합니다」, 현대그룹노동조합총연합 중앙운영위원회, 1996. 12. 11.
『현자노동자신문』, 현대자동차 노동조합, 1996. 7. 24.
『민주노동자』, 현대자동차 민주노동자 투쟁위원회, 1996. 7. 22.

『민주노동자』, 현대자동차 민주노동자 투쟁위원회, 1996. 8. 20.
「현대중공업 노개투 평가」, 현대중공업 노동자투쟁위원회, 1997.

6. 공공부문노동조합대표자회의(연도순)

『'95 활동보고 및 '96 사업계획』, 1996.
『제2차 정기대표자회의 회의자료』, 1996.
『제2차 운영위원회 수련회 회의자료』,

1996.
『제3차 정기대표자회의 회의자료』, 1997.

7. 전국노동조합협의회(연도순)

「창립선언문」, 1990. 1. 22.
「1995년 초 민주노총 건설의 필요성(전노협 조직발전 2안)」, 1994.

『1994년 사업보고』, 1995.
『1995년 사업보고』, 1996.

8. 전국노동조합대표자회의(연도순)

『94 전국 단위노동조합 대표자 수련대회 자료집』, 1994.
「전국노동자대회 결의문」, 1994.
「성명서」, 1994. 9. 30.

9. 한국노동조합총연맹(연도순)

한국노총, 『1996년도 사업보고』, 1997.
한국노총, 『'96~'97, 그해 겨울』, 1998.

10. 기타 단체(발행기관 가나다순)

『범국민대책위자료집 Ⅰ』, 노동법·안기
부법 개악철회와 민주수호를 위한 범
국민대책위원회, 1997.

『부노협 백서』, 부천지역노동조합협의
회.

『업종회의의 민주노조 조직발전 전망
(업종회의안)』, 전국업종노동조합회의,
1994. 7. 15.

『중앙위원회 회의자료』, 전국업종노동
조합회의, 1995. 12. 13.

『정기총회 토론회 자료집』, 한국노동이
론정책연구소, 1997. 2. 28.

『12. 26. 총파업투쟁 자료집』, 한국노동
운동협의회, 1997.

「전국노동자대회 선언문」, ILO 조약비
준, 노동법개정과 민주대개혁을 위한
전국노동자대회 조직위원회, 1992.
11. 8.

■ 저서 및 논문

1. 저서(가나다순)

김대환, 『한국 노사관계의 진단과 처방:
합리화의 길』, 까치글방, 2008.

김상복 엮음, 『노동조합운동의 전략과
전술』, 도서출판 새길, 1991.

김수행·박승호, 『박정희 체제의 성립
과 전개 및 몰락』, 서울대학교출판부,
2007.

김영대, 『도울 수만 있다면 이룰 수만 있
다면』, 느낌이있는나무, 2003.

김창우, 『전노협 청산과 한국 노동운동』,
후마니타스, 2007.

노중기, 『한국의 노동체제와 사회적 합
의』, 후마니타스, 2008.

박승호, 『자본론 함께 읽기』, 한울아카데
미, 2016.

박인상, 『외줄타기』, 매일노동뉴스,
2009.

아담 스미스, 『국부론 (상)』, 비봉출판사,
2012.

아스비에른 발, 『지금 복지국가는 어디
로 가고 있는가』, 부글북스, 2012.

유범상, 『한국 노동운동의 이념』, 한국노
동연구원, 2005.

이갑용, 『길은 복잡하지 않다』, 철수와영
희, 2009.

이교관, 『누가 한국경제를 파탄으로 몰
았는가』, 도서출판 동녘, 1998.

임건순, 『손자병법, 동양의 첫 번째 철
학』, 서해문집, 2016.

장석준, 『신자유주의의 탄생』, 책세상,

2011.

장신철, 『OECD의 한국 노동법 모니터링』, 한국노동연구원, 2008.

전국노동조합협의회, 『전노협 백서』, 책동무 논장, 2003.

조돈문·이수봉 엮음, 『민주노조운동 20년: 쟁점과 과제』, 후마니타스, 2008.

지주형, 『한국 신자유주의의 기원과 형성』, 책세상, 2011.

진숙경, 『노동조합 내부 민주주의와 현장조직』, 한국노동연구원, 2008.

최영기·김준·노중기·유범상, 『한국의 노사관계와 노동정치(Ⅰ)』, 한국노동연구원, 1999.

최영기·김준·조효래·유범상, 『1987년 이후 한국의 노동운동』, 한국노동연구원, 2001.

최영기·전광석·이철수·유범상, 『한국의 노동법 개정과 노사관계』, 한국노동연구원, 2000.

카를 마르크스, 『자본론』, 비봉출판사, 2015.

카를 마르크스, 『철학의 빈곤』, 도서출판 아침, 1989.

카를 마르크스·프리드리히 엥겔스, 『신성가족』, 이웃, 1990.

카를 폰 클라우제비츠, 『전쟁론』, 갈무리, 2009.

『OECD 한국경제보고서』, OECD, 1996.

2. 논문(가나다순)

곽노현, 「파업은 불법이 아니다」, 『범국민대책위 자료집Ⅰ』, 1997.

곽탁성, 「다시 요구되는 계급현실과의 결합」, 『현장에서 미래를』 9월호, 1997.

김세균, 「한국의 민주노조운동」, 『진보평론』 제13호, 2002.

김준, 「노동법 개정 투쟁과 민주노총 건설, 1993~97」, 『민주노조운동 20년: 쟁점과 과제』, 후마니타스, 2008.

김진규, 「노개투 패배를 딛고 경제위기 이데올로기 격파한 부천지역 3사 공동투쟁」, 『노동전선』 8월호, 1997.

김진규, 「부천지역 임단투 평가」, 『월간자료』 9월호, 1996.

김호규, 「96~97 총파업 투쟁을 돌아보며」, 『노동사회연구』 3월호, 1997.

노중기, 「한국의 노동정치체제 변동, 1987~1997년」, 『경제와 사회』 겨울호, 1997.

류희택, 「폭설을 뚫었던 뿌리 얕은 희망」, 『현장에서 미래를』 3월호, 1998.

박승호, 「좌파 현대자본주의론의 비판적 재구성」, 서울대학교 박사학위 논문, 2004.

박우옥, 「96 기아자동차 임단투 평가」, 『월간자료』 8월호, 전국노동단체연합, 1996.

배무기, 「노사관계개혁위원회 노동법 개정작업의 협상적 국면」, 『노동경제논집』 제20권(2), 1997.

배무기, 「노사관계개혁의 방향」, 『민주

노총 정책 세미나 자료집』, 민주노총,
1996.

서현진, 「'96년 금속연맹 임단투 평가」,
『월간자료』 9월호, 전국노동단체연합,
1996.

신경환·황기돈, 「국제경쟁력 강화와 신
노사관계 연구」, 『경상논총』 14권,
1996.

신정완, 「1987~97년 기간의 한국 거시
노사관계 변동에 대한 게임이론적 분
석」, 『산업노동연구』 제10권 제1호,
2004.

염경석, 「상반기 임단투의 열정으로 하
반기 노동법개정투쟁을」, 『현장에서
미래를』 8월호, 1996.

이성희, 「조합원들은 무리한 파업을 거
부했다」, 『사회평론 길』 3월호, 1997.

이종호, 「울산지역 노동운동의 현주
소-96년 울산지역 임투 평가」, 『현장
에서 미래를』 12월호, 1996.

인천민중연합, 「대한마이크로 노동자들
의 노동조합 사수투쟁」, 『월간자료』
7월호, 전국노동단체연합, 1996.

임영일, 「노동운동의 제도화와 시민
권」, 『경제와 사회』 여름호(통권 34호),
1997.

임영일, 「노동체제 전환과 산별노조: 현
황과 쟁점」, 『경제와 사회』 겨울호(통
권 48호), 2000.

임영일, 「한국 노동체제의 전환과 노
사관계」, 『경제와 사회』 통권 40호,
1998.

임영일, 「한국의 노동운동과 계급정치
(1987~1995)」, 부산대학교 박사학위 논
문, 1997.

장귀연, 「노동운동에서 1987년의 유산
과 새로운 도전들」, 『경제와 사회』 겨
울호(통권 116호), 2017.

장홍근, 「한국 노동체제의 전환과정에
대한 연구」, 서울대학교 박사학위 논
문, 1999.

조효래, 「기업별 노동조합의 내부정치」,
『산업노동연구』 제6권 제1호, 2000.

천창수, 「울산지역 총파업투쟁의 아쉬운
점들」, 『연대와 실천』 1월호, 영남노동
운동연구소, 1997.

허재준, 「노동」, 『OECD 가입의 분야별
평가와 과제』, 대외경제정책연구원,
1996.

■ 신문 및 잡지

1. 일간지(가나다순)

『경향신문』, 1996. 4. 24.
『경향신문』, 1996. 9. 7.
『경향신문』, 1996. 9. 8.
『경향신문』, 1996. 10. 20.

『경향신문』, 1996. 11. 12.

『경향신문』, 1996. 11. 13.

『경향신문』, 1996. 12. 5.

『경향신문』, 1996. 12. 28.

『경향신문』, 1997. 1. 16.

『경향신문』, 1997. 1. 18.

『국민일보』, 1997. 1. 16.

『동아일보』, 1996. 4. 24.

『동아일보』, 1996. 4. 25.

『동아일보』, 1996. 11. 25.

『동아일보』, 1996. 12. 26.

『동아일보』, 1996. 12. 28.

『동아일보』, 1997. 1. 13.

『동아일보』, 1997. 2. 18.

『동아일보』, 1997. 3. 11.

『매일경제신문』, 1996. 4. 16.

『매일경제신문』, 1996. 4. 17.

『매일경제신문』, 1996. 4. 25.

『매일경제신문』, 1996. 7. 3.

『매일경제신문』, 1996. 10. 3.

『매일경제신문』, 1997. 1. 20.

『매일경제신문』, 1997. 2. 18.

『매일노동뉴스』, 1996. 7. 4.

『문화일보』, 1997. 1. 15.

『문화일보』, 1997. 1. 16.

『문화일보』, 1997. 8. 1.

『문화일보』, 1997. 9. 2.

『서울경제신문』, 1996. 11. 13.

『서울경제신문』, 1997. 2. 24.

『서울신문』, 1996. 10. 14.

『서울신문』, 1996. 10. 15.

『서울신문』, 1997. 1. 16.

『서울신문』, 1997. 3. 13.

『세계일보』, 1996. 10. 14.

『세계일보』, 1996. 11. 27.

『세계일보』, 1996. 12. 19.

『세계일보』, 1997. 1. 12.

『세계일보』, 1997. 1. 16.

『조선일보』, 1997. 4. 25.

『한겨레신문』, 1996. 1. 23.

『한겨레신문』, 1996. 2. 25.

『한겨레신문』, 1996. 4. 2.

『한겨레신문』, 1996. 4. 17.

『한겨레신문』, 1996. 6. 17.

『한겨레신문』, 1996. 6. 21.

『한겨레신문』, 1996. 9. 11.

『한겨레신문』, 1996. 9. 13.

『한겨레신문』, 1996. 10. 3.

『한겨레신문』, 1996. 12. 11.

『한겨레신문』, 1997. 1. 1.

『한겨레신문』, 1997. 1. 4.

『한겨레신문』, 1997. 1. 7.

『한겨레신문』, 1997. 1. 11.

『한겨레신문』, 1997. 1. 12.

『한겨레신문』, 1997. 1. 13.

『한겨레신문』, 1997. 1. 16.

『한겨레신문』, 1997. 1. 22.

『한겨레신문』, 1997. 1. 25.

『한국경제신문』, 1996. 4. 15.

『한국경제신문』, 1996. 6. 29.

『한국경제신문』, 1996. 7. 6.

『한국경제신문』, 1996. 7. 13.

『한국일보』, 1996. 4. 13.

『한국일보』, 1996. 7. 11.

『한국일보』, 1996. 10. 16.

『한국일보』, 1996. 12. 5.

『한국일보』, 1996. 12. 28.

2. 잡지 및 기관지(가나다순)

『노동리뷰』 7월호, 한국노동연구원, 2017.

『노동사회연구』 3월호, 한국노동사회연구소, 1997.

『노동전선』 12월호, 전국노동단체연합, 1997.

『노동전선』 1월호, 전국노동단체연합, 1998.

『노동전선』 5월호, 전국노동단체연합, 1997.

『노동전선』 7월호, 전국노동단체연합, 1997.

『노동전선』 8월호, 전국노동단체연합, 1997.

『사회평론 길』 3월호, 1997.

『시사저널』, 1996. 11. 21.

『시사저널』, 1996. 7. 18.

『시사저널』, 1996. 8. 15.

『연대와 실천』 10월호, 영남노동운동연구소, 1996.

『연대와 실천』 1월호, 영남노동운동연구소, 1997.

『연대와 실천』 5월호, 영남노동운동연구소, 1996.

『연대와 실천』 8월호, 영남노동운동연구소, 1997.

『월간자료』 7월호, 전국노동단체연합, 1996.

『월간자료』 8월호, 전국노동단체연합, 1996.

『월간자료』 9월호, 전국노동단체연합, 1996.

『주간정세동향』, 전태일을 따르는 민주노조운동연구소, 1998. 1. 12.

『주간정세동향』, 전태일을 따르는 민주노조운동연구소, 1998. 1. 19.

『주간정세동향』, 전태일을 따르는 민주노조운동연구소, 1998. 2. 11.

『현장에서 미래를』 1·2월호, 한국노동이론정책연구소, 1998.

『현장에서 미래를』 10월호, 한국노동이론정책연구소, 1997.

『현장에서 미래를』 12월호, 한국노동이론정책연구소, 1997.

『현장에서 미래를』 1월호(통권 17호), 한국노동이론정책연구소, 1997.

『현장에서 미래를』 2월호(통권 18호), 한국노동이론정책연구소, 1997.

『현장에서 미래를』 3월호, 한국노동이론정책연구소, 1998.

『현장에서 미래를』 7월호, 한국노동이론정책연구소, 1996.

『현장에서 미래를』 8월호, 한국노동이론정책연구소, 1996.

『현장에서 미래를』 9월호, 한국노동이론정책연구소, 1997.

찾아보기

424

부록

1996년 노동법 개정안 비교
전국노동조합협의회 창립선언문
전국민주노동조합총연맹 창립선언문

노동조합법

복수노조 금지 관련 조항("노동조합법, 제3조 단서 5호)

"조직이 기존 노동조합과 조직 대상을 같이 하거나 그 노동조합의 정상적 운영을 방해하는 것을 목적으로 하는 경우"를 노동조합이 결격 사유로 규정하여 단위노동조합이 기업한 상급 연합단체에 상관없이 조직 대상이 중복되는 복수노조의 설립을 원칙적으로 금지.

노개위	민주노총	정부	경영계	개정법
제3조 단서 5호 삭제. 교섭 창구의 단일화를 전제로 복수노조를 전면 허용하되, 경과 규정을 두도록 함. 을 두어 일정 기간 동안에는 상급 단체에 한해서만 복수노조를 허용하고 기업 단위의 노조에는 제한 적으로만 복수노조 허용. 기업 단위의 휴면노조인 경우에는 정당한 이유 없이 근로자들의 노조 가입을 거부하는 경우에 한해 복수 노조 허용.	제3조 단서 5호 삭제. 복수노조를 전면 허용하되, 경과 규정을 두도록 함. 상급단체를 포함한 초기업 단위의 노조는 복수노조를 즉시 허용. 기업 단위의 노조는 복수노조를 허 용하되 단위 교섭 창구 등에 관한 문제는 운영 시 노개위에서 논의하여 시행함으로 로 규정.	1997년부터 상급노조(선별 및 총연맹에 한해 허용. 기업 단위는 교섭 창구 일원화 등 교섭 방법 및 절차를 강구하여 2002년부터 시행.	배타적 교섭대표(기업 단위)까지 허 용 시가 도입되는 경우에만 복수노 조 허용.	상급단체에는 2000년부터 허용 (3년 유예). 단위사업장은 2002년부터 허용 (5년 유예).

파업 기간 중 임금 지급 관련 조항

파업 기간 중 임금 지급 관련 쟁의행위를 제한하는 규정 없음.

노개위	민주노총	정부	경영계	개정법
파업 기간 중 임금 지급을 요구하 는 쟁의행위를 할 수 있도록 규정.	파업 기간 중 임금 지급 여부는 노 사 자율로 해결.	사용자의 쟁의행위 기간 중 임금 지급 금지. 임금 지급을 요구하는 노동조합의 쟁의행위 금지.	파업 기간 중 임금 지급 금지 명문화.	파업 기간 중 임금 지급 관련 쟁의행 위 금지. 사용자 임금 지급 의무 없음.

노조 전임자의 급여 지급 금지 관련 조항("노동조합법, 제39조 제4호)

노조 운영비를 원조하는 행위를 부당노동행위로 규정하고 있으나 노조 전임자의 급여 지급이 부당노동행위인지 여부는 해석론에 맡겨져 있음.

노개위	민주노총	정부	경영계	개정법
노조의 재정 자립 원칙을 선언적으로 명문화하도록 함. 복수노조 전면 허용 시 전임자 급여 문제는 제2차 제도개혁 과제로 논의.	노조의 재정 자립 원칙의 명문화에 반대하며, 복수노조 전면 허용 시 전임자 급여 문제는 제2차 제도개혁 과제로 논의.	사용자의 부당노동행위로 규정하되 5년의 유예기간을 두고 2002년부터 시행.	노조 전임자 임금 지급을 사용자의 부당노동행위로 규정하되 3년간 유예.	지급 금지(3년 유예).

노조의 정치활동 금지 관련 조항("노동조합법, 제2조)

노동조합은 공직 선거에서 특정 정당을 지지하거나 특정인을 당선시키기 위한 행위를 할 수 없으며, 조합원으로부터 정치 자금을 징수할 수 없고, 노동조합이 기금을 정치 자금으로 유용할 수 없다고 규정.

노개위	민주노총	정부	경영계	개정법
현행 정치활동 금지 규정 전면 삭제.	현행 정치활동 금지 규정 전면 삭제.	현행 규정 삭제.	현행 규정 삭제.	금지 규정 삭제. 노조의 결격 사유로 '정치운동 또는 사회운동이 주목적인 경우 신설.

431

쟁의기간 중 대체근로(노동조합법, 제15조)

"사용자는 쟁의기간 중에 쟁의에 관계없는 자를 채용 또는 대체할 수 없다"고 규정.

노개위	민주노총	정부	경영계	개정법
동일 사업장 내의 근로자에 한하여 대체근로를 허용하도록 하고 쟁의 기간 중 신규 하도급을 금지하도록 함.	대체근로의 전면 금지 및 쟁의 기간 중 신규 하도급 금지.		노개위 안에 찬성	당해 사업장 내 대체근로 및 신규 하도급 허용. 대체근로가 불가능한 유니온숍의 경우, 외부 대체 또는 일시적 채용 허용.

해고 근로자의 조합원 자격 관련 조항(노동조합법, 제3조 단서 제4호)

근로자가 아닌 자의 노조 가입을 허용하는 경우 노동조합으로 보지 않도록 규정하고 해고 근로자에 대하여는 원칙적으로 조합원 자격을 인정하되, "해고의 효력을 다투는 자에 대해서는 근로자가 아닌 자로 해석하여서는 아니 된다"고 규정하여 예외적으로 조합원 자격 인정.

노개위	민주노총	정부	경영계	개정법
제2차 제도개혁 과제로 이관.	제3조 단서 제4호의 '근로자가 아닌 자의 노조 가입 금지' 규정 삭제. 다만 기업별 노조의 가입 자격은 소속 노동자로 한정하되, 해고의 효력을 다투고 있는 자에 대하여는 현행과 같이 해고의 최종 확정 시(대법원 판결 시)까지 조합원 자격 인정.	중앙노동위원회 재심 판정까지 조합원 자격 유지.	제3조 단서 제4호의 '근로자 아닌 자의 노조 가입 금지' 규정의 현행 유지. 해고의 효력을 다투고 있는 자에 조합원 자격 인정은 '해고된 자가 노동운동에 부당노동행위 구제 신청을 한 경우에 한하여 이에 관한 재심 판정이 있을 때까지'로 함.	근로자가 아닌 자의 노조 가입 금지. 해고 효력을 다투는 자는 중앙노동위원회 재심 판정 시까지 조합원 자격 유지.

노동쟁의조정법

제3자 개입 금지 관련 조항(「노동쟁의조정법」, 제2조의 2)

"직접 근로관계를 맺고 있는 근로자나 당해 노동조합 또는 법령에 의하여 정당한 권한을 가진 자를 제외하고는 누구든지 노동조합의 설립과 해산, 노동조합에의 가입·탈퇴 및 사용자와의 단체교섭에 관하여 관계 당사자를 조종·선동·방해하거나 기타 이에 영향을 미칠 목적으로 개입하는 행위를 하여서는 아니 된다.
다만 총연합단체인 노동조합 또는 당해 노동조합이 가입한 산별 또는 당해 노동조합이 가입한 산업별 연합단체인 노동조합의 경우에는 제3자 개입으로 보지 아니한다"고 규정.

노개위	민주노총	정부	경영계	개정법
현행 규정을 삭제하고 단체교섭 등의 지원 규정 신설. 노동조합과 사용자가 단체교섭 또는 쟁의행위와 관련하여 지원받을 수 있는 자의 범위를 열거하고 그 이외의 자가 고의로 단체교섭을 방해하거나 쟁의행위를 조종·선동할 수 있도록 함. 노동조합과 사용자는 단체교섭 또는 쟁의행위와 관련하여 1.당해 노동조합이 가입한 산업별 연합단체 또는 총연합단체 2.당해 사용자가 가입한 사용자 단체 3.당해 노동조합과 당해 사용자가 요청하는 자 4.법령에 의하여 정당한 권한을 가진 자로부터 지원을 받을 수 있다. 위에서 제시한 자 이외의 자는 고의로 단체교섭을 방해하거나 쟁의행위를 조종·선동하여서는 아니 된다.	현행 규정을 삭제하되 단체교섭 등의 지원 규정 신설이 가능한 자 이외의 자가 고의로 단체교섭을 방해하거나 그 이외의 자가 고의로 단체교섭을 방해하거나 쟁의행위를 조종·선동을 금지하는 규정은 반대.	관련 조항을 삭제하되, 노조의 결격 사유로 '주로 정치운동 또는 사회운동을 목적으로 하는 경우'라는 조항 신설.	현행 규정을 삭제하되 '직접적 근로관계를 맺지 않은 자가 위반한 쟁의행위를 선동·조종·참가하는 행위를 금지하는 규정 신설.	현행 규정을 삭제하되, 노사가 지원을 받을 수 있는 자(노사의 성립과 해산, 노사가 요청하여 노동부 장관에게 신고된 자, 기타 법령에 의하여 정당한 권한을 가진 자)를 명시. 법적 권한이 없는 자가 단체교섭 또는 쟁의행위에 관여하거나 조종 및 선동하는 것을 금지.

근로기준법

근로시간 조정 관련 조항(근로기준법, 제42조)

"근로시간은 휴식시간을 제외하고는 1일에 8시간, 1주에 44시간을 초과할 수 없다. 다만 당사자의 합의에 의하여 1주일에 12시간 한도로 연장 근로할 수 있다"고 규정.
변형근로시간제에 대하여는 관련 규정 없음.

노개위	민주노총	정부	경영계	개정법
취업 규칙에 의하여 주당 48시간을 한도로 하는 2주 단위 변형근로시간제 도입. 부칙에 기존 임금 수준 저하 방지 규정 명시.	노사 합의에 의하여 임금 저하가 없는 수준에서 격주 휴무제 도입. 변형근로시간 단축 등을 조건으로 변형근로시간제 도입 고려.	취업 규칙에 의한 2주 단위 탄력적 근로시간제(주당 48시간 한도) 도입. 노사 간 서면 합의를 요건으로 하는 1개월 단위 탄력적 근로시간제(주당 56시간 한도) 도입. 사용자가 임금 보전 방안을 강구토록 명시. 당사자 간 합의로 12시간 한도의 연장 근로 허용.	법정 근로시간의 단축 없이 1개월 단위 변형근로시간제(특히 주 56시간, 12시간 연장근로 허용)를 도입.	취업 규칙에 의한 2주 단위 탄력적 근로시간제(주당 48시간 한도), 선택적 근로시간제에 인정근로시간제, 재량근로시간제를 포함하는 유연적 근로시간제 도입.

퇴직금 관련 조항(근로기준법, 제30조)

"사용자는 근로자가 사망 또는 퇴직한 경우에는 그 지급 사유가 발생한 때로부터 14일 이내에 임금·보상금 기타 일체의 금품을 지급하여야 한다"고 규정.

노개위	민주노총	정부	경영계	개정법
퇴직금 중간정산제 도입 근거 규정 신설. 근로자의 요구에 의하여 재직 중 퇴직금을 지급받은 경우에는 퇴직금에 한하여 지급 이전의 근무 기간은 계속 근로년수에 산입하지 아니함.	퇴직금의 금융기관서 외 적립을 의무화.		노개위 안에 찬성.	사용자는 근로자의 요구가 있는 경우 근로자가 퇴직하기 전이라도 당해 근로자가 계속 근로한 기간에 대한 퇴직금을 미리 정산하여 지급할 수 있으며, 미리 정산하여 지급한 후의 퇴직금 산정을 위한 계속 근로년수는 정산 시점부터 새로이 계산.

경영상의 이유에 의한 해고의 제한 관련 조항(「근로기준법」제27조 1항)

"사용자는 근로자에 대하여 정당한 이유 없이 해고, 휴직, 정직, 전직, 감봉 기타 처벌을 하지 못한다"고 규정.
그러나 정리해고에 관한 명시적인 규정이 없어 해고의 정당성은 판례에 의존.
판례 기준: 긴박한 경영상의 이유, 해고 회피 노력, 대상자의 공정한 선정, 노조와의 성실한 협의.

노개위	민주노총	정부	경영계	개정법
경영상의 이유에 의한 해고의 정당성 요건 명문화. 판례의 내용을 구체화하여 정리해고의 사유를 '긴박한 경영상의 이유로 하고 해고 회피 노력 의무, 대상자의 공정한 선정 노조 또는 근로자대표자와의 협의 규정 명시.	노개위 안의 요건 중 근로자 대표와의 협의에 노조의 동의 추가.	노개위 안이 제시한 절차를 따르되 해고의 사유를 계속되는 경영의 악화, 생산성 향상을 위한 조직이나 작업 형태의 변경, 기술 혁신에 따른 산업의 구조적 변화 또는 업종의 전환 등 긴박한 경영상의 필요(계속되는 경영 악화로 인한 사업의 양도·합병·인수의 경우 포함)로 규정.	「근로기준법」에 정당성 요건 명문화, 즉 경제적·구조적·기술적 요화로 인한 경영상의 사유. 해고 회피 노력 의무화. 대상자의 공정한 선정. 노조 또는 근로자 대표와의 협의 절차 규정.	해고 사유에 대해서는 정부안을 따르고, 절차는 노개위가 제시한 안을 수용. 다만 해고 시 노동위원회의 승인을 받아야 하며, 해고 60일 전에 통지를 해야 할 의무를 부과하고, 해고자를 우선 고용하려는 노력을 해야 한다는 단서 추가.

1996년 12월 26일에 개정된 노동법은 여당의 단독 강행 처리라는 비판과 노동계의 강한 반발로 인해 1997년 3월에 재개정되었다.
「노동조합법」과 「노동쟁의조정법」은 1996년에 통합되어 「노동조합 및 노동관계조정법」으로 새로 제정되었다.

참고 자료

최영기·전광석·이철수·유범상, 「한국의 노동법 개정과 노사관계: 87년 이후 노동법 개정사를 중심으로」, 한국노동연구원, 2000.
유석진, 「노동관계법 개정의 정치」, 「한국정치연구」, 한국정치연구소, 1999.
「노동법 개정안」, 민주노총, 1996.
「노사관계개혁 백서」, 노사관계개혁위원회, 1998.

전국노동조합협의회 창립선언문

우리는 오늘, 전국노동조합협의회의 깃발을 높이 들어 이 땅에 자주적이고 민주적인 노동운동의 새로운 역사가 시작되었음을 엄숙히 선언한다. 우리 노동자가 이제까지 얼마나 긴 세월을 비인간적인 생활조건과 정치적 무권리 속에서 노예적인 삶을 강요당해왔던가. 그러나 보라! 억압과 굴종의 사슬을 끊어버리고 역사의 전면에 우뚝 일어서서 힘차게 진군하기 시작한 노동자의 전국적 대오를!

우리 노동자는 생산의 직접적 담당자로서 이 사회를 유지시키고 역사를 발전시켜온 주체이다. 이 땅의 노동자들은 노동자와 전 민중의 인간다운 삶을 쟁취하기 위해 오랫동안 줄기차게 노동운동을 전개해왔다. 저 멀리 선배 노동자들의 피땀 어린 투쟁과 70년대 이후 민주노동운동의 발전, 그리고 장엄한 87년 노동자 대투쟁의 성과를 계승하며 우리는 오늘 민주노조의 전국연대조직, 전노협의 깃발을 힘차게 일으켜 세웠다.

노동자에 대한 억압과 착취를 영구화하기 위해 노동자의 조직적 진출과 투쟁을 가로막았던 자본가와 국가권력의 온갖 탄압과 회유를 분쇄하고, 우리는 공장에서, 사무실에서, 광산에서, 거리에서 불굴의 투쟁을 전개해왔다. 단위사업장에서 노동조합을 조직하고 투쟁 속에서 지노협과 업종협을 결성하였으며 마침내 지역과 업종을 뛰어넘어 전노협으로 결집한 것이다.

우리는 이제 이 땅의 노동자가 진정으로 자신의 경제, 사회, 정치적 지위를 향상시키고 자본과 권력의 탄압에 통일적으로 대처할 수 있는 전국조직을 갖게 되었음을 선언한다. 전노협의 건설로 한국노총으로 대표되는 노사협조주의와 어용적, 비민주적인 노동조합운동을 극복하고 자주적이고 민주적인 노동운동을 전개해나갈 수 있는 한국 노동조합운동의 새로운 조직적 주체가 탄생하였음을 밝힌다. 우리는 또한 정권과 소수 재벌의 억압과 수탁을 제거하여 4천만 국민의 자유와 행복을 실현하기 위해, 제 민주세력과 힘차게 연대해나갈 수 있는 전국노동자의 조직적 대오가 출범하였음을 만천하에 선언한다.

전국노동자의 단결의 구심인 전노협으로 결집한 우리는 비인간적인 노동조건을 개선하고 노동기본권을 쟁취함으로써 노동자의 인간다운 삶을 확보하기 위해 가열찬 투쟁을 전개할 것이다. 우리는 광범한 노동자가 참여할 수 있는 경제적 이익 실현을 위한 투쟁으로 대중적인 노동조합운동을 전개함으로써 우리의 조직과 의식을 발전시키는 기초 위에서, 노동자의 처지를 근본적으로 변화시킬 수 있는 경제사회구조의 개혁과 조국의 민주화, 자주화, 평화통일을 앞당기기 위해 제 민주세력과 굳게 연대하여 투쟁해나갈 것이다.

이와 같은 기본 목표를 실현하기 위해 우리는 민주노동운동의 조직역량을 확대 강화하는 한편 업종별, 산업별 공동투쟁과 통일투쟁을 발전시키는 속에서 기업별노조체제를 타파하고 자주적인 산별노조의 전국중앙조직을 건설하기 위해 총 매진할 것이다.

우리의 전진을 가로막는 자본과 권력의 탄압과 온갖 장애를 물리치고 우리는 기필코 승리할 것을 확신한다. 우리의 투쟁은 정의로운 것이며, 제 민주세력을 비롯하여 많은 국민들이 우리와 함께 하고, 우리의 나아갈 길이 역사의 발전 방향과 일치하기 때문이다. 억압과 굴종의 세월, 어용과 비민주의 시대를 청산하고 전노협의 깃발 아래 강철같이 단결하여 자유와 평등의 사회를 향해 힘차게 진군하자!

전국노동조합협의회 만세!

노동운동 만세!

1990. 1. 22.

전국민주노동조합총연맹 창립선언문

생산의 주역이며 사회개혁과 역사발전의 원동력인 우리들 노동자는 오늘 자주적이고 민주적인
노동조합의 전국중앙조직, 전국민주노동조합총연맹의 창립을 선언한다.

저 멀리 선배 노동자들은 일본 제국주의의 간고한 탄압 속에서 민족해방과 조국의 자주독립
을 위해 피어린 투쟁을 전개했다.

해방 이후 우리 노동자들은 독재 정권의 가혹한 탄압 속에서 민주노조를 지켜 왔고, 87년 노
동자 대투쟁 이후 2000여 명에 이르는 구속자와 5000여 명이 넘는 해고자를 낳는 등 온갖 탄압
속에서도 조직을 확대 발전시켜왔으며, 전국적 공동임투와 노동법 개정투쟁, 사회개혁투쟁 등을
전개하면서 통일 단결을 강화해왔다.

이제 우리는, 이러한 통일 단결된 힘을 기초로 자주적이고 민주적인 노동조합의 전국중앙조
직을 결성한다. 민주노총으로 결집한 우리는 인간다운 삶과 존엄성을 유지할 수 있는 노동조건
의 확보, 노동기본권의 쟁취, 노동현장의 비민주적 요소 척결, 산업재해 추방과 남녀평등의 실현
을 위해 가열차게 투쟁할 것이다. 나아가 우리는 사회의 민주적 개혁을 통해 전체 국민의 삶의
질을 개선함과 더불어 조국의 자주, 민주, 통일을 앞당기기 위해 가열찬 투쟁을 전개할 것이다.

이와 함께 우리는 국경을 넘어서서 전 세계 노동자의 단결과 연대를 강화하고 침략전쟁과 핵무기 종식을 통한 세계평화 실현을 위해 노력할 것이다.

이러한 과제를 실현하기 위해 우리는 미조직 노동자의 조직화와 조직의 확대 강화에 박차를 가하는 한편 산업별 공동투쟁과 통일투쟁에 기초하여 산업별 노조에 기초한 전국중앙조직으로 발전할 것이다. 또한 우리는 정권과 자본으로부터 자주성과 조합 내 민주주의를 강화하고 전체 노동조합운동의 통일 단결을 위해 매진할 것이며, 제민주세력과 연대하여 정치세력화를 실현할 것이다.

자! 자본과 권력의 어떠한 탄압과 방해에도 굴하지 않고 전국민주노동조합총연맹의 깃발을 높이 들고 인간의 존엄성과 평등이 보장되는 통일조국, 민주사회 건설의 그날까지 힘차게 전진하자!

1995년 11월 11일

애도하지 마라 조직하라

지은이 김창우
펴낸이 강지영
편집 방수아   **디자인** 스튜디오243
펴낸곳 (주)회화나무

출판신고번호 제2016-000248호   **신고일자** 2016년 8월 24일
주소 04072 서울시 마포구 합정동 독막로 8길 16 302호
전화 02-334-9266   **팩스** 02-2179-8442   **이메일** hoewhanamoo@gmail.com

1판 1쇄 인쇄 2020년 3월 10일
1판 1쇄 발행 2020년 3월 17일

ISBN 979-11-960556-4-6 93300

이 도서의 국립중앙도서관 출판예정도서목록(CIP)은 서지정보유통지원시스템 홈페이지
(http://seoji.nl.go.kr)와 국가자료종합목록 구축시스템(http://kolis-net.nl.go.kr)에서
이용하실 수 있습니다. (CIP제어번호 : CIP2020006463)